全国高等院校物流专业应用型人才培养"十三五"规划教材

企业生产运作管理

主　编　贾春玉　汪德荣　孙琪恒
副主编　呼格吉勒　施宏远

中国财富出版社

图书在版编目（CIP）数据

企业生产运作管理／贾春玉，汪德荣，孙琪恒主编．—北京：中国财富出版社，2017.3

（全国高等院校物流专业应用型人才培养“十三五”规划教材）

ISBN 978－7－5047－6345－7

Ⅰ.①企… Ⅱ.①贾… ②汪… ③孙… Ⅲ.①企业管理—生产管理—高等学校—教材 Ⅳ.①F273

中国版本图书馆 CIP 数据核字（2017）第 003181 号

策划编辑 张 茜 **责任编辑** 禹 冰
责任印制 方朋远 **责任校对** 孙丽丽 **责任发行** 敬 东

出版发行 中国财富出版社
社 址 北京市丰台区南四环西路 188 号 5 区 20 楼 **邮政编码** 100070
电 话 010－52227588 转 2048/2028（发行部） 010－52227588 转 307（总编室）
010－68589540（读者服务部） 010－52227588 转 305（质检部）
网 址 http://www.cfpress.com.cn
经 销 新华书店
印 刷 北京京都六环印刷厂
书 号 ISBN 978－7－5047－6345－7/F·2706
开 本 787mm×1092mm 1/16 **版 次** 2017 年 3 月第 1 版
印 张 25.25 **印 次** 2017 年 3 月第 1 次印刷
字 数 523 千字 **定 价** 42.00 元

作者简介

贾春玉，男，1961 年生，吉林长春人，汉族，宁波工程学院教授。1983 年 7 月毕业于吉林工业大学（现吉林大学）管理工程专业，获工学学士学位；1990 年 9 月至 1991 年 9 月在加拿大里贾纳大学留学；1996 年 9 月至 1997 年 9 月在荷兰特文帝大学做高级访问学者；2003 年 7 月获吉林大学企业管理硕士学位。从教 30 多年来，主要研究领域：生产运作管理、优化理论与方法研究、工业工程和物流管理。主持参与国家级、省部级等纵向课题 30 多项，横向课题 10 余项。在 23 种期刊上发表论文 70 多篇，其中被 EI 收录 2 篇，国际会议论文 8 篇，其中被 ISTP 收录 1 篇，中国人民大学报刊复印中心转载 3 篇。主编、参编教材或论著 10 部。多年来先后为几十家企业进行生产运作管理等方面的咨询、培训活动，一些简便生产运作管理优化方法和科学理念在部分企业得以运用和检验，效果良好。

汪德荣，男，1968 年 6 月生，湖南永顺人，土家族，管理学硕士，教授，硕士生导师。现任广西师范学院物流管理与工程学院党委书记。社会兼职主要有广西区域科学学会秘书长，广西公共政策研究会理事。主要研究领域：区域经济、公共管理、生产运作管理。主持参与国家级、省部级等纵向课题 30 多项、横向课题 10 余项。主编《精益生产管理实训实习教程》等多部著作与教材。近五年发表学术论文 19 篇，其中 SCI 期刊 1 篇，中文核心 9 篇。主要研究内容涉及物流经济、公共管理、企业管理创新、广西地方经济、高校教学改革等。

孙琪恒，男，1982 年 10 月生，吉林四平人，汉族，东北大学工商管理学院企业管理专业毕业，管理学在读博士，营口理工学院经济管理系系副主任，副教授。主要研究领域：企业经营管理、物流企业管理。主持参与省部级等纵向课题十余项，副主编《管理学简明教程》一部，在国家核心期刊发表论文十余篇，在物流领域获国家专利 2 项。获营口市哲学社会科学成果一等奖一项，辽宁省 2014 年度软件大赛二等奖一项，教育教学信息化大奖赛二、三等奖各一项。经常深入物流企业解决实际问题，深受物流企业欢迎。

前 言

生产运作活动是人类赖以生存和发展的基础。任何一个企业都离不开生产运作管理、财务管理和市场营销这三大职能。随着社会的发展，生产管理的内容、方法和模式也在不断发展变化。生产管理（production management）最初主要是研究有形产品生产制造过程的组织、计划与控制，重点是研究企业内部成本控制与管理。随着经济的发展、技术的进步，产业结构发生巨大变化。服务业 GDP（国内生产总值）比重越来越高，服务业运作管理（operations management）引起人们普遍关注，生产管理的内容扩展到服务业，生产运作管理（production and operations management）应运而生。生产运作管理的内容由单纯企业内部控制成本发展为企业制造资源管理，价值链管理，供应链管理，虚拟企业管理，智能化、信息化和网络化管理。当今世界是新技术不断出现、技术进步加快的时代，光导纤维出现使得通信技术有了飞跃发展。“互联网 +”等新技术的出现使得我们熟悉的商业模式、生产运作模式渐渐远去；3D 和 4D 打印技术用于制造有形产品，颠覆了传统的制造技术方法和理念；用水切割物体、无土栽培、智能化制造技术等使我们眼花缭乱、应接不暇。RFID 无线射频技术、条码、二维码技术、指纹、面部识别技术、磁卡技术、GPS 定位技术、三维图像技术、高速运输工具（如高铁、20 倍音速飞行器）等改变原有生产运作管理模式和运作模式。优化方法、3D 和 4D 制造技术、精益生产、大数据、“互联网 +”等新技术不断运用于生产运作管理，生产运作模式不断创新，生产运作管理的内容和方法不断完善和发展。

生产运作管理是最具挑战性和实战性的学科之一，它融合了各种管理理论和方法。随着科学技术的发展、生产运作环境和方式的改变，新的理论与方法、新的科学理念和战略不断涌现。如何采取正确的生产运作战略、运用先进生产运作技术、实施科学生产运作理念，高效、低成本、快速、保质保量地生产出客户满意的产品是生产运作管理永恒的课题。

本书是在生产运作系统的设计与管理这一框架下介绍生产运作管理内容，主要针对工商管理大类，尤其是物流管理专业本科生设计的生产运作管理，因篇幅、学时及课程体系设置所限，只介绍主要内容，有些章节如市场调查与预测、质量管理、设备管理等内容从略。

本书吸取国内外主流生产运作管理教材理论体系和精华，借鉴以日本丰田为首的国内外部分企业成功的生产运作管理经验和著名生产运作管理实战与培训专家徐明达、效率专家杨望远等的理论，结合作者近30年从事生产运作管理教学与科研的经验与部分研究成果，理论联系实际，既有一定理论基础，又注重实际能力运用，增加实训环节内容，增添一些新的管理理论、理念和简便优化方法，增添Excel在生产运作管理中的运用等内容。

第一章和第二章增添一些新的管理理论和新的理念。第三章增添一些常用优化理论，论述了仿自然法在选址中的运用，引进了平衡点法和运输问题新的简便解法及运用。第四章介绍了布置的原则和方法，论述了优化程度更高、改进后的从至表法，在装配线平衡中增添新的平衡规则等。第五章介绍了工作设计与工作研究的内容和方法，注重价值工程理念的运作和工业工程实际案例的引用。第六章综合生产计划介绍了Excel在物流管理计划中的运用，引进、扩展了生产能力优化方法。第七章企业资源计划中强化了Excel在MRP中的具体运用，介绍了许多有用的Excel公式。第八章作业计划与控制中，对三种移动方式及在排序中的运用作了较深入的探讨，引入装箱问题。介绍了新的关键加工中心法等简便、实用新的方法解决实际排序问题。第九章介绍了制造业三种生产类型期量标准。第十章讲解服务业作业计划方法和数学模型。第十一章项目管理中增添部分实例。

此外，在大部分章节中设置了“物流聚焦”“实训练习”“知识链接”“补充阅读”等栏目，强化解决实际问题能力和扩展视野，丰富理论知识。

由于时间及资料所限，加之作者本人水平有限，难免有一些不当之处，恳请专家、读者指正。

本书第一、三、四、七、八、九章由贾春玉编写，第二、五章由孙琪恒编写，第六章由呼格吉勒编写，第十章由施宏远编写，第十一章由汪德荣编写。在编写过程中同事给予了很大帮助，部分案例企业也给予了很大帮助，在此深表谢意！

贾春玉

2016年11月

目　录

第一章　生产运作管理导论

学习目标

知识目标

1. 熟悉生产运作管理的内容与含义；
2. 熟悉生产过程的构成；
3. 熟悉生产相关理论与方法。

技术目标

1. 掌握生产运作管理的内容与目标；
2. 掌握发现生产运作管理存在的问题与方法；
3. 掌握解决存在问题的思路与方法。

职业能力目标

1. 培养先进生产运作管理理念；
2. 掌握持续改进的精髓，运用生产运作管理方法解决企业生产运作存在的问题。

物流聚焦

达到高效率的秘诀

我们来看一个在美国发生的例子。美国有一个农庄，经过统计报告发现其农作物的产出值达平均上限的两倍，这是令人难以置信的，一般超过上限都很难，这个数据不但超过上限而且竟然超过两倍。

有一位效率专家想去研究高效率原因，他千里迢迢来到这个农庄，看到一户农家，就推门而入，发现有一位农妇正在工作，她怎么工作呢？两只手打毛线，面前放着一个架子，架子上用夹子夹着一本书，她两眼看书，一只脚正推动着摇篮，摇篮里睡着一个刚出生不久的婴儿，另外一只脚推动一个链条带动的搅拌器，嘴里哼着催眠曲，炉子上烧着有汽笛的水壶，耳朵注意听水有没有烧开。

但是效率专家觉得很奇怪，为什么每隔一会儿，她就站起来，再重重地坐下去，这样一直地重复。

效率专家再仔细一看，才发现这位农妇的坐垫竟是一大袋必须重复压才会好吃的奶酪。因此效率专家说不必查了，他已经知道高效率的原因了。

资料来源：百度文库《简化工作，提高效率》，作者：杨望远。

第一节　企业生产运作管理的基本概念

一、企业生产运作管理的产生

生产运作活动是人类赖以生存和发展的基础。没有生产运作活动，人类基本的生理需求、衣食住行等需求就无法得到满足。任何一个企业都离不开生产运作管理、财务管理和市场营销这三大职能。随着社会进步，生产管理的含义也在不断扩展。起初由于生产力水平较低，服务业水平更低，社会制造业的 GDP（国内生产总值）比重远远大于服务业。最初人们主要是研究有形产品生产制造过程的组织、计划与控制，其相关的学科被称为生产管理（production management），重点是研究企业内部成本控制与管理。随着经济的发展、技术的进步、生活水平的不断提高以及社会工业化、信息化的进展，社会分工越来越细，产业结构发生巨大变化。社会制造业 GDP 的比重不断下降，近 20 年来，发达国家服务业 GDP 比重远远高于制造业。服务业运作管理（operations management）引起人们的普遍关注，生产管理的内容扩展到服务业，生产运作管理（production and operations management）应运而生。生产运作管理的内容由单纯企业内部控制成本发展成企业制造资源管理，价值链管理，供应链管理，虚拟企业管理，智能化、信息化和网络化管理。优化方法、精益生产、大数据、“互联网 +” 等新技术不断运用于生产运作管理，生产运作模式不断创新，生产运作管理的内容和方法不断完善和发展。

二、企业生产运作的含义

生产运作是人们创造产品或提供服务的有组织的活动（创造财富的过程），是将生产要素转换为有形和无形的生产财富（产品或服务）的活动，是创造价值的过程。

创造价值的过程实质上是使产品具有使用功能的过程。以制造业中木匠用的锤子为例，其主要功能之一是敲击（例如靠击打，钉铁钉）。锤子由锤头和锤把组成，锤把很久以前通常由木材加工而成，锤把的功能主要是产生力矩、固定锤头、便于拿取、握住。为实现这一功能，可由钢管、塑料等材料代替；锤子敲击、钉铁钉功能也可由射钉枪代替。物流业中的包装保护（维持产品质量的和保护产品等功能）、储存保管、流通加工和配送发货实质上也是创造价值，使之具有一定功能的过程。为了使产品具有使用功能，手段与途径多种多样。

三、企业生产运作过程与生产周期

（一）生产运作过程

以制造业为例，生产运作过程可分为广义和狭义两种：广义上是指从生产技术准备开始（设计图纸、工艺设计、制造设备与工具的准备等工作），直至将产品制造出来为止的全部过程；狭义上是指从原材料投入，直至将产品制造出来为止的全部过程。

（二）生产周期

生产过程所经历的时间就是生产周期。如从原材料投入直至将产品制造出来为止的全部过程所经历的时间就是狭义的生产周期。

实训练习1

锤子木把加工流程

木把典型加工流程如下：①把原木切割成板材；②把板材切割成方形木料；③把方形木料按木把加工长度进行切割；④把方形木料加工成圆形（木匠用刨子刨，或用机器车削）；⑤做榫头（木匠用凿子凿，或用机器加工）；⑥锤把尾端倒角；⑦抛光。

思考题

1. 工艺过程是否可以改进？如何改进？
2. 哪些环节（工序）可以合并？
3. 哪些环节不创造价值？
4. 实现锤把这一功能还有何其他途径？其他材料做锤把是否可以？
5. 实现钉铁钉这一功能还有什么途径？
6. 钉铁钉的目的（可看成是功能）是什么？有无其他办法实现？
7. 制造锤子还有其他方法吗？
8. 3D 打印技术①是否可用于制造锤子等产品？

① 3D 打印技术：快速成型技术的一种，它是以一种数字成型文件为基础，运用粉末状金属或塑料等可粘合材料，通过逐层打印方式来构造物体的技术。

（三）生产运作过程的构成

1. 根据生产运作的组织过程划分

（1）基本生产过程，是指直接把劳动对象变为企业基本产品的过程。企业基本产品是指以销售为目的、满足社会或市场需求而生产的产品。

（2）辅助生产过程，是指为保证基本生产过程正常进行而从事的各种辅助产品及服务的生产过程。生产辅助产品不以销售为目的，不构成基本产品实体，如动力、工具等的生产过程。

（3）生产技术准备过程，是指产品在投入生产前所进行的一系列技术准备工作，如产品、工艺、工装设计等。

（4）生产服务过程，是指为基本生产和辅助生产所进行的各种生产服务活动的过程，包括原材料、半成品和工具的保管、运输、供应，以及试验与理化检验等。

（5）附属生产过程（副业），是指利用企业的边角余料或废料进行生产的过程，即副产品的生产。

2. 根据生产运作的时间构成划分

工业企业最基本活动的过程是劳动过程和自然过程的总和。劳动过程是指人们利用劳动作用于劳动对象，使之成为产品的过程。自然过程是借助于自然力的作用制造残片的过程，具体可分为：

（1）加工时间，以制造业为例，其时间构成从把需要加工零部件装在设备上，定好位置，固定好，然后设备对其进行加工（如车削、钻孔等），加工完毕后，把它卸下来为止所需时间。加工时间包括：①机动时间，是指设备自动加工的时间；②手动时间，是指手工操作的时间；③机手并动时间，是指机器和手工同时操作的时间。

（2）运输时间，是指被加工的零部件从一个车间搬运到下一个车间，或由上道工序搬运到下道工序等环节的搬运时间。

（3）等待时间，是指由于计划不高或资源（设备）有限、各生产环节速度有快有慢等原因，出现零部件等待加工的时间，或出现停工待料等时间。

（4）自然时效时间，是指铸钢、铸铁等浇筑件的冷却时间、水泥养生时间、油漆干燥时间等经历的时间。

（5）准备结束时间，广义生产过程包括：生产技术准备时间，是指生产前图纸设计、工艺文件编制和专用工具制造等作业时间。狭义准备结束时间，主要是指设备调整和定位、领取图纸和工具、安装新的模具等准备时间；生产结束后，送还图纸和工具、拆卸模具等工作时间。

（四）工艺阶段与工序

为了便于研究，常将生产过程分为若干工艺阶段，工艺阶段又分为若干工序，工序是工艺过程的最基本的组成部分。如汽车厂可分为铸造工艺（如铸造发动机外壳）、机械加工（如加工变速箱齿轮）和装配（组装汽车）等工艺阶段。

工序是指在一个工作地（或一台设备），一位工人（或一组工人）对劳动对象连续实施的生产作业，是生产过程最基本的组成单位。工序是人为划分的，可粗可细，依生产需要而定。工序还可进一步分为工步。在机械加工领域，工步是在加工表面不变、加工工具不变、切削用量不变的条件下所连续完成的那一部分工作。在其他领域，工步划分更为容易。如炒菜这项工作，可单独作为一道工序，也可分为准备工作和炒菜两道工序。准备工作可分为摘菜、洗菜和切菜三个工步。

随着科学技术的不断发展，产品生产方式、生产运作模式、工序划分方法和工艺流程等传统方式、方法均受到严重挑战，随着智能技术不断完善、3D 和 4D 打印[1]生产技术的出现、“互联网＋”、价值工程理念不断深入运用和持续改进理念不断运用，新产品、新的制造技术不断涌现。例如，一台智能加工中心可以完成机械加工中车、铣、钻、镗、拱丝等多道传统工序（传统模式，一种设备只能完成一道工序，如车床只能完成车削加工，钻床只能完成钻孔工序）。

实训练习2

两个孪生零部件旅行记

两个孪生零部件出生在原材料库，睡了一个月（满月了），被机械加工车间选中，作为加工培养对象。兄弟俩被从原材料库货架取下，用托盘放在电瓶车上，跟其他类型零部件一起运到机械加工车间生产线不同工位上。第一道工序甲工人把其中的孪生哥哥零部件从托盘上拿走，安装在车床上，先进行车外园工，然后再加工两个侧面，该工人在车床边静候（等待）车床完成自动车削加工。加工完后，卸下哥哥，把哥哥放在地上托盘上。这期间弟弟在焦急等待，设备自动加工时间相对较长，安装定位和卸下零件时间较短。重复哥哥的上述过程，把弟弟也加工完。哥俩在托盘上等待下道工序工人取走。半小时后，第二道工序乙工人把哥俩搬运到第二道工序原材料托盘上，

① 4D 打印：4D 打印是一种能够自动变形的材料，直接将设计内置到物料当中，不需要连接复杂的机电设备，就能按照产品设计自动折叠成相应的形状。

然后，找钻头，安装钻头，把哥哥安装在钻床上进行钻孔加工和倒角，加工完后，把哥哥卸下，放到地上托盘上。然后再把弟弟也加工完。最后一道工序是攻丝（加工螺纹），哥俩经历与第二道工序类似过程，完成第三道工序——攻丝。

思考题

1. 哪些环节不创造价值？
2. 你的改进措施有哪些？

实训练习3

配送中心组织结构及作业流程相关问题

配送中心组织结构可分为直线职能型、产品型（产品多样化）和区域型组织结构。以产品型为例，其单位构成如图1－1所示。

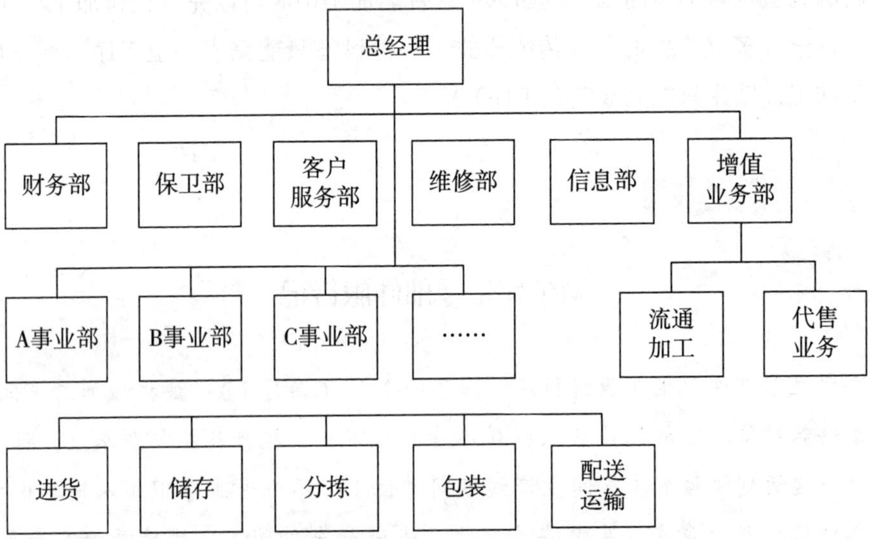

图1－1　配送中心组织结构（多品种）

配送中心仓库内区域一般可分为：进货区、储存区、理货（分拣）区、配货区和出货区。

不同模式的配送中心作业内容有所不同，一般来说配送中心执行如下作业流程，如图1－2所示。归纳而言，配送中心的作业管理主要有进货入库作业管理、在库保管作业管理、加工作业管理、理货作业管理和配货作业管理。配送的功能是备货、储存、分拣、配货、配送运输和送达服务。

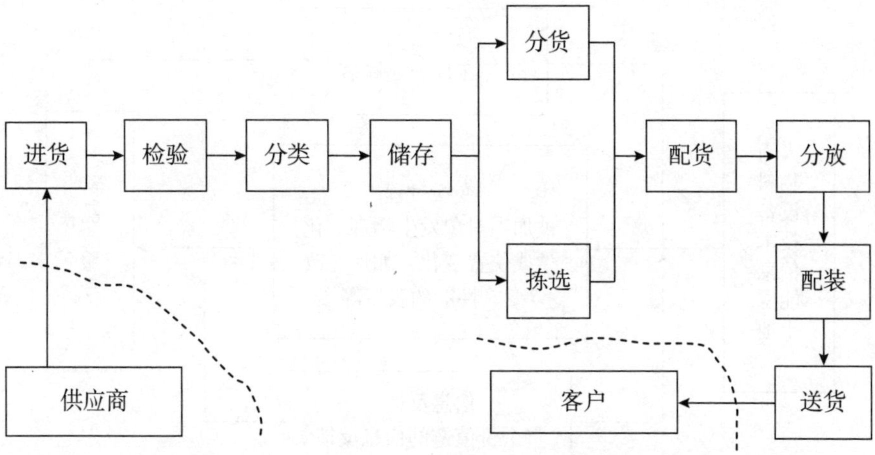

图 1－2 配送作业流程

思考题

1. 沃尔玛配送比例高达87%，一天配送一次，配送比例是不是越高越好？
2. 配送作业时间构成有哪些？
3. 如何缩短某客户整个配送作业时间？
4. 精益物流如何运用到配送中心？

四、企业生产运作系统

（一）企业生产运作系统

生产运作是一切社会组织将它的输入转化为输出的过程，是一个投入一定的资源，经过生产运作系统转换，使其价值增值，最后以某种形式的产出提供给社会的过程。生产运作系统是社会组织（企业）这个大的人造系统中的一个子系统。社会组织除了生产运作系统外，通常还有财务管理系统、市场营销系统和人力资源管理系统等。

（二）企业生产运作系统的构成

以制造业为例，生产运作系统是由人和机器等构成，能将一定输入转化为特定输出的有机整体，如图 1－3 所示。它具有以下特征：生产运作系统是人的组织、物的配置和资金运筹的协调运作的统一体；输入是由输出决定的；生产运作系统是由人设计建造的，它可以按照需要进行构造和重构，使它能够适应外界环境的变化。

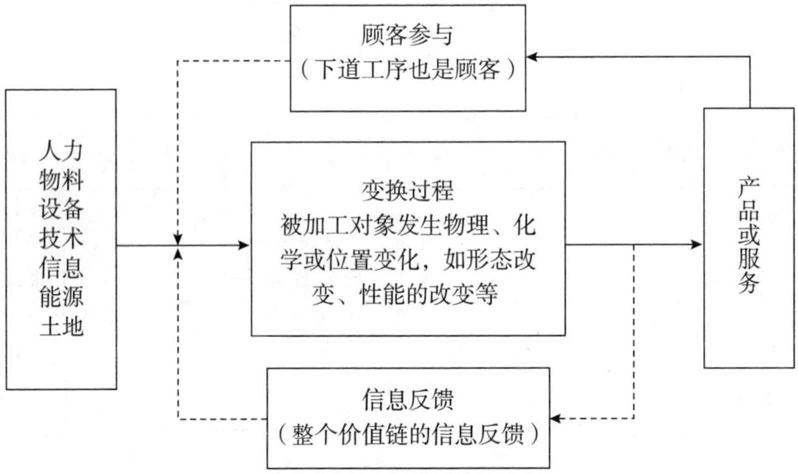

图 1－3　生产运作系统

生产运作系统由硬件和软件构成。

硬件主要包括生产场地、厂房、机器设备、工位器具、运输车辆以及各种生产设施，如运输装置、通信设施等。硬件的特点是投资大，不易调整。

软件主要包括生产组织形式（如多品种小批量生产、一个流生产等）、生产运作模式（如价值链企业信息系统共享、互联网技术运用、网上个性化订制等）、人员配备要求、工作制度、运作方式以及管理上的各种规章制度等。它是安排和控制生产过程顺利运行的规范和手段。软件的特点是投资小，易调整，主观影响大。

（三）企业生产运作系统的要素

生产运作系统的要素根据过程可分为以下几部分。

1. 输入

输入是指各种资源，如人力资源、信息资源、资金、技术和设备等。

2. 转化

转化是指发生物理、化学或位置变化，是创造价值的过程，如机械行业车削加工、钻孔等加工过程，物流企业把货物配送到指定目的地的运输过程等。

3. 输出

输出是指产品、服务与信息，是企业创造价值的成果，如装配出吉利牌小轿车，物流仓储企业完成货物卸货、存储和配送等环节物流服务。

4. 信息反馈

信息反馈欲达到预定目标，实施信息反馈、进行控制与调整是必不可少的环节。

制造业要想生产出顾客满意的产品，必须让顾客参与，了解顾客真实需求和必要的产品功能，进行有效信息反馈、指导和调整转换过程。

典型社会组织的输入、转化和输出模式参见表 1－1。

表 1－1　　典型社会组织的输入、转化和输出模式

社会组织	主要输入	转化的内容	主要输出
工厂	原材料	加工制造	产品
运输公司	产地的物资	位移	销地的物资
修理站	损坏的机器	修理	修复的机器
医院	病人	诊断与治疗	恢复健康的人
大学	高中毕业生	教学	高级专门人才
咨询站	情况、问题	咨询	建议、办法

此外，生产运作系统还可分为劳动者（生产运作者）、劳动对象（被生产运作的对象）、劳动工具和手段（厂房、设施、工具和生产运作方法，如网络计划技术、优化布置技术、物料需求计划方法等）。

案例分析 1

传统制造业生产流程如何改进

某企业内部物流流程如图 1－4 所示。外购原材料到厂后，①由卡车上搬卸到地上托盘或运输车上（卸货）；②由地上托盘或运输车运到原材料库货架旁边，把原材料抬高放到货架上；③机械加工车间人员到原材料库指定货架旁边，把原材料取下放到地上运输工具上，然后运到机械加工车间各工序旁边，把原材料卸下放到各工序原材料存放处（通常是地上），操作者把原材料从地上搬到工作台上进行加工；④机械加工车间加工完后，运输到中间库，把半成品放到中间库货架上；⑤装配车间需要装配生产时，到中间库把半成品从货架搬下，装到运输工具上，然后运输到装配车间各工序旁边，把各工序所需零部件搬到工序零部件存放台上，装配工人从零部件存放处拿取所需零部件进行装配；⑥装配车间装配完产品后运输到成品库，把成品搬运到成品货架上；⑦从成品库取成品，装车发货给顾客。图中三角符号，代表暂时存放，箭头代表物流走向。

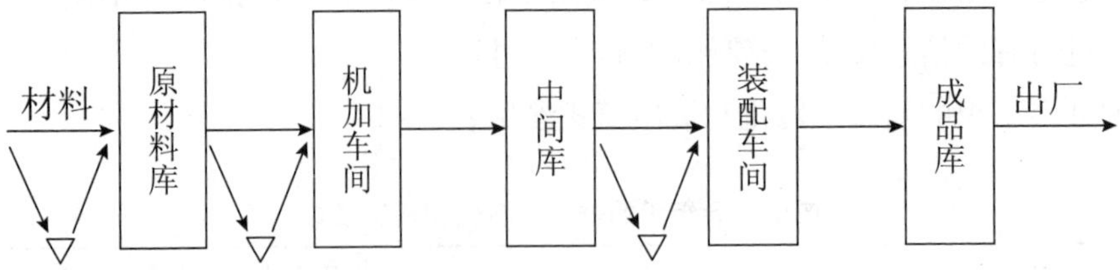

图1-4　制造业全厂流程

思考题

1. 哪些环节不创造价值?
2. 中间库可以取消吗?
3. 准时生产如何运用?
4. 如何改进?

案例分析2

企业生产现场哪些地方可以改进

某针织绣花企业，拥有大型绣花机多台，5个人负责看管2台设备，主要任务之一是查看绣花线是否用完，用完及时更换，避免出现不合格品。员工工作情况及绣花线使用状况，如图1-5和图1-6所示。

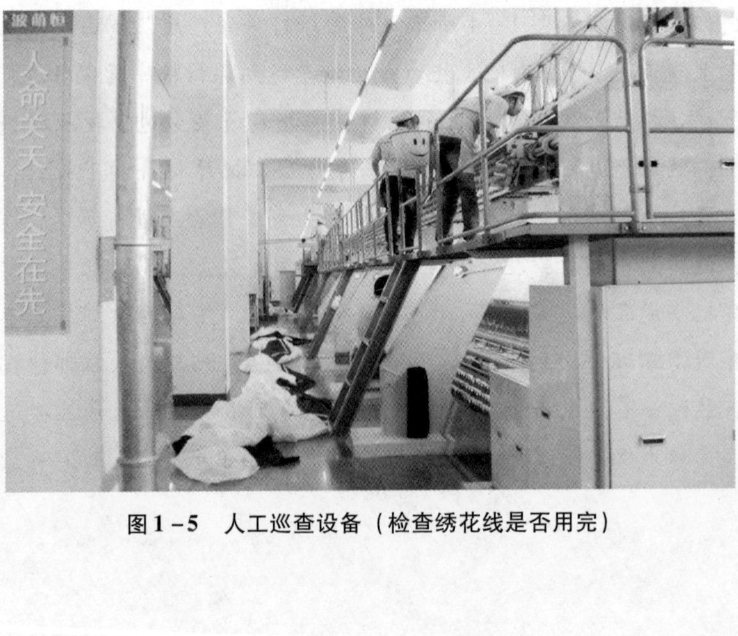

图1-5　人工巡查设备（检查绣花线是否用完）

图1-6　绣花线使用状况

思考题

1. 该工作方法是否有改进余地?
2. 如何实现绣花线用完设备自动停机?
3. 理想状态是什么?

第二节　企业生产运作管理的内容、任务与目标

一、企业生产运作管理的内容

生产运作管理就是对生产运作对象实施计划、组织、协调、监督、控制和激励管理的过程。从系统角度看,生产运作管理的内容就是生产运作系统的设计、运行和维护。生产运作管理的具体内容参见表1-2。此外,也可从劳动者(生产运作者)、劳动对象(被生产运作的对象)、劳动工具和手段(厂房、设施、工具和生产运作方法)三方面进行广泛研究。

表1-2　生产运作管理的内容

项目	具体内容
生产运作概述战略	生产运作概述、战略制定与实施
需求预测	预测方法及运用
产品设计与开发	产品研制与产品开发

续 表

项目	具体内容
设施选址与布置	设施选址、设施布置
生产过程组织	生产过程时间组织
生产计划	生产能力、生产计划
作业计划与控制	流水生产、成批生产和单件小批生产作业计划与控制
工作系统设计	工作设计、工作测量与定额、人机工程
物料管理与库存管理	库存控制系统设计、库存控制模型
质量管理与控制	审查设计、产品和生产过程，保证满足质量要求
设备维护	注重系统和程序设计，创造和保持系统的可靠性

二、企业生产运作管理的任务

当前，激烈的市场竞争除了生产运作模式外，在产品上竞争也很激烈，具体体现在四个方面：基于时间 T（Time）的竞争、基于质量 Q（Quality）的竞争、基于成本 C（Cost）和服务 S（Service）的竞争。T 是指满足顾客对产品和服务在时间方面的要求，即交货期要短而准；Q 是指满足顾客对产品和服务在质量方面的要求；C 是指满足顾客对产品和服务在价格和使用成本方面的要求，即不仅产品形成过程中的成本要低，而且在用户使用过程中的成本也要低；S 是指提供产品之外为满足顾客需求而提供的相关服务，如产品售前服务及售后服务等。企业生产运作管理的任务主要有以下三个方面。

一是全面完成生产计划所规定的任务。要低成本、高质量、按时完成计划规定的品种、数量、质量和完成时间。

二是不断提高生产运作系统的效能和效率。一方面做正确的事（效能），即生产战略正确，生产适销对路的产品；另一方面正确地做事（效率），高效生产产品。

三是不断提高生产运作系统的柔性（适应性），提高产品生产的应变能力。这样才能使系统生产出满足不同市场需求的多种产品。

三、企业生产运作管理的目标

生产运作管理是在企业整体战略框架下的职能活动，是为提高企业竞争力的生产运作活动。因此，生产运作管理的目标是建立一个科学的生产制造系统，为企业制造有竞争力的产品，具体来说就是高效、低耗、准时、灵活地生产合格产品或提供满意服务。

第三节 企业生产运作的类型

各个企业的产品品种、数量以及生产组织形式、生产工艺、设备、工人技术水平、专业化程度等方面都存在许多差异，其管理体制、管理方法也不尽相同。对于生产管理，同一生产类型具有共同的特点和规律性。合理划分生产运作的类型，就可以研究和选择合适的生产运作管理方式，提高企业的经济效益。

一、制造业生产类型的划分与特点

（一）按制造的方式划分

1. 合成型

合成型是指将多种劳动对象进行加工、装配或合成一种或数种产品的生产，如加工装配性质的机械加工厂、数种原料合成为氨的化肥厂等。汽车装配厂把生产好的发动机、底盘、外壳、座椅等部件组装到一起，新车就“合成了”。

2. 分解型

分解型是指对一种主要原料进行加工、分解成多种产品的生产，如炼油厂把石油分解成汽油、煤油、化学纤维原料，把玉米分解成淀粉、玉米油等。

3. 调制型

调制型是指通过改变加工对象的形状或性能而制成产品的生产，如轧钢厂把钢材锻制成一把宝剑，把不锈钢板压制成高压锅等。

4. 提取型

提取型是指从自然界直接提取产品的生产。顾名思义，就是从自然界上帝赐予我们的财富中直接提取所需物品，如淘金、挖煤、采矿和开采石油等。

（二）按工艺特性划分

按工艺特性划分可分为流程型（连续型）和加工型（离散型）。流程型生产工艺是连续进行的，不能中断，如化工厂、炼油厂、水泥厂等。采用加工型生产工艺的产品是由许多零部件组成的，各个零部件加工过程彼此独立，产品生产过程是离散的，制成的零件经过部件装配和总装，最后形成产品。

（三）按工作地专业化程度划分

1. 大量生产

大量生产的特点：品种少，产量大，长期重复生产且条件稳定，专业化水平高。

工作地生产类型划分标准是工作地只负责 1 ~2 道工序。

大量生产的优点：生产效率高、产品成本低、生产周期短、管理相对简单。

大量生产的缺点：产品适应能力差，工人容易疲劳，工作容易缺乏成就感。

2. 成批生产

成批生产的特点：品种较多，单件产品产量较小，成批轮番生产，专业化水平介于大量生产与单件生产之间。工作地生产类型划分标准是工作地完成工序数目介于 3 ~39。

成批生产的优点：兼顾大量流水生产的优点和单件小批个性化需求，能较好满足人们的各种需要，是当今生产运作的发展方向和趋势。

成批生产的缺点：计划与调度复杂，工作量大，管理水平要求高。

3. 单件小批生产

单件小批生产的特点：品种繁多，每一品种的产量极少，生产重复率低。工作地生产类型划分标准是工作地完成 40 道以上工序。

单件小批生产的优点：产品适应能力强，工人不易疲劳，工作成就感强。

单件小批生产的缺点：生产效率低、成本高、协作关系不稳定，质量和交货期不易保证。

企业生产类型确定程序：首先确定工作地的生产类型，然后根据多数工作地的生产类型确定车间和企业的生产类型。

除此之外，还可划分为备货生产方式和订货生产方式、顾客参与和顾客不参与生产方式等类型。

二、服务业生产类型的划分与特点

按产品形态划分可分为制造业（有形产品）和服务业（通常为无形产品）。制造业由来已久，不论是原始社会，还是封建社会，为了满足人们生存的日常生活等需要，就需要制造有形产品。而服务业是随着社会不断发展逐渐形成和发展起来的。

（一）服务业常见生产类型

服务业按产品形态可分为纯劳务服务和一般劳务服务两种类型。纯劳务服务不提供任何有形产品，如咨询服务为纯无形的劳务服务。一般劳务服务提供有形产品，如批发、零售、物流服务、餐饮服务等。

按服务对象可分为物流服务业（还可细分为仓储、运输、快递等服务）、金融服务业、信息技术服务业、商务服务业等形式。

按顾客参与程度可分为全部参与、部分参与和不参与三种类型。全部参与服务主要有餐饮、旅游、客运等；部分参与有装修设计、服装定制等；不参与有电影、电视剧等。

（二）服务业运作的特点

与制造业生产相比，服务业运作的特点如下。

1. 生产率难以测定

服务业通常手工操作比重大，不同的人生产效率差异很大，即使是同一个人，可以干得很快，也可以干得很慢，影响因素多，难以测定。

2. 质量标准难以建立

服务的产品最终使用者是顾客，而每一位顾客文化背景、生活习惯均有很大差异，审美观、味觉也相差甚远，质量标准难以建立。

3. 与顾客接触度高、通常生产与消费同时发生

服务的产品最终使用者是顾客，因此提供服务时经常与顾客打交道，接触频繁。有时提供服务时顾客必须在场，必须征得顾客意见，因此与顾客接触度高。服务产品提供服务时也是顾客消费产品、享受服务的时刻。例如，到银行存款，银行提供服务时，也是你取得现金得到服务的时刻；餐馆提供食物供你就餐，也是你享受美食的时刻。

4. 难以通过库存来调节需求

有些服务产品时效性强，机不可失，时不再来。例如飞机座位有 160 个，若乘客只有 110 人，余下 50 个座位只能浪费掉，不能储存；若来乘客 180 人，也不能用上一趟飞机空余座位来调节。

5. 工作的劳动含量高

服务主要是直接为顾客提供服务的，其特点主要是有人员提供服务，因此，手工提供服务的比例特别大，工作的劳动含量高。

知识链接

物流公司的分类

物流企业（logistics enterprise）指从事物流活动的经济组织，至少从事运输（含运输代理、货物快递）或仓储一种经营业务，并能够按照客户物流需求对运输、储存、装卸、包装、流通加工、配送等基本功能进行组织和管理，具有与自身业务相适应的信息管理系统，实行独立核算、独立承担民事责任的经济组织。

根据物流公司服务功能为主要特征可划分为：运输型物流公司、仓储型物流公司和综合服务型物流公司。

按照物流公司是自行完成和承担物流业务，还是委托他人进行操作，还可将物流企业分为物流自理公司和物流代理公司。物流自理公司就是常说的物流公司，它可进一步按照业务范围进行划分。物流代理公司同样可以按照物流业务代理的范围，分成综合性物流代理公司和功能性物流代理公司，功能性物流代理公司包括运输代理公司（即货代公司）、仓储代理公司（仓代公司）和流通加工代理公司等。

按照物流公司所服务产品的温度要求划分为：常温物流公司和冷链物流公司。常温物流公司是所从事的物流对象——物品，对温度没有特殊要求，按照自然界的自然温度就可以进行运输、储存、配送、加工等操作。冷链物流公司从事的物流服务对象的物品对温度有一定要求，一般温度都比较低（例如九州通冷库有些药品冷藏温度为2～8℃），有的甚至达零下几十或上百摄氏度（比如疫苗、精子库等），不同的物品有不同的温度需要，才能保证物品完好如初。

6. 产品通常是无形的

服务产品的形式虽然多种多样，相对制造业的有形产品而言，通常提供无形的服务产品，如机票、银行转账服务、按摩服务或某种思想、设计等看不见或摸不着的无形产品。

7. 通常不可储存、不可运输

一方面，服务产品通常是无形的；另一方面，时效性强，具有一次性特点，如银行转账服务、某个具体时间的电影票，无形的或时效性强的一次性产品，过期作废，所以服务产品通常不可储存。由于产品通常具有无形性和时效性，所以通常不可通过运输方式运输无形产品，如把美国剧院空余座位运到海南岛的天涯海角去享受。

第四节　企业生产运作管理的发展过程

一、企业生产运作管理发展历史

生产运作管理成为一门科学是20世纪初的事情，生产运作管理发展过程中的一些重大事件包括：①科学管理；②流水生产线；③霍桑实验；④管理科学；⑤计算机与MRP[①]的引入；⑥准时生产；⑦全面质量管理和质量认证；⑧再造工程；⑨供应链管理等。此外，生产运作模式也发生巨大变化，福特汽车生产模式、沃尔玛连锁经营模式、肯德基特许经营模式、苹果电脑模式、戴尔定做模式、马云阿里巴巴模式、小米

① MRP：Manufacture Resource Plan，物资需求计划。

手机模式等也从另一个侧面反映了生产运作管理的发展过程。生产运作管理主要发展过程如下。

（一）产业革命

产业革命始于18世纪70年代的英国，随后扩展到欧洲，19世纪传到美国。1764年，瓦特发明了蒸汽机，给机器带来了能源。1770年珍妮发明了珍妮纺纱机；1776年亚当·斯密劳动分工论，1785年艾德蒙特·卡特莱特发明了动力织布机。这些发明带来了纺织工业的革命。1800年伊莱·惠特尼提出标准化互换零件。随着产业革命的深入发展和机器的大规模引入，科学管理也应运而生。

（二）科学管理

科学的定量分析方法，引入到生产与运作管理中。生产与运作管理摆脱了经验管理的束缚，开始成为一门科学。以泰勒（Frederick Winslow Taylor，1911）为代表的科学管理，掀开企业管理新的篇章。泰勒在员工选择、生产计划、动作研究和人类工效学等方面做出巨大贡献。泰勒的同事甘特和吉尔布雷斯夫妇是最早探索最佳生产方式的先驱。

（三）福特流水生产线

1913年福特开发出世界上第一条汽车流水线，由于采用专业化分工和流水作业，使生产率大幅度提高，同时结合零部件的标准化，使生产成本大幅度降低。该流水线使过去12.5小时出产一辆T型车，降到9分钟出一辆，汽车售价由2600美元降到850美元。福特首创的流水线生产方式，代表了一种大批量的、经济规模的生产方式。

（四）霍桑试验

梅奥等人1924—1930年在霍桑工厂做工厂环境对工作效率的影响试验，发现人的因素是提高劳动生产率的重要因素。霍桑试验大大地推动了行为科学理论的发展，使管理的重点由物转向人。

（五）管理科学

第二次世界大战以后，人们将运筹学（Operations Research，OR）用于企业管理领域，如将军事上走哪条路线军队损失最小、如何调运兵力使部队损失最小、如何与敌方博弈才能获胜或损失最小等军事优化理论运用到生产领域。

（六）计算机技术与物料需求计划

20世纪70年代的主要发展是计算机在生产运作管理中的广泛应用。在制造业中，一个重大突破是在生产控制中运用了物料需求计划（MRP）。物料需求计划通过计算机软件将企业的各部门联系在一起，共同完成复杂产品的制造。这样，生产计划人员就可以根据需求的变化，快速调整生产计划和库存水平。复杂产品成千上万个零部件的计划安排，需要处理大量数据，如果没有计算机的帮助，是不可能实现的。计算机的出现伴随运算速度的巨大提升，使得大规模数学模型（运算量巨大模型）得以实现，使得组合优化问题求解变得相对简单可行，使得组合优化的优化程度大幅度提升，甚至可很快搜索到最优解。

（七）准时化生产

准时化生产（JIT）是日本丰田公司经过几十年不断探索逐渐形成的生产运作管理模式。在必要的时间生产必要数量的产品，消除一切浪费，持续改进。其指导思想是，通过生产过程整体优化，改进技术，理顺物流，杜绝超量生产，消除无效劳动与浪费，有效利用资源，降低成本，改善质量，达到用最少的投入实现最大产出的目的。准时化生产带来新的理念与生产运作管理革命，也带来日本制造业的辉煌。

（八）全面质量管理

20 世纪 80 年代在管理实践和理论上，另一项重要贡献是全面质量管理和质量保证体系。日本的全面质量管理是通过美国质量管理专家戴明的引入逐渐形成的。在这个过程中，被日本称为国宝质量管理专家的田口玄一，在质量管理深入研究和广泛推广运用中功不可没。在 20 世纪 80 年代，全面质量管理（TQM）在许多公司得到实施，90 年代得到广泛运用。

（九）企业管理过程重组、精益生产、供应链管理和敏捷制造

面对 20 世纪 90 年代的全球性经济衰退，企业需要精简以提高竞争力，推动企业去寻找新的管理理论和方法。它应该是新的变革而不是方法的改良，哈默提出了企业管理过程重组这一概念。它从管理的全过程出发，去掉多余的环节，简化过程，并采用计算机管理，以期达到预想的产出。美国学者在日本准时生产基础上概括总结，提出精益生产模式。为了满足竞争需求，随后又出现供应链管理和敏捷制造思想。

二、生产运作管理的发展趋势

（一）从纵向一体化走向横向（虚拟）一体化

为了适应经济全球化、生产和生活网络化，更好地与其他企业合作，充分利用

社会资源，不求所有，但求所用，虚拟企业、虚拟组织战略应运而生。一个企业根据需要，可以使多个企业的部门组成一个虚拟企业，取长补短，解决生产运作中的难题。

（二）绿色生产、可持续发展引领企业发展

绿色生产、可持续发展和环境保护得到越来越多的重视，成为一个新的发展趋势。国际组织规定不同的地区和国家主要废弃物的排放标准和未来控制的目标（如二氧化碳排放量），世界主要国家纷纷制定切实可行的环保目标，这就要求企业必须实施循环经济、低碳经济，开展绿色生产，保护环境，走可持续发展之路。

（三）生产运作模式不断创新

伴随新的技术、新的消费观念和互联网冲击，原有生产运作模式受到极大挑战。每次重大的新的技术出现都带来生产和生活方式的巨大变化，蒸汽机的问世带来工业革命；流水生产和准时生产技术改变原有生产模式；计算机的出现使 MRP 运用得以实现；大容量高速计算能力和通信能力的诞生，使智能化、供应链企业信息共享成为现实；大数据挖掘技术使得为顾客提供更周到服务成为可能；作为目前发现的最薄、最坚硬、导电导热性能最强的一种新型纳米材料，石墨烯被称为“黑金”，是“新材料之王”，科学家甚至预言石墨烯将“彻底改变 21 世纪”。在塑料里掺入 1% 的石墨烯，就能使塑料具备良好的导电性；加入 1‰的石墨烯，能使塑料的抗热性能提高 30℃。在此基础上可以研制出薄、轻、拉伸性好和超强韧新型材料，用于制造汽车、飞机和卫星。未来还会有哪些新技术出现很难预测，我们拭目以待。目前，智能制造技术、“互联网 +”等技术的广泛运用，网络定做模式、小米手机生产模式、阿里巴巴营销模式等日益融入生产运作管理中，未来还会有许多创新模式出现。

（四）生产运作技术及方法日新月异

随着新技术不断出现、新的理念的运用、各学科交叉融合，生产运作技术及方法更新速度加快。3D 和 4D 打印技术用于生产制造实体产品严重冲击传统制造业。不需外界干涉零部件自动自己组装成产品实验室已获得成功，未来有可能用于生产实际。世界上首例实验性远程手术已经在 1999 年成功进行，医生根据传来的现场影像来进行手术操作，其一举一动可转化为数字信息传递至远程患者处，控制当地的医疗器械的动作。目前许多外科手术有不少都是通过内窥镜监视下操纵器械进行的。这一技术运用于制造业生产运作领域就会产生远程生产技术。

第五节　企业生产运作管理的理论与方法

一、生产运作管理的理论

（一）供需协调理论

生产的目的是满足客户的需要，一方面，要研究顾客的心理和顾客的需求规律，进行市场调查和预测，根据市场需求的大小调节生产能力，用库存缓解需求波动，满足顾客的需求；另一方面，也可以创造需求、影响人们的需求。此外，还应实施精益生产，优化供应链，实现供需协调。

（二）劳动分工理论

劳动分工可以提高生产效率。20 世纪初，福特流水生产线生产方式，革命性改变了制造业模式足以说明这一点。但是，到底分工多细为好，为什么有时合并工序反而提高效率，多功能制（一人负责多道工序）好，还是一人一道工序好，值得研究和探讨。

（三）天人合一理论

生产的目的是创造价值，为社会提供财富，为人类造福。生产不能以破坏环境为代价，绿色生产、可持续发展是我们追求的目标。实施循环经济、发展低碳经济、走绿色生产是实施可持续发展的主要途径。

此外，相关的理论还有系统工程理论、行为科学理论和优化理论（如无约束极值解法、有约束极值解法、线性规划、搜索法、图解法、仿自然法、组合优化法和支持向量基等优化方法）等。

二、生产运作管理的方法

（一）生产运作管理方法的类型

生产运作管理的方法可分为定性和定量两大类，好比马车的两个轮子，缺一不可，很难说哪个更重要。“成于战略，败于细节”，通常成功取决于战略的制定与实施，失败往往取决于细节的失败。定性方法多为战略性、方向性，日本丰田精益生产中的诸多理念及战略就是其成功的秘密武器。光具有战略还不够，还应有先进、科学的方法。第二次世界大战后，许多数学优化方法被广泛运用到生产领域，如线性规划、图论、排队论等。20 世纪 80 年代日本产品质量取得巨大成就，与其在质量管理中引入美国戴明定量方法，在此基础上开发新的方法并广泛运用定量方法是密不可分的。

（二）生产运作管理常用的方法

1. 系统工程优化方法

追求整体最优、动态平衡和持续改进，借助目标手段分析法、企业整体分析法和价值链分析法等方法，使系统达到最优。

优化方法是指寻找最优解或近似最优解的方法。最常用的方法有高等数学中的求导数法和拉格朗日乘数法。前者当导数等于零时得最优解；后者是在有约束条件时所采用的求最优解方法，先把约束条件变为等式，在其前面乘以系数 λ，再加到原目标函数，分别对变量及系数 λ 求导数，令导数等于零，求最优解。此外，在不能求导数时，也可用线性规划法求最优解；也可根据图论理论，把问题描绘成图，用图解法求最优解。如在河边修建一码头，在何处建，使得到两个城市距离之和最短，用几何画图办法很容易找到最优解。对于组合问题，可用组合优化法寻求近似最优解；也可借鉴自然界优化现象求最优解（这里称为仿自然法），如光走的距离最短、液体表面之间成120°角时表面张力最小、蜜蜂蜂巢壁间夹角接近108°时容积最大等。

2. 价值工程

这是一种科学的活动和方法，追求的目标是使产品生命周期内成本最低，可靠实现产品必要功能，通过功能定义、整理和分析等手段达到更高的产品价值的创新方法。

3. 流程再造

该方法从价值角度出发，对工艺或步骤重新组合、安排，达到提高效率和产品质量、降低成本的目的。

4. 持续改进

这是成功的黄金定律。没有最好的，只有更好的；只有想不到的事，没有做不到的事。成本无底线，质量无极限，改进是无止境的。

5. 防错零件缺陷法

具体内容参见第五章扩展资料 2。

6. 成败规律分析法

分析成功的经验和失败的教训，利用成败关键因素分析法、模仿法，同中求异、异中求同法和 PDCA[①] 循环法等方法，做到事半功倍、少走弯路，高效率工作。

7. 理想状态法

没有思路，就没有出路。不破不立，世上几乎没有做不到的事，只有想不到的事。

---

① PDCA：计划（Plan）、实施（Do）、检查（Check）、行动（Action），PDCA。PDCA 循环又称戴明环，是全面质量管理应遵循的科学程序。

凡事皆有可能发生，不要轻易否定任何一个方案。通过运用“设计一个理想状态，然后想办法去实现”这种方法，新的产品、新的工艺、新的加工方法和新的生产运作模式等创新往往就诞生了。

8. 平行作业

这是指多项工作同时进行加工，这几项工作完成时间取决于最慢的作业（作业时间最长的作业）；否则，一个接一个去做，完成时间是这些工作作业时间之和。尤其是周期长的作业更应同时做。

9. ECRS 法

ECRS 即取消（eliminate）、合并（combine）、重排（rearrange）和简化（simple）。取消就是取消一切可以取消的工作内容、工作步骤、工作环节及作业动作（包括身体、手和脚的运动）。如取消一切不安全、不准确、不规范的动作。合并是指合并必须而且可能合并的工作，如把衬衫装入包装袋里的工作能否与分拣型号合并到一起，把几种工具合并为一种多功能的工具等。重排是指通过流程分析，进行流程再造，重新组合工序和加工顺序，使整体效率最高、产品质量最好。例如流水线重新安排作业分工，使工作量均衡化。简化是指简化所有必需的工作，可以是流程简化，也可以是工序简化。如用电动螺丝刀拧螺丝，避免拧松和拧坏。

10. 提问技术（6H）法

6H 法是一种科学改善方法，其通过三次提问来获得解决问题的方法。6H 分别是：目的是什么（why）；何处做（where）；何时做（when）；何人做（who）；做什么（what）；如何做（how）。详细提问内容和三个阶段提问参见第五章内容。

补充阅读 1

徐明达生产管理顺口溜

工艺流程查一查，平面图上调一调。
通则不痛，痛则不通。
方框菱形加线条，
工作程序来扫描；
运用起来是个宝，
提高效率少不了；
任你工作多复杂，
透视清楚跑不了。

加一加，严格把关更牢靠；

减一减，减来效率大提高；

通一通，部门职能不落空；

定一定，有规有矩不乱套。

生产线上算一算，动作要素减一减。

前面有活干，后面瞪眼看；

后面有活干，前面回家转。

步调一致效率高，经济效益节节高。

问究竟、细端详，处处是浪费，

动脑筋、想一想，处处有效益。

补充阅读2

九州通医药集团东西湖物流中心

九州通医药集团东西湖物流中心是国内最先进，也是全球最大的单体医药物流中心。项目（一期）投资3.8亿元，占地面积2万平方米，总建筑面积7.5万平方米。搭建以电子商务信息系统和物流配送系统为核心，以武汉为区域中心，辐射全省及周边地区的医药物流公共服务平台。物流中心由自动化立体仓库、楼层库和穿梭车库三部分组成。该物流中心采用箱式穿梭车库、螺旋输送机、自动条码复核系统、自动输送分拣系统等先进技术。

1. 项目特点

立库，全自动立体仓库有14个巷道，共28000个托盘货位，按照入、出、补货和拣选四大功能分层设多个进口和出口，适合多频次小批量订单的B类、C类商品、U型拣选，采用整托盘自动补货、自动行走无轨小车拣选的A品八层钢平台。该立体库日吞吐能力达5600个托盘，日拣选能力达40000箱。在提高作业效率的同时，大大降低了库内的搬运强度。

穿梭车库，结合九州通集团订单量大、拆零比例高、月台面积需求大以及装车集货困难等问题，九州通自主设计的自动调度装车系统，是迄今为止世界上存储密度最高、节能环保效果最好的物流系统之一，该系统吞吐量达6000箱/小时，能够实现月台多次周转使用，准确率为100%。

楼层库，东西湖楼层库建筑面积为4万平方米。楼库存量为20万件，品种数达4万个，楼库共有五层：一层主要是收发货作业区及快销品暂存区；二层是拆零拣选、包装复核区，以及穿梭车库托盘加载/卸载区；三层是器械类库区、特管药品库房区以及电商商品库区；四层是中药库区和原料药品库区；五层是西药整件库区。

各存储区的货物除按照国家药品存储条例分区存储外，还根据销售的快慢分层存储。通过贯穿全程的输送设备系统和灵活安全的仓储管理系统，工作效率大大提高，拣选自动化使配送能力提高50%以上，日订单行处理能力达到10万单。

2. 项目创新

九州通东西湖项目完全由九州通自主规划、设计和集成，体现多个创新点。

（1）自动化立库结合重力式货架。对于超A品，可以通过重力式货架的自动补给，减少等待时间，提高拣选效率。

（2）首次采用穿梭车库。货物在装车之前先进入穿梭车库进行暂存，这样不仅可以大大节省月台空间，而且可以实现自动排车，提高装车效率。

（3）自发研究拆合盘系统。

（4）首次采用直接装车模式。由分拣机将货物送到装车口，装车员只做扫描复核之后就进行装车，大大提升了装车效率及装车准确性。

（5）物流中心内使用的信息系统全部由九州通自主研发，拥有完全自主知识产权，包括ERP、WMS、WCS、TMS等。

资料来源：九州通医药西湖物流中心（改编），http：//www. soo56. com/news/20150121/72391ml_ 0. html。

补充阅读3

九州通物流中心与穿梭库相关图品资料

图1-7 穿梭库

图 1-8 待发货物

图 1-9 调货区库内一景（1）

图 1-10 调货区库内一景（2）

图 1－11　调货区库外一景（1）

图 1－12　调货区库外一景（2）

思考题

1. 图 1－8 中，货物为何不靠一头摆放？

2. 图 1－12 中，装卸货平台与其他物流中心装卸平台有何不同？

补充阅读 4

价值工程

1. 价值工程的产生与发展

价值工程（简称 VE）是一门科学管理技术，是降低成本提高经济效益的一种有效方法，20 世纪 40 年代产生于美国。当时，美国通用电气公司 L. D. 麦尔斯工程师，他的任务是为该公司寻找和取得军工生产用材料。麦尔斯研究发现，采购某种材料的目的并不在于该材料的本身，而在于材料的功能。他找到了一种价格便宜且能满足防火要求的防火纸来代表石棉板。经过试用和检验，美国消防部门通过了这一代用材料。这就是价值工程史上有名的“石棉事件”。

麦尔斯从研究代用材料开始，逐渐总结出一套比较系统和科学的方法。1947 年，麦尔斯以《价值分析程序》为题发表了研究成果，“价值工程”正式产生。

价值工程首先在美国得到广泛重视和推广，1955 年价值工程传入日本后取得了极大成功。我国运用价值工程从 20 世纪 70 年代末开始，1987 年国家标准局颁布了第一个价值工程标准《价值工程基本术语和一般工作程序》。

2. 价值工程含义与基本概念

价值工程，是指运用集体智慧开展有组织的活动，着重于产品（或作业）的功能分析，以最低的寿命周期成本实现产品（或作业）的必要功能，借以提高产品或作业价值的技术经济方法。

（1）功能。美国国防部 IE 手册将功能定义为“具有某种意图的特定目的或用途”。我们认为，产品的功能主要是指产品的使用效能，即产品的技术性能和质量等技术指标。任何一种产品都有其特定的功能，用户购买该产品所具有的功能。例如，顾客购买灯具是为了照明。

（2）寿命周期成本。价值工程中的寿命周期成本，是指产品从产生到报废整个期间的费用总和。它包括研究和生产阶段的费用，即产品制造成本以及在使用过程中的能源消耗、维修和管理费用等所构成的产品使用成本。

（3）价值。价值工程的“价值”与政治经济学的“价值”含义不同，它是指作为某种产品（或作业）的功能与成本的比值，是作为评价事物有效程度的一种尺度提出来的。这种对比关系可以表示为一个数学公式：

$$V = F/C$$

式中：V——价值；

F——研究对象的功能；

C——成本，即寿命周期总成本。

3. 提高产品价值的途径

价值工程以提高产品价值为目的。企业应当研究产品功能与成本的最佳匹配。价值工程的基本原理公式 $V = F/C$，不仅深刻地反映出产品价值与产品功能和实现此功能所耗成本之间的关系，而且为如何提高价值提供了以下五种途径。

①在产品成本不变的条件下，通过提高产品的功能，达到提高产品价值的目的。

②在保持产品功能不变的前提下，通过降低成本达到提高价值的目的。

③使产品功能有较大幅度提高，产品成本略有提高。

④使产品功能略有下降，产品成本大幅度降低。

⑤既提高产品功能又降低产品成本。

4. 价值工程的工作程序

价值工程的工作过程，实质就是针对产品的功能和成本提出问题、分析问题、解决问题的过程。针对 VE 的研究对象，整个活动围绕以下七个基本问题展开。

①这是什么？

②这是做什么用的？

③其成本是多少？

④其价值是多少？

⑤有其他的方案能实现这个功能吗？

⑥新方案的成本是多少？

⑦新方案能满足要求吗？

这七个问题决定了价值工程的基本步骤和活动程序。工作程序一般可以分为三个阶段：分析、综合、评价，其基本步骤是功能定义、功能评价、制订改进方案。为了使工作顺利进行，编制详细步骤如表 1－3 所示。

表 1－3　　价值工程活动的基本步骤与程序

<table>
<tr><th rowspan="2">问题的确定和解决</th><th rowspan="2">VE 构思的一般过程</th><th colspan="3">VE 活动程序</th><th rowspan="2">输出</th></tr>
<tr><th>基本步骤</th><th>详细步骤</th><th>对应的问题</th></tr>
<tr><td rowspan="3">确定问题</td><td rowspan="3">分析</td><td rowspan="2">功能定义</td><td>确定对象
收集情报</td><td>这是什么</td><td>工作表格</td></tr>
<tr><td>功能定义
功能整理</td><td>这是做什么用的</td><td>工作表格</td></tr>
<tr><td>功能评价</td><td>功能成本分析
功能评价</td><td>它的成本是多少
它的价值是多少</td><td>工作表格
工作表格</td></tr>
<tr><td rowspan="2">制定出解决问题的方法</td><td>综合</td><td rowspan="2">制订改进方案</td><td>方案创造</td><td>有其他方法能实现这个功能吗</td><td>工作表格</td></tr>
<tr><td>评价</td><td>概略评价
方案具体化
仔细评价
试验研究
提案审批、实施
活动成果评价</td><td>新方案的成本是多少
新方案能满足要求吗</td><td>工作表格
工作表格
工作表格
工作表格
工作表格
工作表格</td></tr>
</table>

5. 功能分析

（1）功能分类和定义。功能分析是指对价值工程研究对象的功能用简明、准确的语言做出表述。

用户购买产品其实是购买产品所具有的功能，所以功能是连接生产与消费的本质性的东西。价值工程以功能分析为核心，站在用户的角度，有利于开拓思路和创新。

对功能进行分类，一般分为基本功能、辅助功能和产品的使用功能、美学功能。基本功能是达到产品用途所必不可少的功能，如手表的基本功能是表示时间。辅助功能是为了更有效地实现产品的基本功能而添加的功能，如夜光、日历、温度就是辅助功能。基本功能和辅助功能可在一定条件下相互转化。功能还可以分为使用功能和美学功能，这一划分已经日益为企业和顾客所重视。

功能定义不仅要对价值工程研究对象整体进行功能定义，而且要对研究对象各个构成部分进行功能定义。

功能定义通常用动词和名词简洁、抽象地表述，做到准确且不限制思路，可以提高价值工作的质量。典型功能定义参见表1-4。

表1-4　功能定义

功能	不好的定义	好的定义
电炉	提供火源	提供热源
电线	传电	传送电流
桌腿	支撑桌面	支撑重量
笔	写字	出墨水

（2）功能整理。功能整理，是对已经进行了功能定义的研究对象，按照各组成部分的内在逻辑关系形成一个体系，从局部功能和整体功能的相互关系上进行分析，找出和排除不必要的功能，补充不足的功能，认识功能领域。

产品组成越复杂，功能的数量越多，功能之间的联系也越复杂，所以从功能系统出发，才能真正把握产品的必要功能。

功能整理运用功能分析技术，即把功能按照“目的—手段”的关系加以系统化，编制功能系统图。其具体做法是：

一是制作功能卡片。把功能定义一一写在卡片上；

二是研究功能之间的关系，列出功能系统图。目的功能是上位功能，手段功能是下位功能。对于每个零件而言，对上位功能来说是手段，对下位功能来说是目的。

功能系统图是功能整理的结果，对功能定义进行必要的修改，使功能系统化，既反映了产品功能的全貌，又可反映各部分功能之间的关系，明确了功能级别，为从整体与局部功能关系角度改进设计方案提供了可靠依据。一般来说，对上位功能改进较难，但效果比下位功能显著。功能系统图与成本联系起来，在功能评价之后就可以进行功能费用的分配。

通过功能定义与整理，打破以事物为中心的思想方法，以功能为中心，进行价值工程，改革老产品、开发新产品。

6. 功能评价

通过功能分析与整理明确必要功能后，价值工程的下一步工作就是功能评价。功能评价，即评定功能的价值，是指找出实现功能的最低费用作为功能的目标成本（又称功能评价值），以功能目标成本为基准，通过与功能现实成本的比较，求出两者的比值（功能价值）和两者的差异值（改善期望值），然后选择功能价值低、改善期望值大的功能作为价值工程活动的重点对象。功能评价工作可以更准确选择价值工程研究对象，制定目标成本，有利于提高价值工程工作效率，增加工作人员的信心。

功能评价的基本工作步骤是：

（1）计算功能现实成本，将零件成本按功能进行分配；

（2）求功能评价值，一般以功能货币价值形式计算；

（3）计算功能价值和改善期望值，选择研究对象。

功能评价使用的公式为：

$$V = F/C$$

式中：V——功能价值；

F——功能评价值；

C——功能现实成本。

当 $V=1$ 时，表示实现功能的现实成本与其最低成本相适应，这种状态已经理想。

当 $V>1$ 时，说明实现功能的现实成本低于最低成本，这种情况要做具体分析，状态已很理想且要适当提高成本。可能是成本按功能进行分配不合理。

当 $V<1$ 时，说明现实成本高于最低成本，应当列为价值工程活动的重点对象。$F-C$ 为改善期望值，即成本降低幅度，F 为目标成本。

功能评价的方法主要有：经验估算法、功能重要性系数法、最合适区域法、理论价值标准法、实际价值标准法、逻辑判断法、实际统计值评价法等。

7. 改进和创新

（1）方案创造。方案创造，是指一项创造（创新）性工作，需要运用集体的智慧，发挥人的头脑思维能力。提出的方案构成越多，择优的余地就越大。

方案创造的方法有很多种，下面介绍几种常用方法。

①头脑风暴法（BS法）。BS是Brain Storming的缩写，是指自由奔放、打破常规、创造性地思考问题。我国的“诸葛亮会”与此类似。一般5~13人参与为宜，主持人要熟悉价值工程研究对象，善于引导，参加人员要有企业内外部的专业人员。

BS法有四条规则：不互相指责；鼓励自由的提出想法；欢迎提出大量方案；欢迎完善别人提出的方案。

在会议上对表达的设想不必追求全面系统，但记录工作一定要认真。国外经验证明，采用头脑风暴法提出方案比同样的人单独提出方案的效果要大65%~93%。

②哥顿法。哥顿法是1964年美国人哥顿提出来的。在会议上，主持人仅把要解决的问题抽象介绍，使会议参加者并不明白会议的研究问题，以开拓思路。以著名的稻谷脱粒机案例为例，主持人首先提出如何使物体“分离”，与会者可以回答“切断”“锯断”“剪断”“烧断”等方法，会议主持人再进一步提出如何使稻谷与稻草分离的问题，最后会议形成一种高效率圆筒式稻谷脱粒机的方案。

哥顿法的优点是将问题抽象化，有利于减少束缚、产生创造性想法，难点在于主持者如何引导。

③德尔菲法。德尔菲法的工作方法是将要解决的问题进行分解，选择一定数量的专业人士，将提案要求寄出去，提案人员将提出的设想方案寄回后，把各方面意见加以整理汇总，形成不同的改进方案，再次寄出去供提案人员分析，再次收到意见后选出少数方案后再寄出去。如此反复，最后形成最优方案。

德尔菲法的优点是成员之间互不见面，可以排除权威、资历、多数意见等心理因素影响，有利方案创造。缺点是时间较长。

（2）方案评价。创造出许多新的价值工程方案后，先进行概略评价，去掉一些明显价值低的方案，然后对留下的方案具体化，成为具体的改进方案，经试验研究后从其中选出最优的方案进行详细评价，并提交有关部门审批、实施。

本章小结

本章介绍了生产运作及其管理的含义和生产系统的构成等基本概念，阐述了生产是创造价值的活动，它是生产运作管理的基础，也是发现问题的基础。论述了生产运作管理的三个任务和常见的生产运作管理类型。介绍由产业革命、科学管理运动到管理科学等生产运作管理的发展过程及发展趋势。最后论述了生产运作管理的理论与方法。

【基础练习】

一、判断题

1. 不创造价值的活动就是多余的、浪费的活动，应取消或使其极小化。(　　)
2. 生产系统由输入、转换和输出三个环节组成。(　　)
3. 制造工艺永远不会改变。(　　)
4. 生产运作系统也有寿命周期。(　　)
5. 生产运作系统可持续改进。(　　)

二、选择题

1. 与制造业相比，服务业具有以下特点（　　）。

A. 生产率难以测定　　B. 质量标准难以建立

C. 与客户接触度高　　D. 可以通过库存来调节需求

E. 提供无形产品

2. 生产过程的时间构成有（　　）。

A. 加工时间　　B. 等待时间

C. 找工具时间　　D. 工序之间运输时间

E. 自然时效时间　　F. 准备结束时间

3. 与生产运作管理相关、相近的学科有（　　）。

A. 管理学　　B. 运筹学

C. 工业工程　　D. 形式与逻辑

E. 计算机科学

三、思考题

1. 制造业按制造的方式划分有哪些类型?
2. 你认为哪 5 种生产运作管理方法更重要?
3. 服务业按顾客参与程度可分为哪几种类型?
4. 3D 打印技术可以用于生产产品吗?
5. 如何理解生产的含义？如何运用它来发现问题?
6. 九州通东西湖物流配送中心设置穿梭车库的目的是什么？有无其他方法代替?

四、知识应用

图 1－13 中存在哪些问题？如何改进?

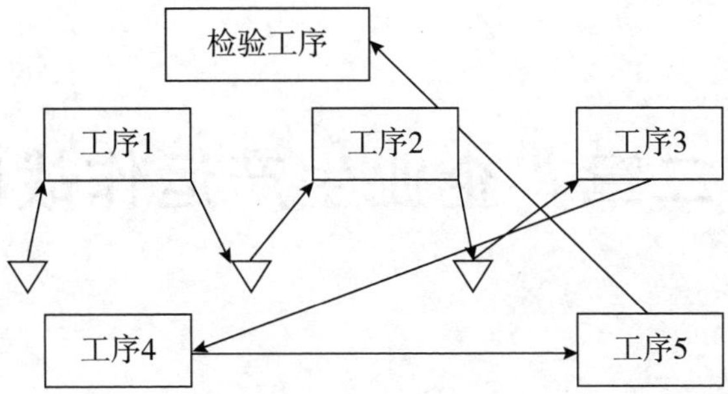

图 1－13 工序平面布置

五、实践练习

木把鞋刷工艺流程如下：①把圆木破成板材；②截断；③加工侧面；④加工上面（平面或曲面）；⑤加工下面（平面）；⑥钻孔；⑦倒角；⑧抛光；⑨植入毛刷；⑩质量检验。

（1）工艺流程如何改进？

（2）存在哪些不创造价值环节？

（3）其他实现鞋刷功能的产品有没有？

（4）制造鞋刷还有何方法？

第二章　企业生产运作战略

学习目标

知识目标

1. 熟悉企业生产运作管理战略的内容及制定过程；
2. 熟悉精益生产的思想与理念；
3. 熟悉流程再造步骤与方法。

技术目标

1. 会根据实情制定生产运作管理战略；
2. 会运用精益生产思想与理念进行持续改进；
3. 会应用流程再造的方法。

职业能力目标

1. 培养战略管理素质，树立精益生产理念；
2. 树立持续改进观念，提高企业生产运作管理效率。

物流聚焦

德邦物流的经营现状

德邦物流公司创始于1996年9月，是国家“AAAAA”级物流企业，主营国内公路零担运输业务，始创于1996年。截至2013年8月，公司已开设直营网点3700多家，服务网络遍及全国，自有营运车辆6600余台，全国转运中心总面积超过88万平方米。

公司秉承“承载信任、助力成功”的服务理念，以每年超过60%的增长速度在中国物流行业中迅速崛起，并获得“全国先进物流企业”等荣誉称号。

德邦物流2012年营业额60亿元，并且每年保持60%的速度增长。德邦物流志在成为中国人首选的国内物流运营商，公司以“为中国提速”为使命，凭借严谨的运作体系和持续完善的服务网络，竭诚为广大客户提供安全、快速、专业的精准物流服务。

公司始终以客户为中心随时候命、持续创新，始终坚持自建营业网点、自购进口车辆，搭建最优线路，优化运力成本，为客户提供快速高效、便捷及时、安全可靠的服务体验，助力客户创造最大的价值。

公司秉承“承载信任、助力成功”的服务理念，保持锐意进取、注重品质的态度，强化人才战略，通过不断的技术创新和信息化系统的搭建，提升运输网络和标准化体系，创造最优化的运载模式，为广大客户提供安全、快速、专业、满意的物流服务。一直以来，公司都致力于与员工共同发展和成长，打造“人企”双赢。在推动经济发展、提升行业水平的同时，努力创造更多的社会效益，为国民经济的持续发展及和谐社会的创建做出积极贡献，努力将德邦打造成为中国人首选的国内物流运营商，实现“为中国提速”的使命。

德邦物流的经营现状如下所述。

（1）网点“重设”。过去十年一直“狂奔前进”的公路运输业中，不买地圈地、不加盟只直销、不搞多元化的德邦物流是个异类。德邦物流2012年开始在国内6大核心区域（广州、深圳、上海、华北、中部和西南）战略重设，这些地方的运营中心将重新选址和规模扩建，“扎营计划”就此形成。

（2）网点数量翻一番。从近几年网点的增加速度可以看出德邦物流整体业务的状况。因为80%的销售额来自终端网点，只有20%来自电话呼叫中心和网上下单，德邦从2003年开始在全国开设统一标识、统一装修店面，2008年这种网点的数量只是个位数，到2009年年末达到740个，新增259个，增加了53%。2012年网点数2900个。每年的网点数量都在不断地增加。经计算，开设一个单店，从租金、装修、人员配备、车辆等直接支出到附近运转中心面积增加的成本，总支出为30万~40万元。目前全国所有网点的月平均营业额在24万元左右，新网点的选址非常考究，考虑各个方面，德邦物流公司表示基本“与当地GDP成正相关”，越是发达的区域网点越密集。“选点有一个评分机制，地区经济、交通量、人流量、附近餐厅数量、银行、超市，所有和潜在货量有关系的指标都可以打分，如果符合以上要求并且分数达到80分，那么这个地方就可以开店，达到90分负责找地点的员工就可以有1000元的选址奖励。”一般来讲，一个店开业之后半年左右才能开始盈利，而在整个物流行业里，很少有公司愿意出资自建网点，而是采取加盟的方式。德邦物流选择自建网点，不允许加盟。随着网点的增多，各个网点间的联系加强，网点间的区域往返线路变得密集起来。

（3）联手阿里巴巴开设网上营业网点。德邦物流成为淘宝“推荐物流供应商”，正式和阿里巴巴签订协议，服务于阿里巴巴卖家。随着消费者习惯的改变，德邦物流拓展网上、电话等非门店下单的比例，这个比例从20%提高到25%。阿里巴巴是帮助其提高网上下单份额的重要一步。由于大客户回款慢，这会对资金造成压力，所以德邦公司近期不会把大企业当作目标客户，目前德邦物流60%左右的货量来自中小型厂家，其次是个体和商贸物流，再加上小部分零星托运，包括行李、展会用品等。

资料来源：summer 的博客，http：//blog. sina. com. cn/pangshiling，2013 - 09 - 20　22：06：12，http：//blog. sina. com. cn/s/blog_ 7cb50a400101g032. html。

第一节　企业生产运作战略的含义与作用

一、企业生产运作战略的含义

生产运作战略是企业总体经营战略下的职能战略之一，是指在企业（或其他形式的组织）经营战略的总体框架下，决定如何通过生产运作活动来达到企业的整体经营目标的战略。生产运作战略是根据企业各种资源要素和内外环境的分析结果，对与生产运作管理及生产运作系统有关的基本问题进行分析与判断，确定总的指导思想及一系列决策原则。它解决三个基本问题：一是生产什么样的产品即产品战略；二是如何生产，即流程战略、选址与布局战略；三是具有何种竞争优势即竞争策略（低成本、高质量、差异化等）。服务类企业同样也需要生产运作战略，如物流企业在产品策略中是提供零担运输还是整车运输，是快递还是普货，是公路还是航空等；在流程战略、选址与布局战略中，服务网点如何布局，是自营还是加盟，配送中心设在哪里等；在竞争策略中是采取“得帮式”高质量还是具有特色的“联邦快递式”差异化策略等。

生产运作战略的基本类型为基于成本的战略、基于质量的战略、基于时间的战略和基于模式创新的战略。

二、企业生产运作战略的作用与意义

（一）企业经营战略的层次

企业经营战略可分为三个层次：一是公司经营战略，涉及公司使命（企业存在的理由）、经营方针、长远规划等；二是事业部战略，涉及产品定位、市场定位等；三是职能战略，涉及具体财务、营销、人力资源和生产运作管理等战略。

（二）企业竞争力与生产运作竞争力

企业竞争力取决于企业商业模式，商业模式优劣直接影响企业竞争力及企业的生存和发展。企业竞争力具体体现在四个方面：时间、成本、质量和服务，即 TQCS。生产运作竞争力除了运作模式外，主要体现在四个方面：时间、成本、质量和柔性，即 TQCF。

（三）生产运作战略的作用

作为企业经营战略指导下的一种职能性战略，生产运作战略是企业总体战略成功的保证。生产运作战略具体刻画了企业如何通过生产运作的实施来实现企业的整体目标，是企业经营战略不可或缺的一部分。生产运作战略涉及一系列决策，从系统角度来讲涉及生产运作系统设计、运行维护和更新等决策，具体涉及生产运作过程和工艺流程设计过程、适用技术、生产类型与规模、库存控制以及生产布局等内容的抉择。生产运作战略可以视为计划过程的一部分，在生产运作目标和企业经营战略目标之间起协调作用。良好的生产运作战略可使企业获得成本优势、质量优势和速度优势。

生产运作活动的目标就是在遵循企业整体战略目标原则前提下，保证能在需要的时候、以适宜的价格向顾客提供满足他们质量要求的产品。为了达到这样的目标，生产运作管理人员必须根据企业的整体经营目标、经营战略的指导思想，考虑选择哪些产品、为了生产这样的产品需要如何组织资源、竞争重点应该放在何处等。例如，企业的经营战略侧重于收益率的提高，那么生产运作战略的指导思想应该是尽量增加生产收益，从而在进行产品选择决策时，应该注重选择高附加值产品。反之，若企业采取的是低成本策略，企业所选用生产系统、加工方法必须遵循成本低、效率高的原则。

（四）生产运作战略的意义

没有方向的船，什么风都不是顺风。没有战略的企业就像流浪汉一样无家可归。只要找到路，就不怕路远。企业如果没有战略，就好像没有舵的轮船，只会在原地打转。许多学者做过统计，有战略的企业和没有战略的企业在经营效益上是大不相同的，85%的企业失败的原因是企业战略问题。凡事预则立，不预则废。方向错了、战略存在重大失误，效率越高，损失越大，失败越惨重。没有好的战略不可能在竞争中取胜。

知识链接

占领制高点、控制制空权

企业的竞争类似军事上的竞争，天时、地利、人和，孙子兵法等军事理论多数可运用在企业竞争中。孙子兵法中的“‘五事七计’，军事上的制高点，不战而屈人之兵，善之善者也。故上兵伐谋，其次伐交，其次伐兵，其下攻城。昔之善战者，先为不可胜，以待敌之可胜。不可胜在己，可胜在敌。”企业应创造并占领新的制高点，获取竞争优势。创新可以创造新的制高点，已有的制高点可能已被他人占领，你想占领，往往费时、费力、成本高。已有的市场竞争异常激烈，毫不夸张地说，事倍功半，投入产出比（价值）非常小。而创新、开辟新的领域、先入为主，制定新的领域行业标准与游戏规则，使你获得第一效应，其他企业看你脸色行事，使你占领和巩固领先制高点的代价都很小，新的市场比已有老市场竞争程度低，你可以事半功倍，投入产出比非常大，使企业处于不败之地。在已有的市场力争占领企业竞争的制高点、控制“制空权”。设计、研发，品牌和销售就是一流企业竞争的制高点，而超一流企业争夺行业标准和游戏规则的制定权即“制空权”。谁拥有制高点和“制空权”，谁就在竞争中赢得主动。因此，企业应采取“两头大，中间小”，走微笑曲线之路。

三、企业生产运作战略制定的影响因素

企业战略是企业为求得生存和发展，对生产经营活动的发展方向等重大问题所作的长远的和全局性的谋划。制定企业战略要充分考虑、预测和分析外部环境及内部条件的影响，进行 SWOT（优势、劣势、机遇与挑战）分析，提供具有竞争力的产品和服务，以满足顾客不断变化的需求。生产运作战略作为企业战略的一部分，也应如此。

补充阅读1

危机管理

人无远虑，必有近忧。经济发展总是有波动的，市场是千变万化的，竞争格局在不断变化，危急时刻不在，无时不有，“日本企业的哭比笑好”，微软公司的“我们离破产只有几个月时间”的危机理念值得我们学习。2008 年经济危机，那些具有危机意识、具有一些危机管理手段和方法的企业，多数都能有效甚至成功应对危机；相反，那些没有或缺乏危机管理意识，几乎没有危机管理手段和方法的企业，在这次危机中表现得往往是消极等待，不知怎么办，只有无奈地等待和观望，任其市场销售额逐渐萎缩，信心丧失、损失惨重；有的甚至惊慌失措，被动挨打，停业、裁员、削减工资、收缩市场和战线，有的甚至是倒闭。

（一）企业的外部因素

1. 经济状况

经济状况一般指影响企业市场营销方式、生产运作方式和规模的经济因素，如消

费者收入与支出状况、经济发展状况（如国民经济的整体运行态势）、通货膨胀和通货紧缩、利率、税法，以及关税等因素。经济状况良好，需求就旺盛，生产任务就会饱满。经济发展是动态的、波动的，既有欣欣向荣发展期、高峰期，也有经济萎缩下降期、萧条的波谷危机期。历史上曾出现1929年世界经济危机、20世纪70年代石油危机、1998年亚洲金融危机和2008年世界金融危机。2008年金融危机的影响至今还没完全消除。我国进入低增长的新常态，中产阶级高达1亿人口，超过美国中产阶级人数，经济总量世界第二，网络经济、知识经济、大数据、智能化、电商等都将对经济状况产生重大影响。世界结算主要货币结构的变化、汇率波动等因素对企业生产运作战略选择都将产生较大影响。

2. 政治状况

政治状况包括对经营有利或不利的态势、政局是否稳定，以及战争等情况。这些都对生产运作战略有重大影响，良好的政治环境可做长期打算，否则只能采取短平快方式或敬而远之。伊拉克战争、阿富汗战争、利比亚战争等后遗症至今没有解决，叙利亚仍然战火不断，世界超级大国之间利益争夺，埃及政权更迭等问题都影响企业国际化战略的选择。

3. 法律环境

法律环境包括反垄断法、政府政策、贸易限制、合同法、产品质量法、劳动法及专利法等法律环境。企业生产的产品是否符合国家鼓励的节能或环保产品；生产过程排泄物对环境的影响是否在国家允许范围内；产品等级是否达到国家或消费国规定的等级；受政治经济因素影响，国家之间反倾销法、行业准入法规、签证、税收政策、人口政策、计划生育政策等也影响企业生产运作模式的选择。

4. 技术环境

技术环境包括技术发展趋势、产品革新快慢、当前和将来的工艺技术（设备、材料加工），以及设计技术等。当今社会技术进步越来越快，新的技术和工艺不断涌现，企业生产系统必须具有良好的适应性和柔性，不断采取新技术、新工艺、新方法，做到持续改进。每一次重大技术问世都带来一次生产运作方式和生活方式的重大改变。计算机技术的出现使得MRP（物料需求计划）模式得以运用；数据、视频、信息处理技术，远程通信技术和大容量超高速计算机的出现，使得远程生产技术、供应链企业信息共享、智能化生产的生产模式得以实现。未来石墨烯等技术的出现与成熟又将带来翻天覆地的变化。

5. 自然环境

自然环境包括地理位置、气候、资源、环境情况和环境政策等。例如，在气候干燥地区生产产品应注意保湿的成本，在海边生产应注意海水及海边空气带来的腐蚀因素。在中东等沙漠地区生产和使用产品应防沙、防尘；沿海一带应防台风；地震带应防震。

6. 竞争状况

竞争状况包括竞争对手、供应商、顾客、潜在进入者、替代品等。例如目前所在行业竞争格局如何？市场容量有多大？其生产制造的优势和劣势分别是什么？替代品优缺点有哪些？主要竞争对手有哪些？他们采取何种竞争对策？企业应采取什么生产策略？目前，阿里巴巴的淘宝网、海淘、网上银行等商业模式也成为众多企业及其商业模式的重要竞争对手。迈克尔·波特（Michael Porter）于20世纪80年代初提出了波特五力分析模型，他认为行业中存在着决定竞争规模和程度的五种力量，这五种力量综合起来影响着产业的吸引力。这五种力量分别为进入壁垒、替代品威胁、买方议价能力、卖方议价能力以及现存竞争者之间的竞争。

7. 社会环境

社会环境包括人们的生活方式和生活习惯、人口数和年龄结构、妇女和少数民族的地位、家庭结构（家庭人口数量、子女数量、消费模式等）等。随着生活水平不断提高，中国出现中产阶级和富裕消费者，人们对“安全”“环保”“绿色”愈加看重，随着主流消费群（家庭可支配收入1.6万~3.4万美元，折合10.6万~22.9万元人民币）的壮大。主流消费者对于产品的情感需求日益明显，如这些群体出于炫耀或显示自身品位的需求，在黄金周出国购买高档名牌提包、化妆品、马桶盖等，中国游客2014年黄金周在日本就消费53亿元，抢购使得马桶盖几乎脱销。而非主流消费者对于商品本身的需求更多，如他们更关注在淘宝网采购物美价廉产品，疯狂的“双十一”购物节就是很好的例证。消费者出现集群化、“粉丝化”、网络化，从大众消费到圈层经济、性价比和理性消费等格局趋势。2015年上半年，网络零售市场交易额达1.6万亿元，占社会消费品零售市场总额11%，出现“网兴实衰”（网购火爆、实体店萧条，出现“关店潮”），出现部分制造业外迁、部分农产品无法抵御外来品等现象。适者生存，许多中小企业应对这些变化采取不同的生产运作和营销模式。社会环境在一定程度上影响消费者购买产品和服务的模式、数量及结构，从而影响企业产品和服务的决策。

8. 公众环境

公众环境包括融资公众、媒介公众、政府公众、社团公众和社区公众等对企业的影响。例如，如何生产运作获得公众的认可，能否借助工业旅游扩大知名度等。

（二）企业的内部条件

企业的内部条件包括企业的人力、技术、财力、物力以及核心技术等自身资源。

1. 人力资源状况

包括管理者和工人的技术与管理创新能力、市场开拓能力等。例如，是以低成本制造策略为宜，还是采取技术和质量高端策略，这些直接受企业人力资源状况的影响。

2. 技术、设备工装状况

包括企业技术水平、设备工装状态与先进程度等。技术和设备先进适合走技术和质量领先策略。如德邦物流2000年开发第二代TIS物流信息管理系统，在行业内率先实现网上货物跟踪查询功能，系统支持容量提升10倍以上。2013年成功研发具有自主知识产权的第四代营运系统即FOSS系统，可支撑每天80万票、500万件货量的业务操作。2014年与麦肯锡、IBM（国际商业机器公司）合作，通过定制化的SNOW和NOAH模型系统在线路优化、场地规划和选址的运用，优化网络结构。

3. 资金状况来源

包括资本构成、财务状况是否良好、是否有稳定资金来源等情况。资金少，适合订货式生产模式，减少资金压力；资金雄厚，可根据市场预测结果采用备货式生产模式，减少交货周期，以速度和数量取胜，迅速占领市场。德邦物流具有一定资金实力，自营构建营业网点已高达5000多家，德邦业务（快运、快递）收入超过百亿元。

4. 企业管理水平

包括企业规章制度完善和执行情况、企业文化、企业发展状况和前景等因素。管理水平高可有效实施精益生产，减少在制品，缩短生产周期；否则，需提前生产所需零部件和产品，前面工序的车间生产完后存入中间库，后续工序的车间到中间库取生产所需半成品。

（三）企业的优势与劣势

企业的优势与劣势也影响企业生产战略的选择。若企业是供应链中的核心企业，话语权就多，众多配套厂家得看其脸色行事。企业可以向戴尔公司学习，取消零件库，实施精益生产，外协件供应商必须提前2小时在场门外等候。当生产车间需要某种零部件时，外协件供应商直接把零部件送到各工序。否则，只能建立原材料和外协件库，储备一些零部件，防止缺货。若企业设计能力强，制造能力弱，那么可多搞研发，少生产，尽量把生产环节外包出去。作为生产运作管理战略，企业应建立“质量屋”，实施对标管理，分析企业的优势与劣势，扬长避短，运用孙子兵法、柔道战略、太极战略等谋略获得竞争优势。

第二节 现代企业的生存与发展环境

一、经济全球化

交通和通信使地域和文化的差距缩小，我们的地球已变为“地球村”。企业可在全球范围内寻求市场和资源。如有些书籍可用美国的软件来写作、排版，用加拿大的纸张、韩国的油墨、德国的印刷机进行印刷，销售到世界各地。可强强联合，跨越国界寻找合伙人，如戴姆勒—奔驰与克莱斯勒公司的合并、福特与日产共同设计小型汽车等；出现“全球性公司”现象，如零售业的沃尔玛遍及全球，丰田、通用和大众等世界500强企业触角遍及世界各地。国内知名企业走向世界的趋势也明显加快。

当今世界正发生复杂深刻的变化，国际金融危机深层次影响继续显现，世界经济缓慢复苏、发展分化，国际投资贸易格局和多边投资贸易规则酝酿深刻调整，各国面临的发展问题依然严峻。我国企业既面临共建“一带一路”、中国和韩国等自由贸易协定等带来的机遇，也面临环太平洋伙伴关系协议（TPP）等的挑战。

“一带一路”旨在促进经济要素有序自由流动、资源高效配置和市场深度融合，推动沿线各国实现经济政策协调，开展更大范围、更高水平、更深层次的区域合作，共同打造开放、包容、均衡、普惠的区域经济合作架构。中国和韩国签署的自由贸易协定，是迄今为止中国涉及国别贸易额最大、领域范围最为全面的一份自贸协定。根据规定，中国将在最长20年内实现零关税的产品达到税目的91%、进口额的85%；韩国零关税产品达到税目的92%、进口额的91%。中国经济与世界经济融合越来越深，人民币加入“特别提款权”（Special Drawing Rights，SDR），增强了人民币支付能力。阿里巴巴“海淘计划”即“让世界能卖产品给中国，帮中国把产品卖给世界”，这无疑会加快“国际自由贸易化”进程。

二、技术进步加速

当今世界是新技术不断出现、技术进步加快的时代。光导纤维出现使得通信技术有了飞跃发展；“互联网＋”等新技术出现使得我们熟悉的商业模式渐渐远去；3D和4D打印技术用于制造有形产品，颠覆了传统的制造技术方法和理念；用水切割物体、无土栽培、智能化制造技术等使我们眼花缭乱，应接不暇。RFID无线射频技术、条码、二维码技术、指纹、面部识别技术、磁卡技术、GPS（全球定位系统）定位技术、三维图像技术、高速运输工具（如高铁、20倍音速飞行器）等改变了原有生产运作管理模式和运作模式。互联网和先进的通信技术使很多资源可以共享，技术进步日新月异，新的技术不断出现。任何可行的新点子很快就会被模仿、升级，新的技术层出不穷。

三、基于时间的竞争

石头为何没有落入水底，是因为其高速的飞行速度；有时不是大的打败小的，而是快的打败慢的。新技术的快速扩散使产品生命周期大大缩短，进入市场的速度几乎成为唯一的竞争优势来源。经济学家 Little（利特尔）的研究表明，一种新产品推向市场每晚 6 周，将导致其整个生命周期内利润下降 15% ~27%，而且随着产品生命周期的缩短，相对的损失还将增加。时间就是生命，时间就是效益，时间、速度是竞争的重要因素之一。如今高铁冲击航空业，快递已成为人们生活不可或缺的一部分，高铁等新的快速运输工具势必会对公路等运输方式产生重大冲击。

四、环境问题日益突出

我们只有一个地球，温室效应、二氧化碳排放、雾霾等问题严重困扰着我们。改革开放后，中国正在成为世界制造工厂，同时也成为世界垃圾制造工厂，生存环境压力极大。我们目前正面临严重的环境问题，低碳经济、绿色经济、循环经济等可持续发展战略和策略应引起每个企业的重视，企业应加大力度实施这方面的生产运作策略。绿色生产、绿色物流、绿色产品越来越受到重视，能源结构会发生重大变化，新能源、新的环保生产技术将不断出现，未来可能会有重大突破，随之而来的是生产运作模式的重大变革。

五、现代企业在产品竞争方面的特点

（一）产品生命周期明显缩短

一方面由于市场对产品的需求不断变化；另一方面由于技术发展为产品更新提供了可能，新技术不断出现通常伴随新产品的不断出现，从而使产品生命周期越来越短。以汽车为例，在 20 世纪 70 年代产品生命周期为 12 年，80 年代为 4 年，到 90 年代仅为 18 个月。电子产品生命周期更短，如手机产品功能越来越强大，信号传递速度越来越快，2G、3G、4G① 等不断涌现，“手机新产品”还没用熟，更新的产品又问世了。计算机几乎一进入市场就过时了。

① 2G：第二代手机通信技术规格，以数字语言传输技术为核心；3G：第三代移动通信技术，是指支持高速数据传输的蜂窝移动通信技术；4G：第四代通信技术，4G 系统能够满足几乎所有用户对于无线服务的要求。

（二）产品品种越来越多

20 世纪 30—40 年代，美国福特汽车公司忽略顾客需求，只提供单一品种即 T 型黑色轿车，其霸主地位被实施多品种产品的通用汽车公司所取代。70 年代美国等世界汽车巨头遭到日本丰田多品种、小批量、物美价廉汽车的严重冲击。日本丰田 2005 年的利润为 108 亿美元，比通用、福特、大众和克莱斯特 4 家的利润之和还多。丰田 3 个月生产了 364000 辆汽车，共 4 个基本车型 32100 种型号，平均一种型号的产量是 11 辆，最多的是 17 辆，最少的是 6 辆。

（三）产品成本结构发生变化

世界范围内，由于设备的改进和自动化程度的提高，直接劳动成本在总成本中比重不断降低，而间接劳动（包括管理决策人员和非生产人员的劳动）成本和原材料、外购件的成本比重不断增加。中国目前一方面面临招工困难，另一方面传统上靠资源、投入、低廉劳动力的粗放型增长方式已逐渐消退，许多企业开始转型升级，在技术和设备上下工夫，用先进自动化设备取代人工操作，产品成本结构开始发生明显变化。

（四）交货期越来越短

目前企业之间的竞争是基于时间的竞争，企业特别关注生产周期以及产品交货期。由于科学技术水平、生产力水平大幅度提高，制造技术不断改进，并行工程和时间压缩技术的运用，使生产管理水平显著提高，产品交货期越来越短。

知识链接

物流公司发展的特征

从发达国家物流业的状况看，物流公司在发展中已逐渐形成鲜明特征，突出表现在五个方面。

1. 关系契约化

首先，物流公司是通过契约形式来规范物流经营者与物流消费者之间关系的。物流经营者根据契约规定的要求，提供多功能直至全方位一体化物流服务，并以契约来管理所有提供的物流服务活动及其过程。其次，物流公司发展物流联盟也是通过契约的形式来明确各物流联盟参加者之间权责利相互关系的。

2. 服务个性化

首先，不同的物流消费者存在不同的物流服务要求，物流公司需要根据不同物流消费者在企业形象、业务流程、产品特征、顾客需求特征、竞争需要等方面的不同要求，提供针对性强的个性化物流服务和增值服务。其次，从事物流公司的物流经营者也因为市场竞争、物流资源、物流能力的影响需要形成核心业务，不断强化所提供物流服务的个性化和特色化，以增强物流市场竞争能力。

3. 功能专业化

物流公司所提供的是专业的物流服务。从物流设计、物流操作过程、物流技术工具、物流设施到物流管理必须体现专门化和专业水平，这既是物流消费者的需要，也是物流公司自身发展的基本要求。

4. 管理系统化

物流公司应具有系统的物流功能，这是物流公司产生和发展的基本要求，物流公司需要建立现代管理系统才能满足运行和发展的基本要求。

5. 信息网络化

信息技术是物流公司发展的基础。物流服务过程中，信息技术发展实现了信息实时共享，促进了物流管理的科学化，极大地提高了物流效率和物流效益。

第三节　企业生产运作战略的制定与实施

一、生产运作战略的内容

生产运作战略主要包括三方面内容：一是生产运作的总体战略；二是产品或服务的选择、开发与设计战略；三是生产运作系统的设计战略。

（一）生产运作的总体战略

1. 自制或购买

如果决定制造某种产品或者由企业提供某种服务，则需要建造相应的设施，采购所需要的设备，配备相应的工人、技术人员和管理人员。产品自制就需要建一个制造厂；产品外购就需要设立一个经销公司。众所周知，社会分工可大大提高效率。一般在作自制或购买决策时，不可能全部零件都是自制的。在制定此策略时应考虑一体化和核心竞争力平衡因素、资源的影子价格，还要考虑不受制于人等因素。如某制鞋厂原先不生产鞋底，由于生产鞋底厂家与其他厂家联合要挤垮它，不再提供鞋底，无奈其只好自己扩大产业链，也生产鞋底。

2. 低成本和大批量

采用这种策略需要选择标准化的产品或服务，而不是个性化的产品和服务。这种策略往往需要高的投资来购买专用高效设备，如福特公司早期的 T 型车生产线模式，采取大批量的生产方式来降低生产成本。需要注意的是，这种策略应该应用于需求量很大的产品或服务。只要固定需求量大，采用低成本和高质量的策略就可以战胜竞争对手，取得成功，尤其在居民购买力和消费水平比较高的国家和地区。

3. 多品种、小批量

人们的需求在本质上具有多样化和个性化特征，在购买力和生产力水平允许条件下，市场需求呈现多样化和个性化，人们的性格、价值观、审美观千差万别，多品种、小批量生产策略也成为企业重要的竞争策略之一。20 世纪 30—40 年代美国通用汽车公司采取多品种、小批量生产模式，动摇了福特汽车公司的霸主地位；20 世纪 70—80 年代日本丰田采取多品种、小批量生产模式也取得了辉煌成绩。

4. 高质量

产品质量是企业采取各种生产策略的前提与保证，有些特殊产品，产品质量事关重大，人命关天，如汽车刹车系统、飞机发动机、抢救药品及设备质量与安全性等，这些特殊产品质量尤为重要。即使不是这些人命关天的产品，产品质量对于追求高品质群体来说，高品质仍是第一选项。无论是采取低成本、大批量策略，还是多品种、小批量策略，都必须保证产品质量。尤其是现在人们的生活水平不断提高，对产品的质量要求也在不断地提高。

5. 混合策略

将上述几种策略综合运用，即为混合策略。实现多品种、低成本、高质量，可以取得很好的竞争优势。现在人们提出的“个性大量生产”或称“大量定制生产”，既可以满足用户多种多样的需求，又具有大量生产的高效率，是一种新的生产模式。

（二）产品或服务的选择、开发与设计战略

生产运作，先要确定向市场提供什么样的产品或服务，这就是产品或服务选择或决策问题。产品或服务确定之后，就要对产品或服务进行设计，确定其功能“型号”规格和结构。接着，要对如何制造产品或服务的工艺进行选择，对工艺过程进行设计。

产品或服务的选择可以决定一个企业的兴衰。在制定这一策略时应考虑的因素主要有：市场需求的不确定性；外部需求与内部能力之间的关系；原材料、外购件的供应；企业内部各部门工作目标上的差别等因素。

在产品或服务的开发与设计方面有三种策略。

1. 做跟随者还是领导者

企业在设计产品或服务时是做新技术的领导者还是跟随者，是两种不同的策略。新技术领导者具有如下特征：创新、投入大、风险大，领导新潮流，技术处于领先地位。跟随者具有如下特征：仿制、花费少、风险小，技术处于跟随、追赶地位。

2. 自己设计还是请外单位设计

同自制或购买决策一样，对产品开发和设计也可以自己做或请外单位做。一般来说，涉及独到技术必须自己做。

3. 花钱买技术或专利

利用大学和研究所的成果来节约研究与开发的时间费用不失为一种聪明的办法。企业通过购买大学或研究所的生产许可证、专利权和设计，不仅可少冒风险，而且可节约开发和设计时间。

（三）生产运作系统的设计战略

生产运作系统的设计对生产运作系统的运行具有先天的影响，它是企业战略决策的一个重要内容，也是实施企业战略的重要步骤，生产运作系统的设计有四个方面的策略：选址策略——考虑一些主要因素，是靠近市场，还是接近顾客；如何评价方案优劣，怎样选址等；选好厂址后，部门、单位，设施、设备如何布置最经济、效率最高是布置需要解决的问题；工作岗位如何划分，工作内容是哪些，工作考核进行和报酬如何分配，工作怎样划分成本最低、生产效率最高、质量最好等内容均需在岗位设计策略中解决。

补充阅读2

德邦物流的营销策略

1. 公司产品的营销策略

目前德邦物流的产品服务包括精准卡航、精准城运、精准汽运、精准空运。精准卡航指的是公司的物流配送全部采用进口 LOLVO/SCANIA 等全封闭厢式卡车，以最优的路线为客户进行货物运输和派送；车辆自身严密电子系统控制，方便的 GPS 全球定位，短信、电话、网络实现全程货物跟踪，保证货物快速安全到达；精准城运指的是公司实现了珠三角、长三角、京津唐、山东、川渝区域城市之间快速送达，限时未到，最高按运费 3 倍赔付，为顾客提供保证性服务，增加企业的可信度；精准汽运指的是德邦物流的网络横贯东西、纵穿南北、遍布全中国，每日准点发车，运输路线持续优化，专线通达全国；精准空运指的是公司以开单预配的航班为计算当日，保证货物在次日24：00前送达目的站机场，在全国40多个城市设有空运代理点，与全国所有机场保持良好合作关系。

2. 公司价格营销策略

德邦物流目前采取组合价格策略，根据深圳货运市场情况对不同细分市场采取不同的价格策略。针对各个地区不同程度地采取等级价格策略。该价格策略实施有利于公司发展大客户，鼓励集中货源以便于管理，同时也实现了收益的最大化。对于市场供不应求的航线，采取浮动价格策略，如上海至深圳、上海至北京、上海至天津等路线，经常出现需求远大于供给的情况。市场部门根据即时的情况灵活地制定相应的价格，既控制了物流配送能力的最优分配，又不失时机地为公司创造更高的收益。对于货量大、商誉高的客户，采用协议的方式给予固定的价格。这一价格策略深得各大客户的赞许，同时也确保了公司货源的稳定。

3. 公司品牌营销策略

德邦还在厦门大学开设了德邦物流奖学金，鼓励学生勤奋学习、刻苦钻研，并积极参加社会实践。此外，为了获得更多更优秀的人才资源，德邦物流与高校展开了合作，并为高校大学生提供大量实习就业岗位。这些不仅体现了德邦的营销手段，同时也有很好的社会效应，形成很深刻的影响。此外，公司还在个体、店面、户外、网站、人员服务及工作制服等方面加强德邦物流的品牌营销。

4. 公司区域营销策略

即“5km”营销，对营销最有优势的部门5km附近范围进行深度营销，集中营销精力和资源，集中投入优势区域。“5km”管理是一个抽象的概念，是根据公司平均点距设定的一个理想值，是对公司大力拓展网点覆盖率的假设，具体的范围设定由区长和经理根据营业部所在地域确定。营业部应因地制宜，综合资源能力、交通状况、企业分布、竞争对手等的考量，从而确定“5km”营销的范围；同时，还要尽可能避免营销区域的重叠，这就要依靠部门间合作。区长要在营业部划分营销区域时发挥沟通协调作用，带头组织经理讨论，一起进行部门管辖区域划分，避免重复开发情况。客户筛选的过程，就是确定有效市场的过程，方法如下：

有效市场＝区域内企业总数－已合作企业数－不适宜合作企业数－未知客户

实施区域营销活动过程中，企业要利用收集资料阶段获得的信息，进行电话咨询、邮件咨询，并选取潜力大、合作意向强的企业重点进行客户拜访；由于距离较近，可提供免费接货等服务，吸引客户。在有限范围进行“无限”营销，此阶段要借助一切可能的营销手段，向“5km”范围加大营销力度，争取一切可能的客户。

资料来源：三亿文库德邦物流的营销策略，http：//3y. uu456. com/bp－2f2cf6sa3q68011ca300q183－1. html。

二、企业生产运作战略的制定与实施

（一）企业生产运作战略的制定程序

由于生产运作战略是职能战略之一，所以它必须在企业总体战略、竞争战略制定之后才能制定。一般而言，生产运作战略的制定程序如下。

（1）制定战略任务说明书。

（2）进行环境分析。

（3）制定战略目标。

（4）评价战略目标。

（5）提出备选方案。

（6）选择战略方案。

（7）组织实施。

（二）企业生产运作战略实施的步骤

企业制定出生产运作战略后，生产运作战略要与企业的资源分配、技术能力、工作程序和计划方案等相适应。企业生产运作战略的实施步骤如下所示。

（1）明确战略目标。生产运作战略是根据企业经营战略来制定的，在企业战略中已经明确生产运作的粗略的基本目标。在生产运作战略实施时，还要进一步明确该目标，使之成为可执行的具体化的目标。生产运作战略的目标主要包括产能目标、品种目标、质量目标、产量目标、成本目标、制造柔性目标和交货期目标等。

（2）制订实施计划。生产计划具体包括产能发展计划、原材料及外购件供应计划、质量计划、成本计划和系统维护计划等。

（3）确定实施方案。计划明确了生产运作的方向。

（4）编制生产预算。编制预算是为了管理和计划控制。

（5）确定工作程序。工作程序规定了完成某项工作所必须经过的阶段或步骤的活动细节，具有技术性和可操作性的特点。

第四节 精益生产

一、丰田生产方式的产生

1950 年春，丰田英二到美国底特律进行为期两三个月的考察。他意识到美国的生产方式虽然先进，但仍有改善余地，需要采用更能灵活适应市场需求、提高产品竞争力的生产方式。丰田英二与大野耐一共同研究适合日本的生产方式。当时日本国内市场狭小，所需汽车的品种又很多，多品种、小批量并不适合大量生产方式的要求；战后的日本缺乏大量外汇来大量购买西方的技术和设备，不能单纯地仿效美国底特律福特公司的轿车厂；缺乏大量廉价劳动力。由此丰田英二和大野耐一开始了适合日本需要的生产方式的革新。大野耐一先在自己负责的工厂实行一些现场管理方法，如目视管理法、一人多机、U 型设备布置法等，这是丰田生产方式的萌芽。

随着大野耐一式的管理方法取得初步实效，他的地位也得到了逐步提升。大野耐一式的管理在更大范围内得到应用，他的周围同时也聚集了一些人，进一步完善方法。通过对生产现场的观察和思考，提出了一系列革新，如 3 分钟换模法、现场改善、自动化、五问法、供应商队伍重组及伙伴合作关系、拉动式生产等方法，最终建立起一套适合日本的丰田生产方式。

二、精益生产

精益生产（lean production），简称“精益”，是衍生自丰田生产方式的一种管理哲学。为了进一步揭开日本汽车工业成功之谜，1985 年美国麻省理工学院筹资 500 万美元，在丹尼尔·鲁斯（Daniel Roos）教授的领导下，用了 5 年时间对 14 个国家的近 90 个汽车装配厂进行实地考察。在全球范围内对丰田生产方式的研究、应用并发展，促使了精益生产理论和生产管理体系的产生，该体系目前仍然在不断演化发展当中。丹尼尔·鲁斯把丰田生产方式从生产制造领域扩展到产品开发、协作配套、销售服务、财务管理等各个领域，贯穿于企业生产经营活动的全过程。1996 年詹姆斯 P. 沃麦克（James P. Womack）和丹尼尔 T. 琼斯（Daniel T. Jones）著出了《精益思想》，该书描述了学习丰田方法所必需的关键原则，并且通过例子讲述了各行各业均可遵从的行动步骤，进一步完善了精益生产的理论体系。

精益生产是通过系统结构、人员组织、运行方式和市场供求等方面的变革，使生产系统能很快适应用户需求不断变化，并能使生产过程中一切无用、多余的东西被精简，最终达到包括市场供销在内的生产各方面取得最好结果的一种生产管理方式。与传统的大生产方式不同，其特色是“多品种、小批量”，满足人们不同的需求。

不同行业的企业，精益生产侧重点有所不同。连续型行业如医药、化工等，一般偏好设备管理，如 TPM（Total Productive Maintenance，全面生产管理），因为在流程型行业需要运用到一系列的特定设备，这些设备的状况极大地影响着产品的质量。而离散行业如机械加工、汽车装配等，设备布置、生产线的布局，以及工序都是影响生产效率和质量的重要因素，因此离散行业注重标准化、JIT（Just in Time，准时制生产方式）、看板以及库存控制。

三、精益生产的特征、思想、理念及做法

（一）精益生产的特征

精益生产是一种以最大限度地减少运营成本为主要目标的生产方式。其中“精”表示精良、精确、精美，既少而精。不投入多余生产要素，只在适当时间生产必要的产品；“益”表示利益、效益等，所有经营活动有益有效，具有经济性。

精益生产就是及时制造，消灭故障，消除一切浪费，追求精益求精和不断改善，去掉一切不增值的岗位。精益生产的核心是精简。什么是浪费？根据丰田汽车公司的说法，凡是超过生产产品所绝对必要的最少量的设备、材料、零件和工作时间的部分，都是浪费。不增加价值的活动也是浪费，通常表现为八大浪费：过量生产、等待时间、多余的运输、过量库存、烦琐的过程（工序）、无用动作、产品缺陷以及忽视员工创造力。

日本丰田汽车公司的生产方式是最适用于现代制造企业的一种生产组织管理方式，被称之为精益生产，以针对美国大量生产方式过于臃肿的弊病。精益生产综合了大量生产与单件生产方式的优点，力求在大量生产中实现多品种、高质量和低成本的生产目标。

精益生产方式中的JIT实质是管理过程，包括人事组织管理的优化，大力精简中间管理层，进行组织扁平化改革，减少非直接生产人员；推行生产均衡化、同步化，实现零库存与柔性生产；推行全生产过程（包括整个供应链）的质量保证体系，实现零不良；减少和降低任何环节上的浪费，实现零浪费；最终实现拉动式准时化生产方式。

（二）精益生产的思想与理念

1. 精益生产的主要思想

（1）追求零库存。精益生产是一种追求无库存生产，或使库存达到极小的生产系统，为此而开发了包括“看板”在内的一系列具体方式，并逐渐形成了一套独具特色的生产经营体系。

（2）追求快速反应，即快速应对市场的变化。为了快速应对市场的变化，精益生产者开发出了细胞生产，固定、变动生产等布局及生产编程方法。

（3）企业内外环境的和谐统一。精益生产方式成功的关键是把企业的内部活动和外部的市场（顾客）需求和谐地统一于企业的发展目标。

(4) 人本位主义。精益生产强调人力资源的重要性，把员工的智慧和创造力视为企业的宝贵财富和未来发展的原动力。具体体现为三个方面：一是充分尊重员工；二是重视培训；三是共同协作。

(5) 库存是“祸根”。高库存是大量生产方式的特征之一。由于设备运行的不稳定、工序安排的不合理、较高的废品率和生产的不均衡等原因，常常出现供货不及时的现象，库存被看作是必不可少的“缓冲剂”和应对办法。但精益生产则认为库存是企业的“祸害”，其主要理由是：一是库存提高了经营的成本；二是库存掩盖了企业的问题。

2. 精益生产的理念

首先确立一个要达到的理想状态，然后去想怎么办，马上行动；消除一切浪费；提高效率，创造价值；准时生产；持续改进（各行各业成功的黄金定律）；成本无底线，改善无止境；成本取决于制造的方法；质量无极限，没有最好的，只有更好的；只有想不到的事，没有做不到的事。

靠扩大生产规模来增加经营利润是高投资和高风险策略；提高价格会破坏市场秩序和竞争格局，降低竞争力；而采用降低成本策略时无须投资，回报率高；通常，成本降低10%，相当于经营规模扩大1倍!

获取利润的途径是降低成本，降低成本靠的是彻底消除浪费。

(三) 精益生产的主要做法

1. 产品设计标准化和模块化

这样做有四个优点：一是简化；二是加快生产速度；三是减少配件的品种数，能够在较少的库存下维持较高的服务水平；四是由不同的标准模块组合成不同的产品，以满足顾客的需要。

2. 组织混流生产

一条多对象流水线上可生产多种产品，生产方式有成批轮番生产，也有混流生产。在成批轮番生产中，批量越大，在制品越多，成品库存也越多。一个成品需要由一定比例的各种零部件构成，若各种零部件能按其最小比例来生产，则各种零部件生产批量最小，这样使在制品最少，成品库存也最少。为了努力消除成品库存，应采取混流生产方式。

3. 减少调整准备时间

品种转换频繁，调整准备时间突出，借鉴赛车更换车轮的做法，改变组织方法。尽可能在机器运行时进行调整准备，采用这种方法可使调整准备时间减少50%；尽可能消除停机时的调整时间，可减少余下调整准备时间的50%；进行人员培训，像训练消防队员那样训练工人，使他们在极短的时间内完成调整准备工作。除了改变组织方法外，还可用技术方法对设备和工艺装备进行改造，如达到 3 分钟换模，提高机器柔性。

4. 建立多功能制造单元

将不同功能的机器放到一起，提高柔性；一个工人完成多种机器操作，人尽其用；机器数按最高负荷配置；工人数按实际负荷采取“U”形布置，减少体力消耗，增强团体意识；开展“5S”活动。

5. 准时采购

向消除原材料和外购件库存方向努力，采购中不增加产品价值的活动有订货、修改订货、收货、开票、装卸、运输、质量检查、入库、点数、运转、送货等。要消除采购中的浪费，就应该选择尽量少的、合格的供应厂家，建立长期互利合作关系。

6. 从根源上保证质量

质量是实施精益生产的保证，不从根本上保证质量，精益生产就无法保证高效实施。质量检验固然重要，但它只是手段，不是目的。高质量产品是科学生产系统生产制造出来的，影响产品质量的因素可从产品设计、制造和保证体系三个方面考虑。设计先天不足，后患无穷；制造工艺不科学、不先进，质量保证体系不完善，单靠人的感觉、经验、小心翼翼生产是无法从根源上保证质量的。应从上述三个方面做文章，从根源上保证质量。例如，织布机断线提前预警、自动停机，从根本上解决断线质量问题。

7. 实施防错法

防错法就是借助一些防错原理和方法，使人们不出错或极少出错的科学方法。这种方法和理念从根本上解决凭感觉、经验和小心翼翼工作时产品质量还是很难保证的被动局面。实施防错法可大幅度提高生产效率和产品质量，把人们从烦琐复杂的工作中解脱出来，使工作简单化。

8. 全面生产维修

先进的设备管理系统是制造型企业生产系统中最有力的保障系统之一。为了科学管理设备，在借鉴全面质量管理的基础上，人们提出了全面生产维修（TPM）制度。全面生产维修制度就是通过全员参与，以团队工作的方式创建并维持优良的设备管理系统，提高设备的开机率（利用率），增进安全性及高质量，从而全面提高生产系统的运作效率。它包括全面预防性维护与全面预测性维护。

9. 拉动式准时化生产

以最终用户的需求为生产起点，强调物流平衡，追求零库存，要求上一道工序加工完的零件立即进入下一道工序。

组织生产线依靠一种称为看板的形式。通过看板传递生产需求信息，传递下道向上道需求的信息（看板的形式不限，关键在于能够传递信息），发出生产指令。生产中的节拍可由人工干预、控制，但重在保证生产中的物流平衡（对于每一道工序来说，即为保证对后退工序供应的准时化）。由于采用拉动式生产，生产中的计划与调度实质上由各个生产单元自己完成，在形式上不采用集中计划，但操作过程中生产单元之间的协调则极为必要。

10. 团队工作法

每位员工在工作中不仅仅是执行上级的命令，更重要的是积极地参与，起到决策与辅助决策的作用。组织团队的原则并不完全按行政组织来划分，而主要根据业务的关系来划分。团队成员强调一专多能，要求能够比较熟悉团队内其他工作人员的工作，保证工作协调顺利进行。团队人员工作业绩的评定受团队内部的评价的影响（这与日本独特的人事制度关系较大）。团队工作的基本氛围是信任，以一种长期的监督控制为主，避免对每一步工作的稽核，提高工作效率。团队的组织是变动的，针对不同的事物，建立不同的团队，同一个人可能属于不同的团队。

11. 并行工程

在产品的设计开发期间，将概念设计、结构设计、工艺设计、最终需求等结合起来，保证以最快的速度按要求的质量完成。各项工作由与此相关的项目小组完成。进程中小组成员各自安排自身的工作，但可以定期或随时反馈信息并对出现的问题协调解决。依据适当的信息系统工具，反馈与协调整个项目的进行。利用现代 CIM（计算机集成制造）技术，在产品的研制与开发期间，辅助项目进程的并行化。

四、精益生产的效果

精益生产主要研究时间和效率，注重提升系统的稳定性，50 多年来丰田公司经过不懈的努力和持续改进，不断完善和丰富精益生产的内容和方法，取得如下骄人的成就：生产时间减少 90%；库存减少 90%；生产效率提高 60%；市场缺陷减少 50%；废品率降低 50%；安全指数提升 50%；美国汽车工业 WIP（在制品）每年周转 10 次；1982 年丰田 WIP 每年周转次数 >300 次；1970 年，丰田生产车罩调整时间为 10 分钟（目前是 3 分钟），美国需 6 小时，联邦德国需 4 小时。

2005 年世界汽车前 5 强为：通用、戴姆勒 - 克莱斯勒、丰田、福特、大众，但丰田一家的利润为 108 亿美元，是其他 4 大巨头的总和，市值为欧洲所有车厂的总和。

第五节 企业流程再造

一、企业流程再造的含义

企业流程再造也译为“再造工程”（reengineering）。它是1993年开始在美国出现的关于企业经营管理方式的一种新的理论和方法。企业流程再造按照美国麻省理工学院教授迈克·哈默（M. Hammer）与詹姆斯·钱皮（J. Champy）的定义，是指“为了飞越性地改善成本、质量、服务、速度等重大的现代企业的运营基准，对工作流程（businessprocess）进行根本性重新思考并彻底改革”，也就是说，“从头改变，重新设计”。企业再造包括企业战略再造、企业文化再造、市场营销再造、企业组织再造、企业生产流程再造和质量控制系统再造。

二、流程再造的步骤

（一）对原有流程进行全面分析，发现其存在问题

根据企业现行的作业程序，绘制细致、明了的作业流程图。根据当前市场需求、客户消费行为、新的技术经济环境，从以下几个方面分析现行作业流程的问题。

1. 功能分析

通过对作业流程图重新审核，分析企业提供的产品或服务，是否具有多余或过剩功能；是否存在缺失功能或功能不足，无法或不能完全满足客户需求。通过运用价值工程法、流程图分析法、6H和ECRS法、精益生产理念与方法，分析并找到存在的问题及原因。

2. 重要性分析

存在的问题和原因可能会很多，不同的作业流程环节对企业的影响是不同的。运用科学分析方法把主要问题和关键问题找出来，把新环境下作业流程中的关键环节找出来，作为重点解决对象。

3. 可行性分析

根据市场、技术变化的特点及企业的现实情况，从技术经济角度分析改造的可行性。分清问题的轻重缓急，找出流程再造的切入点。为了对上述问题的认识更具有针对性，还必须深入现场，具体观测、分析现有作业流程的功能、制约因素以及表现的关键问题。

（二）成立再造小组

再造实际上也是一个项目，依据项目管理的科学程序，应成立一个再造小组，有

组织必须有领导，选派有权威、领导水平高的组长是成功的前提条件。小组成员应由内外部人士共同组成，应考虑年龄结构、性格搭配、技术和知识组合，以及便于开展工作等因素。

（三）设计新的流程改进方案，并进行评估

为了设计更加科学、合理的作业流程，必须群策群力、集思广益、鼓励创新。在设计新的流程改进方案时，可以考虑：

（1）将现在的数项业务或工作组合，合并为一；

（2）工作流程的各个步骤按其自然顺序进行；

（3）给予职工参与决策的权力；

（4）为同一种工作流程设置若干种进行方式；

（5）工作应当超越组织的界限，在最适当的场所进行；

（6）尽量减少检查、控制、调整等管理工作；

（7）设置项目负责人。

对于提出的多个流程改进方案，还要从成本、效益、技术条件和风险程度等方面进行评估，选取可行性强的方案。

（四）建立与流程改进方案相配套的组织结构

制订与流程改进方案相配套的组织结构、人力资源配置和业务规范等方面的改进规划，形成系统的企业流程再造方案。

企业业务流程的实施，是以相应组织结构、人力资源配置方式、业务规范、沟通渠道甚至企业文化作为保证的，所以，只有以流程改进为核心形成系统的企业再造方案，才能达到预期的目的。

（五）组织实施与持续改善

实施企业流程再造方案，必然会触及原有的利益格局。因此，必须精心组织，谨慎推进。既要态度坚定，克服阻力，又要积极宣传，达成共识，以保证企业再造的顺利进行。

企业再造方案的实施并不意味着企业再造的终结。在社会发展日益加快的时代，企业总是不断面临新的挑战，这就需要对企业再造方案不断地进行改进，以适应新形势的需要。

（六）实施流程再造后的工作

流程再造工作程序可借鉴 PDCA 循环程序进行，最后一步是总结经验教训，分析

成功之处，将其标准化、程序化。将存在的缺陷和暂时无法解决的问题留给以后解决，作为下次流程再造的对象。

补充阅读3

一站式服务

位于康涅狄格州斯坦福的 GTE 通信公司在 1993 年年初对服务部门进行分析时发现，顾客的问题能得到立刻解决的可能性仅为 15%。该公司 4/5 的收入来自电话业务。面对更小、更灵活的竞争者，公司决定改变过去的服务方式，建立“一站式服务”，即打一个电话就能解决全部问题（见图 2－1）。该公司特别训练了“前端技师”，在他们接听顾客电话的桌面上安装测试和开关装置，在与客户交谈时检测线路，查明并解决问题；即使不能，他们也会立即查看时间表，并通知客户去修理的时间。你能否用 ECRS 法和 6H 法提出自己的流程再造方案？

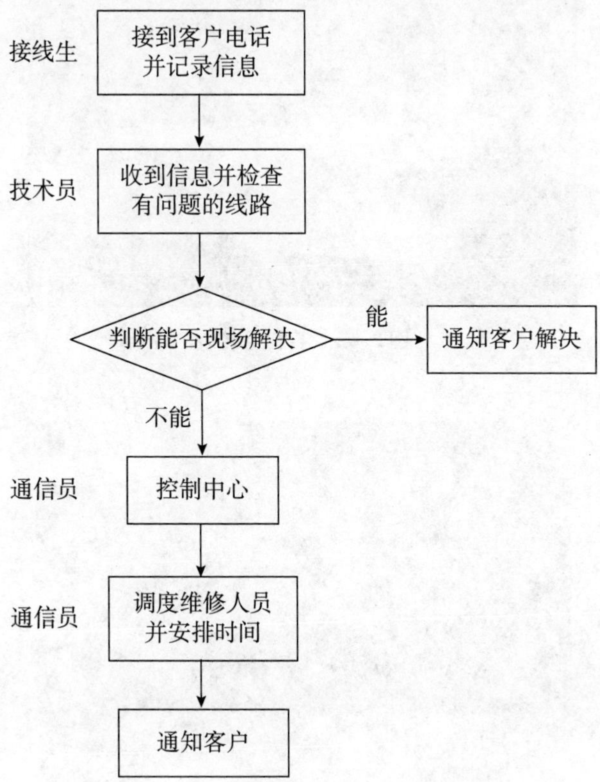

图 2－1　电话业务故障修理流程

实训资料

衬衫装箱工序流程再造

宁波一家服装企业生产衬衫，最后几个班组工作分别是烫熨组（多人），负责烫熨和折叠（见图2-2）衬衫；装袋组（多人），负责把衬衫装入塑料袋（见图2-2）；装箱组（3人），一人专门负责把装袋组装好的产品运过来，然后从装产品的蓝色塑料筐里一件一件拿出来，按不同型号分别摆放（见图2-3），另外两名工人负责走到几米远的地方寻找所需型号的纸箱（见图2-4），把纸箱运回来，再把已分好的产品从地上搬起来放在工作台上，然后装箱（见图2-5）。你有何办法改进？如何合并工序？如何组织生产？

图2-2　装袋组装袋

图2-3　装箱组分拣不同型号衬衫

图 2-4 装箱组成员寻找某种型号的纸箱

图 2-5 装箱组最后装箱

补充阅读4

西南航空低价模式

西南航空公司以低成本战略赢得了在美国航空业日渐衰退的大环境下的大胜利。西南航空采用明确的市场定位，即公司只开设短途的点对点的航线。时间短，班次密集。一般情况下，如果错过了西南航空的某一趟班机，完全可以在一个小时后乘坐西南航空的下一趟班机。西南航空主要运营二线机场（使用费用低），实施的是点对点航线网络，减少了经停点和联程点，从而减少了航班延误和整个旅行时间。飞机的过站时间减少，相当于提高了飞机利用率。而且采用单一机型（燃油经济型的B737飞机），采购成本和维修成本低，易于运营和训练，且为驾驶员随时接机飞行提供了方便。西南航空许多驾驶员和空中服务员经常不停地倒飞机工作，飞行时间是美国联合航空和美国航空公司飞行员工作时间的两倍。西南航空的飞机不用对号入座，不用上飞机找座位，没有公务舱和经济舱之分，这样登机很快，既省时间，也节省了飞机滞留机场的费用。下飞机等行李的时间也比其他公司短；飞机不提供配餐，既节约飞机停机时间，又节省空间、增加座位，同时又减少2位服务员；飞机取消头等舱，又增加了12个座位，进而增加收益。

公司一共在32个机场运营，每日提供的航班量超过3000班。通过和ATA航空公司之间的代码共享，公司能提供更好的联程服务。通过公司网络，乘客们可以方便地找到公司简单明了的票价体系。公司除了网上能够预订宾馆、汽车和游船之外，乘客现在能使用自己电脑提前24小时打印出登机牌。目前70%的客运销售都通过公司网站。2005年公司推出DING项目，可以将票价信息直接传送到乘客的台式电脑中，目前约有200万客户能接收到最合适的票价信息。

为了效率最大化，公司实施的是点对点航线网络，全力以赴关注始发到达客源，而不是中转联程客源。公司目前大约有80%的客源都是直达旅客。直达航班减少了经停点和联程点，从而减少了航班延误和整个旅行时间。飞机的过站时间通常只有25分钟（不提供配餐，减少配餐时间），甚至更少，这相当于提高了飞机利用率。为了降低燃油消耗，公司737－700机队都安装了翼梢小翼。公司飞行员、签收员、地面操作人员和燃油管理人员共同努力想方设法将燃油消耗最小化。

补充阅读5

施乐租赁产品营销模式

20世纪50年代中期，静电复印术面世了。这种技术复印出来的复印件是干的，既干净又整洁；复印速度也非常快，每天可达数千张，远远高于当时主流的湿式复印机。当时主流复印机售价300美元，施乐（Xerox）采用高价定价策略，新型静电复印机售价2000多美元。

20世纪50年代，多数复印机厂家采取“成本加成定价法”，即复印机设备售价是用成本加上一个适当的利润确定，目的是为了吸引更多的客户购买；而对配件和耗材则是单独高价卖出，以获取高额利润。施乐经过不断探索，最终采取了一种新的商业模式，并于1959年推向市场。具体做法是：消费者每个月只需支付95美元，就能租到一台复印机，如果每月复印的张数不超过2000张，则不需要再支付任何其他费用；超过2000张以后，每张再支付4美分。如果客户希望中止租约，则只需提前15天通知公司即可。

由于复印质量很高，而且使用方便，用户的办公室一旦安装了这种复印机，通常每天复印就超过2000张。这就使得很多客户从第二天起，就可以带来额外收入。

由于采取高价定价策略和租赁产品模式，此后十几年，施乐公司收入增长率一直保持在41%，其股权回报率也一直长期稳定在20%左右。1972年，原本一家资本规模仅3000万美元的小公司，已经变成了年收入高达25亿美元的商业巨头。

本章小结

第一节介绍了企业生产运作战略的含义与作用、战略制定的影响因素。企业生产运作战略是指根据企业各种资源要素和内外环境的分析结果，对与生产运作管理及生产运作系统有关的基本问题进行分析与判断，确定总的指导思想及一系列决策原则。生产运作战略的作用是企业总体战略成功的保证，影响企业竞争力的大小。

第二节阐述了现代企业的生存与发展环境具备的经济全球化、技术进步加速、基于时间的竞争和环境问题日益突出4个新的特征；现代企业在产品竞争方面的4个主要特点，即企业产品面临生命周期明显缩短、产品品种越来越多、产品成本结构发生变化和交货期越来越短。

第三节介绍了生产运作战略主要包括3个方面内容，即生产运作的总体战略，产品或服务的选择、开发与设计战略和生产运作系统的设计战略。

第四节论述了精益生产是一种以最大限度地减少运营成本为主要目标的生产方式。其核心思想是首先确立一个要达到的理想状态，然后去想怎么办，马上行动；消除一切浪费；提高效率；创造价值；准时生产。其科学理念是持续改进；成本无底线，改善无止境；成本取决于制造的方法；质量无极限，没有最好的，只有更好的；只有想不到的事，没有做不到的事。其做法是产品设计标准化和模块化、组织混流生产、减少调整准备时间、建立多功能制造单元、准时采购、从根源上保证质量、实施防错法和全面生产维修8种做法。

第五节介绍了企业流程再造的含义，介绍流程再造常用的方法、流程再造实施步骤与程序。

【基础练习】

一、判断题

1. 企业生产运作战略是企业智能战略之一。(　　)

2. 生产运作竞争力除了运作模式外，主要体现在四个方面：时间、成本、质量和柔性，即 TQCF。(　　)

3. 微笑曲线具有“中间大”“两头小”的特点。(　　)

4. 生产运作战略主要包括 3 个方面内容：一是生产运作的总体战略；二是产品或服务的选择、开发与设计战略；三是生产运作系统的设计战略。(　　)

5. 成本没有底线，质量没有极限。(　　)

二、选择题

1. 属于企业生产运作的总体战略有（　　）。

A. 工艺选择　　B. 生产数量　　C. 自制还是外购

D. 高质量　　E. 低成本和大批量

2. 精益生产的理念主要有（　　）。

A. 消除一切浪费　B. 创造价值　　C. 准时生产

D. 持续改进　　E. 首先确立一个要达到的理想状态，然后去想怎么办，马上行动

3. 精益生产认为库存是企业的“祸害”，其主要理由是（　　）。

A. 库存提高了经营的成本　B. 库存掩盖了企业的问题　C. 库存增加工作量

4. 可用于流程再造的方法有（　　）。

A. 6H 法　　B. ECRS 法　　C. 价值工程法

D. PDCA 循环法　E. 平行作业法

三、思考题

1. 什么是企业的生产运作战略？它与企业经营战略有何关系？

2. 目前电商对哪些行业冲击较大？如何应对？

3. 小企业应采取何种产品战略？

4. “互联网 +”环境下有哪些新趋势？

5. 目前和未来哪些技术对选择生产运作模式有重大影响？

6. 精益生产的含义是什么？有何理念？

7. 物流配送作业哪些环节有改善余地？

第三章　设施选址

学习目标

知识目标

1. 熟悉影响设施选址的因素；
2. 熟悉设施选址的原则；
3. 熟悉设施选址常用的理论与方法。

技术目标

1. 会用设施选址的原则进行选址；
2. 会确定影响设施选址的因素，并进行评价；
3. 会用设施选址常用的理论与方法进行选址。

职业能力目标

1. 培养先进设施选址理念；
2. 掌握设施选址常用的理论与方法，解决企业设施选址问题。

物流聚焦

肯德基选址策略

影响门店发展最重要的因素当属选址，选址是取得成功的关键。肯德基选址成功率几乎能够达到100%，是这家餐饮巨头的核心竞争力之一。肯德基选址一般按照以下两步来进行。

第一步：商圈的划分与选择。首先是商圈的划分。肯德基计划进入某城市，就先通过有关部门或专业调查公司收集这个地区的资料，之后开始规划商圈。商圈规划采取的是计分的方法，例如，这个地区有一个大型商场，商场营业额1000万元算一分，5000万元算5分。有一条公交线路加多少分，有一条地铁线路加多少分。这些分值标准是多年平均下来的一个较准确经验值。通过打分把商圈分成几大类，以广东为例，有市级商业型、区级商业型、定点消费型，还有社区型，社区、商务两用型、旅游型等。其次是商圈的选择。主要根据商圈选择的标准确定，一方面要考虑餐馆自身的市场定位；另一方面要考虑商圈的稳定度和成熟度。肯德基与麦当劳市场定位相似，顾客群基本上重合，所以在商圈选择方面也是一样的。可以看到，有些地方同一条街的两边，一边是麦当劳，另一边是肯德基。

第二步：聚客点的测算与选择。首先确定这个商圈内，最主要的聚客点在哪。肯德基开店的原则是：努力争取在最聚客的地方和其附近开店。人流动线是怎么样的，在这个区域里，人从地铁出来后是往哪个方向走等。这些都派人去掐表，去测量，有一套完整的数据之后才能据此确定地址。肯德基选址人员将采集来的人流数据输入专用的计算机软件，就可以测算出在此地投资额不能超过多少，超过多少这家店就不能开。然后还要考虑人流的主要动线会不会被竞争对手截住。人流是有一个主要动线的，如果竞争对手的聚客点比肯德基选址更好的情况下那就有影响。如果是两个一样，就无所谓。

资料来源：商场选址规划，http：//manage. tbshops. com/Html/news/363/181448. html。

第一节　选址的重要性

生产系统设计是生产运作管理内容之一，是进行生产组织的前提。生产运营系统由设施、设备等物质实体构成的“硬件”系统和由计划、组织、控制等构成的“软件”系统组成。设施选址是“硬件”系统设计中重要的组成部分。设施选址就是将生产运作管理的硬件系统设置在什么地方的问题。

企业在新建、改建、扩建、兼并与联合时应进行设施选址。设施选址直接影响企业的生产管理活动和企业的经济效益。选址是生产运作战略的一部分，是取得竞争优势的重要条件之一。设施选址直接影响制造业投资成本和运行成本。在不同地点建厂，对投资多少以及投资后运行费用有很大影响，厂址是否靠近市场、毗邻原材料产地、当地劳动力资源是否丰富、基础设施是否完善等不仅影响初始投资，也影响投产后运营成本，即影响企业产品成本、服务成本和经营成本。据估算，商业经营是否成功，选址占70%，经营和推广等只占30%。古语说：“一步差三市。”西方国家服务行业流行这样一句话：“Location，Location，Location.”（位置，位置，位置）

选址需要考虑因素很多，首先，通常是多目标规划问题，而且这些因素常常是互相矛盾的。其次，不同因素的相对重要性很难确定和度量。最后，其具有动态性，当时选的是最佳位置，随着时间推移、环境变换，未来也许不是好的选址。

第二节 设施选址的影响因素

设施选址的影响因素可分为两类：一是选择地区时的影响因素，二是选择具体位置时的影响因素。

一、选择地区时的影响因素

（一）是否靠近市场

这里的市场指的是企业的用户，它可以是消费者，也可以是配送中心或其他企业。靠近目标市场可以使产品迅速投放市场并降低运输成本。这不仅是企业自身的要求，有时更是用户的要求。

（二）是否靠近原材料供应地

对原材料依赖性较强的企业应尽量靠近原材料供应地，尤其是与产品相比，原材料的重量和体积更大的情况下，更应靠近原材料产地。

（三）交通运输状况

根据原材料、零部件运输的特点，企业应尽量靠近铁路、公路、港口等交通便利，便于原材料、产品运输的地方。

（四）劳动力资源供给

劳动力是企业最重要的资源之一，不仅要在数量上更要在质量上满足企业的需要。不同的地区劳动力、工资水平、受教育情况等都有所差异。企业应在全球范围内选择能满足质量要求且成本低的地区建厂。

（五）基础设施条件

基础设施主要是指企业生产运营所需要的水、电、气等基础设施。此外，还应考虑“三废”的处理、交通状况等。企业应根据企业产品的特点，用电多的企业应考虑在电力供应充足的地方选址建厂；用水多的企业应考虑在水质能满足要求且水源充足的地方选址建厂。

（六）气候条件

根据产品的特点，应考虑温度、湿度、气压等因素对产品生产的影响。如造酒业、精密仪器等生产类型企业。

（七）政策、法规环境

政局是否稳定、法规是否健全、赋税是否合理也是选址时需要考虑的重要因素。

二、选择具体位置时的影响因素

（一）可扩展性

除了根据生产规模规划所需要的面积外，还要考虑生活用地、绿化用地及未来发展的需要，应具有良好的可扩展性。

（二）周围环境

所选位置能否满足职工生活、娱乐、子女就学、就医和购物等要求也是选址时应考虑的因素，它是使生产运营系统高效运行的前提。对于高新技术企业，毗邻大专院校、科研院所有利于依托其技术优势；毗邻其他高新技术企业则可发挥集聚效应。

概括来说，选址常见的非经济因素主要有区域位置，面积与地形，地貌与坡度，风向与日照，地质条件，地震与防洪，拆迁与赔偿情况，供电、供水及排水，与城市距离，交通情况，经营条件等。

第三节　设施选址的原则、步骤与趋势

一、选址的原则

（一）产品型企业选址的原则

在选址时，要考虑是接近原材料供应地，还是接近消费市场。

下述情况的企业应该接近原料或材料产地：原料笨重而价格低廉的企业，如砖瓦厂、水泥厂、玻璃厂、钢铁冶炼厂和木材厂等；原料易变质的企业，如水果、蔬菜罐头厂；原料笨重、产品由原料中的一小部分提炼而成，如金属选矿和制糖企业；原料运输不便，如屠宰厂等企业。

（二）市场区域型企业选址的原则

下述情况的企业应该接近消费市场：产品运输不便，如家具厂、预制板厂；产品易变化和变质，如制冰厂、食品厂；大多数服务业，如商店、消防队、医院、中小学校等。

（三）连锁服务型企业选址的原则

连锁服务型企业应遵循避免过度分散、适当重叠的原则。古语说："一步差三市。"开店地址差一步就有可能差三成的买卖。服务型企业多数应遵循聚客点原则。生意越聚越火（汽车加油站式服务企业除外），购物中心、各种专业市场均是良好的营销地点。此外，小型服务业也可采取截流与跟进原则。如我们经常看到一条街道一边是麦当劳，另一边是肯德基；一个大型超市门口，麦当劳和肯德基一左一右，像个忠诚卫士，守护在大门旁。这就是肯德基采取的跟进策略。印度尼西亚本土快餐店采取的是截流原则，在客流经过麦当劳之前设店，也取得了成功。

二、选址的步骤与程序

选址的步骤可分为 4 个阶段，即准备阶段、地区选择、地点选择和报告编制。选址程序如下：①确定任务；②列出需要考虑的因素与要求；③确定评价方法；④评价备选方案；⑤判断是否满意；⑥对确定位置满意；⑦撰写选址报告，若不满意选择新的备选方案，评价新的备选方案。

三、选址的发展趋势

目前选址主要呈现如下几方面的趋势：一是工业园区和工业中心化；二是企业群体布局；三是靠近仓储设施和服务设施；四是企业生产运作全球化；五是向郊区发展；六是选址考虑生态环境保护。

第四节　设施选址的评价方法

设施选址的评价方法很多，常用的有 10 种方法，即量本利分析法、重心法、评分法、线性规划运输问题算法、引力模型法、仿自然法、直角坐标法、平衡点法、仿真方法、求导数法。此外，技术经济（工程经济学）或财务管理中的方案评价方法均可使用，因篇幅所限这里不一一介绍，只介绍几种常用选址方法。

一、量本利分析法（盈亏平衡分析）

【例 3－1】 由于市场需求前景看好，某集团公司拟在武汉（W）、南京（N）和广州（G）3 个地区建工厂，其固定成本分别为 300 万元、600 万元和 1100 万元，单位变动成本分别为7000元、4000元和2000元，估计年销售量为20000件。3个城市建厂总成本函数分别为：

$$TC_W = F_W + V_W \times Q \quad (3-1)$$
$$= 3000000 + 7000 \times Q$$

$$TC_N = F_N + V_N \times Q \quad (3-2)$$
$$= 6000000 + 4000 \times Q$$

$$TC_G = F_G + V_G \times Q \quad (3-3)$$
$$= 11000000 + 2000 \times Q$$

式中：TC——总成本；

F——固定成本；

V——单位可变成本；

Q——销售量（产量）。

解得W和N交点E为Q=10000件，W和G交点F为$Q=16000$件，NG交点S为$Q=25000$件。预计销售量为20000件，在点E和S之间，南京（N）方案成本最低，因此，应选南京（N）建厂。若销售量小于10000件，应在武汉（W）处建厂；若销售量大于25000件，应在广州（G）处建厂（见图3-1）。

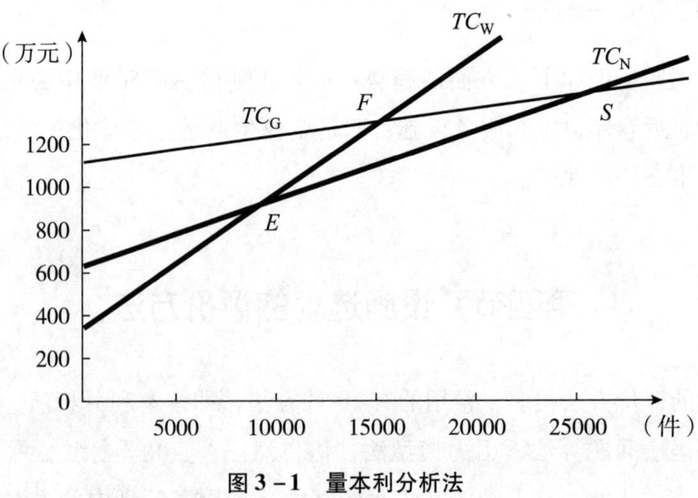

图3-1　量本利分析法

二、评分法

(一) 简单评分法

简单评分法是根据选址应考虑的因素，给每个影响因素赋予一个最高分，即满分时的得分，在备选方案中评价专家进行打分，总分数最高的方案为最佳方案。

【例3－2】假设某公司选址只考虑6个重要因素，其他因素忽略不计。有关资料参见表3－1，每个因素设定一个最高值，参见表3－1第2列，评价专家据此给3个备选方案打分，参见表3－1第3～5列。经计算和比较，B方案得分总计910分，得分最高，因此为最佳方案。

表3－1　　简单评分法计算表

选址因素	最高分数	A方案	B方案	C方案
燃料可获性	220	180	200	190
水源供应充足程度	100	80	90	80
劳动力供应情况	200	120	200	160
生活条件	150	120	120	100
运输灵活性及前景	200	160	160	140
环境保护法规	150	130	140	130
合计	1020	790	910	800

（二）加权评分法

加权评分法与简单评分法不同，直接给出重要程度比重，每项指标满分可以是100分，也可以是其他数值，如10分等。经过专家对各项指标打分，然后考虑权重计算总分，总分数最高的为最佳方案。计算公式为：

$$S = \sum W_i F_i / \sum W_i \tag{3-4}$$

式中：S——总分数；

W_i——第i指标权重；

F_i——第i指标评分值。

【例3－3】假设某公司选址只考虑6个重要因素，其他因素忽略不计。每个因素权重（重要程度）如表3－2第3列所示，评价专家给4个备选方案的6个影响因素分别打分，参见表3－2第4～7列，然后利用式（3－4）分别计算4个方案的加权平均得分，得分分别为84.1分、87分、88.3分和77.4分，第3个方案（C）得分最高，因此为最佳方案。建议利用Excel中对应相乘求和（sumproduct）公式计算加权平均得分，例如，单元格D8中的计算公式为“＝sumproduct（＄B2：B7，D2：D7）”，计算结果如表3－2最后1行所示。

表 3 - 2　　　　加权评分法计算表

行＼列	A	B	C	D	E	F
1	选址因素	权重	A 方案	B 方案	C 方案	D 方案
2	燃料可获性	0.1	95	85	95	78
3	水源供应充足程度	0.2	88	90	92	69
4	劳动力供应情况	0.2	70	90	80	90
5	生活条件	0.1	90	95	78	80
6	运输灵活性及前景	0.2	80	85	90	83
7	环境保护法规	0.2	90	80	93	66
8	共计	1	84.1	87	88.3	77.4

（三）综合评分法

上面讲到的两种方法虽然简单，但也存在严重缺陷，如例 3 - 3 中，劳动力供应情况第一个方案为何打 70 分？根据什么打分？换一个人打多少分？对可定量化的指标如何打分更客观、科学是评分法的关键所在。陈志祥在其所编著的《现代生产与运作管理》中提出一种比较好的综合评分法中的评分方法——多指标评价方法。我们在陈老师给出的方法基础上进行 4 方面修正，力求使其方法更有效、更科学合理。一是设立方案入选门槛，这样可以提高评比效率，把众多没入选的方案剔除，减少评价方案个数，每个评价指标（选址考虑重要因素）设一个最低可接受的门槛，如购房时，小区距离单位最远不超过 12km、房屋面积最小不低于 50m^2 等；二是设立理想值，大于等于理想值才可得满分，而不是方案中某个指标得最高分的赋值为满分，因为现有方案中得分最高不一定很理想，只是相对最好，这样可使方案得满分更合理；三是按比例打分，已入选的方案至少得 60 分，而不是零分，因为既然已入选，在可考虑范围内，给零分显然不妥，应按比例在 60 分基础上打分，最大限度减少靠人为主观因素打分；四是不分效益指标（越多、越大越好，如公交线路条数越多越好，住房面积越大越好等）和成本指标（距离越小越好，购买价格越低越好等），按统一公式把原始数据转换为科学可比分数。

【例 3 - 4】某大学毕业生小李参加工作 3 年，计划购买婚房。设有 5 个入选方案（A、B、C、D、E），考虑的指标假设只有 4 个，即距单位距离、房屋面积、价格和周边环境。这 4 项评价指标原始分值在表 3 - 3 中“B4∶E8”区域，各项评价指标权重在“B1∶E1”区域，最低可接受门槛在“B9∶E9”区域，理想值在“B3∶E3”区域。问：小李应选哪个方案？

我们发现，不论是成本指标还是效益指标，用式（3－5）均可保证成本指标类实际原始分数（a_{ij}）越小，转换的分数（b_{ij}）也越小，实际原始分数越大，转换的分数也越大；效益类指标也是一样，实际原始分数越小，转换的分数也越小；实际原始分数越大，转换的分数也越大。因此，我们可以用一个通式进行转换运算。前面提到基础分是60分，即已入选最低可得60分，即式（3－5）后半部分为60。在此基础上，按比例折算，即式（3－5）前半部分折算。因为（G_j-M_j）对应是40分，单位原始分数应转换分数为40/（G_j-M_j），所以原始数据a_{ij}转换的分数b_{ij}中超出60分的部分，应为（$a_{ij}-M_j$）×40/（G_j-M_j），因此，我们可得式（3－5）。

$$b_{ij}=[(a_{ij}-M_j)\times 40/(G_j-M_j)]+60 \tag{3-5}$$

用语言描述公式为：

矩阵 **B** 中某位置数据＝［（该位置原矩阵 **A** 实际数据－该列门槛）×40/（该列理想值－该列门槛）］＋60＋6　　（3－6）

原始数据矩阵如表3－3所示。

表3－3　　原始数据矩阵

	A	B	C	D	E
1	权重	0.1	0.25	0.35	0.3
2	方案	距离（km）	面积（m^2）	价格（元/m^2）	环境
3	理想/100	1	95	4000	100
4	A	2	80	5000	75
5	B	6	85	5500	75
6	C	10	90	4600	60
7	D	8	75	6000	90
8	E	7	79	5100	90
9	门槛/60	12	65	6200	60

在表3－4中，首先根据式（3－5）运用Excel函数公式进行原始数据转换，如单元格B18输入“＝（B5－B＄22）×40/（B＄16－B＄22）＋60”，然后拷贝复制整个“B17:E21”区域。再计算每个方案加权平均得分，如表3－4中“F17:F21”区域所示，单元格F17输入“＝SUMPRODUCT（B＄14:E＄14，B17:E17）”，然后拷贝复制整个“F17:F21”区域。最终可得完整表3－4。经计算，从表3－4最后一列区域（F17:F21）知：第5个方案得分最高，为82.48分，因此，建议小李采用第5个方案（E）。

表 3－4　　转化数据及计算结果矩阵

	A	B	C	D	E	F
14	权重	0.1	0.25	0.35	0.3	最终得分
15	方案	距离（km）	面积（m^2）	价格（元/m^2）	环境	
16	理想/100	1	95	4000	100	
17	A	96.36	80.00	81.82	75.00	80.77
18	B	81.82	86.67	72.73	75.00	77.80
19	C	67.27	93.33	89.09	60.00	79.24
20	D	74.55	73.33	63.64	90.00	75.06
21	E	78.18	78.67	80.00	90.00	82.48
22	门槛/60	12	65	6200	60	

三、精确重心法

（一）重心法

重心法（center－of－gravitymethod）是解决在哪建厂为现有工厂提供原材料使总运费最小问题的近似计算方法。重心法是一种布置单个设施的方法，这种方法要考虑现有设施之间的距离和运输的货物量。实际是计算以运量为权重的加权平均坐标。

重心法计算 X 和 Y 加权平均坐标分别为：

$$C_X = \sum W_i X_i / \sum W_i \tag{3-7}$$

$$C_Y = \sum W_i Y_i / \sum W_i \tag{3-8}$$

式中：C_X——重心 X 坐标；

C_Y——重心 Y 坐标；

X_i——第 i 点 X 坐标值；

Y_i——第 i 点 Y 坐标值；

W_i——第 i 点运量。

【例 3－5】设有 4 个化工厂，单位运费均为 1 元/吨千米，每天需求量参见表 3－5 第 4 行 B～E 列（区域 B4：E4），位置坐标参见表 3－5 中 B2～E3（区域 B2：E3），试用重心法确定供应厂位置坐标。

解：因单位运费相等且为 1 元，故可简化不考虑单位运价。根据重心法计算公式，利用 Excel 中函数公式，H2 单元格输入“＝sumproduct（B2：E2，B4：E4）/sum（B4：E4）”，H3 单元格输入“＝sumproduct（B3：E3，B4：E4）/sum（B4：E4）”，计算结果如表 3－5所示，重心坐标 X 为 47.54km（H2），Y 为 74.34km（H3），总运输量 1110t，对

应单元格 F4 = sum（B4∶E4），各工厂到重心（供应厂）距离见表 3 – 5 中“B5∶E5”区域，单元格 B5 计算公式为“ = （（B2 – ＄H＄2）^2 + （B3 – ＄H＄3）^2）^0.5”，总的运输费 24432.30 元，对应单元格 H5 = sumproduct（B4∶E4，B5∶E5）。

表 3 – 5 **重心法计算表** 单位：千米

列 行	A	B	C	D	E	F	G	H
1	工厂	A_1	A_2	A_3	A_4	合计		
2	X 坐标（km）	20	50	18	65		重心坐标 X	47.57
3	Y 坐标（km）	36	78	98	79		重心坐标 Y	74.34
4	需求量（t）	180	280	150	500	1110		
5	距供应厂距离（km）	47.22	4.39	37.87	18.04		总的运费（元）	24432.30

（二）重心法的适用条件

尽管许多教材介绍这种方法，但要注意这种方法并不是最优解，只是一种简便计算方法而已。当运量相差悬殊时离最优解很远，优化程度很低；只有当运量非常接近相等时，效果才比较理想。

这种问题的目标函数是总运费最小，因为当单位运价都相等时，可忽略单位运价，此时，目标函数为各点到供应厂的距离乘以该点运量之和，公式如下：

$$TC = \sum d_i W_i \tag{3-9}$$

因为：$d_i = [(X_i - X_C)^2 + (Y_i - Y_C)^2]^{0.5}$ （3 – 10）

所以：$TC = \sum d_i W_i = \sum [(X_i - X_C)^2 + (Y_i - Y_C)^2]^{0.5} W_i$ （3 – 11）

式中：d_i——第 i 点到供应厂距离；

W_i——第 i 点运量；

X_C——最优解 X 坐标；

Y_C——最优解 Y 坐标。

分别对 X_C 和 Y_C 求偏导数，可得最优解。因为带根号（0.5 次方），求导之后分母必带根号，不可能与加权平均表达式相等，所以重心法不是最优解。

（三）精确重心法

1. 精确重心法迭代公式的推导

为了克服重心法的严重不足之处，求解近似最优解（或满意较优解）甚至是最优解，可用精确重心法。精确重心法迭代公式推导如下：

式（3－11）两边对 X_C 求导数得：

$$TC' = \sum (X_i - X_C) W_i / d_i \tag{3－12}$$

式（3－11）两边对 Y_C 求导数得：

$$TC' = \sum (Y_i - Y_C) W_i / d_i \tag{3－13}$$

令导数等于0，解得迭代公式：

$$X_c = (\sum W_i \times X_i / d_i) / \sum W_i / d_i \tag{3－14}$$

$$Y_c = (\sum W_i \times Y_i / d_i) / \sum W_i / d_i \tag{3－15}$$

2. 迭代运算步骤

先按重心法给出初始坐标，计算初始解，然后再按新的位置重新计算 d_{i1} 和 TC_1，看新的 TC_1 是否满意，不满意，继续迭代，计算修正（迭代）后的 d_{i2} 和 TC_2，不满意继续迭代，直到满意为止，停止迭代。通过迭代可得最优解（或满意解），停止迭代的标准是迭代收敛，不再改变总成本数值或误差达到规定标准。

（四）Excel 在精确重心法中的运用

【例3－6】 以例3－5数据为例，迭代改善幅度小于0.15元，停止迭代。用精确重心法求解近似最优解，首先计算重心法坐标分别为47.57km和74.34km，此时总运费为24432.30元。用Excel软件编制计算迭代式，利用迭代式（3－14）和（3－15）计算新的修正后坐标分别为 $x=51.76$ 和 $y=77.46$，新的总运费为22508.20元。迭代10次结果为：$x=51.14$，$y=77.89$，总运费为22482.85元。迭代20次结果：$x=50.70$，$y=77.92$，总运费为22476.34元。迭代40次结果：$x=50.28$，$y=77.96$，总运费为22470.76元。迭代41次结果：$x=50.27$，$y=77.97$，迭代总成本为22470.62元，目标函数改善小于0.14元，停止迭代。迭代初始计算结果参见表3－6，第1次迭代结果参见表3－7，第41次迭代结果参见表3－8。

表3－6　　迭代初始方案

地点	运输量 W_i	X_i	Y_i	x	y	d_i	TC	W_i/d_i	$W_i \times X_i/d_i$	$W_i \times Y_i/d_i$
1	180	20	36	47.57	74.34	47.22	8500.32	3.81	76.23	137.22

续 表

地点	运输量 W_i	X_i	Y_i	x	y	d_i	TC	W_i/d_i	$W_i \times X_i/d_i$	$W_i \times Y_i/d_i$
2	280	50	78	45.57	74.34	4.39	1229.94	63.74	3187.16	4971.97
4	150	18	98	47.57	74.34	37.87	5680.08	3.96	71.30	388.20
5	500	65	79	47.57	74.34	18.04	9021.97	27.71	1801.16	2189.10
Σ	1110						24432.30	99.23	5135.85	7686.48
				51.759	77.464					

表 3-7　　　　第 1 次迭代结果

地点	运输量 W_i	X_i	Y_i	x	y	d_i	TC	W_i/d_i	$W_i \times X_i/d_i$	$W_i \times Y_i/d_i$
1	180	20	36	51.76	77.46	52.23	9401.32	3.45	68.93	124.07
2	280	50	78	51.76	77.46	1.84	514.87	152.27	7613.59	11877.19
4	150	18	98	51.76	77.46	39.51	5927.16	3.80	68.33	372.02
5	500	65	79	51.76	77.46	13.33	6664.85	37.51	2438.17	2963.31
Σ	1110						22508.20	197.02	10189.01	15336.59
				51.714	77.841					

表 3-8　　　　第 41 次迭代结果

地点	运输量 W_i	X_i	Y_i	x	y	d_i	TC	W_i/d_i	$W_i \times X_i/d_i$	$W_i \times Y_i/d_i$
1	180	20	36	50.27	77.97	51.74	9313.85	3.48	69.57	125.23
2	280	50	78	50.27	77.97	0.27	75.27	1041.61	52080.30	81245.26
4	150	18	98	50.27	77.97	37.98	5696.91	3.95	71.09	387.05
5	500	65	79	50.27	77.97	14.77	7384.59	33.85	2200.53	2674.49
Σ	1110						22470.62	1082.89	54421.49	84432.03
				50.27	77.97					

四、直角坐标法

（一）一维直角坐标法

1. 适用条件

一维直角坐标法是求解各需求厂和供应厂在一条直线上最优解的简便解法。这种方法适合这种情况：n 个企业在一条直线上（一条公路的两旁），第 i 个企业某种原材料使用量为 w_i，在这条直线上何处建一个供应厂供给它们所需的原材料，使得总运费最小。若单位吨公里运费各段都相同，则只需考虑总运量（用 S 表示）最小，即 $S=\sum$距离（d）×用量（w）最小。

2. 一维直角坐标法原理

根据优化理论我们知道，在只有一个波峰或波谷函数中，最优解那点导数等于零，说明那点是最佳位置，是力的平衡点。假设目标函数最优解为 Y_z，对应 x 坐标为 X_z，则有如下规律：不论 x 坐标是小于 X_z，还是大于 X_z，目标函数均恶化，都没有 Y_z 好。由此，我们可借此规律判断离散函数某一点是否是最优解。一条直线上最优解的简便解法借助于直角坐标法，即把若干使用单位如工厂（或班组）按坐标大小由小到大排列，再计算各需求单位累计使用量（$A=\sum w_i$（$i=1,2,\cdots,n$）），累计使用量第一个大于等于使用量总和的一半（$A_1=\sum w_i$（$i=1,2,\cdots,k$）对应的坐标为最优解。因为前 k 个工厂累计使用量大于等于使用量总和的一半，所以余下使用量累计之和（$A_2=\sum w_i$（$i=k+1,2,\cdots,n$）小于等于使用量总和的一半。因为往右移动 d_1 个单位，使用量累计之和 $A_1=\sum w_i$，移动距离都增加 d_1 个单位，到达下一个点，余下使用量累计之和（$A_2=\sum w_i$）移动距离都减少 d_1 个单位，综合作用的结果使得总运量增加 d_1（A_1-A_2）>0；往左移动 d_1 个单位，到达前一个点，此时新的使用量累计之和 $A_1'=\sum w_i$ 小于总和 A 的一半，A_1' 移动距离都减少 d_1 个单位，余下新的使用量累计之和（$A_2'=\sum w_i$）大于总和 A 的一半，A_2' 移动距离都增加 d_1 个单位，综合作用的结果使得总运量增加 d_1（$A_2'-A_1'$）>0，不管是左移还是右移，目标函数均增加，所以使用量累计之和第一个大于等于使用量总和一半对应的坐标为最优解。

这类问题的最优解只与使用量有关，而与距离无任何关系。但需注意的是，若最优解那点因某种原因不能建供应厂（或设置公用设施），应选离最优解最近前一点（左侧）和后一点（右侧）2 个点中总成本较小的那点建供应厂，这时最优解不仅与到这两点距离有关，还与前后累计使用量有关。

3. 一维直角坐标法求解步骤

一维直角坐标法求解最优解步骤如下所示。

首先把各单位按 X 坐标从小到大重新排序，其次计算（前）累计使用量，最后确定最优解坐标 X_o，累计使用量第一个大于等于总使用量一半对应的坐标 X_o为最优解。

【例 3－7】 某省内有 9 个化工厂，分别位于省级公路两边，其他小路特种车辆无法通过。距离省会位置及某种化工原材料使用量参见表 3－9。现拟在省内建一原材料供应厂，问：①在哪建厂位置最佳？②若最优解那点受土地使用限制，无法建供应厂，则应该在哪建供应厂？

问题①求解：因为 9 个化工厂分别位于公路两边，所以可运用一维直角坐标法求解。首先，根据各工厂的 X 坐标大小，把工厂从小到大排序，然后从前往后计算累计使用量，累计使用量（简称前累计）第一个大于等于总使用量一半对应位置即为最优解。表 3－10 中，化工 7 对应坐标是 X_o＝160km，前累计使用量 265≥465/2＝232.5，是第一个出现前累计使用量大于等于总使用量一半，因此，该点为最优解，此时总运量为 41235km·t。

Excel 实训练习 1：若单元格 E13 公式为"＝SUM（$C$12：E12）"，求单元格 G13 的 Excel 计算公式；若单元格 F14 公式为"＝SUM（F12：$K12）"，求单元格 D14 的 Excel 计算公式。

问题②求解：该问题有两种解法。

第一种解法就是计算最优解前一点总运量和后一点总运量，哪点低就在哪点建厂。计算过程如下：因最优解前一点是化工厂 6，x 坐标为 80km，若在此建厂，总的运量为 47235km·t（各厂到化工厂 6 的距离乘以对应使用量之和），详细计算过程参见表 3－11 中区域"C19：K19"。最优解后一点是化工厂 9，x 坐标为 200km，若在此建厂，总的运量为 43835km·t（各厂到化工厂 9 的距离乘以对应使用量之和），详细计算过程参见表 3－11 中区域"C21：K21"。又因 43835＜47235，即在化工厂 9 处建供应厂总运量小于在化工厂 6 处建供应厂，所以应选化工厂 9 处建供应厂，x 坐标为 200km。

Excel 实训练习 2，若单元格 D19 公式为"＝ABS（D11－$H11）＊D12"，求单元格 G20 和 G21 的 Excel 计算公式；求单元格 L119 的 Excel 计算公式。

第二种解法是比较计算前一点和后一点目标函数恶化量，哪点小，在哪点建供应厂就是好方案。因化工厂 7 位置为建一个供应厂最佳位置，X_o坐标为 160km，总运量为 41235km·t（各点距 160 距离乘以对应使用量之和）。若设在 80km 处（化工厂 6），往前（左）移 80km（160－80），表 3－11 中单元格 H13（斜体字前累计之和 195）距离缩短 80km，单元格 I14（斜体字使用量后累计 270）距离增加 80km（160－80），综合作用结果总运量比最优解增加 80×（270－195）＝6000km·t，总运量增加为 47235（41235＋6000）km·t（与各点距 80 的距离乘以对应的使用量之和相等）；若设在 200km 处，往后（右）移 40km（200－160），单元格 I13（带下划线数字使用量前累计

265）距离增加40km，单元格J14（带下划线数字使用量后累计200）距离减少40km，综合作用结果总运量比最优解增加40×（265－200）＝2600km·t，即此时总运量为43835（41235＋2600）km·t（与各点距200的距离乘以对应的使用量之和相等）。因43835＜47235，即在化工厂9处建供应厂总运量小于在化工厂6处建供应厂，所以应选化工厂9处建供应厂，x坐标为200km。

表3－9　原始数据表

A	B	C	D	E	F	G	H	I	J	K	L
3	单位	化工厂1	化工厂2	化工厂3	化工厂4	化工厂5	化工厂6	化工厂7	化工厂8	化工厂9	
4	坐标x	10	56	20	15	70	80	160	320	200	
5	使用量（t）	20	15	60	35	40	25	70	80	120	
6	累计	20	35	95	130	170	195	265	345	465	

表3－10　最优解计算表（解法1）

A	B	C	D	E	F	G	H	I	J	K	L
10	单位	化工厂1	化工厂2	化工厂3	化工厂4	化工厂5	化工厂6	化工厂7	化工厂8	化工厂9	
11	坐标x	10	15	20	56	70	80	160	200	320	
12	使用量（t）	20	35	60	15	40	25	70	120	80	
13	前累计	20	55	115	130	170	*195*	265	385	465	232.5
14	后累计	465	445	410	350	335	295	*270*	200	80	
15	最优解位置							1			

表3－11　最优解计算表（解法2）

A	B	C	D	E	F	G	H	I	J	K	L
18		化工厂1	化工厂4	化工厂3	化工厂2	化工厂5	化工厂6	化工厂7	化工厂8	化工厂9	总运输距离（km）
19	前一点	1400	2275	3600	360	400	0	5600	19200	14400	47235
20	最优解	3000	5075	8400	1560	3600	2000	0	12800	4800	41235
21	后一点	3800	6475	10800	2160	5200	3000	2800	9600	0	43835

（二）二维直角坐标法

1. 适用条件

在现实当中，任意两点之间的距离有两种极端算法，一是直线距离，按式（3－10）计算：

$$d_i = [(X_i - X_C)^2 + (Y_i - Y_C)^2]^{0.5}$$

另一种是走直角，距离计算公式：

$$d_i = X_i - X_j + Y_i - Y_j \tag{3－16}$$

多数情况下介于两者之间，有些地方可以走直线，有些地方只能走直角（如中间有建筑物，建筑物是矩形时只能走直角）。

二维直角坐标法只适用于任意两点距离只能走直角的情况下的选址问题。

2. 二维直角坐标法求解步骤

二维直角坐标法求解步骤分为两步：首先，求 X 坐标最优解位置，步骤与一维直角坐标法求解步骤相同，求得最优解 X_o坐标；然后再求 Y 坐标最优解位置，步骤与一维直角坐标法求解步骤类似，按 Y 坐标大小从小到大排序，然后计算累计使用量，最后确定最优解坐标，累计使用量第一个大于等于总使用量一半对应的坐标为最优解，求得最优解 Y_o坐标，最终得到最优解坐标（X_o，Y_o）。

【例 3－8】 某技术学院有 6 个二级学院，6 个学院地点坐标和教师人数（教师总人数 399 人）如表 3－12 所示，学校计划建立多媒体课件制作工作室，供全校各院部教师使用，学校校园布局是条块状，各单位之间只能走直角，问：工作室设在哪个学院最佳？

解：步骤 1：首先确定最优解的 X_o坐标，用 Excel 排序功能，根据表 3－12 第 2 行 X 坐标从小到大排序，然后计算累计使用量（人数），累计人数第一个大于等于总人数 399 人的一半（276≥199.5）是商学院对应 X 坐标（参见表 3－13），即 $X_o = 6$，为最优解的 X_o坐标。

步骤 2：确定最优解的 Y 坐标，用 Excel 排序功能，根据表 3－12 第 3 行 Y 坐标从小到大排序，然后计算累计使用量（人数），累计人数第一个大于等于总人数 399 人的一半（290≥199.5）是商学院对应 Y 坐标（参见表 3－14），即 $Y_o = 17$，为最优解的 Y_o坐标。

步骤 3：确定最优解位置坐标，最优解坐标为（6，17）。

表 3－12　　原始数据表

学院	工学院	法学院	人文学院	商学院	教育学院	理学院
坐标 X	0	3	20	6	2	12

续　表

学院	工学院	法学院	人文学院	商学院	教育学院	理学院
坐标 Y	0	5	8	17	18	30
人数	46	45	67	132	53	56

表 3－13　　　　　　解法步骤 1（确定最优解的 X 坐标）

学院	工学院	教育学院	法学院	商学院	理学院	人文学院
坐标 X	0	2	3	6	12	20
坐标 Y	0	18	5	17	30	8
人数	46	53	45	132	56	67
前累计人数	46	99	144	276	332	399
				276 > 199.5		

表 3－14　　　　　　解法步骤 2（确定最优解的 Y 坐标）

学院	工学院	法学院	人文学院	商学院	教育学院	理学院
坐标 X	0	3	20	6	2	12
坐标 Y	0	5	8	17	18	30
人数	46	45	67	132	53	56
前累计人数	46	91	158	290	343	399
				290 > 199.5		

五、平衡点法

最优解有一个特点，即最优解那点就是平衡点，目标函数受多个要素的影响，当各个要素的边际贡献相等时，目标函数达到最优解。任意一个二次函数，例如 U 型或倒 U 型曲线，一个玻璃球只有放在最底部（或最顶部）才能达到稳定状态，其他地方放玻璃球都不稳定。这一原理可以广泛运用。

【例 3－9】设有 3 个工厂，日需求量分别为 A 厂（X_A，Y_A）20t，B 厂（X_B，Y_B）10t，C 厂（X_C，Y_C）15t，问：在哪建一个供应厂最佳？可用平衡点法求解。

按比例和具体坐标在平面图上装三个滑轮，三条线一端系在一起，另一端分别系上 20g、10g 和 15g 砝码，经过三个滑轮，系在一起那端最后平衡到哪里，哪里就是最优解（见图 3－2）。

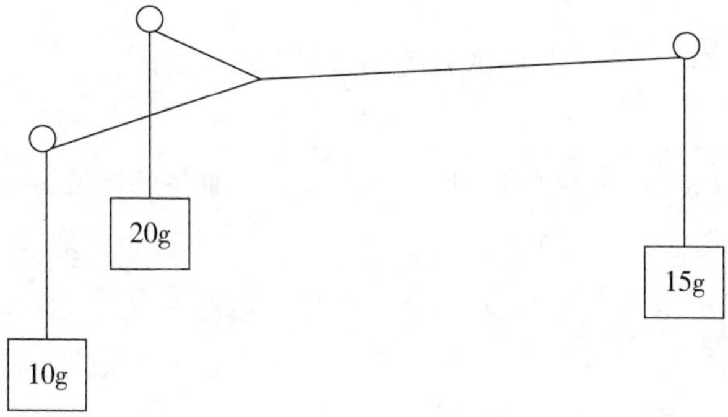

图 3－2 平衡点

六、仿自然法

仿自然法是借助自然界亿万年优胜劣汰、不断进化和优化的结果，运用自然界的优化现象寻找最优解。如光走的距离最短；液体表面之间夹角 120°时张力最小；蜜蜂蜂巢壁间夹角接近 108°容积最大；蚂蚁把大量食物运到巢穴走的距离最短；鱼类流线型体型是最佳形态等优化原理。

（一）光走的距离最短原理及运用

在一条河边需要建一个码头，在哪里建码头使得到 A 和 B 两个工厂距离最短？解法是借助光的入射角等于反射角（角 APC 和角 CPB 相等），即作 A 点对称点（$AE = EA^1$）A^1，然后连接 A^1 点和 B 点，其连线与河岸交点 P 为建码头最佳位置（见图 3－3）。

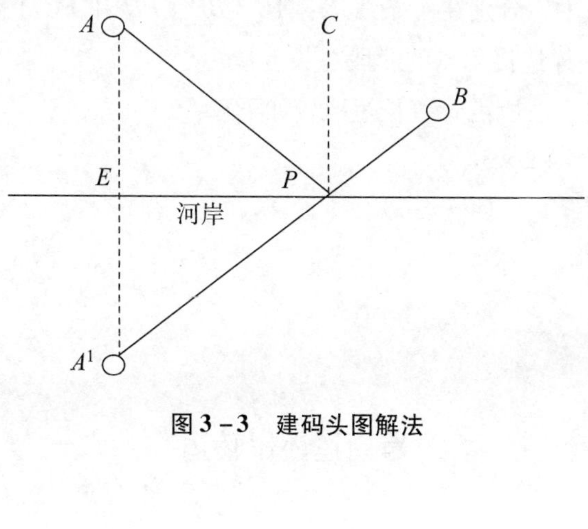

图 3－3 建码头图解法

实训练习1

光走的距离最短原理应用

已知B点城市物流运输量为年200万吨，A点城市年物流运输量只有100万吨，两个城市均在长江一侧。

思考题

1. 码头建在哪里最佳？
2. 有几种方法可求最优解？

（二）液体表面呈120°时张力最小原理及运用

在自然界中液体表面呈120°时张力最小。例如肥皂泡之间的夹角呈120°，是一个相对稳定状态，符合优化的平衡原理。在一个平面360°内若分成3份，各成120°就是均衡分配。可以把这一理论运用到选址与布置中。

【例3－10】 连接四点距离最短的方法。为了便于计算，我们以正方形为例，如何连接4个顶点所用管道最短？方法一：三个直角边相连，若边长为a，则总长度为$3a$，如图3－4（b）所示。方法二：对角线相连，总长度为$2\times2^{1/2}a$，如图3－4（c）所示。方法三：每条连接线夹角为120°，总长度为$(1+3^{1/2})\ a$为最短，如图3－4（d）所示。只要在方法三连线上建厂，管道按方法三连接，所用管道就最短（见图3－4）。这就可以在选址中运用，即给4个企业建一个污水处理厂，在何处建，如何铺设管道所需铺设管道最短这类问题。其他任意4点及4点以上只要连线之间互成120°就最短。例如在图3－4（d）中，分别在4条线段：AE、BE、FD和FC上任取4点，连接该4点连线互成120°，这样连接4点的线段总长度最短。

正方形三种连接方法所需管道长短比较如下。

因为：$9>8>(4+2\times3^{1/2})$

所以：$3a>2\times2^{1/2}a>(1+3^{1/2})\ a$

实训练习2

是直运还是转运

某物流公司货物有2个到达目的地，A城市和B城市，均在C城市的左侧。A到C

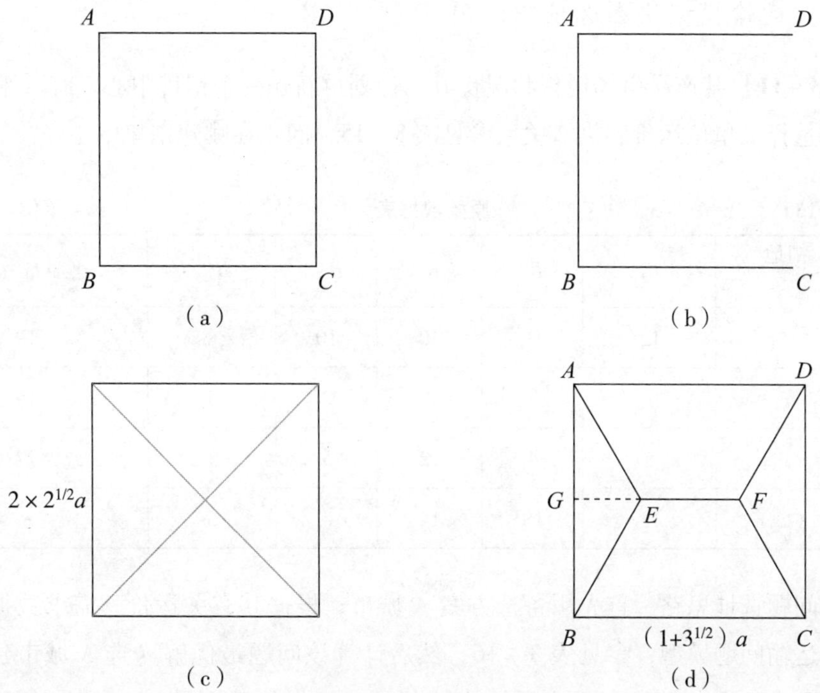

图 3-4 仿自然法

距离 2200km，4t 货物运费 3000 元；B 到 C 距离 2450km，6t 货物运费 3800 元。10t 货物在 C 城市里的工厂生产，C 距 E 城市（中转站）1800km，10t 货物运费 3200 元，A 到 E 中转站 600km，4t 货物运费 800 元，B 到 E 中转站 900km，6t 货物运费 1600 元，转运信息服务及装卸费合计 400 元。

思考题

1. 是直运还是转运？
2. 为何最佳方案成本低？

七、运输模型法

（一）运输模型法在选址中运用原理

运输模型在选址中的运用，既可用于选择销售地，也可用于选择产地。其原理是在原有的资料基础上，把备选方案资料分别用上，计算最优解，哪个备选方案最优总成本小，哪个就是最优方案，就可决定在哪建厂或在哪建销售中心。

（二）运输模型法在选址中运用

【例 3 –11】 某产品市场销售状况良好，计划再新建一个销售中心，有 A 和 C 两个城市可供选择。单位运价和供需关系参见表 3 – 15，问：在哪建销售中心好？

表 3 – 15　　原始数据表　　单位：万元

销地 产地	B_1	B_2	B_3	BA_4	BC_5	供应量（kg）
A_1	12	9	10	10	8	19
A_2	1	3	4	2	5	15
A_3	8	4	12	5	3	17
需求量（kg）	13	18	14	6	6	—

运输问题选址思路：首先用备选方案 A 城市，根据其有关运价、需求数据及原有数据构造运输问题模型，参见表 3 – 16，然后计算该问题最优解（选 A 城市建销售中心最优方案参见表 3 – 17），得出最低总成本 $\min TC_A$。然后用另一个备选方案 C 城市，根据其有关运价、需求数据及原有数据构造运输问题模型，参见表 3 – 18，然后计算该问题最优解（选 C 城市建销售中心最优方案参见表 3 – 19），得出最低总成本 $\min TC_C$。比较 $\min TC_A$ 和 $\min TC_C$ 的大小，在二者较小处建销售中心为最佳方案。

解：经计算可得：A 方案最小运费：

$$\min TC_A = 9\times1 + 10\times14 + 10\times4 + 1\times13 + 2\times2 + 4\times17 = 274（万元）$$

C 方案最小运费：

$$\min TC_C = 9\times5 + 10\times14 + 1\times13 + 3\times2 + 4\times11 + 3\times6 = 266（万元）$$

因为 266 < 274，所以选 C 建销售中心好。

表 3 – 16　　选 A 城市运输模型

销地 产地	B_1	B_2	B_3	BA_4	供应量（kg）
A_1	12	9	10	10	19
A_2	1	3	4	2	15
A_3	8	4	12	5	17
需求量（kg）	13	18	14	6	—

表 3－17 选 A 城市最优解方案

销地 产地	B_1	B_2	B_3	BA_5	供应量（kg）
A_1	0	1	14	4	19
A_2	13	0	0	2	15
A_3	0	17	0	0	17
需求量（kg）	13	18	14	6	

表 3－18 选 C 城市运输模型

销地 产地	B_1	B_2	B_3	BC_5	供应量（kg）
A_1	12	9	10	8	19
A_2	1	3	4	5	15
A_3	8	4	12	3	17
需求量（kg）	13	18	14	6	

表 3－19 选 C 城市最优解方案

销地 产地	B_1	B_2	B_3	BC_5	供应量（kg）
A_1	0	5	14	0	19
A_2	13	2	0	0	15
A_3	0	11	0	6	17
需求量（kg）	13	18	14	6	

【例 3－12】某公司 H 产品市场销售状况良好，产品供不应求，需求缺口 30t。该公司计划再新建一个生产工厂增加产量，有南京（N）和广州（G）两个城市可供选择。单位运价和供需关系相关数据（AN_3为南京数据，AG_3为广州数据）参见表 3－20，问：在哪建生产工厂好？

表 3－20 选择建厂原始数据 单位：千元

销地 产地	B_1	B_2	B_3	B_4	产量（t）
A_1	5	9	13	7	20
A_2	8	3	4	2	25
AN_3	10	5	12	9	30

续 表

产地＼销地	B_1	B_2	B_3	B_4	产量（t）
AG_3	3	15	8	6	30
需求量（t）	25	10	25	15	75

解：首先用在南京建厂数据构建运输模型，参见表 3－21，求得最优解方案如表 3－22所示，最小总的运费为435 千元（计算过程从略）。然后用广州建厂数据构建运输模型，参见表 3－23，求得最优解方案如表 3－24 所示，最小总的运费为 360 千元（计算过程从略）。因 360 <435，所以应在广州建厂。

表 3－21　　选择南京建厂原始数据　　单位：千元

产地＼销地	B_1	B_2	B_3	B_4	产量（t）
A_1	5	9	13	7	20
A_2	8	3	4	2	25
AN_3	10	5	12	9	30
需求量（t）	25	10	25	15	75

表 3－22　　选择南京建厂最优解方案　　单位：吨

产地＼销地	B_1	B_2	B_3	B_4	产量（t）
A_1	20	0	0	0	20
A_2	0	0	25	0	25
AN_3	5	10	0	15	30
需求量（t）	25	10	25	15	75

表 3－23　　选择广州建厂原始数据　　单位：千元

产地＼销地	B_1	B_2	B_3	B_4	产量（t）
A_1	5	9	13	7	20
A_2	8	3	4	2	25
AG_3	3	15	8	6	30
需求量（t）	25	10	25	15	75

表 3-24　　选择广州建厂最优解方案　　单位：吨

产地＼销地	B_1	B_2	B_3	B_4	产量（t）
A_1	0	5	0	15	20
A_2	0	5	20	0	25
AG_3	25	0	5	0	30
需求量（t）	25	10	25	15	75

八、运输问题简便解法

运输模型法求解可用各种规划软件求解，比较方便的软件是 Excel。当模型不太大时，也可用简便解法求解，求解速度也比较快且可得出一些优化原理。

（一）运输问题简便解法的原理

运输问题可以转化为指派问题，能力是多少，就化为多少行。如某工厂能力是 15t，可看成有 15 个这样的工厂（产地），每个工厂生产 1t，转化成 15 行；需求是多少，就化为多少列。如某需求地需求 9t，可看成有 9 个相同需求地，每个需求地需求 1t，转化成 9 列。任何运输问题都可变成平衡运输问题，这就保证运输问题可转化成行数和列数相等的指派问题。但这样求解比较麻烦，为了简便起见，可直接作等价变换。可以证明每行或每列加上或减去一个数值，最优解位置不变。因此我们可做等价变换，造零，使单位运价变为大于等于零，是零的地方就安排，运价是零，乘以任何运量再求和还是零，总运费就最小。求解过程中看是否存在矛盾，有矛盾就解决矛盾，没有矛盾或矛盾已解决就可得最优解。

（二）简便解法的求解步骤

简便解法的求解步骤如下：

步骤一，每行分别减去最小元素；

步骤二，每列分别减去最小元素；

步骤三，检验是否存在行矛盾和列矛盾，行矛盾是指每一行来的东西放不下（供应的多，需求的少，也可看成“来的货物仓库放不下”），即每行零元素对应需求量之和小于供应量；列矛盾是指每一列对应零元素供应量之和小于需求量。出现行矛盾说明那行零元素不够用，需要再造零，直到没有矛盾为止；同理，出现列矛盾说明那列零元素不够用，需要再造零，直到没有矛盾为止。没有矛盾就可得最优解。

第四步，作标记，对每行只有一个零的元素作小括号（）标记；对每列只有一个零的元素作中括号［］标记，目的是确定优先安排顺序，做标记的零元素必须优先安排。

第五步，安排最优方案，安排原则是每行或每列零少的必须优先安排，即对做标记的元素必须优先安排。

（三）简便解法实例

【例 3－13】 运输问题有关数据如表 3－25 所示，具体简便解法的求解过程参见表 3－26～表 3－30。解题步骤如下：

步骤一，每行分别减去最小元素 2、1 和 2（见表 3－26）。

步骤二，每列分别减去最小元素 0、2、0 和 1（见表 3－27）。

步骤三，检验是否存在矛盾。第 1 行的供应量是 9，相当于指派问题 9 行（说明至少需要 9 个 0）。第 1 行只有 1 个零元素，对应的需求量只有 3，相当指派问题 3 列（说明只有 3 个 0）。指派问题最优解是必须保证每行和每列都必须有零元素，9 行就需至少 9 个 0。从另一方面看，第一行来 9 个单位的货物，需求只有 3 个单位，所以放不下，放不下就存在行矛盾，解决矛盾的方法是想办法造零解决矛盾，类似的有时会出现列矛盾，即某一列的需求满足不了，也需要该列造零解决矛盾。

本例中通过第一行减 5 和第一列加 5 解决矛盾问题（见表 3－28）。因为只有一处矛盾，已解决，所以可得最优解。在安排最优解前还是做标记，即第四步（见表 3－29）。做完标记后，遵循每行或每列零少的必须优先安排原则，首先安排做标记的零元素，如表 3－30 中数据上角标数字，代表安排顺序，表 3－30 中符号“［A^x”含义分别为“［”代表选中，“A”代表安排运量，“x”代表按排顺序，符号“//”代表没选中，不作安排。

解为：$x_{11}=3$，$x_{14}=6$，$x_{22}=5$，$x_{24}=0$，$x_{32}=3$，$x_{33}=4$，最优方案见表 3－30。表中［］内的数值为最优解，指数表示安排的顺序，此时，在 A 处建厂总的最小运费为：

$$
\begin{aligned}
\min z &= \sum_{i=1}^{m}\sum_{j=1}^{n} c_{ij}x_{ij} \qquad (3-17)\\
&= 2\times3+8\times6+3\times5+4\times3+2\times4=89\ （千元）
\end{aligned}
$$

解题技巧：既出现行矛盾，又出现列矛盾。当解决行矛盾时，一箭双雕，同时也能解决列矛盾，那就先解决行矛盾；同理，当解决列矛盾时，一箭双雕，同时也能解决行矛盾，那就先解决列矛盾。

表 3－25　　原始数据表　　单位：千元

销地 产地	B_1	B_2	B_3	B_4	供应量（t）
A_1	2	9	10	8	9
A_2	1	3	4	5	5
A_3	8	4	2	3	7
需求量（t）	3	8	4	6	21

表 3－26　　行变换

2	9	10	8	9	－2
1	3	4	5	5	－1
8	4	2	3	7	－2
3	8	4	6	21	

表 3－27　　列变换

0	7	8	6	9
0	2	3	4	5
6	2	0	1	7
3	8	4	6	
	－2		－1	

表 3－28　　解决矛盾

0	5	8	5	9	－5
0	0	3	3	5	
6	0	0	0	7	
3	8	4	6		
+5					

表 3－29　　做标记

[0]	0	3	0	9
5	(0)	3	3	5
11	0	[0]	0	7
3	8	4	6	21

表 3－30　　最优解安排

[0] [3^{1}	0//	3	0 [6^{5}	9
5	(0) [5^{3}	3	3	5
11	0 [3^{3}	[0] [4^{2}	0//	7
3	8	4	6	21

实训练习3

单位生产成市是否应该考虑

某企业原先有 2 个产地，产量每年分别为 21t 和 15t，由于市场需求每年增加 33t，急需新建一工厂生产该产品，以满足市场需求。现有 2 个城市可供选择，一是杭州，二是广州，各城市工厂单位运价参见表 3－31，单位生产成本参见表 3－32。在不考虑单位生产成本时（假设单位生产成本均相同时），在杭州建厂时运输模型参见表 3－33，用 Excel 规划软件解的最优解方案参见表 3－34，最小总运费为 153 千元；在不考虑单位生产成本，在广州建厂时运输模型参见表 3－35，用 Excel 规划软件解的最优解方案参见表 3－36，最小总运费为 241 千元。因在杭州建厂成本低，所以选在杭州建厂。当考虑单位生产成本时，在杭州建厂单位生产成本为 8000 元，原先 2 个工厂生产成本不变，用 Excel 规划软件解得此时最小总成本为 417 千元，发现最优解方案不变，只是总成本增加 1 元；在广州建厂单位生产成本为 5000 时，用 Excel 规划软件解得最小总成本为 406 千元，最优解方案也不变，只是总成本增加 1 元，因在广州建厂最小总成本为 406 千元，小于在杭州建厂最小总成本 417 千元，所以此时在广州建好。

思考题

1. 是否应该考虑单位生产成本？

2. 原先 2 个工厂单位生产成本是否应该考虑？

3. 若只考虑杭州和广州单位生产成本，原先 2 个工厂单位生产成本不考虑，在哪建厂合理？

4. 在哪建厂总成本最低？

5. 考虑某工厂单位生产成本最优解方案为何与不考虑时最优解方案相同，而只是最优总成本增加一些？

6. 运输问题简便解法有何启示？

表 3－31 **单位运价及产销量原始数据** 单位：千元

产地 \ 销地	B_1	B_2	B_3	B_4	生产能力（t）
A_1	2	9	10	7	21
A_2	1	3	4	2	15
A_H	8	4	2	5	33
A_G	6	2	7	4	33
需求量（t）	25	10	24	10	69

表 3－32 **单位生产成本** 单位：千元

产地 \ 销地	B_1	B_2	B_3	B_4
A_1	6	6	6	6
A_2	3	3	3	3
A_H	5	5	5	5
A_G	4	4	4	4

表 3－33 **杭州建厂运输模型（只考虑单位运价）** 单位：千元

产地 \ 销地	B_1	B_2	B_3	B_4	生产能力（t）
A_1	2	9	10	7	21
A_2	1	3	4	2	15
A_H	8	4	2	5	33
需求量（t）	25	10	24	10	69

表 3－34 **在杭州建厂（只考虑单位运价）最优方案** 单位：千元

产地 \ 销地	B_1	B_2	B_3	B_4	生产能力（t）
A_1	21	0	0	0	21
A_2	4	1	0	10	15
A_H	0	9	24	0	33
需求量（t）	25	10	24	10	69

表 3－35　　广州建厂运输模型（只考虑单位运价）　　单位：千元

产地＼销地	B_1	B_2	B_3	B_4	生产能力（t）
A_1	2	9	10	7	21
A_2	1	3	4	2	15
A_G	6	2	7	4	33
需求量（t）	25	10	24	10	69

表 3－36　　在广州建厂（只考虑单位运价）最优解方案　　单位：千元

产地＼销地	B_1	B_2	B_3	B_4	生产能力（t）
A_1	21	0	0	0	21
A_2	4	0	11	0	15
A_G	0	10	13	10	33
需求量（t）	25	10	24	10	69

本章小结

第一节阐述了选址的重要性与难度，选址正确与否直接影响企业成败，尤其是商业企业。选址先天不足，后患无穷。选址需要考虑的因素很多，首先，通常是多目标规划问题，而且这些因素常常是互相矛盾的。其次，不同因素的相对重要性很难确定和度量。最后，其具有动态性，目前是好的地址，未来也许不是好的选址。

第二节论述了选址应考虑的因素，设施选址的影响因素可分为两类：一是选择地区时的影响因素，二是选择具体位置时的影响因素。

第三节论述了产品型企业选址的原则、市场区域型企业选址的原则和连锁服务型企业选址的原则。此外，还介绍了选址的步骤与程序，选址的 6 大发展趋势。

第四节详细论述了设施选址的量本利分析法、评分法、精确重心法、直角坐标法、平衡点法、仿自然法和运输问题模型等方法。

【基础练习】

一、判断题

1. 重心法通常得不到最优解。（　　）
2. 运输模型可用于选址。（　　）

3. 平衡点法可获得最优解。( )

4. 商业企业选址更为重要。( )

5. 直角坐标法最优解是力矩的平衡点。( )

二、思考题

1. 地区选址应考虑的因素有哪些?

2. 选址定量方法有哪些?

3. 仿自然法可获得最优解吗?

4. 二维直角坐标法解题步骤是什么?

5. 优化方法主要有哪些?

6. 试述运输问题模型在5个备选方案中选2个地方建厂的解题思路。

7. 某生产企业单位成本增加，同时到某一销地运费也增加，最优方案是否发生变化? 为什么?

三、计算题

1. 根据以下资料给出最优方案，有关资料如表3－37和表3－38所示。

表3－37　　运输问题1原始数据

销地 产地	B_1	B_2	B_3	能力
A_1	5	4	3	100
A_2	12	4	3	300
A_3	9	15	5	300
需求	300	200	200	—

表3－38　　运输问题2原始数据

销地 产地	B_1	B_2	B_3	能力
A_1	5	4	3	300
A_2	13	4	3	300
A_3	9	11	5	200
需求	200	300	300	—

2. 某人计划购买住宅，设有6个入选方案（A、B、C、D、E、F），考虑的指标假设只有4个，即距单位距离、房屋面积、价格和周边环境。这4项指标的权重及其他有关资料如表3－39所示。周边环境是定性指标，6个方案分别是中、好、一般、很

好、好和好，一般是可接受的环境。对应的分值分别是 75、90、60、100、90 和 90，若出现很好为 100 分。请问哪个方案好？

表 3－39　　原始数据

权重	0.1	0.25	0.35	0.3
方案	距离（km）	面积（m^2）	价格（元/m^2）	环境
理想值	1	105	4500	100
A	2	80	5000	中
B	1	85	5500	好
C	2.5	90	4600	一般
D	1.5	75	6000	很好
E	9	89	5000	好
F	7	90	4700	好
门槛	10	65	6500	60

3. 某公司有两个工厂 A_1 和 A_2，三个销地 B_1、B_2 和 B_3 仓库，分别位于不同的城市。目前市场需求良好，为求得发展，决定选择某城市建一新厂。现有两个备选厂址 A_3 和 A_4，位于不同城市，在 A_3 处建厂，单位生产成本为 5000 元，在 A_4 处建厂，单位生产成本为 6000 元，单位运价及产销量参见表 3－40。请问：①若不考虑单位生产成本，在哪建厂？②若考虑单位生产成本，在哪建厂成本低？

表 3－40　　选址运输模型问题 1 原始数据　　单位：千元

产地＼销地	B_1	B_2	B_3	供应量（kg）
A_1	10	24	36	2800
A_2	20	16	14	2000
A_3	30	22	12	2400
A_4	40	30	8	2400
需求量（kg）	2200	1400	2600	—

4. 已知有 6 个汽车配件制造企业，相互间道路的距离如图 3－5 所示，拟建一个汽车零配件原材料配送中心。A 村企业产量 80 万件，B 村企业产量 70 万件，C 村企业产量 60 万件，D 村企业产量 50 万件，E 村企业产量 70 万件人，F 村企业产量 90 万件。请问：在哪个村子建最好？请说出解题思路。

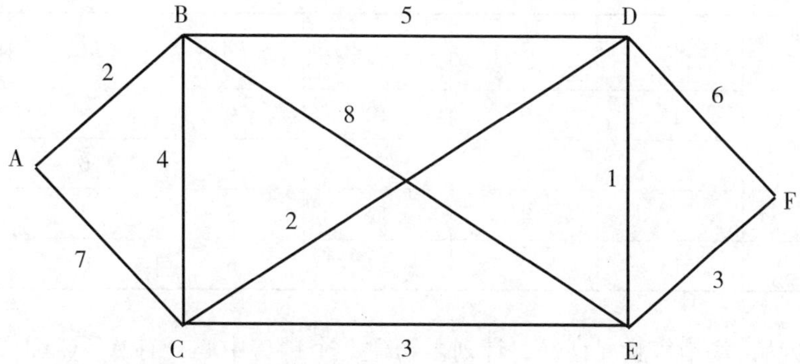

图 3－5 各村相对位置及距离（单位：km）

5. 某省有 9 个化工企业分别位于省道两边，其他小路特种车辆不能通过，9 家企业均需要化工原材料，各厂原材料需要量及距离某省会城市距离如表 3－41 所示，计划修建一个供应厂为这 9 家企业供应原材料，问最佳位置在哪里？

表 3－41 布置问题 1 原始数据

单位	化工厂 1	化工厂 2	化工厂 3	化工厂 4	化工厂 5	化工厂 6	化工厂 7	化工厂 8	化工厂 9
坐标 X	30	50	150	260	200	300	10	120	230
需求量（t）	85	68	80	70	56	80	60	90	120

6. 某技术学院有 6 个二级学院，6 个学院地点坐标和教师人数如表 3－42 所示，学校计划建立多媒体课件制作工作室，供全校各院部教师使用，学校校园布局是条块状，各单位之间只能走直角，问工作室设在哪个学院最佳？请用直角坐标法确定最佳位置。

表 3－42 布置问题 2 原始数据

学院	商学院	教育学院	工学院	人文学院	理学院	法学院
X 坐标	6	2	0	20	12	8
Y 坐标	15	17	3	9	30	5
人数	90	35	50	80	46	39

7. 某产品市场销售状况良好，计划再新建一个销售中心，有 A 或 C 两个城市可供选择。单位运价和供需关系参见表 3－43，问在哪建销售中心好？

表 3-43 选址运输模型问题 2 原始数据 单位：千元

产地 \ 销地	B_1	B_2	B_3	BA_4	BC_5	供应量（kg）
A_1	12	9	10	9	8	19
A_2	1	3	4	2	6	15
A_3	8	4	12	5	3	17
需求量（kg）	13	18	14	6	6	

8. 某产品市场销售状况良好，计划再新建 2 个销售中心，有 A、C、D 3 个城市可供选择。单位运价和供需关系参见表 3-44，问在哪两个地方建销售中心好？

表 3-44 选址问题 3 原始数据 单位：千元

产地 \ 销地	B_1	B_2	B_3	BA_4	BC_5	BD_6	供应量（kg）
A_1	12	9	10	10	8	2	24
A_2	5	3	4	2	5	8	18
A_3	8	4	12	5	3	7	20
需求量（kg）	16	14	12	10	10	10	

9. 在一条河边需要建一个码头，A 和 B 城市在河的同一侧，B 点使用量是 A 点的 5 倍，单位运价均相等，问在哪建码头总的运输成本最低？

10. 请写出表 3-45 中单元格 F5、H5、I5、F13 和 G13 的 Excel 计算公式。

表 3-45 精确重心法计算过程

A	*B*	*C*	*D*	*E*	*F*	*G*	*H*	*I*	*J*	*K*	*L*
2	地点	运输量 W_i	X_i	Y_i	x	y	d_i	TC	W_i/d_i	$W_i \times X_i/d_i$	$W_i \times Y_i/d_i$
3	1	200	3	8	14.61	5.00	11.99	2398.39	16.68	50.03	133.42
4	2	300	8	2	14.61	5.00	7.26	2177.85	41.33	330.60	82.65
5	4	400	2	5	14.61	5.00	12.61	5044.25	31.72	63.44	158.60
6	5	300	6	4	14.61	5.00	8.67	2600.55	34.61	207.65	138.43
7	6	300	8	8	14.61	5.00	7.26	2177.85	41.33	330.60	330.60
8	7	1600	12	15	14.61	5.00	10.34	16536.24	154.81	1857.74	2322.17
9	8	4600	16	2	14.61	5.00	3.31	15208.12	1391.36	22261.80	2782.72

续 表

A	*B*	*C*	*D*	*E*	*F*	*G*	*H*	*I*	*J*	*K*	*L*
10	9	100	13	15	14. 61	5. 00	10. 13	1012. 89	9. 87	128. 35	148. 09
11	10	3500	18	4	14. 61	5. 00	3. 53	12368. 38	990. 43	17827. 72	3961. 72
12	Σ	11300						59524. 50	2712. 13	43057. 93	10058. 41
13					15. 876	3. 709					
14											
15											
16	1	200	3	8	15. 88	3. 71	13. 57	2714. 47	14. 74	44. 21	117. 89
17	2	300	8	2	15. 88	3. 71	8. 06	2417. 78	37. 22	297. 79	74. 45
18	4	400	2	5	15. 88	3. 71	13. 94	5574. 40	28. 70	57. 41	143. 51
19	5	300	6	4	15. 88	3. 71	9. 88	2964. 10	30. 36	182. 18	121. 45
20	6	300	8	8	15. 88	3. 71	8. 97	2690. 78	33. 45	267. 58	267. 58
21	7	1600	12	15	15. 88	3. 71	11. 94	19100. 93	134. 02	1608. 30	2010. 37
22	8	4600	16	2	15. 88	3. 71	1. 71	7880. 55	2685. 09	42961. 47	5370. 18
23	9	100	13	15	15. 88	3. 71	11. 65	1165. 19	8. 58	111. 57	128. 73
24	10	3500	18	4	15. 88	3. 71	2. 14	7503. 43	1632. 59	29386. 55	6530. 34
25	Σ	11300						52011. 63	4604. 76	74917. 05	14764. 52
26					16. 269	3. 206					

第四章　生产和服务设施布置

学习目标

知识目标

1. 熟悉生产和服务设施布置的内容与原则；
2. 熟悉生产和服务设施布置常用的理论与方法；
3. 熟悉流水线平衡与布置的理论与方法。

技术目标

1. 能运用生产和服务设施布置的原则进行工厂与车间等单位的布置；
2. 会用生产和服务设施布置常用的理论与方法进行优化布置；
3. 会用流水线平衡与布置理论与方法进行流水线平衡设计与布置。

职业能力目标

1. 树立先进生产和服务设施布置理念；
2. 掌握生产和服务设施布置常用的理论与方法，解决企业设施布置问题。

物流聚焦

如何平息企业选址风波

某城市拟建一个物流配中心，主要为4家大企业（由东到西分别为A、B、C、D）服务，这4家企业每天生产量分别为：120t、50t、60t和70t。政府主管部门在征询意见时，A企业说我产量最多，应靠近我厂建配送中心，最好在我厂附近建；B企业说，应靠近我们，虽然A产量最多，但我们三个厂产量之和比A多，且我们之间距离较近，仅为1km，A距离我们最近的B企业有6km，建在A处，距离我们三个厂太远，不经济。C企业比较随和，提出折中方案，实在不行，就取中间吧。D企业说，中间看是公平，但不够科学，既然我们4家企业恰巧在一条公路边上，那就取重心处建厂最合适。最后，选在B处建配送中心，其余3家意见很大，提出质疑，B工厂每天生产量最小，为何建在B工厂而不建在重心处？你能平息这场风波吗？

前面章节已经论述了生产运作管理系统由设施、设备等物质实体构成的“硬件”系统和由计划、组织、控制等构成的“软件”系统组成。设施选址就是指将生产运作管理的硬件系统设置在什么地方的问题。仅知道企业设施布置在哪还不能构建生产运作管理系统。选址之后，还必须解决企业各单位及车间内部各种设备等设施具体立体或平面布置问题。

设施布置是在设施位置确定之后所进行的一项工作。具体来说，就是在给定范围内，将企业的各种设施进行合理安排，在保证安全生产前提条件下有效地为企业的生产运作服务，以获得理想的经济效益。

第一节　生产和服务设施布置的内容、原则与类型

一、生产和服务设施布置的内容

布置可分为工厂总平面布置和车间布置。生产和服务设施布置的内容就是根据已选定的厂址和地形，根据布置原则，首先是工厂总平面布置，即对企业的基本生产车间、辅助生产车间、生产服务部门和公用设施等进行合理的布置。其次是车间布置，即对车间各生产单位内所用设备设施进行布置。具体来说，就是确定构成车间各部分的空间位置，具体可分为六方面内容：一是基本生产部门的布置；二是物流；三是附属生产部门布置；四是通道；五是定置管理；六是生活服务部门。

二、生产和服务设施布置的原则

工厂总平面布置的原则：应满足生产工艺过程的要求；合理利用厂区面积；适应性强；绿色生产；安全生产和经济性的需要。车间设备布置原则：应考虑人机工程；距离最短；运输成本最低；生产时间最短；安全生产（如建筑物承重、防火、防爆、防毒、防职业病、防工伤等）；工作环境；定置管理；5S 管理①和充分利用车间面积等原则。

三、企业生产单位的基本类型

企业生产的产品品种不同，生产过程会有很大差异。不同的企业，生产单位的构成也不尽相同，没有固定模式。通常企业生产单位有以下几种类型。

① 生产现场中对人员、机器、材料、方法等生产要素进行有效的管理。

（1）基本生产单位，是指直接把劳动对象变为企业基本产品的生产单位，如机械制造业中的机械加工车间（以下简称“机加车间”）、热处理车间和装配车间等。

（2）辅助生产单位，是指为保证基本生产单位的正常运行而提供各种辅助产品和服务的生产单位，如工具车间、模具车间、机修车间、动力部门和压缩空气站等部门。

（3）生产服务部门，是指为基本生产和辅助生产提供服务的生产单位，如运输部门、仓库、检验和计量部门等。

（4）生产技术准备部门，是指为生产提供技术服务的部门，如研究所（研究开发中心）、工艺科、试制车间等部门。

四、车间生产单位的组织与布置的类型

车间生产单位的组织与布置的类型如下所述。

（一）工艺专业化布置

工艺专业化布置又称工艺专业化原则（见图4－1），它是按照生产工艺性质的不同来划分生产单位和进行布置的。在工艺专业化生产单位内，集中了同类型的设备，配置了同工种的工人，对不同产品进行相同的工艺加工，如机械加工企业中的机加车间、热处理车间，机加车间中的车工工段、钳工工段和磨工工段等。

1. 工艺专业化的优点

（1）适应性强，可加工多种不同产品，满足市场不断变化的需求；

（2）便于工艺管理和员工之间技术交流；

（3）个别设备出现故障对整个生产系统影响小，可用其他设备代替；

（4）员工替代性好，个别员工缺勤对生产系统影响较小；

（5）前后工序时间衔接要求低；

（6）设备维修保养费用相对较低。

2. 工艺专业化的缺点

（1）物流路线长，逆流较多；

（2）在制品多，生产周期长；

（3）通常是批量生产，零件等待加工和运输时间长，占用流动资金多，资金周转速度慢；

（4）各单位之间协作关系复杂，增加了管理的难度；

（5）设备调整时间所占比例高，生产连续性差，设备利用率有时偏低。

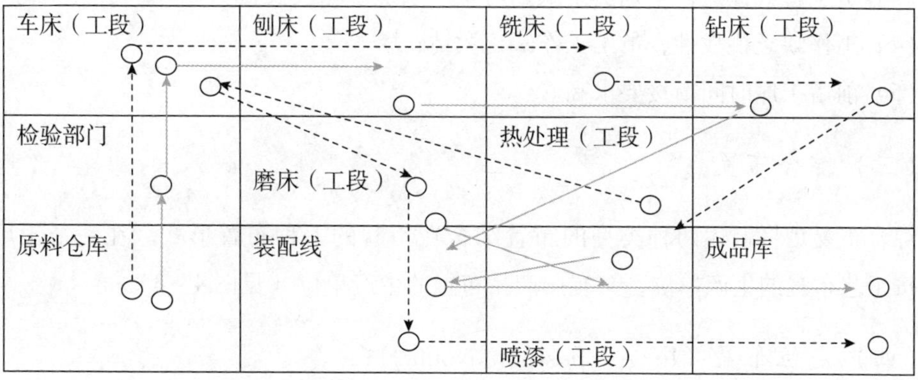

图 4－1　按工艺布置

（二）对象专业化布置（按产品布置）

对象专业化布置也称对象专业化原则（见图 4－2），它是按生产的产品（部件、零件）来划分生产单位和进行布置的。在对象生产单位内，集中了不同类型的设备，不同工种的工人对相同产品的不同工艺进行加工。通常工艺过程是封闭的，不需跨越其他部门就能独立地生产出产品来，如底盘分厂、发动机分厂等。

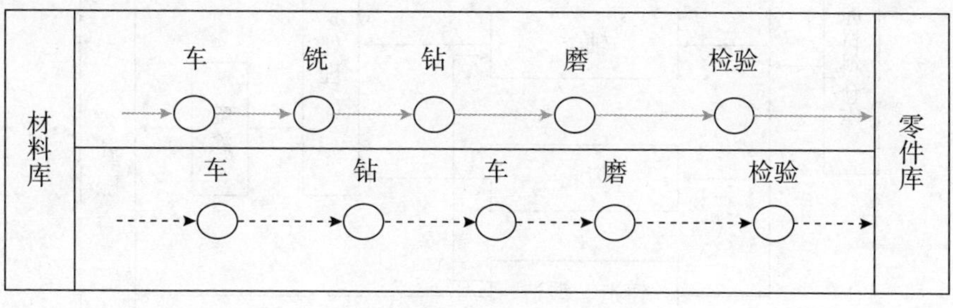

图 4－2　按对象布置

1. 对象专业化的优点

（1）产品顺序经过生产线各道工序，因此物流路线短，逆流少；

（2）采用一个流生产，在制品少，生产周期短；

（3）产品等待运输和加工时间短，设备、工具调整和切换时间短，生产效率高；

（4）上下工序、车间联系简单，管理工作量小；

（5）在制品少、生产周期短、占用流动资金少、资金周转快。

2. 对象专业化的缺点

（1）流水线只能生产少数几种有限产品，无法满足多变的市场需求，适应能力差；

（2）个别设备出现故障对整个生产系统影响巨大，无其他替代设备；

（3）员工替代性差，个别员工缺勤对生产系统影响较大；

（4）工作缺乏挑战性，员工工作缺乏激情；

（5）前后工序时间衔接要求高。

（三）综合布置

综合布置是将上述两种类型的布置结合在一起的一种布置形式。在一个工厂内，既有按工艺布置的生产单位，又有按产品布置的生产单位（见图4－3）。

（四）定位布置（fixed－positionlayouts）

前面三种布置方法适用于被加工对象是移动的，被加工对象顺序通过各加工阶段进行加工。当被加工对象不适合被移动时（如体积大、重量大等情形），就需要采取定位布置方式。产品由于体积或重量庞大只能停留在一个地方，从而需要生产设备移到要加工的产品处，而不是将产品移到设备处的布局方式。如大型造船厂、大型飞机组装、摩天大楼的建造等。

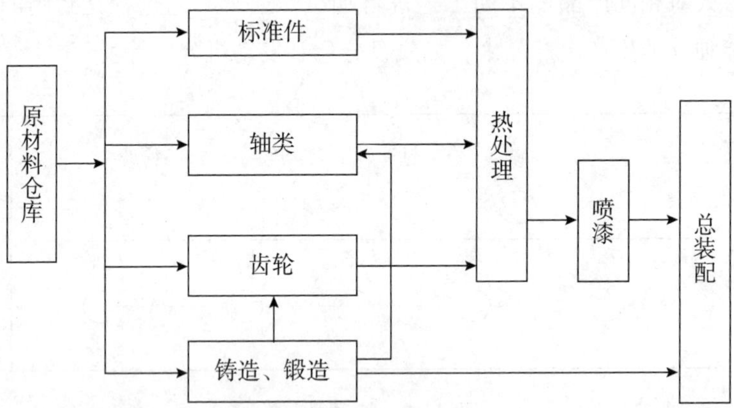

图4－3　综合布置

第二节　生产和服务设施布置的方法

布置的方法从最早的模板布置法和流程图法发展到从至表法、线性规划法、系统布置规划法（在物流系统规划与设计中广泛使用）和计算机软件布置方法（如CRAFT程序）等多种方法。因有些方法在相关课程中讲述，为了避免重复，这里只介绍以下几种常用方法。

一、模板布置法

模板布置法是在形状、面积一定的厂址布置各个面积也基本确定的生产单位或设施的方法，这种方法也是最早出现的布置方法。该方法步骤如下：首先，按照一定的比例（如1∶100或其他比例）制作工厂平面图（或车间）和所有生产单位的形状及设施形状的平面模板（或立体模型，参见图4－4）。根据布置原则在工厂平面图（或车间）上进行摆放、布置，在多个可行方案中选择比较满意的方案。

图4－4 吉利杭州湾厂区布置

二、生产活动相关图法

（一）生产活动相关图法基本要素与工具

通过图（传统根据各单位联系图来判断，为了提高效率，我们改为根据联系矩阵表来判断关系）来判断工厂各个组成部分之间的关系，然后根据关系密切程度来安排各组成单位，得出较优的方案。通常用6个等级来区分各组成单位的密切程度，用数字来表示关系密切程度的原因（见表4－1和表4－2）。

表4－1 关系密切程度代号及评分

代号	关系密切程度	评分
A	非常重要	6
E	很重要	5
I	重要	4

续 表

代号	关系密切程度	评分
O	一般	3
U	不重要	2
X	不予以考虑	1（0）

表4-2　关系密切程度的原因及代号

代号	关系密切程度的原因
1	便于物的流动
2	便于传递信息
3	便于工作联系
4	便于管理
5	有利于环境
6	便于人的流动

（二）生产活动相关图法布置步骤

具体应用时，可按以下两步进行。

第一步，绘制生产活动相关矩阵（另一种方法是绘制生产活动相关图，这里从略）。表中的字母表示关系密切程度，数字表示定量化的数值（积分）。

第二步，根据各组成单位关系密切程度和积分表，进行工厂平面布置。图4-4和图4-5中“X/i”代表X单位第i步被安排，如“机/1”代表第一个安排机加车间，从表4-3中可知，机加车间积分最高，应首先确定它的位置。然后以它为中心，从编号小的开始，比较哪些单位与它关系密切即存在A（6）关系符号，具有关系密切符号A（6）的单位优先紧邻安排。本例中，与机加车间有关系密切A（6）符号分别是毛坯车间（图4-4、图4-5中车间内带有虚点图案且边框粗的3个车间关系密切）、装配车间和中间库，因此，第二个安排毛坯车间（“毛”/2）且紧邻，第三个安排装配车间（“装/3”）且紧邻，第四个安排中间库（“中/4”）且紧邻。接下来从编号小的已安排单位，看是否存在符号A（6），存在的优先安排，否则，查看其他比它大的编号看是否存在A（6），若没有，则根据关系密切等级优先安排关系，等级高的单位。本例中，毛坯车间编号较小，因此，先查看它。与毛坯车间有A（6）关系是材料库（参见图4-4、图4-5中“毛/2”“材/5”），所以，第五个安排材料库且与毛坯车间紧邻。

然后再查看装配车间，成品库（参见图 4 –4、图 4 – 5 中“装/3”“成/6”）与装配车间有 A（6）符号关系，所以，第六个安排成品库且与装配车间紧邻。第七个安排办公室（因为办公室比餐厅更重要，与其他单位关系更密切），第八个安排餐厅。先进行初步平面布置，然后再根据实际面积的大小进行调整。这里给出 2 个初步布置方案，参见图 4 –4 和图 4 – 5。

表 4 – 3 **作业相关矩阵**

	材料库	成品库	毛坯车间	机加车间	装配车间	中间库	餐厅	办公室
材料库		X（1）	A（6）	I（4）	X（1）	U（2）	U（2）	O（3）
成品库	X（1）		X（1）	U（2）	A（6）	X（1）	U（2）	O（3）
毛坯车间	A（6）	X（1）		A（6）	X（1）	X（1）	U（2）	O（3）
机加车间	I（4）	U（2）	A（6）		A（6）	A（6）	U（2）	O（3）
装配车间	X（1）	A（6）	X（1）	A（6）		E（5）	U（2）	O（3）
中间库	U（2）	X（1）	X（1）	A（6）	E（5）		U（2）	O（3）
餐厅	U（2）	U（2）	U（2）	U（2）	U（2）	U（2）		U（2）
办公室	O（3）	O（3）	O（3）	O（3）	O（3）	O（3）	U（2）	
积分	19	16	20	29	24	20	14	20

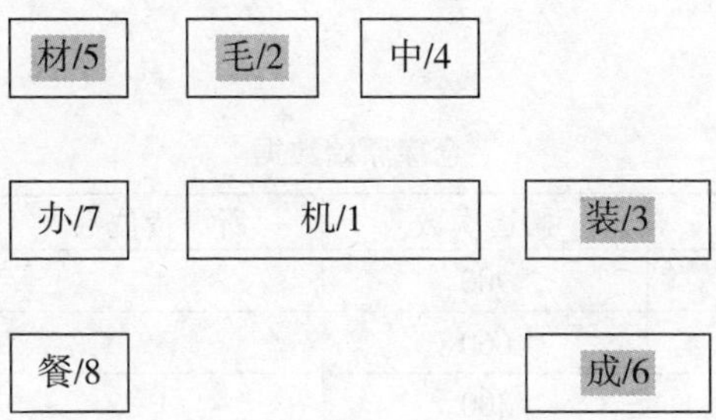

图 4 – 4 工厂平面布置（方案 1）

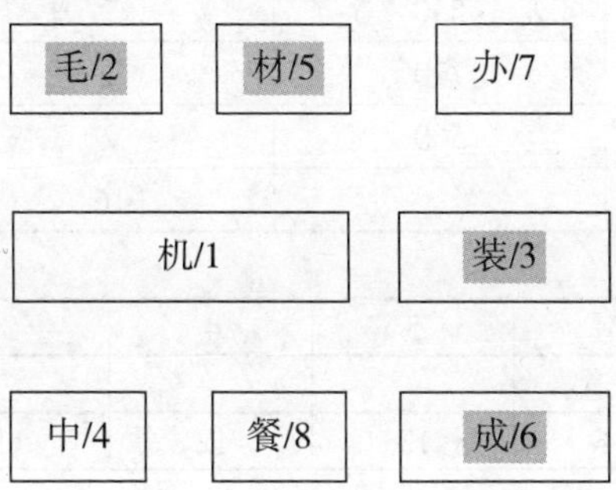

图 4 – 5 工厂平面布置（方案 2）

实训练习1

仓库布置实训

从某种意义上来说，仓库类似于制造业的工厂，因为物品也需要在不同地点（单元）之间移动。因此，仓库布置也可以有很多不同的方案，一般的仓库布置问题的目的都是寻找一种布置方案，使得总搬运量最小。因此，可以借助于类似负荷距离法等方法进行布置。实际上，这种仓库布置的情况比制造业工厂中的经济活动单元的布置更简单，因为全部搬运都发生在出入口和货位之间，而不存在各个货位之间的搬运。

这里只讨论3种情况下的布置方法，有关资料参见表4－4，仓库平面图如图4－6所示，仓库只有一个门，在右侧。请根据已提供的资料，给出后2种情况布置方案。

一是各种物品所需货位面积相同。布置方法：把搬运次数最多的物品货位布置在靠近出入口处，按大小降序依次往下排列，即可得到最小总负荷数。

二是各种物品所需货位面积不同。布置方法：需要首先计算某物品的搬运次数与所需货位数量之比，取该比值最大者靠近出入口，按大小降序依次往下排列。

三是所需货位面积不同且重量差异较大。布置方法：需要首先计算某物品的搬运次数与所需货位数量之比，然后乘以重量调整系数，取最大者靠近出入口，按大小降序依次往下排列。

表4－4　　仓库原始数据

序号	物品种类	搬运次数	所需货位数	重量调整系数
1	A电视	900	4	1.5
2	B电烤箱	660	3	1.5
3	C电熨斗	300	1	1
4	D台式电风扇	280	1	1.2
5	E微波炉	420	2	1.5
6	F空调	530	2	1.5
7	G充电器	720	1	1
8	H电磁炉	560	2	1.2
合计			16	

8	7	6	5	4	3	2	1
		通道					出入口
16	15	14	13	12	11	10	9

图4－6　库区货位平面

补充阅读1

九州通东西湖物流配送中心资料

表4-5　　九州通东西湖物流配送中心楼层库区布置

楼层	区域	面积（m^2）	存储货位	存储件数
5F	西药整件区	8524	2184	34368
4F	中药区	4249	9611	96110
	原料区	4009	885	42480
3F	器械区	3758	1364	21824
	特殊品区	810	793	1190
	冷库	2500	2608	3260
2F	拆零件选取	4700	36583	36583
	复合包装区	1230	—	—
	折合盘区	1100	—	—
1F	收货区	1550	—	—
	出库暂存区	2320	—	—
	快销品区	1140	—	—

图4-7　九州通东西湖物流配送中心楼层库1层收货区

图 4-8　2 层复合包装区

图 4-9　3 层器械库区

图 4-10　立体库传送示意

图 4－11 立体库

图 4－12 穿梭库 1

图 4－13 穿梭库 2

三、车间设备布置方法

车间布置的方法主要是指对车间的设备进行布置的方法。常用的方法主要有：负荷距离法、运输表法、从至表法、直角坐标法、线性规划法、系统布置规划法（SLP）

和计算机辅助布置等。这里主要介绍从至表法。

(一) 改进前从至表法

1. 改进前从至表法原理与步骤

(1) 改进前从至表法原理。原从至表法原理是根据车间加工的零件加工工艺路线(见图4－14),统计出对应的从至表(如表4－6所示)。从至表反映各设备之间单方向联系次数,从至表中对角线反映设备之间的距离,离对角线越近,设备之间距离就越近。原从至表法布置方法是把从至数大的尽量往对角线上靠,这样就可减少布置方案总的运输距离。

(2) 改进前从至表法的步骤。首先,根据车间加工的零件加工工艺路线统计出初始从至表,然后根据设备之间的从至数与移动距离计算初始方案总的运输距离,以便比较新的布置方案的优劣。其次,依据把单个从至数大的尽量往对角线靠的原则,给出几个可行的布置方案,计算新的布置方案总的运输距离,在几个方案中选择较好的作为优化布置方案。

(3) 改进前从至表法应用实例。为了便于论述从至表法,我们举例说明零件加工工艺路线与从至表的关系。

【例4－1】 某企业机加车间加工8个不同零件,加工工艺路线如图4－14所示,该车间有9个单位(或称设备),分别是毛坯库、铣床、车床、钻床、镗床、磨床、内圆磨、锯床和检验台。根据图4－14各零件加工工艺路线,可以统计出初始从至表(参见表4－6)。

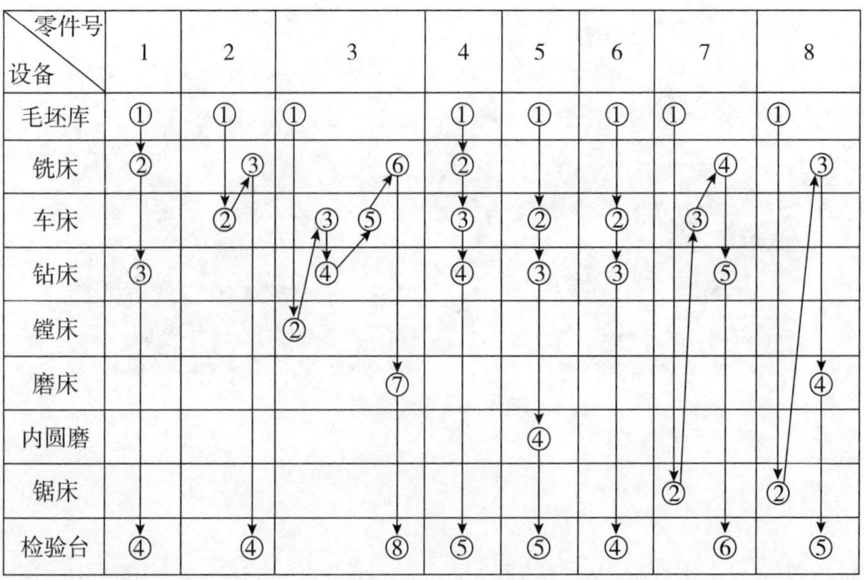

图4－14 零件加工工艺路线

表 4-6　　初始从至表

至 从	毛	铣	车	钻	镗	磨	内	锯	检	
毛		2	3		1			2		8
铣			1	2		2			1	6
车		3		4						7
钻			1				1		4	6
镗			1							1
磨									2	2
内									1	1
锯		1	1							2
检										
		6	7	6	1	2	1	2	8	33

表 4-6 中，从毛坯库出来直接到铣床加工有 2 个零件（移动 2 次），因此，从毛坯库到铣床从至数为 2；类似的，直接到车床有 3 个零件，所以，从毛坯库到车床从至数为 3；以此类推，可统计出毛坯库到其他设备的从至数，这些从至数之和为 8 次，因为毛坯库是开始，所以从至数之和正好等于被加工零件数，也就是从毛坯库出来的一共有 8 个零件（移动次数为 8 次）。零件在铣床加工完后到车床有 1 次、钻床 2 次、镗床 2 次、检验 1 次，合计有 6 次，从铣床出来的一共有 6 次，与铣床对应那列，进入到铣床 6 次相等，这是必然的，因为若没有废品，进来几个被加工的零件，加工完必然出去几个被加工零件。类似的，可得到其余行或列的从至数。

从至表就是从第 i 台设备到第 j 台设备的运输次数表，是物料从一个设备（工作地）到另一个设备（工作地）移动的次数的汇总表。表中的列为起始工序、行为终止工序，表中的对角线上方表示前进方向的移动次数，对角线下方表示后退方向的移动次数。改进前从至表法就是以从至表为基础，在确定设备位置的前提下，以表中对角线为基准计算物料在设备（工作地）之间的移动距离，从而找出物料总运量较小的布置方法。具体方法是把单个从至数大的尽量往对角线靠，其经济含义是单个从至数大的尽量紧邻，靠对角线越近，两台设备之间的距离就越近。从至表法追寻目标函数为总的运输距离最短，传统计算公式如下：

$$\min TS = \sum \sum C_{ij} \times d_{ij} \tag{4-1}$$

式中：TS——总的运输距离；

C_{ij}——第 i 行、第 j 列从至数；

d_{ij}——第 i 行、第 j 列从至数移动格数（距离）。

2. 改进前从至表法存在的缺陷

改进前从至表法具体做法是把单个从至数大的尽量往对角线靠，其目的是使单个从至数大的尽量紧邻，通过此方法降低总的运输距离。这种做法存在 3 个主要缺陷。

一是单个从至数（单方向）不能反映真实的 2 个设备的全部联系次数（运输次数），导致判断失误，有时较小的从至数会被误认为是较大的，应考虑双向从至数之和。

二是如何靠近对角线，没有具体论述，导致方案很多。

三是没有考虑重要设备（对外联系次数多的设备）的位置，严重影响优化程度。

（二）改进后的从至表法

1. 改进后的从至表法原理

为了克服传统改进前从至表的缺陷，这里介绍新的改进后的从至表法。首先介绍几个重要概念。一是“出”，从至表中的数据可以从行上看，也可以从列上看。从任意一行上看，如从第 i 行上看，这行上的数据代表从第 i 台设备加工完去哪台设备再加工，即从 i 出来到哪去，简称“出”，这一行单个从至数之和为“第 i 台设备出之和”。二是“进”从任意一列上看，如从第 j 列上看，这列上的数据代表从其他设备加工完后进入第 j 台设备再加工，即从其他设备（地方）进入第 j 台设备，简称“进”，这一列单个从至数之和为“第 j 台设备进之和”。三是“某设备总的进出从至数之和”，代表“该设备总的进之和”加上“该设备总的出之和”，是双向合计某设备总的进出从至数之和。除第一和最后一道工序外，其余为每一行或列的 2 倍，即可计算出总的双向合计数。四是“重要设备”，“某设备总的进出从至数之和”大的为重要设备，越大越重要。五是“关系密切程度”，双向单个从至数（单个进出之和，即 $C_{ij}+C_{ji}$）之和越大，两台设备的关系密切程度越高。

我们先分析三种简单的情况，探讨布置原理。

第一种情况，在一条直线上有若干个单位（n 个），如设有 10 个单位（用编号①~⑩分别代表 10 个不同单位）。均需使用一台设备（用符号“□”代表重要设备），设单位之间、单位与重要设备之间距离均为 1 个单位，若把这台重要设备布置在一侧的边上，则总的运输距离为 55 个单位，如图 4－15 所示；若布置在中间位置，则总的运输距离仅为 30 个单位，如图 4－16 所示。我们进一步探讨，若距离中间位置差一个单位，如图 4－17 所示，则总的运输距离增加到 31 个单位，只增加 1 个单位；若距离中间位置差 2 个单位，则总的运输距离增加到 34 个单位，增加 4 个单位，如图 4－18 所示；若距离中间位置差 3 个单位，则总的运输距离增加到 39 个单位，增加 9 个单位，如图 4－19 所示。以此类推，可以得出如下增加距离计算公式：

$$S = X^2 \tag{4-2}$$

式中：S——总的运输距离增加量；

X——重要设备距离中间位置的距离，$n \geqslant X \geqslant 0$。

第二种情况，在一个平面上，有若干个单位，如 10 个单位，均需使用一台重要设备，设单位之间、单位与重要设备之间距离均为 1 个单位，则把这台重要设备布置在圆心，则总的运输距离最短，为 10 个单位。

第三种情况，在立体空间布置设备时，类似的把这台重要设备布置在球心最好。

	□	①	②	③	④	⑤	⑥	⑦	⑧	⑨	⑩
距离		1	2	3	4	5	6	7	8	9	10

图 4－15　重要设备在一侧的边上布置

	①	②	③	④	⑤	□	⑥	⑦	⑧	⑨	⑩
距离	5	4	3	2	1		1	2	3	4	5

图 4－16　重要设备在中间位置布置

	①	②	③	④	⑤	⑥	□	⑦	⑧	⑨	⑩
距离	6	5	4	3	2	1		1	2	3	4

图 4－17　重要设备距中间位置差 1 个单位布置

	①	②	③	④	⑤	⑥	⑦	□	⑧	⑨	⑩
距离	7	6	5	4	3	2	1		1	2	3

图 4－18　重要设备距中间位置差 2 个单位布置

	①	②	③	④	⑤	⑥	⑦	⑧	□	⑨	⑩
距离	8	7	6	5	4	3	2	1		1	2

图 4－19　重要设备距中间位置差 3 个单位布置

从式（4－2）分析我们不难看出，X 越小（重要设备距离中间位置距离越小），总的运输距离增加就越小。重要设备布置在中间位置，总的运输距离最短；越靠近中间位置，优化程度越高。单位数量越多，X 取值范围就越大；X 越大，总的运输距离增加就越多，优化程度越低。因此，单位数越多，重要设备布置的位置对优化程度影响就越大，布置在中间位置就越重要；反之，单位数越少，重要设备布置的位置对优化程度影响就越小，布置在哪虽有影响，但影响程度不大。

从另一个角度看，由式（4－1）可知，总的运输（移动）距离受 2 个因素影响，一是2个设备之间的移动次数即2个设备之间双向从至数，二是2个设备之间移动距离。受这2个因数乘积的影响。2个设备之间双向从至数是由零件加工工艺决定的（参见图4－14），工艺不改变，从至数就不能改变，是个不随布置位置变化而变化的常数。在布置设备时，通常假设工艺不变，因此，只能在移动距离上做文章，研究如何缩短移动距离。从“宏观”上来说，重要设备尽量布置在中间位置可以解决一些缩短移动距离的问题。从“微观”上来说，缩短2个设备距离的方法是使这2个设备靠近，但是在一条直线上最近布置只有2种形式，即“一前”“一后”2个位置。任意一个设备只有一个“一前”和一个“一后”靠近位置，为了使从至数与移动距离乘积缩小，就应该把2个设备从至数（双向）大的优先布置在最佳的“一前”和“一后”的位置，次大的和较小的不要离得太远，至少尽可能地在同一侧。没有关系（从至数为0）的可在另一侧。

综上所述，改进后的从至表试验法提出了两条新的布置原则。

第一，重要的设备居中，不重要的设备靠两边，中间大、两头小。这样可最大限度地保证整体运输量最小。

第二，关系密切的设备尽可能地邻近，不密切的远离。这样可提高局部优化程度。

两条原则相结合的结果是：一方面可保证局部较优或最优，另一方面也在一定程度上保证整体较优。在给出方案基础上适当调优，经有限几步通常可获得满意的近似最优解。

为了免去画对角线确定移动距离来计算总的运输距离，这种复杂而烦琐的传统计算方法，我们把传统总的运输距离计算式（4－1）改写如下：

$$TS = \sum\sum |i-j| \times C_{ij} \qquad (4-3)$$

式中：$|i-j|$——第i行数与第j列数之差的绝对值，即从至数C_{ij}对应的行角标和列角标之差的绝对值，也就是第i台设备到第j台设备的移动距离。

C_{ij}——第i行到第j列的从至数。

2. 改进后的从至表法优化布置步骤

步骤一：计算初始方案总的运输（移动）距离；

步骤二：计算设备重要程度（用符号SZ表示），确定设备“宏观位置”；

步骤三：计算设备关系密切程度（SG），确定设备之间前后相对位置；

步骤四：确定设备前后相对位置；

步骤五：计算优化布置方案总的运输距离。

3. 改进后的从至表法优化布置实例

以例4－1为例，为了便于用Excel软件计算和用Excel公式描述，我们把原始从至表对应的表4－6仿照Excel表格形式变为表4－7。表4－7中，各设备上面和左侧用自然数据编号，目的是便于利用式（4－3）编制 Excel 公式计算总的运输距离。

步骤一：计算初始方案总的运输（移动）距离。假设表 4－7 和表 4－8 在同一个工作表内，根据式（4－3），单元格 E19 里的 Excel 公式为“＝E3＊ABS（$A3－E$1）”，其中，ABS 是 Excel 取绝对值函数公式，$A3 代表固定 A 列（因为各设备行角标只在 A 列，必须固定，否则复制出错），但行不固定；E$1 代表固定第 1 行（因为各设备列角标只在第 1 行，必须固定，否则复制出错），但列不固定。编辑完一个单元格 Excel 通用公式后，复制整个区域 C19:K27，表 4－8 中各单元格运输（移动）距离就自动计算完，单元格 L28 是计算总的运输距离，其公式为“＝sum（C19:K27）”，计算结果是初始方案总的运输距离（TS）为 98 个单位。

步骤二：计算设备重要程度（用符号 SZ 表示），确定设备“宏观位置”。

设备重要程度等于某设备总的进出从至数之和，除了开始工序（单位）和最后工序（单位）以外，其余均乘以 2 即可得到各设备重要程度。计算结果参见表 4－7 中最后一行（第 13 行）数据。根据原则 1，单纯从“宏观上”来看，设备布置应该是重要的在中间，不重要的在两边，中间大，两头小。兼顾原则 2，关系密切紧邻，至少应保证重要程度小的在两边，大的在中间区域，为了兼顾关系密切紧邻，最重要设备可能偏离中间位置，由式（4－2）知，只要偏离不多，如偏离 1 个或 2 个单位，总的运输距离因此增加仅 1 个或 4 个单位（最重要设备与其他设备联系次数均为 1 的情况下，若联系次数为 n 时，增加单位数将扩大 n 倍），因为通常不是所有设备都与最重要设备有联系，所以实际增加距离会小于分析的结果。

步骤三：计算设备关系密切程度（SG），确定设备之间前后相对位置。设备关系密切程度计算公式为：

$$\mathrm{SG} = C_{ij} + C_{ji} \tag{4-4}$$

手工计算既麻烦又容易出错，因此我们用 Excel 计算。计算步骤是原始从至表加上转置后的从至表，便可得到所有单元格的 SG。具体步骤如下所述。

①计算设备关系密切程度（SG）。

首先把表 4－7 复制，得到表 4－9（为了反映复制步骤，表 4－9 保持原样不动，最终复制转置相加结果在另外一个 Excel 工作表中，如表 4－10 所示），然后把表 4－7 中区域 A1:L12 复制到表 4－10 区域 A1:L12；把表 4－7 中区域 C3:K11 选中点击“复制”，选中表 4－10 区域 C3:K11，点击鼠标右键，出现多个选择项目，点击（鼠标左键）“选择性粘贴”，又出现多个选择项目，用鼠标左键点击选中“转置”后再选中“加”，然后点击“确定”，便可得到最终复制转置再相加的结果，如表 4－10 所示。

②分析、列出优先考虑需紧邻的设备。

为了便于分析，我们把表4－10中对角线以下数据去掉（对角线以下数据与对角线上面数据是对称相等的），得到表4－11（与表4－10在同一个Excel工作表中），表4－11中数据最小为1，最大为5，中间值为3，数值越大越应优先考虑紧邻布置。由于中间数为3，大于等于3的就是比较大的，所以SG≥3的设备需紧邻。表4－11最后一列斜体部分为优先考虑需紧邻布置的设备，带有“灰色底色”的为次要考虑需紧邻布置的设备，不带“底色”代表有关系、最好布置在同一侧；表4－11最后一行也是如此。例如，车床一行，车床与钻床从至数为5，最大，应优先考虑紧邻布置；镗床和锯床从至数为1，布置时尽可能在同一侧；其余没有关系，不予考虑或可布置在另一侧。

步骤四：确定设备前后相对位置。

在最大限度保证需紧邻布置设备的前提条件下，把设备连成串，例如，在本例中，需紧邻分别是：毛车、铣车、车钻和钻检，4组设备需紧邻布置。这5个设备有4种组合布置能较好保证需紧邻布置，设备尽量紧邻布置（通常会有冲突、有矛盾，这是正常的，没有冲突是运气好）。4种组合分别是：①毛车铣钻检；②毛铣车钻检；③铣毛车钻检；④毛车钻铣检。这里我们以①为例完成全部设备的布置。

情况①，5个设备已布置，即顺序是“毛车铣钻检”，剩下4个“镗、磨、内、锯”。“镗”和“内”重要程度最小，应布置在最外侧。从表4－11行上看，“内”与“检”有关系，因此“内”应与“检”布置在同侧且是最外侧（最后面）一个；从表4－11列上看，“镗”与“毛”和“车”有关，因此，“镗”应与“毛”和“车”布置在同侧且是最外侧（最前面）一个。从表4－11列上看，“锯”与“毛”“铣”和“车”有关，因此，“锯”应与“毛”、“铣”和“车”布置在同侧且是排在“镗”之后最外侧。余下的“磨”从表4－11看，放前侧或后侧均可。从原则1看，放在倒数第2个更好。因此，我们得到一个较好可行布置方案，其布置顺序如下：镗、锯、毛、铣、车、钻、检、磨、内。

步骤五：计算优化布置方案总的运输距离（TS）。

把表4－7复制得到表4－12一部分，即63行以上部分。在表4－12中区域B65∶K65中填上优化方案顺序“镗、锯、毛、铣、车、钻、检、磨、内”，然后根据这个顺序在它上一行（C64∶K64）和最右侧一列（M53∶M61）填上加工顺序。根据这个顺序就可手工编制优化布置方案从至表，或用Excel排序获得优化布置方案从至表（用Excel排序自动生成新的从至表，因篇幅所限，这里从略，作为实训内容），如表4－13所示。根据优化布置方案（见表4－13），利用Excel软件就可自动计算优化方案总的运输距离，计算结果如表4－14中单元格L99所示，总的移动距离（TS）为56，比初始方案缩短42个单位，优化程度提高42.86%。

表 4-7　　用 Excel 表格描述初始从至表

行\列	A	B	C	D	E	F	G	H	I	J	K	L
1			1	2	3	4	5	6	7	8	9	
2		从\至	毛	铣	车	钻	镗	磨	内	锯	检	
3	1	毛		2	3		1			2		8
4	2	铣			1	2		2			1	6
5	3	车		3		4						7
6	4	钻			1				1		4	6
7	5	镗			1							1
8	6	磨									2	2
9	7	内									1	1
10	8	锯		1	1							2
11	9	检										
12				6	7	6	1	2	1	2	8	33
13		SZ	8	12	14	12	2	4	2	4	8	

表 4-8　　用 Excel 公式自动计算初始方案总的移动距离

行\列	A	B	C	D	E	F	G	H	I	J	K	L
17			1	2	3	4	5	6	7	8	9	
18		从\至	毛	铣	车	钻	镗	磨	内	锯	检	
19	1	毛	0	2	6	0	4	0	0	14	0	
20	2	铣	0	0	1	4	0	8	0	0	7	
21	3	车	0	3	0	4	0	0	0	0	0	
22	4	钻	0	0	1	0	0	0	3	0	20	
23	5	镗	0	0	2	0	0	0	0	0	0	
24	6	磨	0	0	0	0	0	0	0	0	6	
25	7	内	0	0	0	0	0	0	0	0	2	
26	8	锯	0	6	5	0	0	0	0	0	0	
27	9	检	0	0	0	0	0	0	0	0	0	
28												98

表 4-9 **转置之前初始从至表**

列 / 行	A	B	C	D	E	F	G	H	I	J	K	L
33			1	2	3	4	5	6	7	8	9	
34		至 / 从	毛	铣	车	钻	镗	磨	内	锯	检	
35	1	毛		2	3		1			2		8
36	2	铣			1	2		2			1	6
37	3	车		3		4						7
38	4	钻			1				1		4	6
39	5	镗			1							1
40	6	磨									2	2
41	7	内									1	1
42	8	锯		1	1							2
43	9	检										
44				6	7	6	1	2	1	2	8	33

表 4-10 **设备关系密切程度计算过程**

列 / 行	A	B	C	D	E	F	G	H	I	J	K	L
1			1	2	3	4	5	6	7	8	9	
2		至 / 从	毛	铣	车	钻	镗	磨	内	锯	检	
3	1	毛		2	3		1			2		8
4	2	铣	2		4	2		2		1	1	6
5	3	车	3	4		5	1			1		7
6	4	钻		2	5				1		4	6
7	5	镗	1		1							1
8	6	磨		2							2	2
9	7	内				1					1	1
10	8	锯	2	1	1							2
11	9	检		1		4		2	1			
12				6	7	6	1	2	1	2	8	33

表 4－11 根据设备关系密切程度确定需紧邻的设备

至 从	毛	铣	车	钻	镗	磨	内	锯	检		
毛		2	3		1			2		8	毛车／毛铣／毛锯／毛镗
铣			4	2		2		1	1	6	铣车/铣钻／铣磨
车				5	1			1		7	车钻 车镗／车锯
钻							1		4	6	钻检 钻内
镗										1	
磨									2	2	磨检
内									1	1	内检
锯										2	
检											
		6	7	6	1	2	1	2	8	33	
					毛镗/ 车镗			毛锯/ 铣锯/ 车锯			

表 4－12 优化方案顺序

列 行	A	B	C	D	E	F	G	H	I	J	K	L	M
51			1	2	3	4	5	6	7	8	9		顺序
52		至 从	毛	铣	车	钻	镗	磨	内	锯	检		
53	1	毛		2	3		1			2		8	3
54	2	铣			1	2		2			1	6	4
55	3	车		3		4						7	5
56	4	钻			1				1		4	6	6
57	5	镗			1							1	1
58	6	磨									2	2	8
59	7	内									1	1	9
60	8	锯		1	1							2	2
61	9	检											7
62				6	7	6	1	2	1	2	8	33	
63		SZ	8	12	14	12	2	4	2	4	8		

续表

列 行	A	B	C	D	E	F	G	H	I	J	K	L	M
64		顺序	3	4	5	6	1	8	9	2	7		
65		方案	镗	锯	毛	铣	车	钻	检	磨	内		

表 4 - 13　　优化方案从至表

列 行	A	B	C	D	E	F	G	H	I	J	K	L	M
71			1	2	3	4	5.	6	7	8	9		
72		至 从	镗	锯	毛	铣	车	钻	检	磨	内		顺序
73	1	镗					1					1	1
74	2	锯				1	1					2	2
75	3	毛	1	2		2	3					8	3
76	4	铣					1	2	1	2		6	4
77	5	车				3		4				7	5
78	6	钻					1		4		1	6	6
79	7	检											7
80	8	磨							2			2	8
81	9	内							1			1	9
82			1	2		6	7	6	8	2	1	33	
83		SZ	2	4	8	12	14	12	8	4	2		
84		顺序	1	2	3	4	5	6	7	8	9		
85		镗、锯、毛、铣、车、钻、检、磨、内											

表 4 - 14　　优化方案运输距离计算表

列 行	A	B	C	D	E	F	G	H	I	J	K	L
88			1	2	3	4	5	6	7	8	9	
89		至 从	镗	锯	毛	铣	车	钻	检	磨	内	
90	1	镗	0	0	0	0	4	0	0	0	0	1
91	2	锯	0	0	0	2	3	0	0	0	0	2
92	3	毛	2	2	0	2	6	0	0	0	0	8
93	4	铣	0	0	0	0	1	4	3	8	0	6

续 表

行＼列	A	B	C	D	E	F	G	H	I	J	K	L
94	5	车	0	0	0	3	0	4	0	0	0	7
95	6	钻	0	0	0	0	1	0	4	0	3	6
96	7	检	0	0	0	0	0	0	0	0	0	
97	8	磨	0	0	0	0	0	0	2	0	0	2
98	9	内	0	0	0	0	0	0	2	0	0	1
99			1	2		6	7	6	8	2	1	56
100		SZ	2	4	8	12	14	12	8	4	2	

实训练习2

从至表实训1

以【例4－1】数据为例，试用Excel排序功能自动编制优化后的从至表，优化顺序为：“镗、锯、毛、车、铣、钻、检、磨、内”，并用Excel计算该方案总的运输距离。

从至表实训2

根据表4－15数据，运用从至表法进行优化布置，给出优化布置顺序、计算优化方案总的运输距离（要求用Excel解决）。

表4－15　　**初始从至表**　　单位：次/天

从＼至	毛	铣	车	钻	镗	磨	压	内	锯	检	合计
毛		2	8		1		4		2		17
铣			1	2		1			1	1	6
车		3		6		1				3	13
钻			1				2	1		4	8
镗			1								1
磨			1							2	3

续 表

从\至	毛	铣	车	钻	镗	磨	压	内	锯	检	合计
压										6	6
内										1	1
锯		1	1			1					3
检											
合计		6	13	8	1	3	6	1	3	17	58

第三节　流水线平衡与布置

流水生产也叫流水线生产或简称流水线。虽然在日常生产和生活当中自古就有流水生产方式的雏形，如搬运砖头，几个人站成一排，前面的人把砖头传递给后面的人，实现搬砖头工作。北方手工包饺子，第一个人用手揪面，第二个人擀面，第三个人包饺子，第四个人煮饺子，第五个人把煮好的饺子摆放到餐桌上。但作为现代生产方式，20 世纪初的美国福特汽车公司首次把这种方式运用于汽车装配过程，拉开了现代大生产的序幕。它曾是一种先进的、高效的生产组织形式，也曾是生产过程空间组织和时间组织的一种最佳结合方式。但是，目前这种流水生产方式也受到多品种、小批量，团队生产方式，订单式生产等多种生产组织方式的挑战。

一、流水生产线的分类

流水生产线根据不同的角度可划分成多种形式，常见划分形式主要有以下几种。

（一）按照生产对象的移动方式划分

1. 固定流水线

固定流水线是指被加工对象固定不动，工人携带工具轮流到各工作地进行各工序的加工或装配。如建造房屋需要瓦工、电工、木工、油漆工等工种，通常被建造的房屋不动，而瓦工、电工、木工和油漆工等依次登场进行相应的作业。固定流水线适用于不便运输的大型制件，如飞机、轮船、火车、重型机械产品等。

2. 移动流水线

移动流水线是指被加工对象移动，工人、设备和工具等固定，被加工对象顺序经过各道工序进行加工的方式。当被加工对象比较小时，通常加工对象移动，而工人与工作地不动，加工对象顺序地经过各个工作地完成加工作业，这样更经济、效率更高。

（二）按生产对象的数目划分

1. 单一对象流水线

单一对象流水线是指在一条流水线上只固定生产一种产品或零件的流水线，不能生产其他产品或零部件。

2. 多对象流水线

多对象流水线与单一对象流水线相反，多对象流水线既可以生产一种产品，也可以生产多种不同的产品或零件，所生产的产品或零件应在结构、工艺上相近或相似。

3. 可变流水线

可变流水线是多对象流水线的一种形式，所生产的各种产品依次轮番生产，一般每条流水线上只固定几种加工对象。

4. 成组流水线

成组流水线也是多对象流水线的一种形式，在流水线上同时生产几种不同的对象时，这几种被加工对象的生产方式是同时被加工，作为一组顺序地经过各个工作地进行加工。

（三）按照工序同期化程度划分

1. 连续流水线

连续流水线是指被加工对象从投入到产出连续地从一个工作地转到下一个工作地，正常情况下没有间断时间。组建连续流水线的条件是工序完全同期化。

2. 间断流水线

由于各工序的生产能力不平衡，在单位时间内，各工序所能生产的产品数量也不相等，因而在生产能力大的工序上会出现等待加工的现象，从而出现间断。

（四）按照流水线节拍性质划分

1. 强制节拍流水线

强制节拍流水线是指准确地按照节拍的要求出产产品的流水线，靠机械化运输装置强制地控制生产与传输速度。每个工位必须在规定节拍时间内完成工作，否则产品被运送到下一道工序。

2. 自由节拍流水线

自由节拍流水线是指由工人自己凭借操作熟练程度，自由地控制工作速度的一种流水生产方式。每道工序完成的时间没有硬性规定，没有固定节拍，不论时间长短，每道工序做完了再往下道工序运送。

3. 粗略节拍流水线

由于流水线上各个工序的加工时间不一致，同期化程度不高，比较科学与经济的办法是粗略确定流水线的节拍。各工序可按规定的粗略节拍进行生产。

此外，还可以根据机械化程度把流水线划分成手工流水线、机械流水线和自动化流水线。

二、流水线生产的特征与优缺点

(一) 流水生产的特征

(1) 工作地专业化程度高。每个工作地只完成固定的一道或少数有限的几道工序的加工。

(2) 生产具有明显的节奏性，按照统一的速度进行生产。流水线上各工序（多数工序）的生产能力是平衡的、成比例的，按照规定的节拍进行生产。

(3) 各道工序的设备数量同各道工序单件加工时间的比值基本一致。

(4) 工艺过程是封闭的，流水线的设备是按工艺顺序排列的；被加工对象按工艺顺序依次经过各道工序完成加工。

(5) 生产过程具有高度的连续性，加工对象像流水一样在工序之间流动。

(二) 流水线的优缺点

流水线的主要优点是便于组织生产，提高效率，降低成本；缺点是适应能力差，工作单调乏味，缺乏挑战性，久而久之会降低工作效率。

三、组织流水生产的条件

(1) 产品结构和工艺相对稳定。产品结构先进（反映出现代科技成就）、定型（标准化），并具有良好的工艺性和互换性；工艺规程、加工过程与加工方法先进；能够采用先进的、高效的机器设备和工具；原材料在供应上有所保障。

(2) 流水线上产品的加工过程能够分解成为简单的工序，并能按照工序同期化的要求对工序进行合并与分解。

(3) 市场对产品的需求稳定、需求量大、产品生命周期较长。

(4) 厂房建筑、生产面积要充足、够用。能够满足设备布置、安装、运输装置布置、工具和在制品摆放所需要的面积与空间的需要。

综上所述，在选择生产方式时应进行可行性分析论证（技术经济分析），然后决定是否采取流水生产方式以及采取何种流水生产方式。

四、流水线的组织设计

流水线的组织设计是指流水线软件方面的设计，具体内容主要是流水线的生产节拍的确定、各工作地所需设备数量、各工作地人员配备、流水线形式与布局、工序同期化等内容。

（一）单一对象流水线的组织设计

1. 确定流水线的节拍

节拍是指流水线上连续出产两件相邻相同产品的时间间隔。它主要取决于计划期内的有效工作时间和计划期内的产量。它反映了流水线的生产速度，决定了流水线的生产能力。其计算公式为：

$$r = F_e / N_{投} = F_o\ (1 - \beta_{停工})\ / N_{投} = F_o \eta / N_{投} \tag{4-5}$$

$$N_{投} = N_{计} /\ (1 - f_{计废}) \tag{4-6}$$

式中：r——流水线节拍（件/分）；

F_e——计划期（年）有效工作时间（分）；

$N_{投}$——计划期（年）产品投产数量（件）；

F_o——计划期（年）制度工作时间（分）；

$\beta_{停工}$——停工率；

η——时间有效利用系数（通常考虑检修、调整设备、更换工具、工人班内休息等因素来确定，一般取0.9~0.96）；

$N_{计}$——计划期（年）出产合格产品数量（件）；

$f_{计废}$——计划期内废品率。

20世纪初节拍单位通常是生产一件产品需要多少分钟，随着生产力大幅度提高、精益生产不断普及和深入，许多企业用秒来计算节拍。

【例4-2】 某企业流水线计划年生产销售某产品40000件，另需生产备件2000件，废品率为3%，两班制工作，每班8小时，时间有效利用系数为90%，求流水线的节拍（假设该企业一年工作251天）。

解：

$$\begin{aligned} F_e &= F_o\ (1 - \beta_{停工}) \\ &= F_o \eta \\ &= 251 \times 2 \times 8 \times 60 \times 90\% \\ &= 216864\ （分钟） \end{aligned}$$

$$\begin{aligned} N_{投} &= N_{计} /\ (1 - f_{计废}) \\ &= (40000 + 2000) \div (1 - 3\%) \end{aligned}$$

$$
\begin{aligned}
&=43299\text{（件）}\\
r &= F_e / N_{\text{投}}\\
&=216864/43299\\
&=5\text{（分/件）}
\end{aligned}
$$

2. 确定设备（工作地）数量和计算设备负荷系数

（1）确定设备（工作地）数量。

每个工作地所需的设备数量等于该工作地单件加工时间除以节拍。其计算公式为：

$$S_i = t_i / r \tag{4-7}$$

式中：S_i——流水线第 i 道工序计算所需设备（工作地）数量（台）；

t_i——流水线第 i 道工序的单件时间定额（分/件）。

实际采用的设备数为 $S_{ei}=[S_i]$。[ ] 代表向上取整，即向上取大于等于它的最小整数，如 [2.8] =3。

（2）计算设备负荷系数。

某道工序计算所需要设备数与实际采用的设备数之比就是该工序设备的负荷系数。其计算公式为：

$$K_i = S_i / S_{ei} \tag{4-8}$$

式中：K_i——第 i 道工序的设备负荷系数；

S_i——计算需要的设备数；

S_{ei}——实际采用的设备数。

流水线平均设备负荷系数为：

$$K_a = \sum S_i / \sum S_{ei} \quad (i=1,\ 2,\ \cdots,\ m)\ (m\text{ 为工序数目}) \tag{4-9}$$

K_a的大小反映了流水线的连续程度和设备利用率，越大利用率高。组织流水生产时 K_a不应低于 0.75。一般说来，当 K_a值处于 0.65 ~ 0.85 时，组织间断流水线为宜；大于 0.85，可考虑组织连续流水线。接近 1 时是工序同期化追求的目标。

3. 计算和配备工人

流水线需要的人数，一方面取决于流水线上设备（工作地）数量的多少；另一方面还取决于设备（工作地）的看管定额以及班次、出勤率等因素。

4. 确定流水线节拍的性质、选择运输方式和装置

根据工序同期化程度来确定流水线的形式，同时要选择出相应的运输方式。流水线同期化程度高、设备负荷系数大，可采用强制节拍；反之，可组建自由节拍或粗略节拍的间断流水线。

（二）多对象流水线的组织设计

多对象流水线是指在流水线上生产的产品是多个不同的品种，而不是只生产一种

产品。它们应在结构、工艺上是相同或近似的。

多对象流水线节拍的确定有两种方法。

1. 代表产品法

代表产品法是根据劳动量大小，选择劳动量（产量与单件时间定额之积）最大的那个产品作为代表产品，把其余产品都折换成代表产品，然后再计算代表产品的节拍，最后再折换成具体产品的节拍。设 K 为代表产品，则产量折合系数为：

$$\varepsilon_i = T_i / T_k \tag{4-10}$$

式中：ε_i——第 i 种产品的折合系数；

T_i——第 i 种产品的单件时间定额；

T_k——代表产品 k 的单件时间定额。

设某可变流水线加工 A、B、C 三种零件，其计划年产量分别为 N_A、N_B、N_C。流水线上各道工序加工零件的单件时间定额之和（单位产品劳动量）分别为 T_A、T_B、T_C，节拍分别为 R_A、R_B、R_C。选择产量大、劳动量大、工艺过程全的为代表产品。假设选零件为 A 为代表产品，则：

各产品对代表产品的折合系数 ε_i 分别为：

$$\varepsilon_A = T_A / T_A = 1 \tag{4-11}$$

$$\varepsilon_B = T_B / T_A \tag{4-12}$$

$$\varepsilon_C = T_C / T_A \tag{4-13}$$

以代表产品表示的（年）总任务量 N_k 为：

$$\begin{aligned} N_k &= N_A + N_B\varepsilon_B + N_C\varepsilon_C \\ &= \sum N\varepsilon_i \end{aligned} \tag{4-14}$$

代表产品的生产节拍 r_k 为：

$$\begin{aligned} r_k = r_A &= F_e / N_k \\ &= F_e / (N_A + N_B\varepsilon_B + N_C\varepsilon_C) \\ &= F_e / \sum N\varepsilon_i \end{aligned} \tag{4-15}$$

各具体产品的生产节拍为：

$$r_B = r_k\varepsilon_B \tag{4-16}$$

$$r_C = r_k\varepsilon_C \tag{4-17}$$

2. 加工劳动量比重法

加工劳动量比重法是把全年有效工作时间按照各种产品在流水线上加工劳动量所占的比重来进行分配，然后根据每种产品分得的有效工作时间和各自的产量计算各种产品（零件）的节拍。

计划期（年）有效工作时间分配系数 α_i 为：

$$\alpha_i = N_i \times T_i / \sum N_i \times T_i \tag{4-18}$$

各种产品的生产节拍为：

$$r_i = \alpha_i \times F_e / N_i \tag{4-19}$$

【例 4-3】 设可变流水线加工 A、B、C、D 四种零件，有关资料参见表 4-16，流水线按三班制生产，每月有效工作时间为 24192（每月 21 天，每天 3 班，每班 8 小时，时间利用率 80%）分钟。用代表产品法和加工劳动量比重法计算每种产品的节拍。

表 4-16　　变流水线加工数据资料

	A	B	C	D
产量（件）	3000	2500	2400	2200
时间定额（分）	50	45	45	40

解：代表产品法

选 A 为代表产品，用 A 表示的计划期总产量为：

$$\begin{aligned} N &= N_A + N_B \times \varepsilon_B + N_C \times \varepsilon_C \\ &= 3000 + 2500 \times 45 \div 50 + 2400 \times 45 \div 50 + 2200 \times 40 \div 50 \\ &= 9170 \text{（件）} \end{aligned}$$

代表产品 A 的节拍为：

$$\begin{aligned} r_A &= F_e / N_A \\ &= 24192 \div 9170 \\ &= 2.64 \text{（分/件）} \end{aligned}$$

产品 B 的节拍为：

$$\begin{aligned} r_B &= r_A \varepsilon_B \\ &= 2.64 \times 45 \div 50 = 2.38 \text{（分/件）} \end{aligned}$$

产品 C 的节拍为：

$$\begin{aligned} r_C &= r_A \varepsilon_C \\ &= 2.64 \times 45 \div 50 = 2.38 \text{（分/件）} \end{aligned}$$

$$\begin{aligned} r_D &= r_A \varepsilon_D \\ &= 2.64 \times 40 \div 50 = 2.11 \text{（分/件）} \end{aligned}$$

加工劳动量比重法：

$$\begin{aligned} \alpha_A &= [N_A T_A / (N_A T_A + N_B T_B + N_C T_C)] \times 100\% \\ &= [3000 \times 50 \div (3000 \times 50 + 2500 \times 45 + 2400 \times 45 + 2200 \times \\ &\quad 40)] \times 100\% \\ &= [150000/458500] \times 100\% = 32.72\% \end{aligned}$$

同理：$\alpha_B=24.54\%$，$\alpha_C=23.56\%$，$\alpha_D=19.19\%$

所以由：

$$r_A=\alpha_A F_e/N_A$$
$$=24192\times32.72\%\div3000=2.64\ (\text{分/件})$$

产品 B 的节拍为：

$$r_B=\alpha_B F_e/N_B$$
$$=24192\times24.54\%\div2500=2.38\ (\text{分/件})$$

产品 C 的节拍为：

$$r_C=\alpha_C F_e/N_C$$
$$=24192\times23.56\%\div2400=2.38\ (\text{分/件})$$

产品 D 的节拍为：

$$r_D=\alpha_D F_e/N_D$$
$$=24192\times19.19\%\div2200=2.11\ (\text{分/件})$$

（三）流水线的平面布置设计

进行流水线的平面布置设计时应考虑便于流水线上工人的操作、辅助与服务部门的工作衔接、多机床看管、安全生产、运输成本等因素。流水线平面布置设计的常见形式如图 4－20 所示。

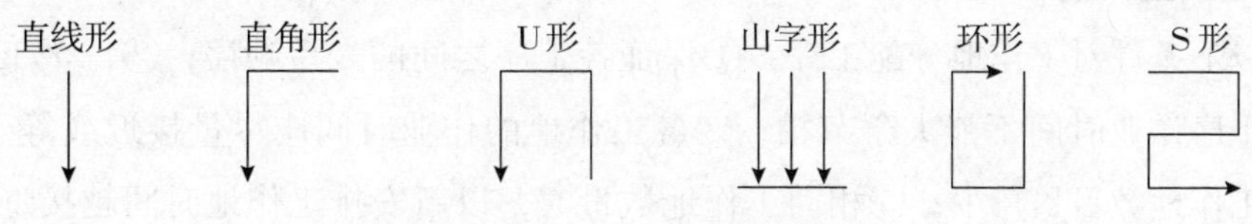

图 4－20 流水线平面布置

U 形相对来说是最好的，原因是可根据产出的速度决定投入速度，减少在制品；便于多机床看管。结合一人负责多道工序的多能工制，采用 U 形布置，可以提高流水线的柔性和生产效率。在布置时，局部采用 U 形，全局是由多个 U 形组成的连通的一笔划形。此外还有半圆形，其特点是流程时间短，但占用面积大。

五、装配线平衡

装配线平衡即工序同期化，是指通过各种可能的技术、组织措施来调整各工作地的单件作业时间，使它们等于流水线的节拍或者与流水线节拍成倍比关系。

（一）实现工序同期化的措施

1. 组织措施

压缩瓶颈作业；合并相关工序，重新排布生产工序；分担转移，把瓶颈工序中的一部分作业转移到非瓶颈工序；拆解消除，把作业时间过少的工序的作业时间分解成几部分，让其他工序完成这几部分；在压缩、分担转移和拆解消除后再重新组合各工序。

2. 技术措施

经过改装机床、改变加工用量、改进工艺装备、合理布置工作地等技术措施，缩短工序机动时间和辅助时间。采取措施，力求使得 t_i/R 的比值达到 0.85～1.05。

（二）装配线平衡方法

把全部工步合理划分为工序，且各工序的时间损失最少和比较均匀，具体步骤如下：

1. 确定装配流水线节拍

$$r = F_e/N$$

2. 计算装配线上需要的最少工作地数量

$$S\min = [\Sigma t_i/r] \qquad (4-20)$$

3. 组织工作地

按以下条件对工作地分配工序：①保证各工序之间的先后顺序；②每个工作地分配到的工序作业时间不能大于节拍；③各工作地的作业时间应尽量接近或等于节拍；④应使工作地数目尽量少；⑤相同工作地数量时，以新安排工作地时间越接近节拍为优先选择。

【例4－4】某企业装配生产线节拍为10分钟，共有11个工步，各工步相互关系见图4－21。请根据所给的资料，划分最佳工序。

解：首先，计算最少的工序数。

$$\begin{aligned} S &= [(6+2+5+7+1+2+6+3+5+5+4)/10] \\ &= [46/10] \\ &= 5 \end{aligned}$$

其次，安排工序。

若 S_k 为第 k 步时组合方案的最小工序数，t_{ek} 为第 $K+1$ 步之前各试安排的工序时间之和，t 为所有工步时间总和，则：

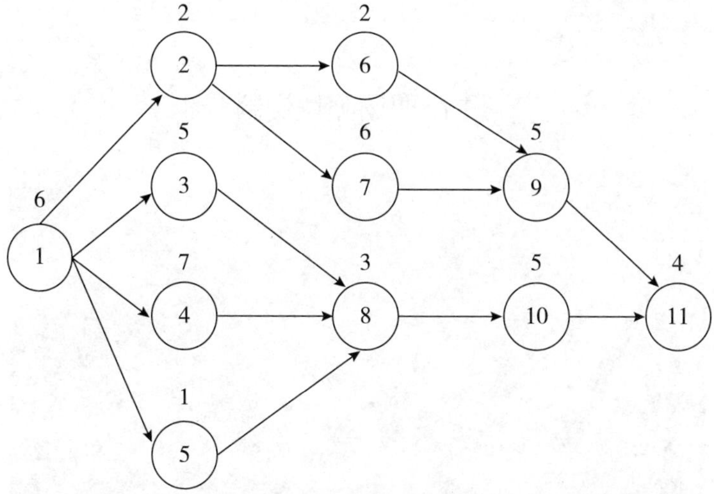

图 4－21　作业关系

$$S_k = k + \frac{t - t_{ek}}{R} \tag{4-21}$$

最后，结果如下：

工序1：(1，2，6)　　$t_1 = 10$

工序2：(5，7)　　$t_2 = 7$

工序3：(3，9)　　$t_3 = 10$

工序4：(4，8)　　$t_4 = 10$

工序5：(10，11)　　$t_5 = 9$

流水线选择作业分配的原则主要有：一是后续作业数量最多优先安排原则；二是作业时间最长优先安排原则；三是阶位法，即按该项作业元素作业时间与其后续作业时间之和最大优先安排。

进一步思考：网络图你还有什么办法用数据来描述？最少工作地数量除了用式（4－20）来确定外，还可以怎样确定？其数量与节拍、逻辑关系、最小几个作业时间和最大几个作业时间有何关系？分支定解法在确定、安排工序时的利弊有哪些？

补充阅读2

生产现场照片资料

图4-22　太平鸟物流中心分拣系统1

图4-23　太平鸟物流中心分拣系统2

图4-24　汽车装配线零配件运送车

图 4－25　割草机装配线负荷很低的工序

图 4－26　割草机装配线负荷有高有低的工序

图 4－27　割草机装配线负荷最低的装箱工序（7 个人装箱）

知识链接

现场管理概述

现场管理从优化的角度看有以下内容：作业管理、物流管理、文明生产、定置管理、质量管理、设备管理、成本控制、计划与控制、优化劳动组织、班组建设、岗位责任制、现场管理诊断等。

现场管理优化是指为了实现企业的预定生产目标，充分利用自身所拥有的各种资源，运用科学的管理思想、管理方法和管理手段，对生产现场的各生产要素，如人（操纵者、管理者）、机（机器设备、工艺装备）、料（原材料、辅助材料、在制品）、法（操作方法、工艺流程、规章制度）、环（环境）、信（信息）等进行合理配置和优化组合，通过计划、组织、控制、协调、激励等管理方法，将各生产要素有机结合、达到一体化，使整个现场的生产经营活动按计划有效运行，并始终处于受控状态的一系列管理活动的总称。

1. 现场管理主要技术之一：5S 管理

（1）5S 的产生及含义。5S 起源于日本，是指在生产现场中对人员、机器、材料、方法等生产要素进行有效的管理。这是日本企业独特的一种管理办法。

5S 源自日文 seiri（整理）、seiton（整顿）、seiso（清扫）、seiketsu（清洁）、shitsuke（修养）这 5 个单词的缩写。它的中心含义就是倒掉垃圾和仓库长期不要的东西。

1955 年，日本的 5S 的宣传口号为“安全始于整理，终于整理、整顿”。当时只推行了前两个 S，其目的是仅确保作业空间和安全。到了 1986 年，日本的 5S 著作逐渐问世，从而对整个现场管理模式起到了冲击的作用，并由此掀起了 5S 的热潮。

根据企业进一步发展的需要，有的公司在原来 5S 的基础上又增加了一些要素，形成“7S”或“10S”，但万变不离其宗，都是从“5S”衍生出来的。

（2）5S 的具体内容。

①整理，即区分必需和非必需品，现场不放置非必需品；将混乱的状态收拾成井然有序的状态。5S 管理是为了改善企业的体质，整理也是为了改善企业的体质。

②整顿，即能在 30 秒内找到要找的东西，将寻找必需品的时间减少为零，能迅速取出、立即使用，处于节约的状态。

③清扫，即将岗位保持在无垃圾、无灰尘、干净整洁的状态。清扫的对象是地板、天花板、墙壁、工具架、橱柜、机器、工具、测量用具等。

④清洁，即将整理、整顿、清扫进行到底，并且制度化，管理公开化、透明化。

⑤修养，即对于规定了的事，大家都要认真地遵守执行。典型例子就是要求严守标准，强调的是团队精神，养成良好的5S管理的习惯。

2. 现场管理主要技术之二：定置管理

定置管理是企业对生产现场中的人、物、场所三者之间的关系进行科学的分析研究，使之达到最佳结合状态的一门科学管理方法。它以物在场所的科学定置为前提，以完整的信息系统为媒介，以实现人和物的有效结合为目的，通过对生产现场的整理、整顿，把生产中不需要的物品清除掉，把需要的物品放在规定位置上，使其随手可得，促进生产现场管理文明化、科学化，达到高效生产、优质生产、安全生产。

定置必有图，有图必有物，有物必有区，有区必挂牌，有牌必分类。要做到人与物、物与场所结合成本低。

3. 现场管理主要技术之三：目视管理

目视管理是通过各种标志，如板、牌、图、表、线、颜色以及显示装置，将生产现场中的作业情况、产品质量、成本、安全、零部件存放、生产作业环境以及设备运转、生产运行等管理事项明示出来，让现场管理人员和作业人员一目了然。这样一方面利于现场管理人员的监督、检查；另一方面能够督促和激发作业人员自主管理、自我控制，以利于及时地发现异常问题，采取纠正和预防措施，确保生产的顺利进行。

本章小结

第一节首先介绍了生产和服务设施布置的内容：根据已选定的厂址和地形，根据布置原则对工厂的基本生产车间、辅助生产车间、生产服务部门和公用设施等进行合理的布置。然后论述了工厂布置原则：应满足生产工艺过程的要求；合理利用厂区面积；适应性强；绿色生产；满足安全生产和经济性的需要。车间设备的布置原则是：考虑人机工程、距离最短、安全生产、工作环境、定置管理和充分利用车间面积等。

第二节介绍了生产和服务设施布置的方法：模板布置法、生产活动相关图法和改进后的从至表法。重点论述了改进后的从至表法原理、布置的2条原则及布置步骤。布置原则为：重要的设备居中，不重要的设备靠两边，中间大、两头小。关系密切的设备尽可能地邻近，不密切的远离。布置步骤为：①计算初始方案总的运输（移动）距离；②计算设备重要程度（用符号SZ表示），确定设备“宏观位置”；③计算设备关系密切程度（SG），确定设备之间前后相对位置；④确定设备前后相对位置；⑤计算优化布置方案总的运输距离。

第三节介绍了11种流水线的类型、5种特征。论述了组织流水生产的四大条件：产品结构和工艺相对稳定；流水线上制品的加工过程能够分解为简单的工序，并能按照工序同期化的要求对工序进行合并与分解；市场对制品的需求稳定、需求量大、产品生命周期较长；厂房建筑、生产面积要充足、够用。介绍了流水线的组织设计中节拍、设备数量及负荷、人员数量计算等主要内容。流水线实现工序同期化的两方面措施：一是组织措施，即压缩瓶颈作业；合并相关工序，重新排布生产工序；分解作业时间较短的工序，把该工序安排到其他工序中去。二是技术措施，即经过改装机床、改变加工用量、改进工艺装备、合理布置工作地等措施，缩短工序机动时间和辅助时间。

【基础练习】

一、判断题

1. 节拍是流水线上顺序出产两件相同产品的时间间隔。(　　)

2. 工艺专业化原则布置生产周期短。(　　)

3. 设施布置时应考虑安全生产因素。(　　)

4. 5S 管理理念可用于设施布置。(　　)

5. 流水线布置应考虑多机床看管和总运费最低等因素。(　　)

二、思考题

1. 车间设备布置原则有哪些?

2. 工厂平面布置方法有哪些?

3. 改进后从至表法有哪 2 条原则?

4. 配送中心库房可划分为几个区域?

5. 工序同期化的方法有哪些?

三、计算题

1. 某制品流水线计划年生产销售 50000 件产品，另需生产备件 2000 件，废品率为 2%，两班制工作，每班 8 小时，时间有效利用系数为 90%，该企业年工作 249 天(365 天，104 个周末，12 个法定假日)，求流水线的节拍。

2. 某流水线上计划生产甲、乙、丙、丁 4 种产品，有关资料参见表 4－17，流水线按三班制生产，每月有效工作时间为 25704（每月 21 天，每天 3 班，每班 8 小时，时间利用率 85%）分钟。用代表产品法和加工劳动量比重法计算每种产品的节拍。

表 4－17　　变流水线加工数据资料

	A	B	C	D
产量（件）	4000	4300	2200	2000
时间定额（分）	40	60	30	25

3. 假设某流水线的节拍为 8 分钟，由 13 个工步组成，单位产品的总装配时间为 44 分钟，各工序之间的装配顺序和每道工序的单件作业时间如图 4－28 所示。试确定工序。

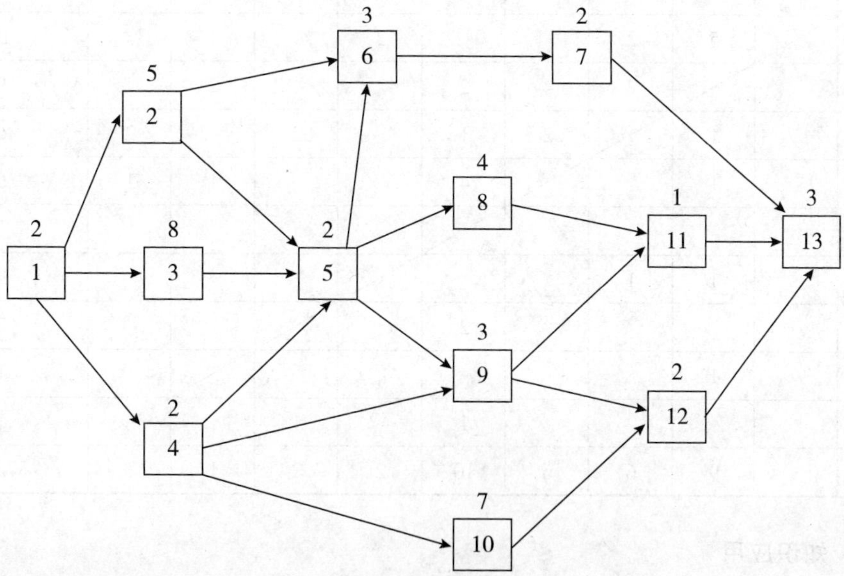

图 4－28 加工网络

4. 某企业根据所加工的零件工艺路线，统计出的初始从至表如表 4－18 所示，若毛坯库必须排在第一位，较好顺序如表 4－18 所示，若没有位置限定，如表 4－19 所示的方案能否改进？为什么？总的运输距离是否可低于 70 个单位？若能改进，请给出较优方案。

表 4－18　　　　初始从至表

从＼至	毛	铣	车	钻	镗	磨	内	锯	检	合计
毛		2	5		1			2		10
铣			1	2		2			1	6
车		3		4					2	9
钻			1				1		4	6
镗			1							1
磨									2	2
内									1	1
锯		1	1							2
检										
合计		6	9	6	1	2	1	2	10	37

表 4-19　　　　**调优后从至表**　　　　单位：次/天

至 从	1 毛	3 车	2 铣	4 钻	9 检	8 锯	6 磨	5 镗	7 内	合计
1 毛		5	2			2		1		10
3 车			3	4	2					9
2 铣		1		2	1		2		2	6
4 钻		1			4				1	6
9 检										
8 锯		1	1							2
6 磨					2					2
5 镗		1								1
7 内					1					1
合计		9	6	6	10	2	2	1	1	37/88

四、知识应用

1. 某小型企业平面布置如图 4-29 所示，物料流程如下：第一步是外来零件到检验室在检验设备上检验质量是否合格，合格零件搬运到配件库。第二步是从配件库把零件运到生产线开始端。第三步是生产加工，顺着箭头方向经过各个工序，最后完成加工。第四步是把加工完的成品从生产线末端运到检验室进行检验，检查质量是否合格。第五步是把检查合格后的产品运到成品库储存。如果检验设备是多台，且容易移动、搬运，该平面布置如何改进？

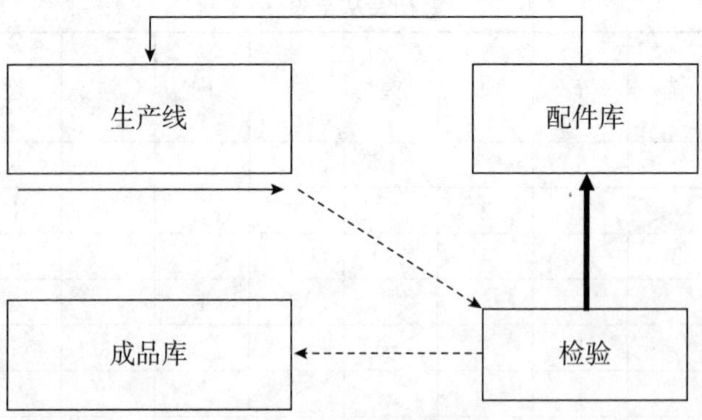

图 4-29　平面布置

2. 根据表 4-20 绘制网络图，若节拍为 15 分钟，工序至少需要多少道？如何安排？

表 4－20　　作业组成及作业时间　　单位：分钟

工作代号	紧后工作	持续时间
A	B、D	12
B	C、E、I	3
C	M	7
D	M	6
E	F、G	3
F	H	5
G	H	8
H	M	3
I	J、K	5
J	L	3
K	L	9
L	M	8
M	N	3
N	O	6
O	—	12

3. 浙江省某一次性剃削刀生产企业，厂区只有一个进出大门，靠近办公楼一侧。生产工艺主要分为 3 部分，一是注塑（把手和刀架），二是刀片生产（热处理和刀片制作），三是装配。该企业平面布置如图 4－30 所示。问这种布置是否合理，若不合理怎样改进？

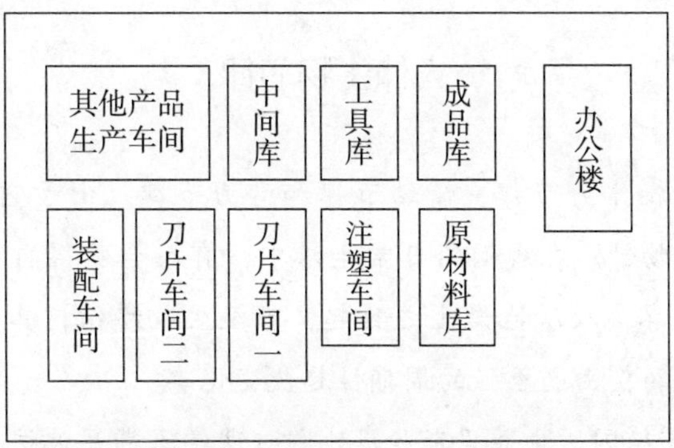

图 4－30　剃削刀生产企业平面布置

第五章　工作设计与工作研究

学习目标

知识目标

1. 熟悉工作设计与工作研究的内容；

2. 熟悉工作设计的原则；

3. 熟悉工作设计与工作研究常用的理论与方法。

技术目标

1. 会用工作设计原则进行工作设计；

2. 能运用工作研究的方法与分析技术进行工作研究，制定工作标准，提高效率；

3. 会用工作设计与工作研究常用的理论与方法进行工作设计与工作研究。

职业能力目标

1. 树立先进、科学的工作设计与工作研究理念；

2. 掌握工作设计与工作研究常用的理论与方法，解决企业工作设计与工作研究问题。

物流聚焦

人体生物节律

人体生物节律是指体力节律、情绪节律和智力节律。由于它具有准确的时间性，因此，也称为人体生物钟。在我们的日常生活中，有人会觉得自己的体力、情绪或智力有时很好，有时很坏，人从他诞生之日起，直至生命终结，其自身的体力、情绪和智力都存在着由强至弱、由弱至强的周期性起伏变化。

早在20世纪初，德国医生菲里斯和奥地利心理学家斯瓦波达经过长期临床观察发现，人体生物节律中体力周期是23天、情绪周期是28天。此后，奥地利的泰尔其尔教授在研究了许多大、中学生的考试成绩后发现智力周期是33天。1937年国际上召开了首届生物节律会议。1960年在美国召开了专门讨论生物节律的国际会议，生物节律作为一门新的学科正式问世。1981 年《科学画报》杂志刊登《揭开生物节奏的秘密》的文章（1981 年 2 月号），将奇妙的生物节律介绍给国内读者，引起读者的很大兴趣。以后，中国不少地方和部门也开展了生物节律的应用研究工作，国家有关部门曾发文件肯定生物节律对安全生产的促进作用。

第一节 工作设计

一、工作设计的内容

（一）工作设计的概念

工作设计（jobdesign）或称为岗位工作设计，是生产运作系统设计的内容之一，就是设置生产运作系统中的工作岗位和工作内容，如汽车装配线可分为装底盘、装发动机、装外壳、装座椅、装灯、装轮胎等岗位，每个工作岗位或称工序又详细规定工作内容、步骤、完成时间等。工作设计是指为了有效地达到组织目标与满足个人需要而进行的工作内容、工作职能和工作关系的设计。也就是说，工作设计是一个根据组织及员工个人需要，规定某个岗位的任务、责任、权力以及在组织中工作的关系的过程。其目的是综合利用各种方法、手段，充分发挥员工的潜力、潜能，设计出满足组织及技术要求、满足工人生理和个人需求的工作结构，达到提高生产率和产品质量、降低成本、缩短生产周期的目的。

为了便于分析，工作岗位可细分为：微动作（micromotion），最小的工作活动，如伸展、抓握、定位或放下物体等一些基本动作。单元（element），两个以上微动动作的聚集体，通常可以认为基本上是一个完整的单位，如一个物体的拿起、运输和定位。任务（task），两个或两个以上单元集合起来组成一项完整的活动，如扫地、砍树等。工作岗位（job）是指某个工人必须完成的一整套各种任务。一个工作岗位可由几项任务组成，如秘书工作的打字、存档和速记，也可由单一的一项任务组成，如汽车装配线上某岗位（工序）只负责把车轮装在汽车上。

（二）工作设计的主要内容

（1）工作内容，详细规定工作具体内容、步骤和目标。

（2）工作职能，包括工作责任、工作权限、工作方法以及协作要求。

（3）工作关系，是指个人或工序在工作中所发生的人与人（上下工序）之间的联系，谁是他的上级（上道工序），谁是他的下级（下道工序），他应与哪些人（工序）

进行信息沟通等。

工作设计的基本内容也可以根据制订实施方案的过程进行划分，工作设计方案涉及由谁来做，为何要做，做什么，在何处做，什么时间做，如何做，6 个方面的核心内容（6H），即工作内容、工作方法等的具体化和详细化（见图 5 – 1）。

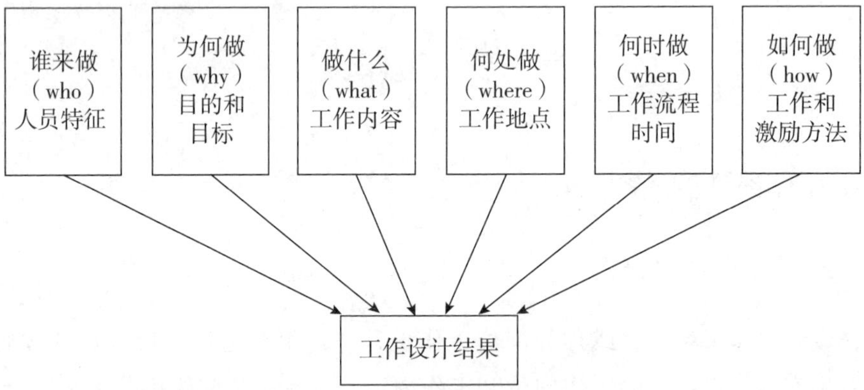

图 5 – 1　工作设计的基本内容

二、工作设计的原则与方法

一个成功有效的岗位设计，必须综合考虑各种因素，即需要对工作进行周密有目的的计划安排，并考虑到员工的素质、能力，考虑到本单位企业文化、管理方式、劳动条件、工作环境、激励政策等因素。在此基础上，借助科学设计方法和原则进行工作设计。

（一）工作设计的原则

工作设计是十分重要的管理技术，好的工作设计是好的工作的先决条件。现代工作设计十分强调工作、生活质量的改进，力求做到人与工作的完善配合，在提高工作效率的同时保证较高的工作满意度。为此，工作设计立足于工作本身内在特性的改进，增强工作本身的内在吸引力。根据工作设计的基本目的与要求，工作设计应该符合以下三条原则：效率原则、工作质量原则、系统化原则。

（二）工作设计的理论

1. 社会技术理论

任何生产运作系统既是技术系统又是社会系统，在工作设计中应该把技术因素与人的行为、心理因素结合起来考虑。社会技术理论认为工作系统由社会与技术两个基本部分构成，在进行工作系统设计时，应把社会与技术综合在一起作为一个有机的整体进行考虑，提出既满足技术性约束又满足社会性约束的工作设计方案。

2. 分工与专业化理论

传统的劳动分工理论认为，专业化程度越高，工作范围越窄，重复性也越高，所需技能越单一，运营效率越高，成本越低。目前，人们发现分工并不是越细越好，有时扩大工作内容反而效率提高。可见，工作细分也有度的问题，即最佳专业化程度。

3. 行为科学理论

行为科学理论就是在工作系统的设计中充分考虑人的行为动机，使工作本身更加富有意义，从而提高人员的满意度。

（三）工作设计的方法

工作设计的方法有多种，但其中心思想是工作丰富化，而工作丰富化的核心是激励的工作特征模型。

1. 工作扩大化（jobenlargement）

工作扩大化是指工作的横向扩大，增加工作任务的种类和内容。提高工作所需技能的多样化，增加对作业人员工作成果的认可，提高作业人员对工作的兴趣和投入，提高员工工作的积极性与满意度。

2. 工作丰富化（jobenrichment）

工作丰富化是指工作内容的纵向扩大，使作业人员承担更多的责任、更多地参与作业的计划与控制，拥有参与管理的机会。工作丰富化可以给员工带来成就感、责任心、工作得到认可等方面的满足感，提高员工工作的积极性与满意度。

3. 岗位轮换（jobrotation）

岗位轮换是指作业人员定期交换所从事的工作。岗位轮换有许多优点，可以使作业人员“一专多能、一岗多人”，提升作业人员工作的满意度。

4. 工作特征再设计

工作特征再设计是一种人性化的设计方法，是指针对员工设计工作而非针对工作特征要求员工。它主要表现为充分考虑个人存在的差异性，区别对待各类人，以不同的要求把员工安排在适合于他们的独特需求、技术、能力的环境中去。

5. 工作设计综合模型

工作设计综合模型包括：工作设计的主要因素、绩效成果目标因素、环境因素、组织内部因素和员工个人因素等。着重要求企业管理人员分析和评价在工作设计、规划发展和贯彻过程中许多环境变量可能产生的影响。

补充阅读1

工作岗位如何划分合理

浙江省一家台资锁具企业，锁具塑封与分割2道工序原先是安排4名员工完成，具体工作岗位设计和安排如下：第一道工序，由一名男员工（甲）负责塑封，工作步骤是在塑封机上先放置一层塑料塑封底膜，然后，放上2排6套锁具，每排3套，之后，在摆放好6套锁具上面放上一层塑料塑封上膜，开动机器，等待加热塑封；一名女员工（乙）负责把塑封好的锁具搬运到切割工作台；切割工作由另一名男员工（丙）和另一名女员工（丁）负责切割。参见图5－2至图5－6。

图5－2　在塑封机上摆锁具准备塑封

图5－3　等待塑封机塑封

图 5－4 搬运塑封后锁具至切割工作台

图 5－5 等待塑封锁具

图 5－6 切割塑封锁具

思考题

1. 在设备不做改进、工作地布置不改变的前提下，如何划分工作岗位合理？

2. 最理想状态工作如何划分？最少需要几人？

第二节　工作研究

一、工作研究的内容与目标

工作研究（work study）又称为动作和时间研究（motion and time study），是方法研究（methods study）和工作测量（work measurement）的总称（见图5－7）。工作研究是指运用系统分析的方法把工作中不合理、不经济、混乱的因素排除掉，寻求更好、更经济、更容易的工作方法，以提高系统的生产率。其基本目标是避免浪费，包括时间、人力、物料、资金等多种形式的浪费。在西方企业中工作研究的目标就是："work smart，not hard。"（巧妙工作，使工作容易化）

提高生产率或效率的途径多种多样，例如通过购买先进设备、提高劳动强度等方式来实现。而工作研究则遵循以内涵方式提高效率，在一定工作条件下，不增加设备，不增加工人劳动强度，通过重新组合生产要素、优化作业过程、改进操作方法等方法，消除各种浪费，提高生产率。

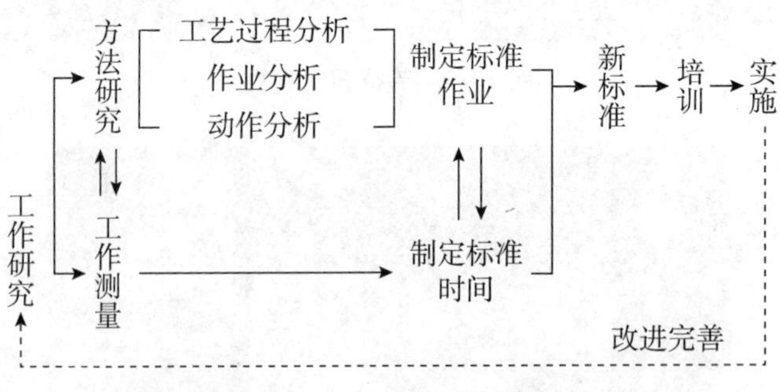

图5－7　工作研究

方法研究是对现有的或拟制定的工作方法进行系统的记录、分析和严格的考查，借以开发出简单、易行及有效的工作方法，以达到提高生产率的目的。方法研究的核心问题是应该怎样进行工作才合理。

工作测量是运用各种技术来确定合格工人按规定的作业标准完成某项工作所需的时间。工作测量的主要目的是确定工作标准时间。

二、工作研究的步骤

（一）选择研究对象

生产运作管理人员每天遇到的问题多种多样，同时工作研究的范围也是极为广泛的，这就有一个如何选择合适的工作研究对象的问题。一般来说，工作研究的对象主要集中在系统的关键环节、薄弱环节，或带有普遍性的问题方面，或从实施角度容易开展、见效的方面。因此，应该选择明显效率不高、成本耗费较大、急需改善的工作作为研究对象。研究对象可以是一个生产运作系统的全部，或者是某一局部，如生产线中的某一工序、某些工作岗位，甚至某些操作人员的具体动作、时间标准等。

（二）确定研究目标

尽管工作研究的目标是提高劳动生产率或效率，但确定了研究对象之后还需规定具体的研究目标。这些目标包括：一是减少作业时间；二是节约物料消耗；三是提高产品质量；四是提高工作安全性和改善工作环境；五是减轻工作强度，使工作简单化、省力化；六是提高员工工作激情。

（三）记录现行方法

将现在采用的工作方法或工作过程如实、详细地记录下来。可借助于各类专用表格技术来记录，动作与时间研究还可借助于手机、相机录像等方式记录。使用规范性很强的专用图表工具统计记录，使工作研究人员准确、迅速、方便地记录要研究的事实，便于以后分析。

（四）工作分析

借助价值工程分析法和6H等方法，详细分析现行工作方法中的每一个步骤和每一动作是否必要，顺序是否合理，哪些可以去掉，哪些需要改进或改变。

（五）设计和使用新方法

设计和使用新方法是工作研究的核心部分，包括建立、使用和评价新方法三项主要任务。建立新的改进方法可以在现有工作方法基础上，通过“取消—合并—重排—简化”四项技术形成对现有方法的改进，这四项技术俗称工作研究的ECRS（或四巧）技术，其具体内容如表5-3所示。

三、方法研究的内容

（一）方法研究的主要内容

方法研究的主要内容包括以下五个方面。

一是改进工作及作业程序，包括工作内容、方法、手段、工艺，作业程序是否可以再造和优化等。例如，在具体的物料作业研究方面，应利用物料的重力进行自动搬运、取消或替代抓取；用工具、物料专用工具把物料存放在合适的位置，实行自动供料。

二是改进工厂及工作地的布置，工厂如何布置使物流运输距离最短、面积利用率最高、经济效益最好等，工作地如何布置，工人最省力、生产成本最低、产量最大、效率最高、质量得以保证等。具体是设备怎样摆放，工具放在哪里合适，原材料如何放置，操作者位置在哪里，成品放在何处等。

三是简化操作，减轻劳动强度。简化操作可提高工作效率和产品质量；减轻劳动强度更能体现人本主义、保护人权等。

四是有效地利用材料、机器设备和人力。生产的目标是高效、低成本、保质保量、按期生产产品。被加工对象、加工工具和人是影响目标的主要因素，方法研究与这三方面密切相关。

五是创造良好的工作环境，实现安全生产。目前流行5S管理，通过5S管理营造良好的工作环境、实现安全生产也是生产的主要任务之一。

（二）研究内容与分析技术的关系

我们借鉴日本规格协会在方法研究中介绍的分析层次与分析技术关系，提出简化研究内容与分析技术的关系表，参见表5－1。

表5－1　研究内容与分析技术的关系

	工序	作业单位	作业要素	动作单元	基本元素
作业划分	以材料加工过程单位为基础的作业划分	以加工、检验、搬运等作业单位为基础的作业划分	以作业单位中所包含的一系列作业要素为基础的作业划分	以一个作业要素中所包含的一系列动作单元为基础的作业划分	以单位动作中所包含的一系列动作要素为基础的作业划分
分析技术	程序分析（↔，工序～作业单位）	操作分析（↔，作业单位～动作单元）		动作分析（↔，基本元素）	

四、工作研究的方法与分析技术

（一）工作研究常用的研究方法

工作研究方法主要有两大类：方法研究与时间研究。

1. 方法研究

方法研究主要是通过对现行工作方法的过程和动作进行分析，从中发现不合理的动作或过程并加以改善。方法研究主要有样本法、标准要素法。

样本法（work sampling method）在作业测定中也是使用很广泛的一种方法。这种方法的基本原理是，并不关心具体动作所耗费的时间，而是估计人或机器在某种行为中所占用的时间比例。例如，加工产品、等候检修，或空闲，这些都可看作为某种“行为”，都会占据一定的时间。其基本假设是：在样本中观察到的某个行为所占用的时间比例，作为该行为发生时所占用的时间比例。在给定的置信度下，样本数的大小将影响估计的精度。

标准要素法（elemental standard data approach）的基本原理是：在不同种类的工作中，存在着大量相同或类似的工作单元，不同工作是若干种工作单元的不同组合。因此，对于工作单元所进行的时间研究和建立的工作标准，可应用于不同种类工作中的工作单元。

2. 时间研究

时间研究这种方法的主要用途是建立工作的时间标准。一项工作可以分解成多个工作单元（或动作单元）。在时间研究中，研究人员用秒表观察和测量一个训练有素的人员，在正常发挥的条件下各个工作单元所花费的时间，通常需要对一个动作观察多次，然后取其平均值。最后，再考虑正常发挥的程度和允许变动的幅度，以决定标准时间。工作研究中的方法研究和时间研究是相互关联的，方法研究是时间研究的基础、制定工作标准的前提，而工作测定结果又是选择和比较工作方法的依据。时间研究主要使用的方法是既定时间标准设定法。

既定时间标准设定（Predetermined Time Standards，PTS）法是作业测定中常用的一种方法。这种方法比标准要素法更进了一步，它是将构成工作单元的动作分解成若干个基本动作，对这些基本动作进行详细观测，然后做成基本动作的标准时间表（工作的正常时间）。当要确定实际工作时间时，只要把工作任务分解成这些基本动作，从基本动作的标准时间表上查出各基本动作的标准时间，加上宽放时间就得到各基本动作标准工作时间，把各基本动作标准工作时间求和就得到工作任务的标准工作时间。

（二）方法研究常用的分析技术与方法

方法研究常用的分析技术与方法有程序分析、操作分析和动作分析三种技术，6H法和ECRS法两种方法。

1. 方法研究常用的分析技术

（1）程序分析。程序分析是按作业的程序从第一道工序至最后一道工序，从第一个工作地到最后一个工作地，从原材料入厂到产品出厂所进行的全面分析或全过程分析。

（2）操作分析。操作分析是研究以人为主体的工序，使操作者（人）、操作对象（物）、操作工具（机）三者科学地组织、合理地布局，以减轻工人的劳动强度，减少作业时间的消耗，使工作质量得到保证。

（3）动作分析。动作分析是研究分析人的操作动作，将其分解为最基本的动作单元，以排除多余动作、减轻疲劳，使操作简便有效，制定出最佳的动作程序。

2. 方法研究常用的分析方法

（1）6H法。6H法在第一章做了初步介绍，这里再详细论述。6H法是指对研究对象提出六大问题：why、where、when、who、what、how。其方法是经过三次反复提问，回答六个方面的问题，厘清现状和原因，最终达成解决问题的方法（见表5－2）。

表5－2　6H法

	分析现状	提出问题	改进建议
	第一次提问	第二次提问	第三次提问
why	目的是什么	为何需要做	有无其他方法代替
where	何处做	为何要在此处做	有无其他更合适的地点
when	何时做	为何要在此时做	有无其他更合适的时间
who	何人做	为何要此人做	有无其他更合适的人员
what	做什么	为何要做这些	可否简化作业内容
how	如何做	为何要如此做	有无其他更合适的方法

第一次提问分别是：目的是什么？何处做？何时做？何人做？做什么？如何做？从价值工程功能系统图的角度出发，必须首先明白它的目的是什么，没有目的的功能就是多余的和浪费的；做什么和如何做是手段和途径，因此有必要弄清有无其他更好的手段和途径实现这一功能。从计划的角度看，计划必须包含这六个方面。

第二次提问是回答为什么？没有原因或原因不充分说明不够合理和科学。

第三次提问是改进建议。

实训资料1

分拣工作在哪做更合适？能否取消？

以第二章实训资料1为例，进一步深入探讨分拣工作在哪做更合适？能否取消？

原资料如下：宁波一家服装企业生产衬衫，最后几个班组工作分别是烫熨组（多人）：烫熨和折叠（参见图2-2）；装袋组（多人）：装入塑料袋（参见图2-2）；装箱组（三人）：一人专门负责把装袋组装好的产品运过来，然后，从装产品的蓝色塑料筐里一件一件拿出来，不同型号分别摆放（参见图2-3），这组另外两名工人负责去几米远地方寻找所需型号的纸盒箱子（参见图2-4），找到后把纸盒箱运回来，再把该组负责分拣型号的员工已分好的产品，从地上搬起来放在工作台上，然后装箱（参见图2-5）。

（2）ECRS法。在第一章做了初步介绍，这里再做深入探讨。ECRS（Eliminate，Combine，Rearrange，Simplify）法是取消、合并、重排和简化的简称（见表5-3）。这是从四个维度探讨提高效率的方法，该方法与6H法和价值工程法交替使用，与它们又有部分重叠。各行各业只要留心思考，皆有可改进之处。没有最好的，只有更好的！持续改进是成功的黄金定律。

表5-3　　　　动作改善ECRS法

改善原则	目的	事例
取消	排除浪费 排除不必要的作业	①合理布置，减少搬运，减少等待时间 ②取消不必要的外观检查
合并	配合作业 同时进行 合并作业	①煮咖啡与加热面包同时进行 ②一边加工一边运输 ③包装与分拣同时进行，钻孔与倒角同时进行
重排	改变次序 改用其他方法 改用别的东西	①把裁减工序提前，染色工序放后 ②用传送带代替人工搬运 ③塑料件代替钢铁件
简化	连接更合理、更简单	①改变布置，改变流程，使作业更顺畅 ②使机器自动定位切割，代替凭感觉定位切割

E代表取消，就是取消一切不必要的工作。一方面，从价值工程角度看：没有价值、没有目的的功能（作业）都是多余的和浪费的，必须取消。此外，这道工序使产

品增加的功能，对客户来讲是过剩的或不需要的，这时该工序也应取消。另一方面，其他工序也可以做，而且效率更高、质量更好、时间更快，此时，该工序就应合并到其他工序中，取消它。

C 代表合并，是指合并必需而且可能合并的工作。例如，设计一个特殊咖啡壶，中间加热面包片，四周是咖啡壶体，这样这两道工序（煮咖啡和加热面包片）就合二为一了。

R 代表重排，是指重排所有必需的工作程序。首先，从整个企业（组织）流程角度出发，看业务流程是否合理，是否有必要重排；其次，看某个产品或业务流程是否合理，是否需要改进；最后，工艺和工序能否重排，重排后流水线是否更均衡、效率更高。这实际上也是流程再造过程。

S 代表简化，就是简化所有必需的工作。这是一种战略，理想状态就是工作简单化，这样既可提高效率、降低成本、提高质量，又可减少招聘和培训员工的烦恼。简化通常与自动化、机械化相关联。

补充阅读2

联合包裹服务公司的时间研究

约瑟夫·鲍里斯是联合包裹服务公司（UPS）的一名司机。此时他正夹着一个包裹从他的棕色运送车里出来走向办公大楼。他身后几米远，一位 UPS 的工业工程师玛乔热·库厦克正手拿秒表计时。

她紧盯着鲍里斯先生，记录他行动的步骤及与顾客打交道的时间。她的记录本上记载着遇到红灯、交通堵塞、走弯路、按门铃、过走廊、喝咖啡等所消耗的时间。她说："即使他去卫生间，我也要给他计时。"

UPS 的 75000 名司机每年行驶 1.8 ×109 英里，每天分发 1166 个包裹，平均每天出入传送车 200 次。不必要的步骤和非直接线路降低了司机的工作效率，进而影响了他们对客户的服务质量。如果每天节约一分钟，公司一年就节约 500 万美元。因此，UPS 公司每年在培训司机掌握有效和安全的工作方法上下了很大工夫。

在 UPS 公司约有 3200 名工业工程师对司机的分发过程进行时间研究，从而提出有关工作方法的指导性意见，以保证为客户提供有效和可靠的服务。他们对司机的工作进行了精细的研究，甚至包括钥匙环挂在哪个手指上以防丢失。

除了改进工作方法，UPS 给司机提供的运送车具有如下特征：

圆顶型座椅，方便司机每次分送时上下车；

车后轮仓尾部有一块斜板可以着地，使司机只需要踏一步就能很方便地进入货仓；舱壁式货车使司机很容易进入包裹间，节省了他挑选包裹时的行动距离。

资料来源：申元月主编：《生产运作管理》，山东人民出版社 2005 年版，第 165－166 页。

第三节 程序分析

一、程序分析符号

程序分析是以产品的整个制造过程为研究对象的一种系统分析技术，按作业的流程从第一道工序至最后一道工序，从原材料入厂到产品出厂所进行的全面分析或全过程分析。

为了便于分析和沟通，美国机械工程师学会制定出 5 种符号（见表 5－4 中前 5 种），1979 年由美国制定为国家标准。常用的 6 种符号如表 5－4 所示。

表 5－4　　程序分析符号

序号	要素	分类	记号	意义
1	加工	加工	○	表示使原材料、零件、制品的形状或性质发生变化，以符合某种加工目的的过程
2	搬运	搬运	⇨	表示使原材料、零件、制品位置发生变化的过程，如零件从一个车间搬运到另一个车间
3	停滞	储存	▽	表示按计划储存原材料、零件、制品，如生产线前和后的在制品等
4		暂存或等待	D	表示原材料、零件、制品处于非预期的暂存或等待状态，如上下工序之间的等待
5	检查	数量检查	□	测量原材料、零件、制品的数量，与基准进行比较
6		品质检查	◇	测试原材料、零件、制品的品质特性，把结果和基准进行比较，以做出合格与否或优良与否的判断

二、程序分析

（一）程序分析的内容

程序分析的内容有如下几个方面：①操作分析，是指作业操作步骤、动作、所需时间等方面的分析；②搬运分析，是指零部件在工序之间、车间之间等环节或部门之间的搬运方法、搬运距离及时间等方面的分析；③检验分析，是指检验工具、检验原理和方法、检验效率和质量、检验时间和地点是否合理等方面的分析；④等待分析，是指为何等待，在哪等待，等待多长时间，哪些环节需要等待等情况的分析；⑤存储分析，是指存储地点、数量、时间等方面的分析（见表5－5和表5－6）。

（二）生产流程分析

生产流程就是产品加工所需经过的各个环节，即各个部门、车间和工序。例如，生产汽车的主要流程：用冲床将钢板压成车的外壳，车体倒转进行焊接，加装车门及车盖，除去钢板的毛边与暗号，防锈处理及车体喷漆，装配大梁，防震，传动，引擎，内部装潢，加装散热器（水箱）、油压系统、燃料系统以及车轮，试验，最后出厂。

【例5－1】表5－5描述了某企业生产一种零件经过的各道工序，他们把这些工序及相应距离等参数列入表中，有一线操作者、技术人员、工艺人员参加，集思广益，从取消、合并、重排和简化4个方面入手，分析和改善原流程，表中最后4列打对号的是要采取的措施。

【例5－2】表5－6是某单位食堂加工面条的生产流程，经过12个步骤。该流程从取消、合并、重排和简化4个方面入手分析有无改进余地？如工序5送到水池边是否可取消？工序8和9的顺序可否调换？

【例5－3】图5－8是麦当劳快餐店的生产流程，其优缺点有哪些？有无改进余地？

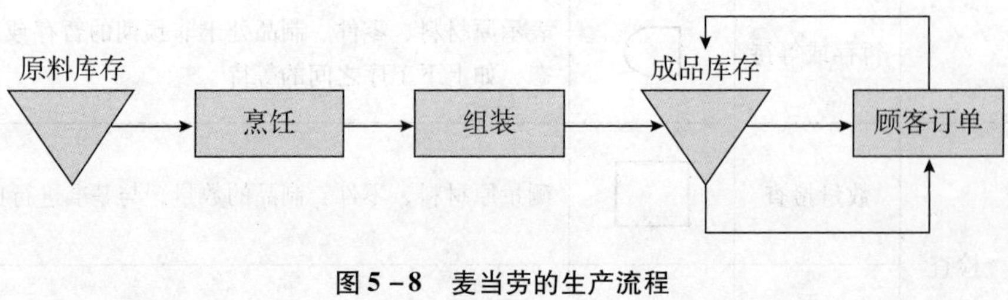

图5－8　麦当劳的生产流程

表 5－5 工序流程分析

工作说明	距离（m）	对应设备	符号				改善要点			
			○	→	D	△	取消	合并	重排	简化
送至冲床旁	8	1								
冲 A_1 和 A_2 两孔								√		
送至冲床旁	10	1								
冲 A_0 孔								√		
送至倒角机旁	8	2					√			
加工三孔倒角								√		
送至冲床旁	4	3								
粗冲 A_0 孔								√		
送至冲床旁	2	4								
精冲 A_0 孔										
送至倒角机旁	6	5								
加工外圆倒角										
送至冲床旁	7	6								
冲缺口								√		
合　计	45	22	18	17		2				

表 5－6 生产流程分析

1. 面条置于货架上	▽
2. 将面条拿到厨房	⇨
3. 煮熟	○
4. 放到盆里	○
5. 送到水池边	⇨
6. 过水	○
7. 送到操作台	⇨
8. 分装入盘	○

续 表

9. 加入肉末和番茄酱	○
10. 将盘子送到加热器	⇨
11. 保温	○
12. 送到出售台	⇨

第四节 操作分析

一、操作分析简述

操作分析是通过对以操作者为主体的工序的详细研究，使操作者、操作对象、操作工具三者科学地组合，合理地布置和安排，使工序结构合理，减轻劳动强度，减少操作的工时消耗，以提高产品的质量和生产效率为目的而进行的分析。

二、双手操作分析

双手操作分析是对由一名操作者所承担的要素操作（操作）进行记录和分析的技术。这种操作分析的重点是考察操作者的操作方法和步骤是否合理；左右手分工是否恰当；是否存在多余和笨拙的动作需要改进；工作地物料的摆放、工作地布置是否合理等。

三、人－机操作分析

人－机操作分析是记录机器与操作者在同一操作生产循环内的工作情况，分析两者时间配合关系，寻求合理的操作方法的一种分析技术。其目的是使操作者的操作和机器的运转协调配合，以充分发挥人和机器的效率。

【例5－4】某企业某道工序，原先一名工人只看管一台设备，工人手动时间之和为25秒（取料、装料、开机、停机、卸料、放料），空闲时间为35秒（设备自动完成切削加工时间为工人空闲时间），此时，工人负荷为41.7%（41.7% =100% ×25/60）。设备机动（自动工作）时间为35秒，空闲6秒，设备负荷为90%（90% =100% ×54/60）。问能否提高工人和设备负荷？如何提高？

我们知道，多机床看管原理是利用设备机动时间照管其他设备手动时间，由于设备机动时间为35秒≥工人的手动时间25秒，35－25≤25，因此，可以再多照管1台设备，且工人还有空余时间。照管2台设备时间安排参见表5－7。

表5－7 **人－机操作分析表**

<table>
<tr><th colspan="2">操作人员</th><th colspan="2">机床1</th><th colspan="2">机床2</th></tr>
<tr><th>说明</th><th>时间</th><th>说明</th><th>时间</th><th>说明</th><th>时间</th></tr>
<tr><td>取料1</td><td>3</td><td>空闲</td><td>3</td><td rowspan="4">切削</td><td rowspan="4">15</td></tr>
<tr><td>装料1</td><td>10</td><td rowspan="2">装料</td><td rowspan="2">12</td></tr>
<tr><td>开机1</td><td>2</td></tr>
<tr><td>走到机器2</td><td>2</td><td rowspan="9">切削</td><td rowspan="9">35</td></tr>
<tr><td>停机2</td><td>2</td><td rowspan="2">卸料</td><td rowspan="2">7</td></tr>
<tr><td>卸料2</td><td>5</td></tr>
<tr><td>放料2</td><td>3</td><td rowspan="2">空闲</td><td rowspan="2">6</td></tr>
<tr><td>取料2</td><td>3</td></tr>
<tr><td>装料2</td><td>10</td><td rowspan="2">装料</td><td rowspan="2">12</td></tr>
<tr><td>开机2</td><td>2</td></tr>
<tr><td>走到机器1</td><td>2</td><td rowspan="5">切削</td><td rowspan="5">20</td></tr>
<tr><td>空闲</td><td>6</td></tr>
<tr><td>停机1</td><td>2</td><td rowspan="2">卸料</td><td rowspan="2">7</td></tr>
<tr><td>卸料1</td><td>5</td></tr>
<tr><td>放料1</td><td>3</td><td>空闲</td><td>3</td></tr>
</table>

这种改进后的安排，工人负荷提高到90%（90%＝100%×54/60），设备负荷仍然是90%（90%＝100%×54/60）。可进一步考虑工人剩余6秒钟和设备剩余6秒钟能否充分利用，还可以挖掘潜力缩短工人取料、装料和卸料时间，如自动取料、装料和卸料；采用先进加工方法缩短设备加工时间。

四、联合操作分析

联合操作分析是应用于多人联合（班组）操作的一种分析技术，记录和考察操作者之间在同一循环时间内的操作内容及相互之间的关系，研究和探讨不干涉操作实施平行操作的可能性，寻求合理的操作循环方法，使操作者之间的配合更加协调，以提高联合操作的工作效率。

为了提高效率，在操作动作中，尽量避免“摇头、转身、弯腰”三种动作，这三种动作都延长作业时间、增加劳动强度，从而降低作业质量。改善作业环境的布置方式，可以消除摇头、转身和弯腰的动作，如在操作者正前方供料，可避免转身拿取原材料的动作；把工具和被加工对象放在合适高度，而不是放在地面上，可避免弯腰拿取工具或被加工对象的动作。

实训资料2

如何缩短联合工作时间

我们以阙树林主编的《基础工业工程》第68页“例2－6”为例，讨论如何安排能缩短联合工作时间。“检查调整化学反应器中的催化剂”联合作业如下：该作业由电工、装配工、起重工和检验员共同联合作业。电工负责A、B和C 3项工作，如表5－8所示；装配工负责C、E、G和I 4项工作；起重工负责D、E、G和H 4项工作；检验员负责检查及调整催化剂F1项工作。原始安排如表5－8所示，试画图表，优化安排作业，缩短完成时间。

表5－8　　联合作业分析表

<table>
<tr><th>电工</th><th>装配工</th><th>起重工</th><th>检验员</th></tr>
<tr><td>拆除电热器A</td><td>空闲</td><td rowspan="2">空闲</td><td rowspan="4">空闲</td></tr>
<tr><td rowspan="3">修理电热器B</td><td rowspan="2">松开容器盖C</td></tr>
<tr><td>预备吊车D</td></tr>
<tr><td>配合吊车移开容器盖E</td><td>移开容器盖E</td></tr>
<tr><td rowspan="3">空闲</td><td>空闲</td><td>空闲</td><td>检查调正催化剂F</td></tr>
<tr><td>配合吊车放回容器盖G</td><td>放回容器盖G</td><td rowspan="3">空闲</td></tr>
<tr><td>拧紧容器盖I</td><td rowspan="2"></td></tr>
<tr><td>安装电热器J</td><td>空闲</td></tr>
<tr><td></td><td></td><td>移开吊车H</td><td></td></tr>
</table>

第五节 工作测量

一、工作测量概述

工作测量是对实际完成工作所需时间的测量，是工作研究中的一项主要内容。实际上，制定工作标准也需要运用工作测量的方法，对实际工作时间进行统计，找出一般规律，才能最后建立工作标准。工作测量的基本目的是为每一项工作确定时间标准，设置这些标准基于以下四方面的原因。

（1）安排工作的进度，分配工作能力。所有的进度安排方法均要求估计进度中完成每一项工作的时间。

（2）提供一种激励员工和测定他们表现的客观标准。在采用基于产出的激励策略时，测定标准尤为关键。

（3）新合同竞标以及评价现有员工的表现。

（4）为改进工作提供标准。

二、工作测量的方法

常用的工作测量方法有作业测定法、预定时间标准法、标准资料法和工作抽样法。

（一）作业测定法

作业测定法一般要用秒表，既可在工作的现场，也可通过观察工作的视频进行。作业测定法利用秒表，在一段时间内对作业的执行情况进行直接的连续观测，把工作时间以及与标准概念（如正常速度）相比较的对执行情况的估价等数据，一起记录下来给予一个评比值，并加上一定的宽放值，最后确定出该项作业的时间标准。

操作者操作的观察时间（OT）可由如下公式计算：

$$OT = \sum X_i / n \tag{5-1}$$

式中：X_i（$i=1, 2, \cdots, n$）——第 i 次测定的时间值；

n——观测次数。

要使该操作者的时间对所有的员工都有可比性，必须对其作业速度进行绩效评定，才能使该测定值“通用化”，进而得出该项作业的正常时间（NT）：

$$NT = OT(1+\eta) \tag{5-2}$$

式中：η——绩效评定的评比率，或描述为：

$$正常时间 = 观测时间 \times 评比系数$$

$$评比系数 =（正常时间 \div 实际测量时间）\times 100\% \quad (5-3)$$

如某一操作者完成一项工作要 3 分钟，通过时间研究分析估计他比正常情况快 10%，正常时间将记为：3×（1+0.1）=3.3（分钟）。

在正常时间的基础上推导出标准时间（ST），即在正常时间基础上加上宽放时间。宽放时间包括作业宽放、个人宽放、疲劳宽放、管理宽放，计算公式为：

$$ST = NT\ (1+\delta) \quad (5-4)$$

式中：δ——宽放率，即各种宽放时间之和占工作时间的百分比，或描述为：

$$标准时间 = 正常时间 \times（1+宽放率）$$

标准时间可作为工时定额。

（二）预定时间标准法

预定时间标准法是国际公认的制定时间标准的先进技术。它利用预先为各种动作制定的时间标准来确定进行各种操作所需的时间，而不是通过直接观察或测定。它不需要对操作者的熟练、努力等程度进行评价，就能对其结果在客观上确定出标准时间。

（三）标准资料法

标准资料法是将直接由作业测定法、工作抽样法、预定时间标准法所得的测定值，根据不同的作业内容，分析整理为某作业的时间标准，以便将该项数据应用于同类工作的作业上，使其获得标准时间的方法。

（四）工作抽样法

工作抽样法是在较长时间内以随机的方式，分散地观测操作者工作状况，通过合理分析、计算来确定工作时间标准的方法。该方法具有省时、可靠、经济等优点，因此成为调查工作效率、合理制定工时定额的通用技术。

工作抽样法是根据数理统计的理论，从母体中随机地取样本；如果这个样本足够大，则从样本的性质可以推断出母体的状态。由于它不是全数调查，所以会产生误差，这又取决于抽样的数量（即观测次数）。抽样数越多，置信度就越高；反之，置信度就越低。

置信度是指观测结果的可信程度，也就是子样符合母体状态的程度。工作抽样一般取 2 倍标准差（2σ），即 95% 的置信度。精度就是允许的误差。置信度为 95% 时，绝对精度为 2σ，相对精度（S）为绝对精度（E）与观测发生概率（P）之比，即 $S=E/P$。二项分布时，E 和 S 分别为：

$$E=2\sigma=2\ [P\ (1-P)\ /n]^{0.5} \tag{5-5}$$

$$S=E/P=2\ [\ (1-P)\ /Pn]^{0.5} \tag{5-6}$$

观测次数是根据所规定的置信度和精度要求而定，在置信度取95%时，可计算出观测的次数。

用绝对精度E：

$$n=4P\ (1-P)\ /E^2 \tag{5-7}$$

用相对精度S：

$$n=4\ (1-P)\ /PS^2 \tag{5-8}$$

【例5-5】 3天对10名工人的工作时间进行测定，以便制定新的标准。总的观测时间为13680分钟（10人3天累计观测时间），观测时间内总产量为16320件，观测700次，正在工作次数为685次，工人工作速度为121%（评比系数），宽放率为13%，有关资料如表5-9所示，试确定其标准时间。

表5-9　　工作抽样

项目	来源	数据
总观测时间	测量	13680（分钟）
总产量	生产部	16320（件）
观测次数	工作抽样	700（次）
工作次数	工作抽样	685（次）
评比系数	工作抽样	121%
宽放率	连续观测	13%

工作比率=工作次数/总观测次数×100%

=685÷700×100%≈97.86%

标准时间=（总观测时间×工作比率×评比系数/总产量）×（1+宽放率）

=（13680×97.86%×121%÷16320）×（1+13%）≈1.12（分钟）

【例5-6】 对餐厅服务员观测数据参见表5-10，服务员以115%速度工作，宽放率为10%，求其标准时间。

放好餐巾时间计算如下：

正常时间=观测时间×评比系数

=0.06×115%=0.069（分钟）

标准时间=正常时间×（1+宽放率）

=0.069×（1+10%）=0.0759（分钟）

以此类推，用Excel计算结果如表5-11所示。单元格F5的Excel计算公式为：

"=C5 * $D$3 * (1+$E$3)"，然后复制粘贴区域 F4:F7，便可得到表 5－10 最后一列数据。

表 5－10　　工作抽样

动作名称	平均时间（分钟）
放好餐巾	0.06
将刀、叉、勺放在一起	1.00
将银器卷起	0.92
放在盒子里	1.06

表 5－11　　标准时间计算（用 Excel 计算）

	B	C	D	E	F
2	作业	时间	评比系数	宽放率	标准时间
3	动作名称	平均时间（分钟）	115%	10%	
4	放好餐巾	0.06	0.069		0.0759
5	将刀、叉、勺放在一起	1.00	1.15		1.265
6	将银器卷起	0.92	1.058		1.1638
7	放在盒子里	1.06	1.219		1.3409

【例 5－7】某企业有车床若干台，抽查 160 次，观测到正在工作 68 次，问车间车床利用率 P 的估计值 $P_平$ 是多少？

$$P_平=(m/n)\times 100\%$$
$$=(68\div 160)\times 100\%$$
$$=42.5\%$$

【例 5－8】某活动占规定的工作时间百分比大体上为 30%，要求对 P 做出比较精确的估计，相对精度为 10%，问需要观测多少次？

$$n=4(1-P)/(S^2\times P)$$
$$=4\times(1-0.30)\div(0.1^2\times 0.30)$$
$$\approx 934（次）$$

补充阅读3

东莞华坚增设工业工程岗位，实施精益生产战胜金融危机

东莞华坚集团公司地处美丽富饶的珠江三角洲，北靠广州，南依深圳，东临惠州，西与番禺隔珠江相望，107 国道、广深高速公路横贯其中，交通便利，地理环境得天独厚。华坚集团董事长兼总裁张华荣是一个被业界尊为“女鞋教父”的传奇人物，在10年间将自己的产业扩大千倍。该公司有研发、技术、生产管理及国际贸易专业人才近2800 人，产业工人近3 万人，年产中高档女鞋1800 万双，年产值为3.8 亿美元。

2008 年年末至2009 年年初，来势汹汹的金融风暴席卷全球。一方面，国内出口退税减少，员工工资增加，企业支出、社会保障等费用增加，原材料价格上涨。受危机影响，国际市场不景气，订单减少，汇率上升，华坚生产一双女鞋只有0.21 美元的利润，形势非常严峻。军人出身的张华荣没有被困难吓倒，知难而上，改变生产策略，增设工业工程岗位（工业工程工程师），深入开展精益生产、持续改进、开展工业工程活动，对原有三条生产线进行优化再造。原先每条生产线由5 个员工专门负责在制品的工序间运输，现在建立传送带式生产线，改变工序间零部件运输方式，节约15 个员工，投资3 个月就收回来，生产效率也大幅度提高，由每天需加班到22 点改善到20 点，每双鞋成本降低了0.61 美元，这样每双鞋利润上升为0.81 美元，在这次危机当中站稳脚跟，继续前进。

思考题

1. 东莞华坚靠精益生产战胜金融危机对我们有何启示？
2. 你如何理解持续改进？
3. 你所了解到的企业在生产运作方面有哪些方面需要流程再造？
4. 增设工业工程岗位能带来何种效果？

补充阅读4

防错（零缺陷）方法

1. 防错（零缺陷）方法的产生

“零缺陷”思想是20 世纪60 年代由零缺陷管理大师克劳士提出的，当时并没有想

到它会成为风靡世界的质量管理思想。如今，“零缺陷”已从制造业扩展到工商业的所有领域。

20世纪70年代，日本丰田公司的一名工程师创立了Poka－kah（防范差错）质量管理方法，它能够防止因人为错误而导致的产品质量缺陷。如今，防错法在中国的一些企业已经得到应用，并取得了明显的成效。此方法是基于以人为本的理论，尊重每一个员工的聪明才智，通过预防技术和装置的应用，替代过去依靠人工完成的重复劳动，并杜绝那些由于难以保持高度注意力和记忆力而产生的缺陷，实现更低的投入和更高的效益。

2. 差错的种类

差错包括忘记、误解、识别错误、无经验差错、故意、非故意、慢而出错、无标准而出错、偶然性错误和蓄意性差错。

3. 产生不良品的原因

产生不良品的原因包括省略加工、加工错误、丢失零件（缺零件）、错误的零件（不良）、加工错误的零件、误操作、调正的差错、零件错、设备设定不当和工具、夹具不合理等。

4. 防错法的原理与方法

（1）防错法的基本原理。

①排除法：剔除会造成错误的原因。

②替代法：利用更确定的方法来替代。

③容易法：使作业变得更容易、更合适、更独特或寻其共同性以减少失败，来实现合适化、共同化、集中化、特殊化和个别化。

④异常检出：虽然现今有不良或错误的现象，但在下一个流程中，可以将之检出以减少或剔除其危害性。

⑤缓和影响：作业失败的影响在扩大，使用某种方法使其缓和或吸收。

（2）防错法的应用原理。

①断根原理：将会造成错误的原因从根本上排除掉，使它绝不发生错误。

②保险原理：采用两个以上的动作必须共同或依据一定原理执行才能完成工作。

③自动原理：以各种光学、力学、电学、机械学、化学原理来限制某些动作的执行或不执行，以避免错误的发生。

④相符原理：借用检测是否相符合的动作，来防止错误的发生。

⑤顺序原理：避免工作的顺序或流程前后倒置，可以依编号循序排列，可以减少或避免错误的发生。

⑥隔离原理：借分隔不同区域的方式，来达到保护某些地区，使其不能造成危险

或防止错误的现象发生。隔离原理亦称为保护原理。

⑦复制原理：同一项工作如需运作两次以上，最好采用“复制”方式来达成，省时又不发生错误。

⑧层别原理：为了避免发生错误，对工作须加以区别出来。

⑨警告原理：如有不正常的现象发生，能以声、光或其他方式显示出各种“警告”的信号，以避免错误的发生。

⑩缓和原理：以借各种方法来减少错误发生后造成的损害，虽然不能完全排除错误的发生，但是可以降低其损害的程度。

（3）防错法的方法。

①不良案例防错。进行问题案例教育是最好的防错法。通过选取典型的不良案例，在车间、班组的管理看板上进行展示，配以图片和文字说明，甚至展示不良品实物，使班组员工了解质量不良的种类、原因和预防措施，不断提高工序质量。

②源头设计防错。从设计、制造工艺上采取措施，使产品具有自动防错能力，这样能从根本上减少出错的机会。比如，用人工智能和计算机技术，使一些新的设计具有自动纠错能力，对于操作的正确性进行实时检测判断，发现错误立即停止并自动报警，通知操作者出错的地方，直至操作者纠正了错误，才继续执行下道工序。

③PFMEA（过程失效模式分析）过程防错。通过对产品生产过程中可能出现的质量问题进行分析，找出预防性措施不力、风险程度较高的潜在失效模式，发现产品生产过程中的薄弱环节，并采取针对性的事前预防措施加以控制，从而降低出现质量问题的风险。

④“三防”防错法，即防错、防误和防呆三类措施，也是减少出错率的有效方法。

防错，是采取措施防止操作人员在作业过程中出现操作错误，防止产生不良后果。经常有人抱怨干活越多，出错的机会也越多。如果我们积极从本质上寻找原因，并采取足够的防错措施，降低人为犯错的机会，就能确保“做得最多的人错的并不多”。

防误，是防止操作人员在作业过程中因操作失误而影响其他环节或产生不良后果。常见的失误有动作失误和意识失误。有的失误只是产生影响，并不产生不良后果，它与防错有点相似但不完全相同。比如，因为更换元器件，不小心把旁边导线烫伤，这是失误，而要更换电阻却把电容给拆下，这是错误操作。

防呆，是通过采取措施消除扯皮现象和管理盲区，保证信息沟通，确保运行顺畅。

防错法的全面应用和实践是推进和实现制造“零缺陷”的有效途径和具体举措，只要持之以恒，抓好落实，在从产品研制到生产全过程中树立“零缺陷”的意识，开展防错意识教育和防错技巧训练，实施全员全过程防错，产品制造“零缺陷”的目标一定能够实现。

本章小结

第一节首先介绍工作设计的概念，就是设置生产运作系统中的工作岗位和工作内容。其次介绍工作设计涉及6个方面核心内容。最后介绍工作设计应该遵循的三条原则：效率原则、工作质量原则、系统化原则。

第二节阐述了工作研究的概念：工作研究是方法研究和作业测量的总称。介绍了方法研究内容：改进工作及作业程序；改进工厂及工作地的布置；简化操作，减轻劳动强度；有效地利用材料、机器设备和人力等；创造良好的工作环境，实现安全生产；对工作做出正确评价。论述了常用的方法研究的技术与方法：程序分析、操作分析、动作分析、6H法和ECRS法。

第三节首先论述了程序分析符号，然后介绍了分析的5个内容：操作分析、搬运分析、检验分析、等待分析和存储分析。最后论述了生产流程分析。

第四节分别论述了双手操作分析、人—机操作分析和联合操作分析。

第五节论述了四种工作衡量技术：作业测量法、标准资料法、预定时间标准法和工作抽样法。

【基础练习】

一、判断题

1. 工作设计是企业最棘手任务之一。(　　)

2. 动作分析是方法研究常用的分析技术之一。(　　)

3. 工序是以材料加工过程单位为基础的作业划分，主要分析技术是动作分析。(　　)

4. 常用的工作测量方法有：作业测定法、预定时间标准法、标准资料法和工作抽样法。(　)

5. 工作设计应考虑多机床看管等因素。(　　)

二、思考题

1. 流程设计的影响因素有哪些？

2. 你认为应该如何进行轮换？

3. 防错法的基本原理有哪些？

4. 工作设计的主要活动内容有哪些？

5. 工作设计的方法有哪些？

三、计算题

1. 观测一项作业共60次，平均每次观测到的作业时间是1.2分钟。对操作者的效率评定是95%，宽放率为12%。在每天工作8小时的条件下，确定以下各种时间值：①观测到的时间；②正常时间；③标准时间。

2. 对某车间的设备随机抽查170次，观测到的正在运行的有78次。试在95%置信度的保证下，求该台设备的利用率的点估计与区间估计。

3. 某企业机械加工车间车削工人以118%的速度工作，宽放率为12%，其他资料如表5-12所示，求其标准时间。

表5-12　　工作抽样

动作名称	平均时间（秒）
把零件装载在机器上	13.2
开车进刀	3.0
车削	35.0
关车退刀	12.0
卸下零件	12.8
作业时间	76.0

4. 对餐厅服务员观测数据参见表5-13，服务员以115%速度工作，宽放率为12%，求其标准时间。

表5-13　　标准时间计算（用Excel计算）

	B	C	D	E	F
2	作业	时间	评比系数	宽放率	标准时间
3	动作名称	平均时间（分钟）	115%	12%	
4	放好餐巾	0.08			
5	将刀、叉、勺放在一起	1.02			
6	将银器卷起	0.95			
7	放在盒子里	1.09			

四、知识运用

1. 简述你所熟悉的一个物流业务流程，并用流程图描述。

2. 目前快递公司末端存在哪些问题，如何改进？

第六章　综合生产计划

学习目标

知识目标

1. 熟悉计划的种类及其相互关系；
2. 熟悉计划的编制方法；
3. 熟悉生产能力的影响因素及其核算。

技术目标

1. 会用优化方法编制生产计划；
2. 会核算生产能力及其与任务的平衡。

职业能力目标

1. 培养先进生产计划管理的理念；
2. 掌握生产能力优化方法、生产计划优化方法，解决企业生产计划问题。

物流聚焦

福特流水生产线的奇迹

1903 年，亨利・福特创立了福特汽车公司，1908 年生产出世界上第一辆 T 型轿车。当时，同类产品市场价为 2600 美元，福特给 T 型轿车定价为 850 美元。为了实现这一目标，福特开始着手改革公司内部的生产线及作业方式，实施持续改进，在占地面积为 278 英亩的新厂中，福特应用创新理念和反向思维逻辑提出在汽车组装中，汽车底盘在传送带上以一定速度从一端向另一端前行，在前行中逐步装上发动机、操控系统、车厢、方向盘、仪表、车灯、车窗玻璃、车轮，这样一辆完整的车就组装成了。世界上第一条现代化流水生产线诞生了，流水生产使过去 12.5 小时左右出一辆 T 型轿车，降到 9 分钟出一辆，生产效率提高了 4488 倍。生产成本也大幅度降低，实现其定价 850 美元的目标。到 20 世纪 20 年代末，生产成本降低到每辆 T 型轿车仅为 200 多美元。

第一节 生产计划概述

企业生产计划是关于企业生产运作系统总体方面的计划，是指导企业计划期生产活动的纲领性方案。计划工作是管理的首要职能，生产计划是组织企业开展生产活动的基本依据，也是生产运作管理的核心内容。生产计划直接影响企业生产是否能够顺利进行，关系现有资源的合理利用、社会需求的满足、经济效益的取得和企业战略目标的实现。

一、生产计划的种类

生产计划的种类通常可按时间、对象及采用的方法进行划分。

（一）按计划时间长短进行划分

作为企业生产方面的计划工作，按照计划期限长短的不同，可分为三种：一是长期战略计划（通常是三年或五年以上）；二是以年度（或季度）为期限的生产计划，也叫年度生产大纲（或称综合生产计划），它主要是规定企业在计划期（年或季度）中应当出产的产品品种、数量、质量、交货期限等项生产任务；三是以月度（或月度以内时间）为时间单位的生产作业计划，它是生产计划的具体化计划，规定企业的车间、工段（小组）、设备、个人，在单位时间（月、旬、周、日、轮班、小时）的生产任务。

（二）按照计划的对象及采用的方法划分

按照计划的对象及采用的方法划分，也可分为三种类型：一是产品生产计划，包括年度生产大纲（或称综合生产计划）和产品生产计划；二是零部件生产计划（投产和出产计划）；三是工序作业计划。这三种类型计划的特点参见表6－1。

表6－1 **生产计划的种类与特点**

	产品生产计划	零部件生产计划	工序作业计划
计划的形式及种类	年度生产大纲 产品生产计划	零部件（毛坯）投入出产计划、原材料需求计划等	周生产作业计划、关键机床加工计划等
计划对象	产品	零件（自制、外购、外协件）、毛坯、原材料	工序

续 表

	产品生产计划	零部件生产计划	工序作业计划
编制计划的基础数据	产品生产周期、成品库存	产品结构、制造提前期、零件、原材料、毛坯库存	加工路线、加工时间、在制品库存
计划编制部门	经营计划处（科）	生产处（科）	车间计划科（组）
计划期	一年	一个月到一个季度	双日、周、旬
计划的时间单位	季（细到月）	旬、周、日	工作日、小时、分
计划的空间范围	全厂	车间及有关部门	工段、班组、工作地
采用的优化方法举例	线性规划、运输问题算法、	MRP、批量算法	各种作业排序方法

二、生产计划的指标

生产计划的指标是企业生产计划的重要内容之一，企业的生产计划是通过各种指标来规定生产任务的。企业生产计划的主要指标如下。

（一）产品品种指标

产品品种指标包含两方面内容：一是企业在计划期内生产的产品名称、规格等值的规定性；二是企业在计划期内生产的不同品种、规格产品的数量。产品品种指标能够在一定程度上反映企业适应市场的能力。一般来说，品种越多，越能满足不同的需求，但是，过多的品种会分散企业生产能力，难以形成规模优势。因此，企业应综合考虑，合理确定产品品种。为了更好地满足市场需求，企业应加快产品的更新换代，努力开发新产品。

（二）产品质量指标

产品质量指标是指企业在计划期内出产的各种产品在质量方面应达到的水平。这包括内在质量与外在质量两个方面。内在质量是指产品的可靠性、寿命、公差精度、可维修性、操作安全性等因素；外在质量是指产品的颜色、式样、包装等因素。在生产计划中，产品质量按照质量标准加以规定，也有规定产品等级品率的。此外，还有反映生产过程工作质量的指标，如合格品率、废品率等指标。

产品质量指标，一方面反映了用户对企业的产品质量的要求；另一方面反映了企业的生产技术水平和企业在产品质量方面能够满足社会需要的程度。在竞争日益加剧的今天，提高产品质量是保证生产模式具有竞争力的重要手段，是企业以质取胜、赖以生存的必要条件。

（三）产品产量指标

产品产量指标是企业在计划期内出产的合格品的数量。产品产量是企业最直接、最基本的生产成果，是企业组织日常生产工作的重要依据。该指标通常以实物单位表示，如机床多少“台”，汽车多少“辆”。有些产品为了充分表明其使用价值的大小而用复合单位，如拖拉机用“台/马力”、电动机用“台/千瓦”表示。

产品产量包括企业在计划期内生产的、准备出售的合格的成品和半成品。为了反映企业的专业发展方向和企业的主要生产任务，在产品产量指标中规定主要产品产量指标，它是企业商品产量的主要部分。

（四）商品产值

用货币表示的商品产量称为商品产值。它是企业在计划期内生产的可供销售的产品和完成工业性作业的价值，表明企业在一定时期内为社会提供的使用价值的多少。

（五）总产值

企业在计划期内从事工业生产活动的有用成果的总量称为总产量。以货币表示的总产量称为总产值。计算工业总产值通常采用工厂法，即以企业生产的最终产品作为计算产值的对象。但企业内部各单位生产的在制品、半成品不能重复计算产值。

三、生产计划的编制程序

企业生产计划的编制由各级分别负责进行，一般采用三级（厂、车间、工段）或二级（厂、车间）分工的体制。为了编好生产计划，使其起到指导生产、促进生产的作用，必须正确地规定生产作业计划的编制程序。

企业一般采取“两上两下、上下结合”的编制程序，其过程大体如下。

第一，企业生产科（或生产计划处）根据年度经营计划（或销售计划）和编制生产计划、生产作业计划所需资料，经全面分析，初步确定年度生产任务，并以生产任务为中心进行各方面的衔接平衡，编制全厂的生产计划及各车间的投入出产计划草案，发送有关科室和车间。各有关科室和车间据此检查各自的生产任务与生产能力的均衡情况，检查各自的计划安排与生产作业计划的适应程度，经过讨论，提出措施，将意见和建议上报生产科。

第二，生产科汇总来自各个方面的意见和措施，进行综合分析研究，逐项落实。重大问题由厂组织讨论，做出决定，然后调整计划草案，经厂长（总经理）批准正式下达。车间接到正式生产计划后，逐级编制、逐级下达、层层落实。各有关科室接到正式生产计划后，就要以生产计划为中心，调整和编制本单位的工作计划，以保证生产计划的顺利实现。

第三，车间和有关科室将最后落实情况及存在的问题上报生产科汇总，再由主管生产的副厂长召开专门会议进行全面落实和制定相应的措施，以便最后实施。

生产计划的编制与下达，在一般情况下，年度计划应力争提前 2~3 个月下达，季度计划最迟提前半个月下达，月度计划最迟提前 5 天下达，月度以内的短期计划必须保证在计划期开始前下达，以便各执行单位有充足的时间进行准备和落实各项工作。

四、企业生产计划体系

（一）长期计划

长期计划一般为 3~5 年，也可长达 10 年。它是企业在生产、技术、财务等方面重大问题的规划，提出了企业的长远发展目标以及为实现目标所制订的战略计划。它包括产品与市场发展计划、资源发展计划、生产战略计划和财务计划等。制订长期计划，首先要结合对经济、技术、政治环境的分析，做出营业发展的预测，确定企业的发展总目标，如在总产量、总产值、利润、质量、品种等方面的增长速度和应达到的水平。

（二）中期计划

中期计划一般为 1 年，或更长一些时间，即通常的年度生产计划。中期计划主要包括以下几项。

1. 综合生产计划（aggregate production planning）

综合生产计划也称为生产计划大纲，规定企业在计划年度内的生产目标。它用一系列指标来表示，以规定企业在品种、质量、产量和产值等方面应达到的水平。综合生产计划是在未来较长一段时间内，对企业资源和市场需求之间的平衡所做的概括性计划；是根据需求预测、企业生产能力、总的库存水平、劳动力数量及相关的投入，对企业未来较长一段时间内的产出内容、产出量、库存投资等问题所做的决策性描述。从企业的角度来看，综合生产计划决定了企业产品的交货提前期以及企业响应市场的能力。因而，综合生产计划的质量对企业的竞争地位有着重要的影响。综合生产计划并不具体制定每一种产品的生产数量、生产时间、每一车间和每位人员的具体工作任务，而是按照产品类别对产品、时间和人员等方面做出安排。

2. 产品出产进度计划

产品出产进度计划也称为主生产计划（master production scheduling），即产品出产计划，它规定在计划时间内每一生产周期企业向外界提供的产品（零部件）的计划生产量，是将生产计划大纲具体化为按产品品种规格来规定的年度分月（或周）的产量计划。这种计划通常每隔半年编制一次，也可以按滚动计划法以更短的时间周期进行滚动更新。制订出产品出产进度计划之后，仍需进行生产能力的核算平衡，以保证计划顺利实施。但在这一层上，生产能力核算和平衡都是粗略的，只分车间，或按设备大组（大类）的总台时与人员的总工时去检查和校核生产能力，故属于粗能力需求计划。当然，在检查生产能力的同时，也要检查其他资源的供应能力，如原材料、能源、外购配件、运输等的供需平衡情况。

（三）短期计划

短期计划的计划期长度在 6 个月以下（生产作业计划可细到周、天等），一般为月计划，包括物料需求计划、生产能力需求计划、总装配计划以及在这些计划实施过程中的车间内的生产作业计划和控制工作。

1. 物料需求计划（Material Requirements Planning，MRP）

物料需求计划就是制订生产所需的原材料、零件和部件的生产采购计划。也就是说，物料需求计划要解决的是主生产计划规定的最终产品在生产过程中相关物料的需求问题。

2. 生产作业计划

当完成物料需求计划后，根据物料需求计划的结果，需要外购的就形成了采购计划，需要企业自身加工生产的就形成了车间作业计划。作业计划是关于车间内每项具体作业的时间和组织安排，即详细的时间安排及各产品生产的先后顺序。作业计划是生产计划系统的最后一步，其详细内容将在第八章中讨论。

综合生产计划和主生产计划之间的关系参见表 6 - 2 和表 6 - 3。综合生产计划是按产品类别编制的计划，相当于会计科目的总分类账，如表 6 - 2 中，1 月 24 型号产量（这一类产品）为 10200 辆。这 10200 辆 24 型号自行车由哪些具体产品构成，每周各型号具体产品生产多少，由主生产计划完成描述，相当于会计科目明细账。如表 6 - 3 中，1 月第 1 周，24 型号自行车中，C 型号生产 900 辆、D 型号生产 800 辆、R 型号生产 1000 辆，三者合计 2700 辆，第 2 周三者合计 2600 辆，第 3 周合计 2700 辆，第 4 周合计 2200 辆，整个 1 月 4 周共生产 10200 辆 24 型号自行车（10200 = 2700 + 2600 +

2700 + 2200)。

表 6 – 2　　某自行车厂的综合生产计划　　单位：辆

	1 月	2 月	3 月
24 型号产量	10200	16000	18000
28 型号产量	30000	32000	32000

表 6 – 3　　某自行车厂 24 型的主生产计划（1 月）　　单位：辆

	1 月			
周次	1	2	3	4
C 型号产量 D 型号产量 R 型号产量	900 800 1000	800 800 1000	900 800 1000	600 600 1000
小计	2700	2600	2700	2200
合计	10200			

第二节　综合生产计划策略

生产的目的是满足市场需求。影响市场需求的因素很多，通常难以预测和控制。市场需求千变万化，波动很大。虽然有些情况我们可以预测，如礼品逢年过节需求量剧增；冬装夏天为淡季，冬天为旺季等。但在随机状况下，没有季节性需求的产品就很难预测。如夏季突然遇上持续高温天气，制冷设备、空调、风扇等产品市场就会门庭若市，产品供不应求；反之，夏季突然遇上持续凉爽天气，上述产品市场就会门可罗雀，造成产品积压。我国人口众多，小康家庭和中产阶级数以亿计，购买力极强，逢年过节许多产品供不应求，如回家的车票、旅游景点人满为患等。马云创造的“双十一”全球购物节，更是使产品销售量暴增，“双十一”一天销量与平时一个月销量持平。2014 年“双十一”天猫销售额 571 亿元，2015 年高达 912 亿元。面对这样的市场，企业如何应对，一直是困扰企业的问题，影响企业经济效益、影响网上企业网络点击排名，值得我们深入探讨。下面介绍几种常用的应对市场需求变化的生产计划策略。

一、均衡策略

均衡策略是指不论需求如何变化，各计划时期的生产任务量都是均衡的，即在相等的某一段时间内，产量基本相等，并保持稳定的趋势，即以不变应万变。以制造业为例，某企业每月的计划生产任务量可以是年度预计需求量的平均值，即月生产任务量 = 年度预计需求量 ÷ 12。

这种策略的优点是均衡生产有利于保证设备和人力资源的负荷均衡，便于提高设备的利用率，便于节约物料和能源，在制品库存较少，流动资金周转较快，平均生产成本较低，人员稳定，员工流动小。均衡策略对于生产计划管理来说是一种比较理想的计划方式，其波动小，也容易执行。

缺点是一方面当需求多时，难以满足市场需求，生产能力不足，产品供不应求，会出现脱销、断货等被动局面，机会损失大，给竞争者竞争机会，由此带来的损失难以估计。另一方面，当需求小时，企业生产能力过剩，产量大于需求量，企业库存增加，导致占用流动资金增加，造成浪费，影响经济效益。

该策略在市场波动较小、市场进入障碍较大时使用比较好。

二、跟踪策略

跟踪策略是指各计划时期的生产任务量是随需求的变化而变化的，即在某一时间内，生产任务量基本上（尽可能地）等于这一时期的需求量，即月生产任务量（最大限度地）等于该月的预计需求量。跟踪策略是按订单或市场的需求大小来安排生产计划的。

这种策略的优点是对市场响应快，能很好地满足市场需求，最大限度地减少供不应求或产品积压现象，产品库存数量最少，库存费用最少，机会损失小。

缺点是当市场需求波动大时，生产计划的波动也大。生产能力波动区间大，市场需求低时，生产能力严重过剩，利用率很低，有时企业会裁员，增加差遣费，员工流失比例大，员工队伍不稳定。当市场需求大时，企业加班加点，甚至外包，或临时聘用应急员工，额外支出培训费和招聘费，质量难以保证。即使这样，有时能力还是不够用，只好望洋兴叹。

该策略适用于市场波动在企业生产能力可控范围内，无须增加巨大调整生产能力费用情况。

三、管理需求策略

顾客就是上帝，顾客心态、意识、习惯、观念等行为决定市场需求大小。虽然顾客就是上帝，但这个“上帝”是由人组成的，虽然我们不能替“上帝”做决策，但我们可左右他、影响他，从而达到改变市场需求的目的。我们可以采取相关措施来影响“上帝”的心态、意识、习惯和行为，转变他们的观念，进而控制市场需求。使需求在不同时期尽量均衡，这种策略称为管理需求策略。如在需求低谷时期，采用降价等手段拉动市场需求；在需求高峰时期，通过提高价格等手段来抑制、平衡市场需求。

四、调节库存策略

可在需求淡季存储一些调节库存，以备在需求旺季时使用。采用这种措施可以使生产率和工作人员的水平保持相对均衡，但调节库存会增加库存成本、物料保险费、管理费和资金占用等成本。

五、调整人员策略

调整人员策略是采用聘用或解聘调节劳动力水平，达到增加或减少产量的目的。当需求波动时，满足需求的另一个方法是通过聘用或解聘操作人员来调整生产率，满足市场需求。当人力来源充足且操作人员主要以非熟练或半熟练工人为主时，采用这一方法是可行的；但是，对于很多企业来说，符合其技能要求的人力来源是非常有限的，并非想什么时候聘用什么时候就有，在遇到招工瓶颈时更是不可取的策略。一方面，招聘、培训、解雇均需花费费用；另一方面，新聘用的工人由于技术不熟练还可能引起生产率的暂时下降，而且解聘会影响其他工人的士气，对企业产生不良的影响。

六、调整工作时间策略

通过加班或减少工作时间（部分开工）调节生产率。当正常工作时间不足以满足需求时，可考虑加班。该方法也存在不足之处，一方面加班需要付出更高的工资；另一方面工人有时候也不愿意加班或较长时间内经常加班。

七、外包策略

通过外包能够弥补生产能力短期不足。外包主要是利用承包商提供服务和制作零部件，在某些情况下，也可以由其承包生产完成整个成品的任务。外包的不足之处包括：第一，会多支出一部分的费用；第二，很难找到理想的承包者来按时保质地提供产品或服务，也可能因此而丢失客户。

八、利用零工（或兼职人员）策略

利用零工可以满足对企业非技术雇员的需求。服务类型企业也常利用零工来补充人力的不足，以适应企业在需求高峰时期对劳动力的高需求。例如，超市经常聘用零工，物流业“双十一”也经常采取聘用零工策略。

九、混合策略

混合策略就是上面多种策略混合使用的策略。在编制生产计划时由两个或两个以上可控变量组合进行编制。例如，一家公司可能利用加班、外包及调节库存等策略的组合应对市场需求的变化。

该策略的优点是优化程度高，通常可获得满意近似最优解甚至是最优解。从优化理论看，目标函数受多个要素影响时，当各个要素边际贡献相等时就是最优解。最大限度满足市场需求，获利最大或成本最低的手段主要有调整生产能力和库存水平。生产能力调整手段有增加或减少设备、增加或减少人员、流程再造、优化设计等措施；库存调节只有增加或减少库存两种措施。这两大手段相结合，再运用跟踪策略，就很容易获得满意近似最优解。

知识链接

丰田生产计划

丰田汽车公司利用平准化综合生产计划建立年度生产计划，表明制造和销售汽车的数量。日本平准化的秘诀是均衡生产。通过生产系统进行排序，总生产计划被转化为月计划和日计划。这一过程实际上就是提前两个月确定要生产的汽车型号和数量；提前一个月得到详细计划，将这些数量提供给分销商和供应商，这样他们能够安排生产以满足丰田的需要，然后将对不同型号汽车的需求转化为日生产计划。例如，某月要生产8000辆A型号汽车、6000辆B型号汽车、4000辆C型号汽车和2000辆D型号汽车，如果我们假定生产线每月运作20天，这样他们的日产量就分别为400辆、300辆、200辆和100辆。进一步分解，按一天两班制工作（960分钟），每9.6分钟的产量为4辆A型车、3辆B型车、2辆C型车和1辆D型车。

第三节　计划方法

一、试验搜索法

（一）试验搜索法原理及适用条件

1. 试验搜索法原理

这里我们假设目标函数 Z 只有一个峰值，即只有一个点 X_o，使导数等于零，在这种情况下，最优解那点 X_o 使总成本最低（Z_{min}），变量 X 小于或大于 X_o 总成本 Z 都比最低总成本 Z_{min} 大，且距离 X_o 越远总成本越大。

2. 试验搜索法步骤

为了减少试验搜索次数，可采用黄金分割点 0.618 比例进行搜索。假设我们第一点选择是 A（参见图 6-1），第二点是 B，第三点是 C，因为 $A>B>C$，所以，X 小于 X_B 不用再搜索，只需在 X_C 两侧进行搜索。若第四点为 D，因为 $D>C$，所以，X 大于 X_B 也不用再搜索，只需在 X_B 和 X_D 之间进行搜索即可。注意，最优解肯定在 X_B 和 X_D 之间，最优解在 X_B 和 X_C 之间和在 X_C 和 X_D 之间，均有可能，若 C 点在 C_2 时，最优解就在 X_C 和 X_D 之间。

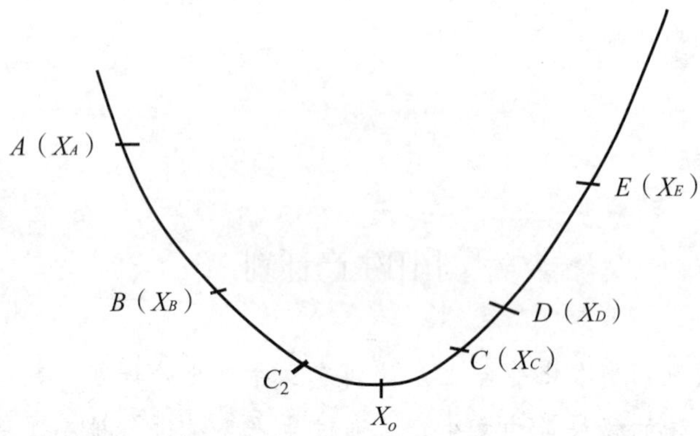

图 6-1　最优解搜索示意

3. 试验搜索法适用条件

当有些生产问题很难列出数学模型或虽然可列出数学模型，但求解相当困难时，我们可采用试验搜索法寻找最优解或满意解，通过用 Excel 软件计算每次试验搜索的目标函数值，判断搜索方向及是否获得满意解或最优解、是否停止试验搜索。

（二）试验搜索法在生产计划中的运用

【例 6-1】 某企业编制半年生产计划，半年内每月工作天数为 124 天（日历天数减去法定假日和周六、周日），如表 6-4 第 2 列所示；每月市场需求如表 6-4 第 3 列所示；生产费用 8 元/件，外包费用 10 元/件，库存费用 5 元/件（一件存一个月费用）（见表 6-5），问每天生产多少件使总成本最低？

这类问题虽然有时可用数学模型求解，但通常数学模型难以列出。尤其是较为复杂情况下更是如此。例如，在上例中再附加一些条件，即增加产量（提高每天生产效率）需额外增加费用，如新增工人，需支出招聘费和培训费每人若干元；减少产量（降低每天生产效率）也需额外增加费用，如裁员，需支出解雇费每人若干元。此时是组合优化问题，很难建立数学模型求解最优解。

试验搜索步骤如下。

表6－4 **市场需求** 单位：元

月份	天数	需求
1	22	900
2	18	700
3	21	800
4	21	1000
5	22	800
6	20	1100
累计	124	6200

表6－5 **生产费用** 单位：元

项目	单件生产费用	单件外包费用	单件库存费用
费用	8	10	5

第一点选每天生产33件，经计算总成本为 $C_{33}=47816$ 元（见表6－6）；第二点选每天生产37件，经计算总成本为 $C_{37}=46824$ 元（见表6－7）；第三点选每天生产40件，经计算总成本为 $C_{40}=46480$（见表6－8）；第四点选每天生产41件，经计算总成本为 $C_{41}=46557$，计算过程从略。

因为：

$C_{37}=46824<47816=C_{33}$，$C_{40}=46480<46824=C_{37}$，$C_{40}=46480<46557=C_{41}$

所以，小于每天33件不用搜索，大于40也不用搜索，最优解肯定在每天产量37～40，选39和38，计算当每天产量为39时总成本最低，仅为46443元（见表6－9）；产量为每天38件时（为了节省篇幅计算过程从略），总成本为46576元。

为了提高计算准确性和效率，我们用Excel求解该问题，表中相关单元格计算公式分别如下：E4 = C4 * D4；G = IF（F4 - E4 > 0，F4 - E4，0）；H4 = IF（E4 - F4 > 0，E4 - F4，0）；I3 = IF（H3 = 0，0，SUM（$G$3 : H3））；I4 = IF（H4 = 0，0，I3 + H4）；J4 = $B$13 * E4；K4 = IF（G4 = 0，0，$C$13 *（G4 - I3）；L4 = I4 * $D$13；J10 = SUM（J4 : J9）；K10 = SUM（K4 : K9）；L10 = SUM（L4 : L9）；C11 = J10 + K10 + L10。运用上述计算公式，加上复制粘贴，便可计算总成本。

表 6-6　　　　**生产费用计算（每天 33 件）**　　　　单位：元

	B	C	D	E	F	G	H	I	J	K	L
2	月份	天数	生产率	产量	需求	短缺	多余	累计库存	生产费	外包费	库存费
3							0	0			
4	1	22	33	726	900	174	0	0	5808	1740	0
5	2	18	33	594	700	106	0	0	4752	1060	0
6	3	21	33	693	800	107	0	0	5544	1070	0
7	4	21	33	693	1200	507	0	0	5544	5070	0
8	5	22	33	726	900	174	0	0	5808	1740	0
9	6	20	33	660	1100	440	0	0	5280	4400	0
10	累计	124		4092	6200	1508	0		32736	15080	0
11	总成本	47816									
12	单件生产费用	单件外包费用	单件库存费用								
13	8	10	5								

表 6-7　　　　**生产费用计算（每天 37 件）**　　　　单位：元

	B	C	D	E	F	G	H	I	J	K	L
2	月份	天数	生产率	产量	需求	短缺	多余	累计库存	生产费	外包费	库存费
3							0	0			
4	1	22	37	814	900	86	0	0	6512	860	0
5	2	18	37	666	700	34	0	0	5328	340	0
6	3	21	37	777	800	23	0	0	6216	230	0
7	4	21	37	777	1200	423	0	0	6216	4230	0
8	5	22	37	814	900	86	0	0	6512	860	0
9	6	20	37	740	1100	360	0	0	5920	3600	0
10	累计	124		4588	6200	1012	0		36704	10120	0
11	总成本	46824									
12	单件生产费用	单件外包费用	单件库存费用								
13	8	10	5								

表 6－8　　生产费用计算（每天 40 件）　　单位：元

	B	C	D	E	F	G	H	I	J	K	L
2	月份	天数	生产率	产量	需求	短缺	多余	累计库存	生产费	外包费	库存费
3							0	0			
4	1	22	40	880	900	20	0	0	7040	200	0
5	2	18	40	720	700	0	20	20	5760	0	100
6	3	21	40	840	800	0	40	60	6720	0	300
7	4	21	40	840	1200	360	0	0	6720	3000	0
8	5	22	40	880	900	20	0	0	7040	200	0
9	6	20	40	800	1100	300	0	0	6400	3000	0
10	累计	124		4960	6200	700	60		39680	6400	400
11	总成本	46480									
12	单件生产费用	单件外包费用	单件库存费用								
13	8	10	5								

表 6－9　　生产费用计算（每天 39 件）　　单位：元

	B	C	D	E	F	G	H	I	J	K	L
2	月份	天数	生产率	产量	需求	短缺	多余	累计库存	生产费	外包费	库存费
3							0	0			
4	1	22	39	858	900	42	0	0	6864	420	0
5	2	18	39	702	700	0	2	2	5616	0	10
6	3	21	39	819	800	0	19	21	6552	0	105
7	4	21	39	819	1200	381	0	0	6552	3600	0
8	5	22	39	858	900	42	0	0	6864	420	0
9	6	20	39	780	1100	320	0	0	6240	3200	0
10	累计	124		4836	6200	785	21		38688	7640	115
11	总成本	46443									
12	单件生产费用	单件外包费用	单件库存费用								
13	8	10	5								

实训资料1

Excel 提高反复试验法的效率和优化程度

某企业每件产品加工时间为20小时，工人每天工作8小时，安全库存1000件，招聘及培训费每人300元，解雇费200元/人。库存费用6元/件/月，市场需求及每月工作天数参见表6-10，试确定较优方案。运用Excel提高反复试验法的效率和优化程度。具体完成三项任务：

（1）只改变人数时较低总成本；

（2）只改变库存时较低总成本；

（3）既改变人数又改变库存时较低总成本。

表6-10　市场需求及每月工作天数

月份	天数	月需求量	累计需求
4	21	1600	1600
5	22	1400	3000
6	22	1200	4200
7	21	1000	5200
8	23	1500	6200
9	21	2000	8700
10	21	2500	11200
11	20	2500	13700
12	20	3000	16700
1	20	3000	19700
2	19	2500	22000
3	22	2000	24200
	252		

资料来源：参见陈荣秋、马士华主编《生产与运作管理》，机械工业出版社2009年版。

进一步思考：

该问题也可从边际人员变动成本为500元、边际库存成本每月6元的角度寻找最优解区域，减少试验次数。若可以外包、可以加班加点，情况就更复杂、更接近实际，那时该如何解决？

二、线性规划法

线性规划法可用于产品组合优化、下料问题（装箱问题）、配方问题等多种场合，这里只介绍前两种情况。

（一）线性规划在产品组合优化中的运用

【例6-2】某家具厂二车间生产高档老板桌子和业务员桌子两种家具。老板桌子每个获利800元，业务员桌子每个获利500元。生产桌子需要切割、喷漆和组装3道工序。生产一个老板桌子需要切割4小时，喷漆2小时，组装0.5小时；生产一个业务员桌子需要切割3小时，喷漆1小时，组装0.5小时。该车间每周可用切割工时为150小时，喷漆工时为60小时，组装工时为320小时，问该厂如何组织生产才能使每周的利润最大？

解：设x_1为生产老板桌子的数量，x_2为生产业务员桌子的数量，则数学模型为：

$$S_{\max}=800x_1+500x_2$$

$$\text{s. t.}\begin{cases}4x_1+3x_2\leqslant 150\\2x_1+x_2\leqslant 60\\0.5x_1+0.5x_2\leqslant 320\\x_1,\ x_2\geqslant 0\end{cases}$$

解得：$x_1=15$，$x_2=30$

$$S_{\max}=800\times 15+500\times 30=27000\text{（元）}$$

（二）线性规划在下料及装箱问题中的运用

【例6-3】某机械加工车间用100cm原材料生产A、B、C三种产品，参见表6-11，产量分别为80件、60件和110件，尺寸分别为24cm、38cm和32cm，一共有6种下料方案，参见表6-12。问如何下料所需原材料最少？

表6-11 **下料问题原始数据** 单位：厘米

	A	B	C	原材料尺寸
尺寸	24	38	32	100
产量	80	60	110	

表 6-12　　下料问题可行方案　　单位：厘米

下料方案		所需尺寸	变量	零件构成		
				A	B	C
1	2b1a	100	x_1	1	2	
2	1b1c1a	94	x_2	1	1	1
3	3c	96	x_3			3
4	2c1a	88	x_4	1		2
5	4a	96	x_5	4		
6	2a1b	86	x_6	3		
				80	60	110

解：目标函数 $Z_{\min} = X_1 + X_2 + X_3 + X_4 + X_5 + X_6$

$$\text{s. t.}\quad X_1 + X_2 + X_4 + 4X_5 + 3X_6 = 80$$

$$2X_1 + X_2 = 60$$

$$X_2 + 3X_3 + 2X_4 = 110$$

$$X_i \geqslant 0$$

用 Excel 规划求解的一组最优解（本例题有多个最优解）：

$$X_1 = 30,\ X_3 = 37,\ X_5 = 13,\ Z_{\min} = 30 + 37 + 13 = 80$$

实训资料 2

如何装箱所用箱数最少

某物流转运站用 10m 货箱装 A、B、C 三种用纸盒箱装的物料，参见表 6-13，三种物料数量分别为 75 件、50 件和 110 件，尺寸分别为 0.24m、0.38m 和 0.32m，高度和宽度与纸盒箱正好相等（实际当中，应考虑纸盒箱膨胀率和便于装卸，所装物料箱长累计之和应小于货箱长度十几厘米左右为宜，这里为了简化问题没有考虑此问题）。问如何装箱所需货箱数最少？要求用 Excel 规划求解。

表 6-13　　实训下料问题原始数据　　单位：厘米

	A	B	C	原材料尺寸
尺寸	24	38	32	100
产量	80	60	110	

三、生产计划运输模型求解法

运输模型不仅可用于解决设施选址决策，也可用于求解生产计划方面的问题。下面介绍几种典型运用运输模型解决生产计划问题。

（一）编制生产计划

【例 6－4】浙江省某企业第二季度产品市场需求、生产方式、生产能力及生产成本参见表 6－14，该企业 4 月初期初库存为 100 件；每件存储费用为 1.5 元/件·月，试给出最优生产计划。

解：首先建立运输模型，因为能力大于生产任务，所以虚拟一列，相当于剩余生产能力、生产成本均为 0，该问题转化成运输模型参见表 6－15。其次求最优解，用 Excel 规划求解软件（也可用简便解法求解）解得最优解之一，参见表 6－16，最低总成本为 105075 元。

表 6－14　　产品需求及生产成本

		4 月	5 月	6 月
需求（件）		800	920	830
生产能力	正常（件）	700	700	700
	加班（件）	50	50	50
	外包（元/件·月件）	180	180	180
期初库存		100		
成本	正常（元/件）	40	40	40
	加班（元/件）	52	52	52
	外包（元/件）	66	66	66
库存成本（元/件·月）		1.5	1.5	1.5

表 6－15　　生产问题运输模型

供应	4 月	5 月	6 月	剩余生产能力	总生产能力
期初库存	0	1.5	3	0	100

续 表

供应		4 月	5 月	6 月	剩余生产能力	总生产能力
4 月	正常	40	41.5	43	0	700
	加班	52	53.5	55	0	50
	外包	66	67.5	69	0	180
5 月	正常		40	41.5	0	700
	加班		52	53.5	0	50
	外包		66	67.5	0	180
6 月	正常			40	0	700
	加班			52	0	50
	外包			66	0	180
总需求		800	920	830	340	2890

表 6-16　生产问题运输问题最优解（该例题有多个最优解）

供应		4 月	5 月	6 月	剩余生产能力	总生产能力
期初库存		100				100
4 月	正常	663	37			700
	加班	37	13			50
	外包				180	180
5 月	正常		700			700
	加班		50			50
	外包		120		60	180
6 月	正常			700		700
	加班			50		50
	外包			80	100	180
总需求		800	920	830	340	2890

（二）车辆调度问题

【例 6-5】某汽车租赁公司有 10 个代理点，各代理点第二天汽车需求量和当天晚汽车拥有量如表 6-17 所示，各代理点距离如表 6-18 所示，每辆车每千米行驶成本为 0.5 元。问：如何调度汽车在满足各代理点汽车需求量前提下使总的行驶成本最小？

表 6－17 供需关系 单位：辆

代理点	1	2	3	4	5	6	7	8	9	10	—
第二天需求量	10	6	8	11	9	7	15	7	9	12	94
当天晚上拥有量	8	13	4	8	12	2	14	11	15	7	94

表 6－18 各代理点距离 单位：千米

	1	2	3	4	5	6	7	8	9	10
1		23	8	12	9	18	21	33	41	26
2	23		11	19	27	31	9	22	12	8
3	8	11		36	18	20	12	15	28	22
4	12	19	36		42	35	27	28	21	18
5	9	27	18	42		13	19	21	23	32
6	18	31	20	35	13		10	13	32	17
7	21	9	12	27	19	10		7	16	25
8	33	22	15	28	21	13	7		29	13
9	41	12	28	21	23	32	16	29		16
10	26	8	22	18	32	17	25	13	16	

解：具体求解分为三阶段：第一阶段根据各点多余和缺少车辆数（见表 6－19），根据各点距离（见表 6－18）和各代理点汽车余缺（见表 6－19）列出运输数学模型（见表 6－20）；第二阶段用规划求解运输问题，用 Excel 求解最优方案（见表 6－21）；最后根据最小总的行驶（运输）距离计算最小总的行驶费。

表 6－19 供需关系 单位：辆

代理点	1	2	3	4	5	6	7	8	9	10	合计
第二天需求量	10	6	8	11	9	7	15	7	9	12	94
当天晚上拥有量	8	13	4	8	12	2	14	11	15	7	94
多余		7			3			4	6		20
缺少	2		4	3		5	1			5	20

表 6-20　　供需运输模型　　单位：千米

行＼列	B	C	D	E	F	G	H	I
2	代理点	1	3	4	6	7	10	富余量
3	2	23	11	19	31	9	8	7
4	5	9	18	42	13	19	32	3
5	8	33	15	28	13	7	13	4
6	9	41	28	21	32	16	16	6
7	不足量	2	4	3	5	1	5	

表 6-21　　调度问题运输模型最优解　　单位：千米

行＼列	B	C	D	E	F	G	H	I
10	代理点	1	3	4	6	7	10	富余量
11	2		4				3	7
12	5	2			1			3
13	8				4			4
14	9			3		1	2	6
15	不足量	2	4	3	5	1	5	

最小总的行驶费 = 0.5 × sumproduct（C2∶H6，C11∶H14）

= 0.5 × 262

= 131（元）

（三）船舶调度问题

【例 6-6】某航运公司承担6个港口的4条固定航线的货物运输业务。第一条航线是从E港口到D港口，每天3个航班；第二条航线是从B港口到C港口，每天2个航班；第三条航线是从A港口到F港口，每天3个航班；第四条航线是从D港口到B港口，每天1个航班，参见表6-22。每条船每次装卸货时间各为一天，各港口之间的航程天数见表6-23。问该航运公司如何进行生产调度，使调度所需船数最少？至少应配备多少条船才够用？

表 6-22　　航线及航班数

航线	起点城市	终点城市	每天航班数
1	E	D	3

续 表

航线	起点城市	终点城市	每天航班数
2	B	C	2
3	A	F	3
4	D	B	1

表 6-23 **航程天数**

	A	B	C	D	E	F
A	0	1	2	14	7	7
B	1	0	3	13	8	8
C	2	3	0	15	5	5
D	14	13	15	0	17	20
E	7	8	5	17	0	3
F	7	8	5	20	3	0

解：该问题分三步解决，一是计算调度所需船数；二是计算航线所需最少船数；三是汇总计算一共需要多少条船。

步骤一：计算调度所需船数。首先根据表 6-22，计算各港口每天余缺船数（见表 6-24），港口 A 每天出港 3 个航班（出港用负数表示，进港用正数表示），每天进港（到达船）为 0，每天进港和每天出港船数代数和为 -3，因此，每天缺 3 条船，表 6-24 中第二行最后一列，数值为"-3"，负数代表短缺；B 港口每天出港 2 个航班，进港 1 个航班，进出港代数和为"-1"，代表短缺 1 条船；以此类推，可得各港口每天余缺船数表 6-24。

根据表 6-24 可列出调度运输模型，有多余船的港口为供给地（相当于产地），有短缺船的港口为需求地（相当于销地），表 6-24 中，C、D、F 港口进出港船数代数和为正数，所以这 3 个港口为供应船的港口；表 6-24 中，A、B、E 港口进出港船数代数和为负数，所以这 3 个港口为需求船的港口，结合表 6-23 中航程天数，可列得运输模型如表 6-25 所示。用 Excel 规划求解，最优方案如表 6-26 所示，调度所需船数为：

$$
\begin{aligned}
\text{调度所需船数} &= 2\times 2 + 14\times 1 + 13\times 1 + 3\times 3 \\
&= 40\ (\text{条})
\end{aligned}
$$

表 6－24　　各港口每天余缺船数

港口	每天进港	每天出港	余缺船数
A	0	－3	－3
B	1	－2	－1
C	2	0	2
D	3	－1	2
E	0	－3	－3
F	3	0	3

表 6－25　　货船运输问题模型

行＼列	B	C	D	E	F
3	供给＼需求	A	B	E	每天多余船数
4	C	2	3	5	2
5	D	14	13	17	2
6	F	7	8	3	3
7	每天缺少船数	3	1	3	

表 6－26　　货船调度运输问题最优解

行＼列	B	C	D	E	F
11	供给＼需求	A	B	E	每天多余船数
12	C	2			2
13	D	1	1		2
14	F			3	3
15	每天缺少船数	3	1	3	

步骤二：计算 4 条航线所需船数。第一条航线，装货 1 天，卸货 1 天，航程 17 天，合计 19 天，每天 3 个航班，所以一共需要 57（57＝19×3）条船。以此类推，可得航线所需船数计算表 6－27。4 条航线一共需要 109 条船。

步骤三：计算所需总船数。若不考虑被用船只和修理船只，总船数等于运输调度所需船数加上航线所需船数，所以，需要最少船数为：40＋109＝149（条）。

表 6－27　　航线所需周转船数

航线	装货天数	航程天数	卸货天数	合计	每天航班数	需周转船数
1	1	17	1	19	3	57
2	1	3	1	5	2	10
3	1	7	1	9	3	27
4	1	13	1	15	1	15
						109

实训资料3

计算所需总船数及航班计划

【例 6－7】某航运公司承担 6 个港口的 4 条固定航线的货物运输业务。第一条航线是从 E 港口到 D 港口，每天 4 个航班；第二条航线是从 B 港口到 C 港口，每天 2 个航班；第三条航线是从 A 港口到 F 港口，每天 3 个航班；第四条航线是从 D 港口到 B 港口，每天 5 个航班，参见表 6－28。每条船每次装卸货时间各为一天，各港口之间的航程天数见表 6－29。

(1) 该航运公司如何进行生产调度，使调度所需船数最少？

(2) 至少应配备多少条船才够用？

(3) 若进入 A 港口卸完货后发现一条船需要修理，修理时间为半年，则航班计划如何编制？

表 6－28　　航线及航班数

航线	起点城市	终点城市	每天航班数
1	E	D	4
2	B	C	2
3	A	F	3
4	D	B	5

表 6－29　　航程天数

	A	B	C	D	E	F
A	0	1	2	10	7	7

续 表

	A	B	C	D	E	F
B	1	0	3	13	8	8
C	2	3	0	11	5	5
D	10	13	11	0	12	20
E	7	8	5	12	0	3
F	7	8	5	20	3	0

四、其他方法

除了上述介绍的几种方法外，还有很多其他方法可以用于生产计划。

大量流水生产可用节拍确定生产速度，用在制品定额确定生产数量来编制生产计划；成批生产可用经济批量法确定生产数量，然后根据生产数量确定生产时间；用物流需求计划法确定各种相关物料投产或出产计划（参见第七章）；用订货点法确定生产时间，只要库存小降到订货点就开始生产；单件生产可用网络计划技术，根据各个作业时间及其先后关系，计算确定整个产品完工时间、各工序开工和完工时间（详见第八章）；大型集团公司也可用投入产出模型确定各部门、各环节的比例关系来编制生产计划。

滚动计划法是指像滚雪球一样，动态编制一定时间区间内的计划方法，每次增加一个新的时段，去掉一个最早的时间段。例如，2015 年年底编制 2016—2020 年五年计划，2016 年年底重新编制滚动的新的五年计划，即 2017—2021 年，这样使计划更准确。

图解法是指把计划转化为图形或图表，一方面利用图论理论很快找到最优解，另一方面具有更直观、具体、形象等优点。

第四节 生产能力

一、生产能力的概念

以制造业为例，生产能力表明企业在一定时期内，在一定生产技术组织条件下能够生产某种产品的最大数量。影响企业生产能力的要素很多，如人力、机器设备、生产面积、材料、资金、工作流程和管理水平等因素。所以生产能力是由上述诸要素综合起来形成的能力，取决于其中最薄弱的环节。

在实际工作中，对生产能力通常又给予下述定义：企业的生产性固定资产，在一定时期内，在一定的技术组织条件下，经过综合平衡，所能生产某种产品或完成某种作业的最大数量。在物流企业中，企业类型和物流环节不同，表达方式也不同。如九州通东西湖物流中心自动化立体仓库可存40万件药品，入库效率达7000箱/小时，出库效率为5500箱/小时。穿梭车库面积1900m^2，货位32000个，可同时支持4000万药品出库暂存，出入库效率为3000箱/小时。太平鸟慈溪物流中心2014年“双十一”出库40万单，2015年出库55万单，72小时出库72万单。

这种定义仅考虑企业固定资产所具有的生产能力，是在企业的人力、材料、资金等都得到充分满足的情况下，企业的机器设备、生产面积等的综合能力。

企业的生产能力，通常是以实物指标来计算的，在基层各生产环节中也经常用劳动量指标进行计算。最常用的是设备组计划期内可用“台时”数或生产产量数来表示生产能力。行业不同，所用指标也有所不同，如钢铁企业用能生产多少吨钢表示生产能力、预制板企业用“平方米・小时”等来表示。

企业的生产能力通常是按年计算，这样便于同企业的年度生产计划任务相比较，也便于同行业不同企业进行比较；也可按季、月、日、班、小时进行计算，这样便于生产任务在各个生产单位的落实。

补充阅读1

联合包裹速递服务公司资料

联合包裹速递服务公司（UPS）起源于1907年在美国西雅图成立的一家信差公司，以传递信件以及为零售店运送包裹起家。如今的UPS是一家全球性的公司，其商标是世界上最知名的商标之一。作为世界上最大的快递承运商与包裹递送公司，同时也是专业的运输、物流、资本与电子商务服务的领导性的提供者，其营业收入：2008年515亿美元，2012年541亿美元，2014年582亿美元。雇员人数：全球425300人（美国358000；国际67300）。包裹业务（包裹与文件）：2008年递送量39亿件，每日递送量1550万件，每日美国空运量210万件，每日国际递送量200万件。服务区域：200多个国家和地区，每一个位于北美洲和欧洲的地址。客户数：每日790万（180万取件，610万递送）。服务网点：UPS商店4200个，UPS营业店1500个（全球），UPS服务中心1000个，授权服务点17000个，UPS投递箱40000个。操作机构：1748个。运送机队：88000包裹运输车、有篷货车、拖拉机与摩托车。UPS喷气飞机队：269个，世界上第9大航空公司，租赁飞机数305架。每日航程段：国内1071，国际767；服务的机场数：国内：400；国际：377。

二、生产能力的种类

（一）设计能力

设计能力是指在工厂设计任务书中规定的生产能力。它是新建工厂前按工厂设计中规定的企业产品方案、技术装备以及其他设计数据进行计算加以确定的。

设计能力表明企业在一定时期内所能达到的最大生产能力。这是因为设计能力是按标准设计、先进定额等资料作为计算依据的。工厂在建成投产后，需要经过一定时期熟悉掌握技术的过程，才能达到企业的设计能力。

设计能力可作为企业努力奋斗的目标，作为企业挖掘潜力、提高生产能力利用水平的方向。因此，它是企业确定生产规模、安排基本建设计划和重大技术改造的重要依据。

（二）查定能力

查定能力是指在企业没有设计能力或虽有设计能力，但由于产品方案和技术组织条件发生了重大变化，原有设计能力不能反映实际情况，企业重新调查核定的能力。在计算企业查定能力时，需要根据查定期间企业的产品方案和技术组织条件，采用先进定额标准，并考虑在查定期间可以实现的技术组织措施的效果后加以确定。

一般要隔几年才查定一次，它表明企业在查定期间能实现的最大可能的生产能力。其作用和设计能力相同，是编制中长期规划、确定企业生产规模等方面的重要依据。

（三）计划能力

计划能力是指企业在计划期内能够实现的生产能力。它是企业在计划期间具体的技术组织条件下，根据企业在计划期内可以实现的各种技术组织措施效果，并保证达到设备和生产面积的平均先进定额而确定的生产能力。

企业计划能力是编制生产计划的直接依据。它对计划任务的具体实现提供了可靠的保证，通过计划能力和生产任务的平衡以及措施的制定就能看出计划的落实情况。

（四）最佳能力

最佳能力是指经济合理、可持续发展的能力，如某种型号的汽车百公里耗油最少的速度、某加工中心成本最低时的生产效率等。

三、影响生产能力的主要因素

（一）生产中固定资产的数量

生产中固定资产的数量包括机器设备数量和生产面积数量。在核定生产能力时，机器设备数量是指一切能够用于生产的设备，包括正在安装或开动使用，正在或等待修理、改装的设备。只有准予报废和外调的设备，专门用于连续流水线上备用的设备，试验室、检验站和机修、工具等辅助车间用于检修、研磨工具的设备等，可以不计入生产能力之内。而在核算计划能力时，只能以计划时期可以动用的设备作为核算的对象，因此它要比查定能力的数量少。

生产面积包括工作地和运输路线以及堆放原材料、在制品等所占用的面积，这些资料可以从工厂技术资料中取得，或以车间为单位用实地测算办法来确定。

（二）固定资产的工作时间

固定资产的工作时间是指机器设备的有效工作时间总数和生产面积的利用时间总数。设备工作时间总数是指企业按照现行工作制度计算的全部有效工作时间。在机械工业企业中，机器设备的有效工作时间一般等于制度工作时间减去设备计划停修时间。其计算公式如下：

$$F_e = F_o \cdot H - D = F_o \cdot H \cdot (1-\theta) \qquad (6-1)$$

式中：F_e——单位设备年有效工作时间（小时）；

F_o——设备全年制度工作日数；

H——每日制度工作小时数；

D——设备计划修理停工小时数；

θ——设备计划修理停工率。

公式中的全年制度工作日数等于全年日历日数减去法定的节假日数。目前，国家规定一年法定假日为11天，全年平均52个周末，因此，每年平均制度工作日数为251天（251＝365－104－11）。该公式可在设计流水线节拍、评价方案优劣时或能力评估时等运用。在实际工作中，编制每年生产计划应根据每年实际工作日和法定假日，计算出每月实际工作天数，然后汇总计算出全年工作天数。

生产面积的利用时间总数，因为没有停工修理的时间损失，所以应当按制度工作时间进行计算。

（三）固定资产的生产率定额

固定资产的生产率定额包括机器设备的生产率定额和生产面积的生产率定额。前者是指单位机器设备的产量定额或者单位产品的台时定额。后者是指单位面积的产量定额或单位产品占用生产面积的大小和时间的长短。影响设备及生产面积生产率的因素很多，有设备本身的技术条件，还有产品的品种、质量要求、原材料的质量、工艺方法、工人的技术水平等，因此应该在综合考虑这些因素的基础上加以确定。在查定企业生产能力时，应采用本企业的先进技术定额。在核算计划能力时，需要根据企业的现行定额并考虑压缩系数或定额完成系数：

$$计划期时间定额=现行台时定额\times(1-压缩系数) \quad (6-2)$$

或：

$$计划期产量定额=现行产量定额\times(1+超额完成系数) \quad (6-3)$$

四、生产能力的核定

（一）核定生产能力的程序

企业的生产能力是企业内部各个生产环节、各种固定资产的能力经过综合平衡后所确定的综合能力，也就是指在各个生产环节、各种固定资产保持一定比例关系的条件下企业所具有的综合生产能力。因此，企业核算生产能力必须是从基层开始，按自下而上的程序进行核算，即先确定各生产小组和流水线的生产能力，然后计算和确定各工段的生产能力，再确定各车间的生产能力，最后确定全厂的生产能力。生产小组的生产能力是由生产小组内各设备（组）或生产面积的综合能力决定的，工段的生产能力是由各小组的综合能力决定的，等等。

生产能力的综合平衡，首先是基本生产各个环节之间生产能力的平衡；其次是基本生产和辅助生产各环节之间生产能力的平衡。平衡基本生产各环节的生产能力时，要从起主导作用的主要生产车间或主要设备入手。主要车间或主要设备通常就是制造产品所消耗劳动量较多的车间或设备。应根据产品劳动量在各生产车间之间的分配情况来确定哪一个是主要车间。在机械工业企业中，一般均以机械加工车间或机械加工—装配车间作为主要车间。由于企业的产品结构和工艺特点不同，其主要车间也可能是其他车间，如农业机械制造厂的主要车间是准备车间；制造大型化工设备、锅炉设备的企业中，主要车间是金属结构车间等。

（二）机械加工车间生产能力的计算与平衡

不同性质的企业，由于各生产环节的生产类型和生产组织形式的不同，生产能力的计算方法也有所不同。

1. 在设备组担负单一品种时的平衡方法

此时，生产能力的计算及同生产任务的平衡比较简单，一般经过三个步骤。

第一步：计算各设备组的生产能力。

$$M=(S\times F_e)/t(1-\beta) \tag{6-4}$$

式中：M——某设备组生产能力（台或件）；

S——设备组的设备数量；

F_e——单位设备有效工作时间（小时）；

t——单位产品现行台时定额；

β——计划压缩系数。

第二步：平衡各设备组的生产能力。一个车间或一个工段是由若干个设备组组成的。在各设备组的生产能力分别计算出来以后，各设备组的生产能力不可能完全相同，但不能简单地将薄弱环节（设备组）的生产能力作为该车间或工段的生产能力，而是需要采取措施和办法。例如，通过改进操作方法和工装或增加工作班次等来提高薄弱环节的生产能力，最后确定出综合的生产能力。

第三步：进行生产能力与生产任务的平衡。平衡方法主要有两种。

（1）产量平衡法。

首先，计算出以产量表示的生产能力（第一步计算出的数字）。

其次，根据计划产量来计算出任务产量：

$$N_R=N/(1-f) \tag{6-5}$$

式中：N_R——任务产量（投产量）；

N——计划产量（出产合格数量）；

f——计划废品率。

最后，进行生产能力与生产任务之间的平衡，并求出设备组的负荷。

（2）台时平衡法。

首先，计算出用台时（设备工作小时数）表示的设备组的生产能力：

$$\begin{aligned} M &= S\times F_e \\ &= S\times F_o\times(1-\beta_{停工}) \end{aligned} \tag{6-6}$$

式中：M——设备组的生产能力（台时）；

F_o——制度工作时间；

$\beta_{停工}$——设备计划停休率。

其次，根据计划产量计算出任务台时数；

$$\begin{aligned} T_R &= N_R\times t \\ &= [N/(1-f)]\times t \end{aligned} \tag{6-7}$$

式中：T_R——任务台时数；

t——单位产品计划台时定额。

最后，进行生产能力与生产任务之间的平衡，求出设备组的负荷。

2. 在设备组担负多品种时的平衡方法

当设备组担负多种产品生产时，生产任务的计算及同生产任务的平衡比单一品种复杂，视不同情况和需要，可采用下面几种方法。

（1）台时平衡法。该方法是将设备组担负的各种产品的任务台时（所需设备工作小时数）进行汇总，得出总的任务台时，然后同该设备组用台时表示的生产能力进行平衡，设备组生产能力根据式（6－6）计算。设备组总任务台时的计算公式为：

$$T_S = \sum T_i = \sum \left[N_i / (1 - f_i) \right] \times t_i \tag{6-8}$$

式中：T_S——设备组总任务台时数（完成全部任务一共需要设备工作的小时数）；

T_i——第 i 种产品的任务台时数（$i=1, 2, \cdots, n$）；

N_i——第 i 种产品的计划产量；

f_i——第 i 种产品的计划废品率；

t_i——第 i 种产品的台时定额。

（2）代表产品法。在核定企业生产能力时，如果需用产量表示其生产能力，而设备组又担负着多种产品的生产任务，不可能按每种产品计算其生产能力。在这种情况下可采用代表产品法或假定产品法计算生产能力。代表产品法就是从多种产品中选择一种产品作为代表产品，以代表产品的台时定额来计算设备组的生产能力，并将生产任务转换为代表产品表示的任务量，二者再进行平衡。

根据式（6－6）知，用台时表示的设备组的生产能力为 $S \times F_o \times (1 - \beta_{停工})$ 台时，除以代表产品的单件时间定额，就可得出以代表产品计算设备组的生产能力，其计算公式为：

$$N_{代} = S \times F_o \times (1 - \beta_{停工}) / T_{代} \tag{6-9}$$

式中：$N_{代}$——以代表产品的产量表示的设备组生产能力；

$T_{代}$——代表产品的时间定额。

根据式（6－8）可计算出设备组总任务台时数，设备组总任务台时数除以代表产品时间定额，就可得出设备组总任务产量（折合成代表产品的产量），即设备组总任务台时数（全部任务生产所需时间）都用来生产代表产品，应该完成的任务量。计算公式为：

$$N_{代} = T_S / T_{代} = \{ \sum \left[N_i / (1 - f_i) \right] \times t_i \} / T_{代} \tag{6-10}$$

【例 6－8】某厂生产 A、B、C、D 4 种产品，其计划产量分别为 160 件、200 件、230 件和 70 件，各种产品在机械加工车间车床组的计划台时定额分别为 60 台时、80 台时、100 台时和 50 台时，车床组共有车床 15 台，两班制，每班 8 小时，设备停修率为 15%，试求车床组的生产能力（该企业每年休息 59 天）。

解：

解法一：用台时法进行能力与任务平衡计算。

生产能力：
$$M = S \times F_o \times (1-\beta_{停工})$$
$$= 15 \times (365-59) \times 2 \times 8 \times (1-15\%)$$
$$= 62424 \text{（台时）}$$

生产任务：
$$T_S = \sum [N_i/(1-f_i)] \times t_i$$
$$= 160 \times 60 + 200 \times 80 + 230 \times 100 + 70 \times 50$$
$$= 52100 \text{（台时）}$$

因为 $62424 > 52100$，负荷为 83.5%（$83.5\% = 100\% \times 52100/62424$），所以生产能力够用。

解法二：以 C 为代表产品表示的生产能力（C 产品业务量最大）：
$$N_{代} = S \times F_o \times (1-\beta_{停工})/T_{代}$$
$$= 62424/100$$
$$= 624 \text{（件）}$$

以 C 为代表产品表示的生产任务：
$$N_{代} = \{\sum [N_i/(1-f_i)] \times t_i\}/T_{代}$$
$$= 52100/100$$
$$= 521 \text{（件）}$$

因为 $624 > 521$，负荷为 83.5%（$83.5\% = 100\% \times 521/624$），所以生产能力够用。

补充阅读2

生产能力决策方法

【例6-9】 某小型机械加工车间共有10台不同类型的设备，其中，车床8台、六角车床1台、自动车床1台。这些设备都可以用于加工A零件和B零件，但加工两个零件的生产效率有所不同。如一台车床一个工作班（一班制工作时间为8小时，二班制工作时间为16小时）可生产A零件15个；若用于生产B零件，一台车床一个工作班能生产20个。以此类推，生产率见表6-30。该企业生产H产品，H产品由1个A零件和1个B零件组成。如何安排生产，一个工作班的生产能力最大？

表6-30　生产率及设备数量

	数量	A零件（个/班）	B零件（个/班）
车床	8	15	20

续 表

	数量	A零件（个/班）	B零件（个/班）
自动车床	1	30	55
六角车床	1	20	30

这类问题不应看绝对数，而应看相对生产效率。对于其中的一个零件，哪种类型的设备生产相对率高，就优先安排在哪种类型设备上生产，另外一种零件优先安排顺序正好与其相反。若设备的A/B生产效率比值最大（不论是否大于1），说明该设备生产A零件相对生产率最高，因此必须优先安排A零件在该设备上进行生产。这与国际贸易理论一样，A/B比值最大的设备（相当于国家），用B零件（相当于一个国家的某种资源）换A零件（相当于另一个国家的某种资源）最经济；反之，A/B比值最小的设备，用A零件换B零件最经济。因此，在有多种不同类型设备时，首先计算相对生产效率，根据其比值大小把不同类型设备降序排序（如A/B的比值大小），从上至下优先安排生产A零件，B零件从下至上优先安排，试算并确定平衡点，建立方程组，可解得最优解。

此类问题求解步骤为：

步骤一：计算A/B；

步骤二：按A/B比值大小降序排序，确定优先生产A零件的顺序，相反方向为优先生产B零件的顺序；

步骤三：确定平衡点；

步骤四：列方程求解。

应注意的问题是，计算所需设备数量是否可取小数？回答是可以的。因为所需设备数量实质上是在设备上进行加工的时间比例，时间比例可以是小数。如一共有5台六角车床，若计算A零件需六角车床1.8台，B零件需要3.2台，说明需六角车床有一台满负荷全部加工A零件，此外还需在另外一台六角车床有80%时间加工A零件，20%时间加工B零件，有3台六角车床满负荷全部加工B零件。

表6-31　生产率及设备数量

	数量	A零件（个/班）	B零件（个/班）	效率比（A/B）
车床	8	15	20	3/4
自动车床	1	30	55	2/3
六角车床	1	20	30	6/11

例6-9求解步骤如下：

步骤一：计算 A/B；

步骤二：按 A/B 比值大小排序，确定优先生产 A 零件的顺序，相反方向为优先生产 B 零件的顺序；步骤一计算比值和步骤二降序排序结果见表 6－31。表 6－31 中最后一列，从上至下为优先生产 A 零件的顺序，相反方向为优先生产 B 零件的顺序；

步骤三：确定平衡点。若车床全部生产 A 零件，则可生产 A 零件 120 个（120 = 8 × 15），此时，即使余下设备都生产 B 零件，则自动车床生产 55 个，六角车床生产 30 个，合计只有 85 个 B 零件，因此，可得出结论，平衡点在车床上，车床不能都生产 A 零件，也需生产 B 零件；

步骤四：列方程求解。设 x 台六角车床生产 A 零件，y 台六角车床生产 B 零件，则有：

$15x = 20y + 30 + 55$

$x + y = 8$

$x = 7$，$y = 1$

$H_{max} = 7 \times 15$

$= 105$（件）

生产能力最大可生产 105 件。

补充阅读3

学习曲线法

学习曲线（learning curve），也称为经验曲线，是表示单位产品生产时间与所生产的产品总数量之间的关系的一条曲线。随着产品累计产量的增加，单位产品的成本会以一定比例下降（见图 6－2）。学习曲线是以图形的形式表示在一定时间内获得的技能或知识的速率，体现了熟能生巧的规律。

学习曲线的原理及公式推导如下：

$$y = ac^n \tag{6-11}$$

式中：y——第 x 台产品所消耗的时间；

a——第 1 台产品所消耗的时间；

c——学习率；

n——产量的倍增次数。

设 x 为累计产量，则在 x 增加 n 倍时，有：$2^n = x$

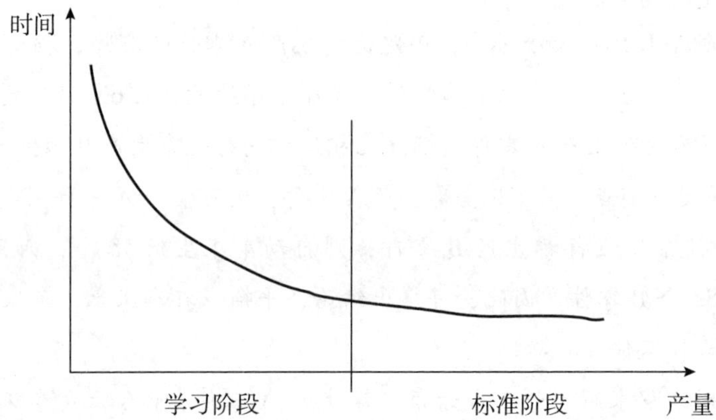

图 6－2　学习曲线

$n\log2 = \log x$

对 $y = ac^n$ 两边取对数：

$\log y = \log a + n\log c$

令 $m = \log c/\log2$，m 为学习系数，则有：

$$\log y = \log a + (\log c/\log2)\log x$$
$$= \log a + m\log x$$
$$y = ax^m \quad (6-12)$$

原理一是根据式（6－12）计算参数 a 和 m，然后运用该公式计算新产品第 x 个生产所需时间。二是根据表 6－32，依据学习率，查表求得学习系数，然后计算求得第 x 个新产品所需时间。

表 6－32　　学习曲线系数

单位	60%	65%	70%	75%	80%	85%	90%	95%
1	1.0000	1.0000	1.0000	1.0000	1.0000	1.0000	1.0000	1.0000
2	0.6000	0.6500	0.7000	0.7500	0.8000	0.8500	0.9000	0.9500
3	0.4450	0.5052	0.5682	0.6338	0.7021	0.7729	0.8462	0.9219
4	0.3600	0.4225	0.4900	0.5625	0.6400	0.7225	0.8100	0.9025
5	0.3054	0.3678	0.4368	0.5127	0.5956	0.6857	0.7830	0.8877
6	0.2670	0.3284	0.3977	0.4754	0.5617	0.6570	0.7616	0.8758
7	0.2383	0.2984	0.3674	0.4459	0.5345	0.6337	0.7439	0.8659

续 表

单位	60%	65%	70%	75%	80%	85%	90%	95%
8	0.2160	0.2746	0.3430	0.4219	0.5120	0.6141	0.7290	0.8574
9	0.1980	0.2552	0.3228	0.4017	0.4930	0.5974	0.7161	0.8499
10	0.1832	0.2391	0.3058	0.3846	0.4765	0.5828	0.7047	0.8433
12	0.1602	0.2135	0.2784	0.3565	0.4493	0.5584	0.6584	0.8320
14	0.1430	0.1940	0.2572	0.3344	0.4276	0.5386	0.6696	0.8226
16	0.1290	0.1785	0.2401	0.3164	0.4096	0.5220	0.6561	0.8145
18	0.1188	0.1659	0.2260	0.3013	0.3944	0.5078	0.6445	0.8074
20	0.1099	0.1554	0.2141	0.2884	0.3812	0.4954	0.6342	0.8012
22	0.1025	0.1465	0.2038	0.2772	0.3697	0.4844	0.6251	0.7955
24	0.0961	0.1387	0.1949	0.2674	0.3595	0.4747	0.6169	0.7904
25	0.0933	0.1353	0.1908	0.2629	0.3548	0.4701	0.6131	0.7880
30	0.0815	0.1208	0.1737	0.2437	0.3346	0.4505	0.5963	0.7775
35	0.0728	0.1097	0.1605	0.2286	0.3184	0.4345	0.5825	0.7687
40	0.0660	0.1010	0.1498	0.2163	0.3050	0.4211	0.5708	0.7611
45	0.0605	0.0939	0.1410	0.2060	0.2936	0.4096	0.5607	0.7545
50	0.0560	0.0879	0.1336	0.1972	0.2838	0.3996	0.5518	0.7486
60	0.0489	0.0785	0.1216	0.1828	0.2676	0.3829	0.5367	0.7386
70	0.0437	0.0713	0.1123	0.1715	0.2547	0.3693	0.5243	0.7302

【例 6-10】 生产第 1 台的时间为 1000 小时，生产第 8 台的时间为 512 小时，本月计划生产第 20 新产品。

学习率 C 为多少？生产第 20 新产品需多长时间？

因为：

$$y_1 = ax_1^m$$

$$y_2 = ax_2^m$$

$$y_2/y_1 = (x_2/x_1)^m$$

$$\log(y_2/y_1) = m \times \log(x_2/x_1)$$

$$m = \log\ (y_2/y_1)\ /\log\ (x_2/x_1)$$

$$m = \log c/\log 2;$$

$$c = 2^m$$

所以：

$$\begin{aligned} m &= \log\ (y_2/y_1)\ /\log\ (x_2/x_1) \\ &= \log\ (512/1000)\ /\log\ (8/1) \\ &= -0.322 \end{aligned}$$

$c = 2^m = 2^{-0.322} = 0.8$，即学习率为80%。

解法一：运用式（6－12）计算。所以生产第20台新产品所需时间为：

$$\begin{aligned} y &= ax^m \\ &= 1000 \times 20^{-0.322} = 381\ （小时） \end{aligned}$$

解法二：因为学习率为80%，所以查表6－32，学习率80%那列，产量为20，对应系数为0.3812，所以，第20台所需时间为：1000×0.3812＝381（小时）。

补充阅读4

美国民生保安设备公司

美国民生保安设备公司的生产助理吉斯先生，根据烟雾探测报警器的需求预测资料编制了一份2005年度该产品的生产计划和生产预算，送交生产计划委员会讨论。

该公司生产的烟雾探测报警器包括三种型号：标准型、豪华型和遥控型。三种型号的烟雾探测报警器的制造由一个专门的加工单元和两条装配线来完成。两条装配线完全相同，都具有较高的柔性，可以在三种型号之间转换。每条装配线的生产率为2个工作轮班（因为第3个轮班要留为每天的设备预防维护和更换产品型号的作业准备工作）。此外，每条装配线的定员为6个操作工人。加工单元有足够的生产能力来满足两条装配线满负荷运转的零件加工需求。从最近两年的生产情况来看，烟雾探测报警器的最高日产量为1080单元（装配线数2×轮班数2×班产量270），最高日产量取决于两条装配线的最大生产能力。

编制生产计划的基础资料包括：①销售部送来的烟雾探测报警器的销售预测资料，如表6－33所示。②年度工作日资料，该项数据是按每周5天法定工作日计算的，并扣除下述节假日：新年（1月1日）、总统诞辰纪念日（2月8日）、美国阵亡将士纪念日（5月2日）、独立纪念日（7月4日）、劳动节（9月2日）、感恩节（11月21—22日）、圣诞节（12月24—25日）、公司假期（8月3—18日）。

表 6－33　　下年度烟雾探测报警器销售预测资料　　单位：美元

月份	标准型	豪华型	遥控型	合计
1	3500	2500	2400	8400
2	5000	2100	2900	10000
3	6100	2500	2400	11000
4	4500	3100	2900	10500
5	5200	5000	2100	12300
6	1600	5700	2100	9400
7	1100	7700	2900	11700
8	4500	5000	2800	12300
9	11600	6800	3400	21800
10	20000	4500	3900	28400
11	19800	2500	2300	24600
12	10800	2700	3700	17200

装配线工人的成本资料是：基本人工成本为每小时 6.185 美元，加班奖金率为 15% 的基本小时工资，增雇装配线操作工人的上岗培训费用估计为每人 700 美元，而根据有关规定，终止一个工人的聘用合同要额外支付 450 美元。

加班生产限定在周末进行。根据与工会协商的协议规定，周六加班，加班小时工资比正常小时工资多 50%，外加按 15% 计算的加班奖金；周日加班，加班小时工资为正常小时工资的 2 倍，外加按 15% 计算的加班奖金；周末加班时间可以是整班时间，也可以是部分轮班时间，视具体情况而定。

吉斯先生准备提交生产计划委员会的恒定生产率计划如表 6－34 所示。该计划是 3 个工作轮班的生产计划，即在一条装配线上工作 1 个轮班，在另一条装配线上工作 2 个轮班，这是根据现有的装配工人数量确定的（共 3 个轮班，18 个操作工人）。年末产品库存为 4200 单位，这是根据上年年末库存水平确定的。吉斯先生估计生产计划委员会的成员们一定会对这个计划提出一些问题，其中一个明显的问题是，这项计划的月末实际库存水平太高。根据财务部门提供的资料，每单位烟雾探测报警器的月保存成本为 0.35 美元。此外，到了 12 月 31 日，还需为每单位的库存产品缴纳 40.40 美元的财产税。但是为了节约库存成本而降低月末库存水平是有限度的，按照公司政策，月末库存水平应维持在下月预测销售量的 50% 的水平上。

表 6－34　　最初的恒定生产率计划

1	2	3	4	5	6	7	8	9	10	11	12	13
月份	需求预测合计	月末最低库存量	生产需求量	每月工作日数	每月周六日数	每月周日日数	日生产率	每月正常工作日产量	实际月末库存量	超过最低限额库存量	周六最大生产能力	周日最大生产能力
1	8400	5000	9200	22	4	4	810	17820	13620	8620	3240	3240
2	10000	5500	1880	19	4	4	810	15390	19010	13510	3240	3240
3	11000	5250	0	21	5	5	810	17010	25020	19770	4050	4050
4	10500	6150	0	22	4	4	810	17820	32340	26190	3240	3240
5	12300	4700	0	22	4	4	810	17820	37860	33160	3240	3240
6	9400	5850	0	20	5	5	810	16200	44660	38810	4050	4050
7	11700	6150	0	22	4	4	810	17820	50780	44630	3240	3240
8	12300	10900	0	10	2	1	810	8100	46580	35680	1620	810
9	21800	14200	0	20	4	5	810	16200	40980	26780	3240	4050
10	28400	12300	0	23	4	4	810	18630	31210	18910	3240	3240
11	24600	8600	1990	19	5	4	810	15390	22000	13400	4050	3240
12	17200	4200	0	20	4	5	810	16200	21000	16800	3240	4050
总计	177600			240				194400		296260		

注：表中相关列代表的含义分别如下：第 3 列——假定为下个月需求的一半；第 4 列——预测需求量＋月末最低库存量－月初库存量；第 9 列——每日生产率×每月工作日数；第 10 列——月初库存量＋每月工作日产量＋周六加班产量＋周日加班产量；第 11 列——月末实际库存量－月末最低库存量；第 12 列——日生产率×每月周六日数；第 13 列——日生产率×每月周日日数。

思考题

1. 吉斯先生准备提交生产计划委员会作为讨论起点的恒定生产率计划的总成本是多少？

2. 仍利用表 6－34 的格式，制订一个最低累计生产率计划，并计算其总成本。

3. 制订一个最低恒定生产率计划，并计算其总成本。

4. 最优生产计划是什么？其总成本是多少？

资料来源：黄卫伟《生产与作业管理》，中国人民大学出版社 1997 年版，第 230－234 页。

本章小结

第一节论述了计划的概念、种类、指标及编制程序。

第二节论述了均衡策略、跟踪策略与管理需求策略综合生产计划策略。

第三节论述了反复试验法、线性规划法和运输模型解法在计划中的运用。论述了产品组合优化方法、下料及装箱问题优化方法、车辆调度问题优化方法和船舶调度问题优化方法。

第四节介绍了生产能力的概念：生产能力表明企业在一定时期内，在一定生产技术组织条件下能够生产某种产品的最大数量。生产能力主要分为设计能力、查定能力、计划能力和最佳能力。论述了影响生产能力的因素、生产能力核算及优化方法。

【基础练习】

一、判断题

1. 生产大纲是指年度生产计划。(　　)
2. 滚动计划方法可用于生产计划中。(　　)
3. 产品组合、配方、下料等问题有些可用线性规划求解。(　　)
4. 准时生产是推式生产计划方法。(　　)
5. 管理水平与生产能力无关。(　　)
6. 生产能力与工作设计有关。(　　)

二、思考题

1. 综合生产计划包括哪些内容？
2. 生产计划的方法有哪些？
3. 影响生产能力的因素有哪些？
4. 机械加工行业中常用的生产能力计算方法有哪两种？
5. 下面两种策略有何弊端？①变动库存水平；②需求高峰时期延期交货。
6. 生产能力不够用应采取和措施？

三、计算题

1. 某机械加工车间用 100cm 原材料生产 A、B、C 三种产品，参见表 6－35，产量分别为 80 件、60 件和 110 件，尺寸分别为 24cm、38cm 和 32cm。问：如何下料所需原材料最少？

表 6－35　　**下料问题原始数据**　　单位：厘米

	A	B	C	原材料尺寸
尺寸	24	38	32	100
产量	60	50	100	

2. 某工段有 10 台不同类型的设备，这些设备既可生产 A 零件，又可生产 B 零件。

该工段生产H产品，H产品由1个A零件和1个B零件组成，有关资料参见表6－36。问：①如何安排生产，一个班的生产能力最大？②如果H产品由2个A零件和1个B零件组成，如何安排生产，一个班的生产能力最大？

表6－36　　生产率及设备数量

	数量	A零件（个/班）	B零件（个/班）
车床	5	15	20
六角车床	3	20	30
自动车床	2	30	50

3. 某工段有设备14台，这些设备既可生产A零件，又可生产B零件。该工段生产H产品，H产品由1个A零件和1个B零件组成，有关资料参见表6－37。如何安排生产，一个班的生产能力最大？最小（下限）能生产多少件？最大（上限）能生产多少件？平均多少件？

表6－37　　生产率及设备数量

	数量	A零件（个/班）	B零件（个/班）
车床	10	15	20
六角车床	2	20	30
自动车床	2	30	50

4. 某厂生产A、B、C、D 4种产品，其计划产量分别为200台、100台、350台和80台，各种产品在机械加工车间车床组的计划台时定额分别为20台时、40台时、50台时和30台时，车床组共有车床10台，两班制，每班8小时，设备停修率为10%，该企业每年工作251天。试求车床组的生产能力。若生产能力不够用，应采取何措施？

5. 某厂生产A、B、C、D 4种产品，其计划产量分别为100台、90台、150台和120台，各种产品在机械加工车间车床组的计划台时定额分别为180台时、200台时、100台时和80台时，车床组共有车床15台，两班制，每班8小时，设备停修率为10%。试求车床组的生产能力（每年休息59天）。

6. 某航运公司承担6个港口的4条固定航线的货物运输业务。第一条航线是从E港口到D港口，每天1个航班；第二条航线是从B港口到C港口，每天2个航班；第三条航线是从A港口到F港口，每天3个航班；第四条航线是从D港口到B港口，每天5个航班，参见表6－38。每条船每次装卸货时间各为一天，各港口之间的航程天数见表6－39。问：①该航运公司如何进行生产调度，使调度所需船数最少？②若进入B

港口后发现一条船需要修理，修理时间为半年，则多少天后 B 港口又会少一个航班（假设装卸货天数各一天）？

表 6－38 **航线及航班数**

航线	起点城市	终点城市	每天航班数
1	E	D	1
2	B	C	2
3	A	F	3
4	D	B	5

表 6－39 **航程天数**

	A	B	C	D	E	F
A	0	1	2	10	7	7
B	1	0	3	13	8	8
C	2	3	0	11	5	5
D	10	13	11	0	12	20
E	7	8	5	12	0	3
F	7	8	5	20	3	0

7. 某企业生产新产品第 2 台的时间为 850 小时，生产第 5 台的时间为 685.7 小时，本月计划生产第 7 个和第 8 个新产品。问：①学习率 C 为多少？②生产第 7 个和第 8 个新产品各需多长时间？

8. 浙江省某企业第二季度产品市场需求、生产方式、生产能力和成本参见表 6－40，该企业 4 月初期初库存为 120 件；每件存储费用为 2 元/件·月，试给出最优生产计划。

表 6－40 **产品需求、生产能力及生产成本表**

		4 月	5 月	6 月
需求（件）		930	920	1000
生产能力	正常（件）	750	800	700
	加班（件）	50	50	50
	外包（件）	200	200	180
期初库存		120	—	—

续 表

		4 月	5 月	6 月
成本	正常（元/件）	40	43	45
	加班（元/件）	52	54	57
	外包（元/件）	66	69	71
库存成本（元/件·月）		2	2	2

第七章　企业资源计划

学习目标

知识目标

1. 熟悉 MRP 的核心思想与原理；

2. 熟悉 MRP 输入与输出文件；

3. 熟悉 MRP 系统运行步骤及 MRP 运算过程。

技术目标

1. 会用 Excel 软件进行 MRP 运算；

2. 会用 MRP 原理编制生产计划。

职业能力目标

1. 树立企业资源计划先进生产计划理念；

2. 掌握 MRP 的理论与方法，解决企业 MRP 生产计划编制问题。

物流聚焦

生产计划水平高低的影响

某重型汽车有限责任公司是由三方共同出资组建的国有股份制企业，是我国三大重车生产基地之一。公司技术力量雄厚、设备先进，具有世界先进的汽车总装、车桥加工、分动箱加工、联动大型驾驶室覆盖件、车架成型冲压和艾森曼喷漆等大型生产线。年生产 20 种基本车型、92 个品种的重型车，主要品种有载重车、自卸车、半挂牵引车和全驱动车等，具有年产 6000 辆整车的生产能力。

由于国家出台相关利好政策和物流业务快速发展的需要，国内重车市场发展非常迅速，企业产品和产量不断扩大，产量由 1000 辆增加到 5000 辆，品种更是增加到 300 余种。因为重车制造本身具有个性化特点，尽管设计能力有 6000 辆，但实际生产却达不到该水平，生产中出现许多问题。一线人员疲于奔命、穷于应付，质量问题时有发生。分析发现，主要原因是目前的生产计划与控制不合理，具体原因如下：

（1）整车规格型号太多，需求预测难度加大，计划调整频繁；

（2）制造部主要是依据销售公司的预测编制月度生产计划，而各级物料计划由各分厂自行独立编制，缺乏一致统一性，导致计划衔接不好，经常出现停工待料和紧急采购等现象；

（3）生产与技术部门信息沟通滞缓，投产所需的基础数据资料不准确、不可靠，导致计划不准；

（4）生产加工过程中缺乏有效排序方法，仅靠经验和估计判断生产进度以及安排后续计划，科学性差，粗放型生产方式，使得企业延期交货严重、成本居高不下、客户满意度低，影响和制约企业的发展。

资料来源：薛伟、蒋祖华主编：《工业工程概论》，机械工业出版社 2015 版，第 150 页。略有改动。

第一节　ERP 发展历程

企业资源计划（Enterprise Resource Planning，ERP）的发展历程包括时段式物料需求计划（Material Requirements Planning，MRP）、闭环物料需求计划（MRP）、制造资源计划（Manufacturing Resource Planning Ⅱ，MRP Ⅱ）MRP Ⅱ和 ERP 四个阶段。

一、时段式 MRP

20 世纪 60 年代从订货点法到时段式 MRP，克服订货点法的不足，解决了库存控制问题。20 世纪 40 年代编制物料需求计划的方法通常是库存控制订货点法，它是根据历史记录和经验来估测未来的物料需求，比较适用于物料需求量稳定均衡的情况。其局限性和缺点：一是不能按照各种物料真正需要的时间来订货，因此对需求的判断常常发生失误，从而造成库存积压、物料短缺、库存不平衡等后果。订货点法还无法预测未来需求的发生。二是由于在生产中使用物资的前提不一样，而同时采购所需物资，就可能使物资积压，占用大量资金。由于计算机的发展，有可能将物资分为相关需求和独立需求来进行管理。相关需求根据物料清单、库存情况和生产计划制定出物资的相关需求时间表，按所需物资提前采购，这样就可以大大降低库存。当一个产品由数万个零件或材料组成时，没有计算机是不可能这样管理的。

MRP 这种方法是由美国著名生产管理和计算机应用专家欧·威特和乔·伯劳士在对多家企业进行研究后提出来的。MRP 是一种企业管理软件，实现对企业的库存和生产的有效管理。MRP 是以物料计划人员或存货管理人员为核心的物料需求计划体系，它仅仅涵盖物料管理这一模块（参见图 7-1）。

二、闭环 MRP

20 世纪 60 年代时段式 MRP 能根据有关数据计算出相关物料需求的准确时间与数量，但它还存在不足和缺陷，其主要缺陷是没有考虑企业的生产能力和采购的有关约束。因此，计算出来的物料需求的日期可能因能力不足而无法保证，或者因原料不足而无法生产。同时，它也缺乏信息反馈功能，无法对计划进行调整。

为了解决以上问题，MRP 系统在 70 年代发展为闭环 MRP 系统。它是以物料需求为核心并包括能力等生产计划功能的系统。闭环 MRP 中的闭环有两层含意：一是指把生产能力需求计划、车间作业计划、采购作业计划等纳入 MRP，形成一个封闭的系统；二是指在制订计划的过程中利用反馈信息进行平衡。闭环 MRP 认为主生产计划与物料需求计划应该是可行的，即考虑能力的约束或对能力提出需求计划，在满足能力需求的前提下，才能保证物料需求的执行和实现。

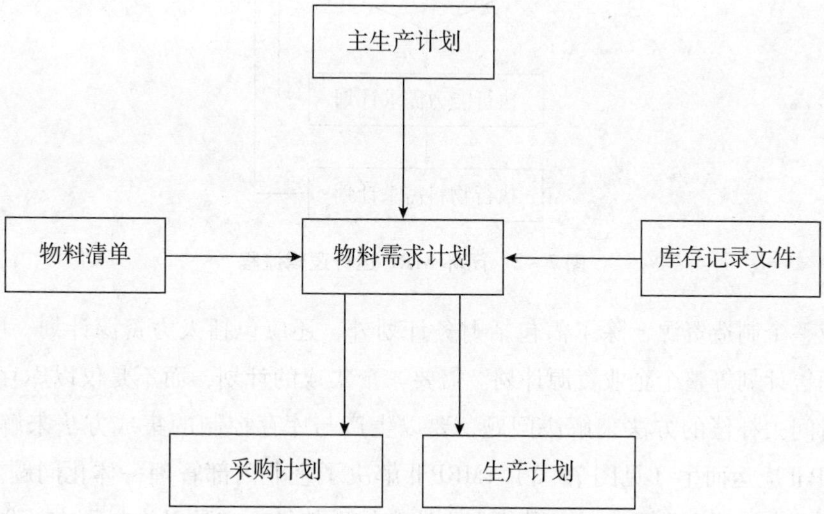

图 7－1 开环 MRP 运行逻辑流程

20 世纪 70 年代闭环 MRP，解决了生产计划和控制问题。在闭环 MRP 中（见图 7－2），主生产计划及物料需求计划计算后，要通过粗能力计划和能力需求计划等模块进行生产能力平衡和计划调整。它还能收集生产活动的执行情况，作为制订下一周期计划或调整计划的依据。这样形成计划、执行、反馈的生产管理循环。

三、MRPⅡ

20 世纪 80 年代企业的管理者们认识到生产过程中物料的转化过程也就是资金形态的转化过程，为了计算生产成本，需要包括总账、应收账、应付账管理等；生产过程

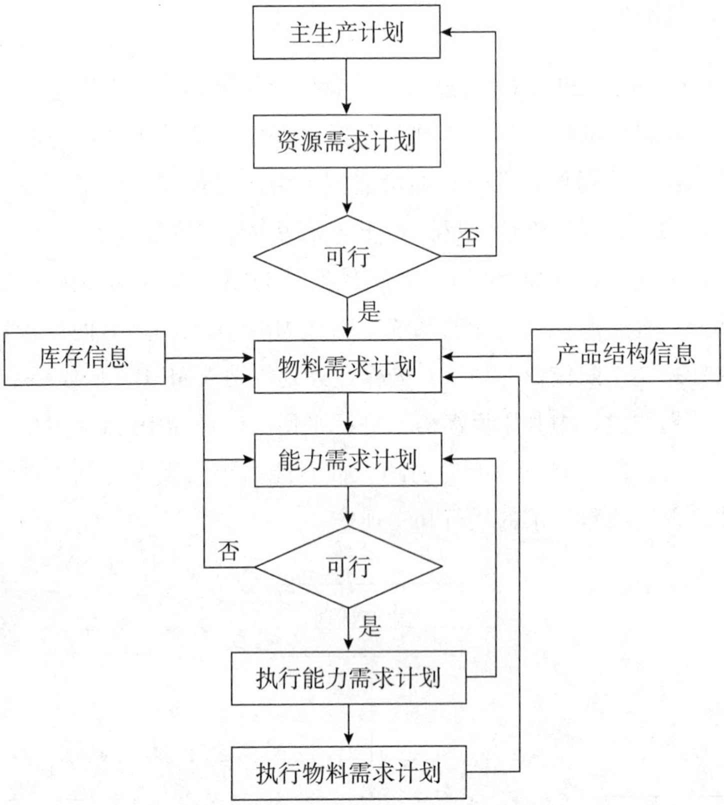

图 7－2　闭环 MRP 运行逻辑流程

涉及企业整个制造资源，除了需包括财务计划外，还应包括人力资源计划、质量管理计划、销售计划等整个企业资源计划。需要一个集成的计划，而不是仅以库存来弥补，或缓冲时间去补偿的方法来解决问题，要以生产与库存控制的集成方法来解决问题，于是 MRPⅡ应运而生（见图 7－3）。MRPⅡ解决了企业内部管理一体化问题。MRPⅡ是在物料需求计划上发展出的一种规划方法和辅助软件。它是以物料需求计划 MRP 为核心，覆盖企业生产活动所有领域、有效利用资源的生产管理思想和方法的人—机应用系统。它将公司高层管理与中层管理结合在一起，以制造资源计划为活动核心，促进企业管理循环的运作，达到最有效的企业经营。其涵盖范围包含了企业的整个生产经营体系，包括经营目标、销售计划、财务计划、生产计划、物料需求计划、采购管理、现场管理、运输管理、绩效评价等各个方面。其最终的目标是使生产保持连续均衡，最大限度地降低库存与资金的消耗，减少浪费，提高经济效益。

四、ERP

ERP 是美国加特纳（Garter）咨询公司于 1990 年年初提出的一个概念，它通过一

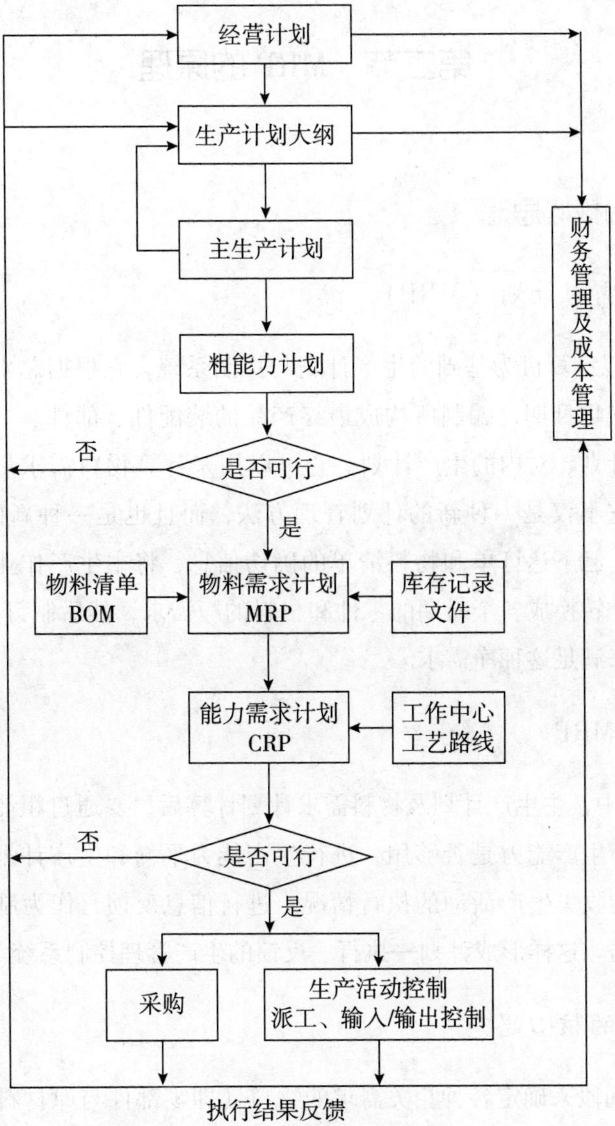

图 7-3 MRPⅡ运行逻辑流程

系列的功能标准来界定 ERP 系统的超越 MRPⅡ范围的集成功能，支持混合方式的制造环境，支持开放的客户机/服务器计算环境等。ERP 超出了企业内部的资源管理，除了 MRP 功能模块外，ERP 还包括财务管理、人力资源管理、供应链管理（SCM）、顾客关系管理（CRM）和其他功能模块。

ERP 是从制造资源计划 MRPⅡ发展而来的新一代集成化企业资源管理系统，解决了如何在经济全球化的背景下合理调配企业内部资源和外部市场资源的问题。

第二节　MRP 的原理

一、MRP 的核心思想

（一）物料需求计划（MRP）

MRP 是一种以计算机为基础的生产计划与控制系统，它根据总生产进度计划中规定的最终产品的交货日期，编制所构成最终产品的装配件、部件、零件的生产进度计划、对外的采购计划、对内的生产计划。它可以用来计算物料需求量和需求时间，从而降低库存量。它不仅是一种新的计划管理方法，而且也是一种新的组织生产方式。它根据现有存货、已下达订单和物料清单的确切信息，将主生产作业计划中的产品或最终项目的需求，转换成各个时期的零件和材料的净需求，然后制订出逐日或逐周的、详细的作业计划来满足这种净需求。

（二）闭环 MRP

在闭环 MRP 中，主生产计划及物料需求计划计算后，要通过粗能力计划和能力需求计划等模块判断生产能力是否够用，进行生产能力平衡和生产计划调整，以保证计划的实施。它还能收集生产活动的执行情况，进行信息反馈，作为制订下一周期计划或调整计划的依据。这样形成计划—执行—反馈的生产管理控制系统。

（三）MRP 的核心思想

MRP 是按时间段来确定各种相关需求的物料（即零部件与原材料）的需求数量和需求时间的，从而解决了企业产、供、销部门的物料信息的集成管理。

二、MRP 的输入文件

在编制 MRP 时，需要输入原始数据和相关信息等文件。在编制计划时按工艺顺序根据主生产计划、物料清单等信息和库存状况，编制各时段物料投产和出产计划。需要输入文件如下所述。

（一）主生产计划

主生产计划（Master Production Schedule，MPS）是具体产品各时段详细生产计划，是按时间段来确定各种独立需求的物料（即产成品和备品备件等）的需求数量和需求时间。

计划的对象一般是最终产品，即企业的销售产品，但有时也可能是组件的 MPS 计划，然后再下达最终装配计划。主生产计划是一个重要的计划层次。

（二）物料主文件与物料清单

物料主文件描述了企业所有物料有关其自身、采购、库存、计划、销售和资金的属性，定义了提前期。这里的提前期是指物料投产应比物料出产提前的时间，它等于该物料的生产周期（见图 7-4）。物料清单（Bill of Material，BOM）又称产品结构文件（见图 7-5）、产品零部件表（见图 7-6）、材料表等。它反映了产品的组成与结构信息，也就是说明了是由哪些物料构成的，需要多少物料，是如何制造出来的。可以用产品结构树直观地表示出来。

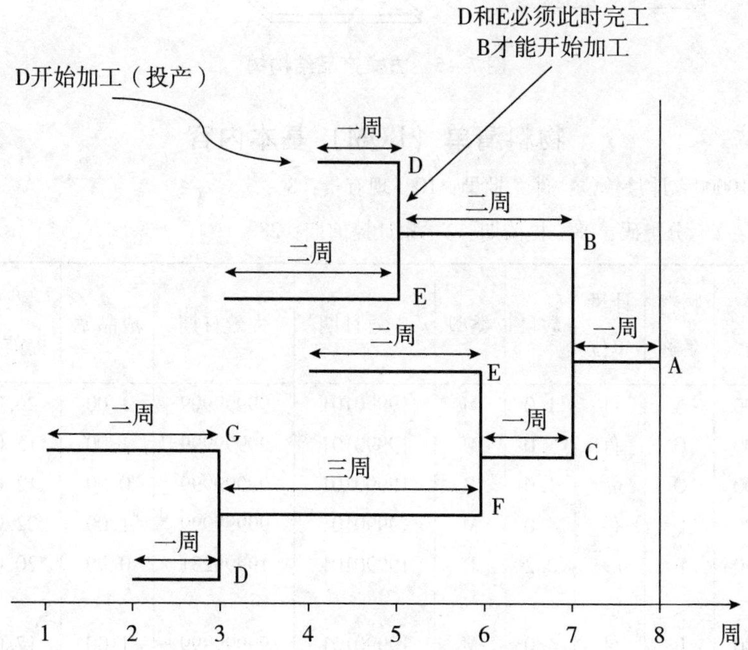

图 7-4 产品结构与提前期

（三）库存记录文件

库存记录文件描述了每一项物料的库存记录，包括原材料、零部件和产成品的现有库存量和已订货量、物料出入库以及报废等状态记录。

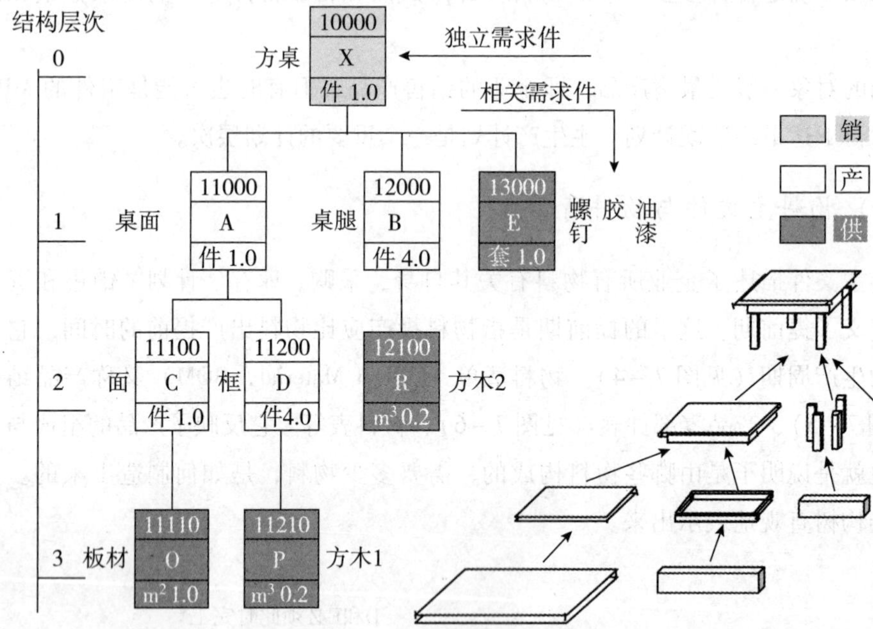

图 7-5　方桌产品结构树

物料清单（BOM）基本内容

物料号：10000　计量单位：件　批量：10　现有量：8

物粒名称：X　分类码：08　提前期：2　累计提前期：28

层次	物料号	物料名称	计量单位	数量	类型	生效日期	失效日期	成品率	累计提前期	ABC码
1	11000	A	件	1.0	M	19990101	99999999	1.00	26.0	A
.2	11100	C	件	1.0	M	19990101	99999999	1.00	15.0	A
..	11100	O	m^2	1.0	B	19990101	99999999	0.90	12.0	B
3	11200	D	件	4.0	M	19990101	99999999	1.00	22.0	C
.2	11210	P	m^3	0.2	B	19990101	19991231	0.90	20.0	C
..										
3	12000	B	件	4.0	M	19990101	99999999	1.00	17.0	B
	12100	R	m^3	0.2	B	19990101	99999999	1.00	10.0	C
1	13000	E	套	1.0	B	19990101	99999999	1.00		C
.2									5.0	
1.										

图 7-6　物料清单构成

注：M——自制件；B——外购件。

实训资料1

绘制完整产品结构图

某家具企业把木材加工成各种特定板型，然后和外构件一起组装家具。其中三抽屉文件柜就是其生产产品之一。三抽屉文件柜由1个箱体、1把锁和3个抽屉组成；1个箱体由1个箱外壳和6根滑条装配而成；每个抽屉由1个抽屉体和1个手柄以及2个轮子组成。其中锁、滑条、手柄、轮子为外构件，箱体和抽屉体为公司制造，一个箱体耗用原料 $2m^2$ 板材，一个抽屉体耗用原料 $1m^2$ 板材。根据三抽屉文件柜组成的描述，按ERP系统要求，可绘制完整三抽屉文件柜的组成结构图（见图7－7）。

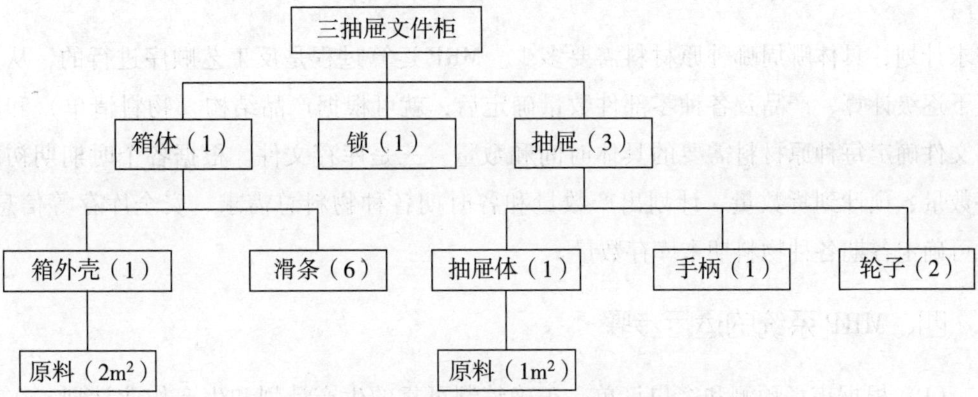

图7－7 三抽屉文件柜的组成结构

实训资料2

根据产品结构图计算物料数量

根据图7－8，若A生产3件，各零部件期初、期末库存均为零，废品率也为零，则其余各零部件计划期内共需生产多少件。

三、MRP系统的输出文件

MRP系统输出的内容比较多，最主要的是各个时段各种物料需要投产和出产的数量，以及各种物料的库存数量。主要输出文件有三类。一是产品和各零部件投产和出产计划，详细规定产品及各种零部件具体哪一周出产或投产的数量。二是各种原材料

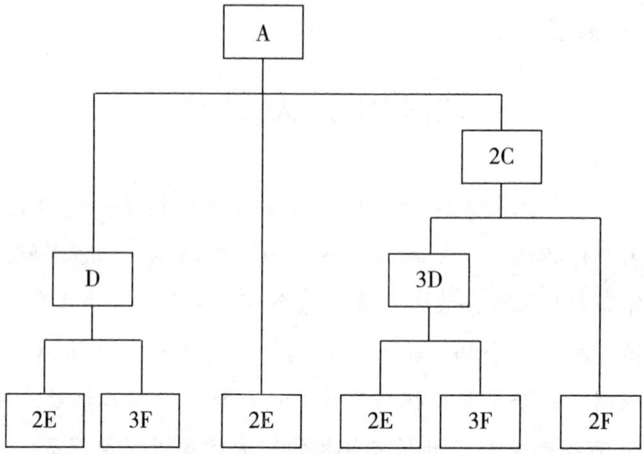

图7-8 A产品结构

需求计划，具体哪周哪种原材料需要多少。MRP运算过程是反工艺顺序进行的，从上至下逐级计算，产品及各种零部件数量确定后，就可根据产品结构（物料清单）和库存文件确定每种原材料需要的具体时间和数量。三是库存文件。根据各个时期期初库存数量、预计到货数量、计划出产数量和各时期各种物料总需求、安全库存等信息，就可确定各期各种物料期末库存数量。

四、MRP系统的运行步骤

（1）根据市场预测和客户订单，正确编制可靠的生产计划和生产作业计划，在计划中规定生产的品种、规格、数量和交货日期，同时，生产计划必须是同现有生产能力相适应的计划。

（2）正确编制产品结构图和各种物料、零件的用料明细表。

（3）正确掌握各种物料和零件的实际库存量。

（4）正确规定各种物料和零件的采购交货日期，以及订货周期和订购批量。

（5）通过MRP逻辑运算确定各种物料和零件的总需要量以及实际需要量。

（6）向采购部门发出采购通知单或向本企业生产车间发出生产指令。

五、MRP的基本概念

（1）父项（父辈）需求量，是指物料清单中第T期父项物料（投产时）对第T期子项物料的需求量。

（2）独立需求量，是指第T期某个子项物料自己单独的需求量，是构成父项之外的需求量，是指外界对企业产品、物料或服务的需求。

（3）总需求量，这里我们定义为某子项物料第T期所有父项需求量之和加上该物料第T期独立需求量。

（4）期初库存量，也称现有库存数，是指第T-1期期末库存数（上期期末库存数）或称第T期期初库存的实际数量（本期期初库存数）。

（5）预计到货量，是指在将来某个时间段某项目的入库量。它来源于正在执行中的采购订单、生产订单或退货入库数量。

（6）安全库存量。

（7）净需求量，是指第T期期初库存和预期订货量（到货量）之和无法满足第T期总需求量和安全库存两者的需要，为了满足后两者需要还缺少的数量；若能满足，则不缺少，净需求为零。

（8）计划投产量，也称计划发出订货量。是指为满足第T期净需求量，应该提前L期投产的数量。即第T-L期投产的数量。若没有净需求，则不需要投产。若废品率不为零，投产时还应考虑废品率，多投产一些；若投产数量必须为批量整数倍，在考虑废品率前提条件下，调整成批量的最小倍数。

（9）计划出产量，是指为了满足第T期净需求量要求第T期某种物料计划必须出产的数量。根据废品率，可计算合格率（1-废品率），合格率乘以第T期计划投产数量，就可计算出第T期计划出产数量。

（10）相关需求，是与独立需求相对的概念，是指与其他需求存在着依赖关系的需求。

（11）低层码（Low-Level Code，LLC）。物料的低层码是系统分配给物料清单上的每个物品一个0~N的数字码。在产品结构中，最上层的层级码为0，下一层的部件的层级码则为1，依此类推。一个物品只能有一个MRP低层码，当一个物品在多个产品中所处的产品结构层次不同，或即使处于同一产品结构中但处于不同产品结构层次时，则取处在最低层的层级码作为该物品的低层码，即取数字最小的层级码。

（12）能力需求计划（Capacity Requirement Planning，CRP），是对各生产阶段、各工作中心（工序）所需的各种资源进行精确计算，得出人力负荷、设备负荷等资源负荷情况，并做好生产能力与生产负荷的平衡工作，制订出能力需求计划。

（13）物料，泛指原材料、在制品、外购件以及产品。

（14）工艺顺序，是指将原材料制成各种毛坯，再将毛坯加工成各种零件，零件组装成部件，最后将零件和部件组装成产品。

（15）提前期（L），是指按交货时间提供产品各种物料投产或出产应提前的时间，通常由生产周期决定。

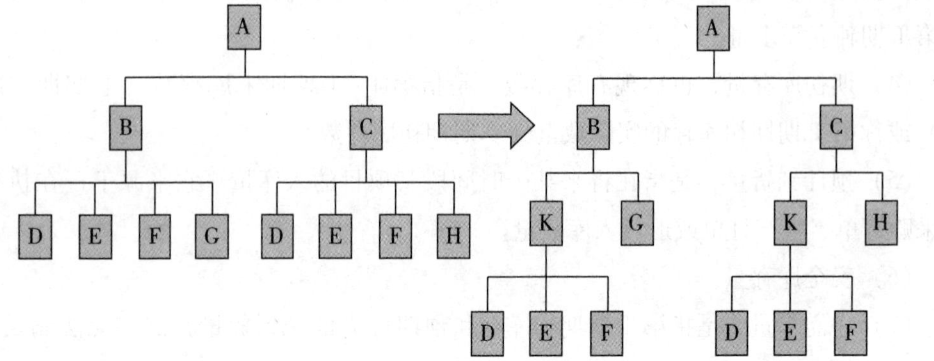

图 7－9　虚拟件示意

（16）虚拟件，是作为一般性业务管理使用的不存在、“虚构”的物品，如图 7－9 所示。其作用只是为了达到一定的管理目的，如组合采购、组合存储、组合发料，这样在处理业务时，计算机查询时只需要对虚拟件操作，就可以自动生成实际的业务单据。图 7－9 中的 K 为虚拟件。

补充阅读 1

家中请客

一天中午，丈夫给在家的妻子打电话：“亲爱的老婆，晚上我想带几个同事回家吃饭，可以吗?”（订货意向）

妻子：“当然可以，来几个人？几点来？想吃什么菜?”

丈夫：“6 个人，我们 19 点左右回来，准备些酒、烤鸭、番茄炒蛋、凉菜、蛋花汤，你看可以吗?”（商务沟通）

妻子：“没问题，我会准备好的。”（订单确认）

妻子记录下需要做的菜单（MPS 计划），具体要准备的菜：烤鸭、酒、番茄、鸡蛋和油（BOM 物料清单）；发现需要：1 只鸭、5 瓶酒、4 个番茄（BOM 展开）；炒蛋需要 6 个鸡蛋，蛋花汤需要 4 个鸡蛋（共用物料）。

打开冰箱一看（库房），只剩下 2 个鸡蛋（缺料）。

来到农贸市场，妻子问：“请问鸡蛋怎么卖?”（采购询价）

小贩答道：“1 个 1 元，半打 5 元，1 打 9.5 元。”

妻子说：“我只需要 8 个，但这次买 1 打。”（经济批量采购）

妻子又说：“这有一个坏的，换一个。”（验收、退料、换料）

回到家中，准备洗菜、切菜、炒菜……（工艺路线），厨房中有燃气灶、微波炉、电饭煲（工作中心）。妻子发现拔鸭毛最费时间（瓶颈工序、关键工艺路线），用微波炉自己做烤鸭可能来不及（产能不足），于是决定在楼下的餐厅里买现成的（产品委外）。

16：00，儿子来电："妈妈，晚上几个同学想来家里吃饭，你帮忙准备一下。"（紧急订单）

"好的，儿子，你们想吃什么，爸爸晚上也有客人，你愿意和他们一起吃吗？"

"菜你看着办吧，但一定要有番茄炒鸡蛋。我们不和大人一起吃，18：30左右回来。"（不能并单处理）

"好的，肯定让你们满意。"（订单确认）

鸡蛋又不够了，打电话叫小贩送来。（紧急采购）

18：30，一切准备就绪，可烤鸭还没送来，急忙打电话询问："我是李太太，怎么我订的烤鸭还没送来？"（采购委外单跟催）

"不好意思，送货的人已经走了，可能是堵车吧，马上就会到的。"

门铃响了。"李太太，这是您要的烤鸭。请在单上签字。"（验收、入库、转应付账款）

18：45，女儿的电话："妈妈，我想现在带几个朋友回家吃饭，可以吗？"（又是紧急订购意向，要求现货）

"不行呀，女儿，今天妈妈已经需要准备两桌饭了，时间实在是来不及，真的非常抱歉，下次早点说，一定给你们准备好。"（这就是ERP的使用局限，要有稳定的外部环境，要有一个起码的提前期）

送走了所有的客人，疲惫的妻子坐在沙发上对丈夫说："亲爱的，现在咱们家请客的频率非常高，应该要买些厨房用品了（设备采购），最好能再雇个厨师。"

丈夫："家里你做主，需要什么你就去办吧。"（通过审核）

妻子："还有，最近家里花销太大，用你的私房钱来补贴一下，好吗？"（最后就是应收货款的催要）

现在还有人不理解ERP吗？记住，每一个合格的家庭主妇都是生产厂长的有力竞争者！

资料来源：佚名：《每一个合格的家庭主妇都是生产厂长的有力竞争者》，http：//www.360doc.com/content/10/0522/14/1222453_28910093.shtml，2010年5月22日。

六、MRP 的运算过程

（一）输入原始数据

在使用现有 MRP 软件（或 Excel）时输入主生产计划、物料清单和库存状态文件原始数据。

（二）计算和编制计划

按照反工艺顺序，从上至下计算各级物料总需求、净需求、投产、出产和期末库存数量。子项物料计算程序如下：计算父项需求量、总需求量、净需求量、计划投产量、计划出产量和期末库存量等参数。

1. 父项需求量的计算

某个子项物料可能在一个产品中存在多个父项，一个企业可能同时生产多个产品，这些产品都由这个子项物料和其他子项物料的不同比例，即构成系数（K_{ij}）构成，因此，在计算父项总需求量时，应把所有父项都考虑进去，进行计算。

$$\text{第 } T \text{ 期总的父项需求} = \sum \text{第 } T \text{ 期父项计划投产量} \times \text{单位构成系数}（K_{ij}） \quad (7-1)$$

2. 总需求量的计算

$$\text{第 } T \text{ 期某子项物料总需求量} = \text{第 } T \text{ 期总的父项需求} + \text{第 } T \text{ 期该子项物料独立需求量} \quad (7-2)$$

3. 净需求量的计算

因为净需求量有两种情况，一是预计到货和期初库存这两项之和无法满足总需求与安全库存的需要，产生净需求；二是能满足，不缺，没有净需求，即净需求为零，因此，我们可用简洁数学表达式计算和表示净需求量，其计算公式为：

$$\text{净需求量} = \max（\text{总需求量} + \text{安全库存量} - \text{预计到货量} - \text{期初库存量}，0） \quad (7-3)$$

因为期初库存为第 $T-1$ 期期末库存，所以式（7-3）可描述为：

$$\text{第 } T \text{ 期净需求量} = \max（\text{第 } T \text{ 期总需求量} + \text{第 } T \text{ 期安全库存量} - \text{第 } T \text{ 期预计到货量} - \text{第 } T-1 \text{ 期期末库存量}，0） \quad (7-4)$$

4. 计划投产量的计算

这里我们只讨论投产产量需要为批量整数倍，出产数量没有这种要求。

$$\text{第 } T-L \text{ 期计划投产量} = [\text{第 } T \text{ 期净需求量}/(1-\text{废品率})/\text{批量}] \times \text{批量} \quad (7-5)$$

注：这里符号“［］”代表向上取整；计划投产为第 $T-L$ 期，净需求为第 T 期，

运用 Excel 软件 ceiling 函数公式计算，如“ = ceiling（净需求/（1 - 废品率），批量）”。

5. 计划出产量的计算

因为废品率为f，所以合格率为（$1-f$），因此有如下计算公式：

第 T 期计划出产量 = 第 $T-L$ 期计划投产量 ×（1 - 该零件废品率） （7 - 6）

6. 期末库存数量的计算

在 Excel 上可使用下列条件语句：

期末库存量 = if（预计到货量 + 期初库存量 - 总需求量） = 安全库量存，预计到货量 + 期初库存量 - 总需求量，计划出产量 + 预计到货量 + 期初库存量 - 总需求量 （7 - 7）

也可以用下式计算：

期末库存量 = 计划出产量 + 期初库存量 + 预计到货量 - 总需求量 （7 - 8）

因为期初库存为第 $T-1$ 期期末库存，所以式（7 - 8）可描述为：

第 T 期期末库存量 = 第 T 期计划出产量 + 第 $T-1$ 期期末库存量 + 第 T 期预计到货量 - 第 T 期总需求量 （7 - 9）

（三）计算实例

【例 7 - 1】 有关资料如表 7 - 1 和图 7 - 10 所示，求各零部件生产数量。

表 7 - 1 **零部件需求及库存情况** 单位：件

	A	B	C	D
计划期内需求 ND	5	7	3	12
期初库存 NK^{t-1}	1	5	3	4
期末库存 NK^{t}	2	7	6	5

解：从图 7 - 10 可以看出：B 部件只是 A 部件的直接子项（后代），且比例关系为 1 个 A 部件需要 2 个 B 部件（$K_{AB}=2$），表 7 - 1 中 B 部件的数据是独立需求，与 A 部件没有任何关系，是 B 部件的单独需求；C 部件有两个分支，一个是 B 部件的直接子项（后代），比例关系为 1 个 B 部件需要 2 个 C 部件（$K_{BC}=2$）；另一个是 A 部件的直接子项（后代），比例关系为 1 个 A 部件需要 4 个 C 部件（$K_{AC}=4$），表 7 - 1 中 C 部件的数据是独立需求，与其他零部件没有任何关系，是 C 部件的单独需求；D 部件与 C

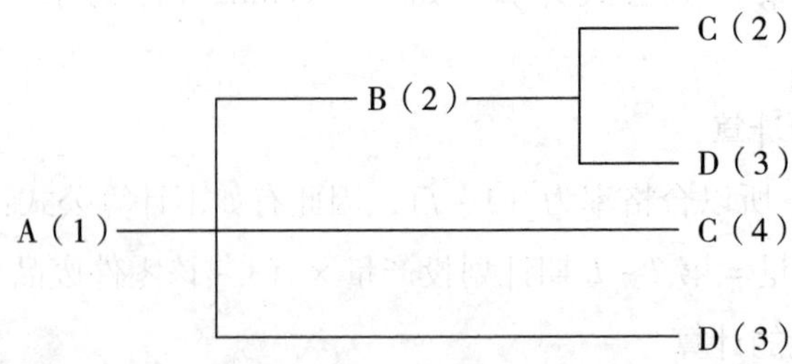

图 7－10　产品结构树

部件类似，这里不再赘述。下面就用分支法，每个分支都分别计算，然后汇总，再加上净的独立需求（考虑期初和期末库存后净的需求），即为该零部件在计划期内的总需求量。

$$N_A = NP_A = NQ_A + (NN_A - NB_A) = 5 + (2-1) = 6 \quad (7-10)$$

$$N_B = N_{AB} + NP_B = N_A \times K_{AB} + NQ_B + (NN_B - NB_B) = 6 \times 2 + 7 + (7-5) = 21 \quad (7-11)$$

$$N_C = N_{AC} + N_{BC} + NP_C = N_A \times K_{AC} + N_B \times K_{BC} + NQ_C + (NN_C - NB_C) = 6 \times 4 + 21 \times 2 + 3 + (6-3) = 72 \quad (7-12)$$

$$N_D = N_{AD} + N_{BD} + NP_D = N_A \times K_{AD} + N_B \times K_{BD} + NQ_D + (NN_D - NB_D) = 6 \times 3 + 21 \times 3 + 12 + (5-4) = 94 \quad (7-13)$$

【例 7－2】这里以浙江科技学院 MRP 课件为基础数据，讲解 MRP 运算过程及单独计算和联合计算是否相等的关系。某工厂批量生产家用电器，产品系列中有 A、B 两种产品，其结构如图 7－11 和图 7－12 所示。A 产品、B 产品及其子项需求和库存记录数据参见表 7－2 和表 7－3。要求：①只编制 A 产品及其子项物料的 MRP 计划；②只编制 B 产品及其子项物料的 MRP 计划；③编制 A 产品和 B 产品及其子项物料的 MRP 计划；④A 产品单独计算和 B 产品单独计算后两者结果相加是否等于 A 产品和 B 产品合在一起计算的结果？⑤用 Excel 计算需要哪些公式？

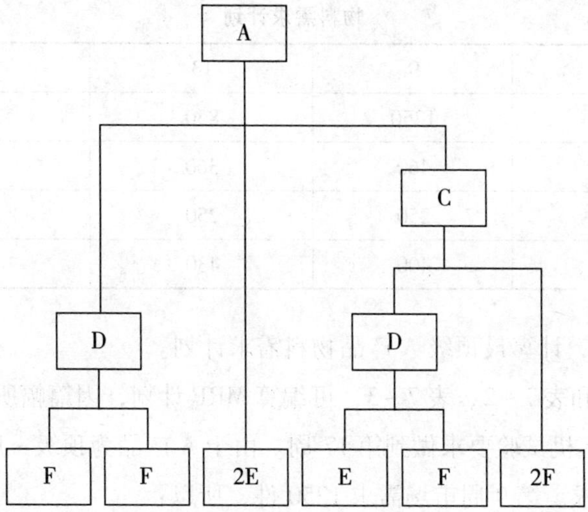

图 7－11 A 产品结构

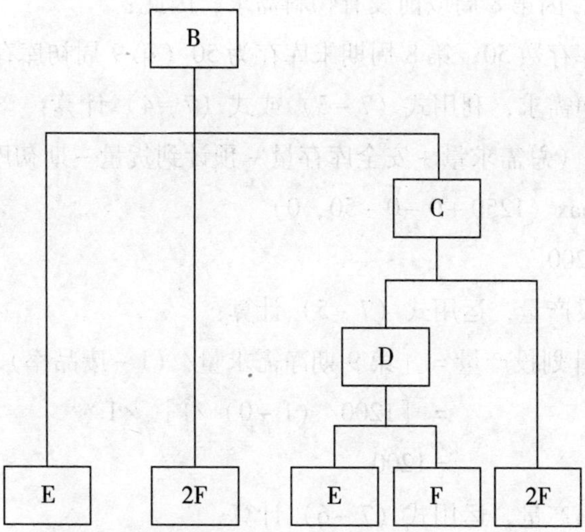

图 7－12 B 产品结构

表 7－2　　库存、批量及提前期资料

物料项目	批量	期初可用库存量	提前期
A	1	50	2
B	1	60	2
C	1	40	1
D	1	30	1
E	2000	330	1
F	2000	1000	1

表 7－3　　物料需求计划

周期	9	13	17
A 产品	1250	850	550
B 产品	460	360	560
D 部件	250	250	330
E 零件	400	430	380

解：（1）首先，计算最顶级 A 产品物料需求计划。

根据图 7－11 和表 7－2、表 7－3，可编算 MRP 计划，因篇幅所限，这里只计算前 9 周计划，实训或上机试验要求做到第 17 周。由于 A 产品为顶级，所以没有父项需求，总需求就是独立需求。第 9 周市场需求 1250 件，所以：

第一步，在总需求那行、第 9 周那列处导入（用 Excel 计算需导入或手工填写表 7－3 中数据 1250）1250；因第 8 周以前没有物料需求，因此：

第二步，输入库存数 50，第 8 周期末库存为 50（第 9 周初库存数）；

第三步，计算净需求，利用式（7－3）或式（7－4）计算：

净需求量 = max（总需求量 + 安全库存量 － 预计到货量 － 期初库存量，0）

= max（1250 + 0 － 0 － 50，0）

= 1200

第四步，计算投产量，运用式（7－5）计算：

第 7 期（周）计划投产量 = ［第 9 期净需求量/（1 － 废品率）/批量］ × 批量

= ［1200/（1 － 0）/1］ × 1

= 1200

第五步，计算出产量，运用式（7－6）计算：

第 9 期计划出产量 = 第 7 期计划投产量 ×（1 － 该零件废品率）

= 1200 ×（1 － 0）

= 1200

第六步，计算期末库存，运用式（7－8）计算：

期末库存量 = 计划出产量 + 期初库存量 + 预计到货量 － 总需求量

= 1200 + 50 + 0 － 1250

= 0

其次，编制 C 物料 MRP 计划。

第一步，计算父项需求，C 的父项只有 A，且系数为 1，所以 C 的父项需求等于 A 的投产数量。运用式（7－1）计算过程如下：

第 7 期总的父项需求 = $\sum$第 7 期父项计划投产量 × 单位构成系数（K_{AC}）

= 1200 × 1

= 1200

第二步，计算总需求，运用式（7－2）计算如下：

第 7 期 C 物料总需求量 = 第 7 期总的父项需求 + 第 7 期 C 物料独立需求量

= 1200 + 0

= 1200

第三步，计算第 7 周期初库存，因为第 7 周之前没有总需求，所以，期初库存为计划初期库存数 40。

第四步，净需求，运用式（7－3）或式（7－4）计算：

净需求量 = max（总需求量 + 安全库存量 － 预计到货量 － 期初库存量，0）

= max（1200 + 0 － 0 － 40，0）

= 1160

第五步，计算投产量，运用式（7－5）计算：

第 6 期计划投产量 = ［第 7 期净需求量/（1－废品率）/批量］×批量

= ［1160/（1－0）/1］×1

= 1160

第六步，计算出产量，运用式（7－6）计算：

第 6 期计划出产量 = 第 5 期计划投产量 ×（1－该零件废品率）

= 1160 ×（1－0）

= 1160

第七步，计算期末库存，运用式（7－8）计算：

期末库存量 = 计划出产量 + 期初库存量 + 预计到货量 － 总需求量

= 1160 + 40 + 0 － 1200

= 0

接下来编制 D、E、F 物料需求计划，计算过程参见表 7－6 至表 7－8。最终计算结果参见表 7－9。需要说明的是，E 和 F 物料，因批量为 2000，所以，计算出的投产数量必须向上取整且为 2000 的最小倍数。如净需求为 800，投产时园整成 2000；净需求为 2400，投产园整成 2400。

（2）编制 B 产品及其子项物料的 MRP 计划，编制过程从略，其最终结果参见表7－10。

（3）编制 A 产品和 B 产品及其子项物料的 MRP 计划，编制过程从略，其最终结果参见表 7－11。

（4）A 产品单独计算和 B 产品单独计算后两者结果相加是否等于 A 产品和 B 产品合在一起计算的结果？经比较表 7－9 加上表 7－10 和表 7－11，发现不相等。

（5）用 Excel 计算需要公式主要有：加、减、乘、除；条件语句、max 语句、半固定语句、向上取整语句等。

表 7－4 为 A 产品 MRP 计算表。表 7－5 为 C 部件 MRP 计算表。

表 7－4　　**A 产品 MRP 计算**

项目 \ 时间（周）	4	5	6	7	8	9	10
A 总需求						1250^{1}	
可用库存 50	50^{2}	50^{2}	50^{2}	50^{2}	50^{2}	0^{6}	
净需求						1200^{3}	
计划出产						1200^{5}	
计划投产				1200^{4}			

注：表中上角标为计算具体步骤。

表 7－5　　**C 部件 MRP 计算**

项目 \ 时间（周）	4	5	6	7	8	9	10
A 总需求						1250	
A 可用库存 50	50	50	50	50	50	0	
A 净需求						1200	
A 计划出产						1200	
A 计划投产				1200			
C 父项需求				↓ 1200^{1}			
C 独立需求							
C 总需求				1200^{2}			
C 可用库存 40	40^{3}	40^{3}	40^{3}	0^{7}			
C 净需求				1160^{4}			
C 计划出产				1160^{6}			
C 计划投产			1160^{5}				

表7-6　　D 部件 MRP 计算

项目＼时间（周）	4	5	6	7	8	9	10
A 总需求						1250	
A 可用库存 50	50	50	50	50	50	0	
A 净需求						1200	
A 计划出产						1200	
A 计划投产				1200			
C 父项需求				1200			
C 独立需求							
C 总需求				1200			
C 可用库存 40	40	40	40	0			
C 净需求				1160			
C 计划出产				1160			
C 计划投产			1160				
D 父项需求			1160[1]	1200[2]			
D 独立需求						250[3]	
D 总需求			1160[4]	1200[4]		250[4]	
D 可用库存 30	30[5]	30[5]	0[9]	0[13]	0[14]	0[18]	
D 净需求			1130[6]	1200[10]		250[15]	
D 计划出产			1130[8]	1200[12]		250[17]	
D 计划投产		1130[7]	1200[11]		250[16]		

表7-7　　E 部件 MRP 计算

项目＼时间（周）	4	5	6	7	8	9	10
A 计划投产				1200			
C 计划投产			1160				
D 计划投产		1130	1200		250		
E 父项需求		1130[1]	1200[1]	2400[1]	250[1]		
E 独立需求						400[2]	
E 总需求		1130[3]	1200[3]	2400[3]	250[3]	400[3]	
E 可用库存 330	330[4]	1200[8]	0[9]	1600[13]	1350[14]	950[15]	
E 净需求		800[5]		2400[10]			
E 计划出产		2000[7]		4000[12]			
E 计划投产	2000[6]		4000[11]				

表 7－8　　F 部件 MRP 计算

项目 \ 时间（周）	4	5	6	7	8	9	10
A 计划投产				1200			
C 计划投产			1160				
D 计划投产		1130	1200		250		
F 父项需求		1130[1]	1200＋1160×2＝3520[1]		250[1]		
F 独立需求							
F 总需求		1130[2]	3520[2]		250[2]		
F 可用库存 1000	1000[3]	1870[7]	350[11]	350[12]	100[13]		
F 净需求		130[4]	1650[8]				
F 计划出产		2000[6]	2000[10]				
F 计划投产	2000[5]	2000[9]					

表 7－9　　A 产品全部物料 MRP 计算

项目 \ 时间（周）	4	5	6	7	8	9	10
A 总需求						1250	
A 可用库存 50	50	50	50	50	50	0	
A 净需求						1200	
A 计划出产						1200	
A 计划投产				1200			
C 父项需求				1200			
C 独立需求							
C 总需求				1200			
C 可用库存 40	40	40	40	0			
C 净需求				1160			
C 计划出产				1160			
C 计划投产			1160				
D 父项需求			1160	1200			
D 独立需求						250	
D 总需求			1160	1200		250	
D 可用库存 30	30	30	0	0	0	0	

续 表

项目＼时间（周）	4	5	6	7	8	9	10
D 净需求			1130	1200		250	
D 计划出产			1130	1200		250	
D 计划投产		1130	1200		250		
E 父项需求		1130	1200	2400	250		
E 独立需求						400	
E 总需求		1130	1200	2400	250	400	
E 可用库存 330	330	1200	0	1600	1350	950	
E 净需求		800		2400			
E 计划出产		2000		4000			
E 计划投产	2000		4000				
F 父项需求		1130	1200 + 1160 × 2 = 3520		250		
F 独立需求							
F 总需求		1130	3520		250		
F 可用库存 1000	1000	1870	350	350	100		
F 净需求		130	1650				
F 计划出产		2000	2000				
F 计划投产	2000	2000					

表 7-10　　B 产品全部物料 MRP 计算

项目＼时间（周）	4	5	6	7	8	9	10
B 总需求						460	
B 可用库存 60	60	60	60	60	60	0	
B 净需求						400	
B 计划出产						400	
B 计划投产				400			
C 父项需求				400			
C 独立需求							
C 总需求				400			
C 可用库存 40	40	40	40	0			

续　表

项目＼时间（周）	4	5	6	7	8	9	10
C 净需求				360			
C 计划出产				360			
C 计划投产			360				
D 父项需求			360				
D 独立需求						250	
D 总需求			360			250	
D 可用库存 30	30	30	0	0	0	0	
D 净需求			330			250	
D 计划出产			330			250	
D 计划投产		330			250		
E 父项需求		330		400	250		
E 独立需求						400	
E 总需求		330		400	250	400	
E 可用库存 330	330	0	0	1600	1350	950	
E 净需求				400			
E 计划出产				2000			
E 计划投产			2000				
F 父项需求		330	360 × 2 = 720	400 × 2 = 800	250		
F 独立需求							
F 总需求		330	720	800	250		
F 可用库存 1000	1000	670	1950	1150	900		
F 净需求			50				
F 计划出产			2000				
F 计划投产		2000					

表 7－11　A 和 B 产品全部物料 MRP 计算

项目＼时间（周）	4	5	6	7	8	9	10
A 总需求						1250	
A 可用库存 50	50	50	50	50	50	0	

续 表

时间（周） 项目	4	5	6	7	8	9	10
A 净需求						1200	
A 计划出产						1200	
A 计划投产				1200			
B 总需求						460	
B 可用库存 50	60	60	60	60	60	0	60
B 净需求						400	
B 计划出产						400	
B 计划投产				400			
C 父项需求				1200 + 400 = 1600			
C 独立需求							
C 总需求				1600			
C 可用库存 40	40	40	40	0			
C 净需求				1560			
C 计划出产				1560			
C 计划投产			1560				
D 父项需求			1560	1200			
D 独立需求						250	
D 总需求			1560	1200		250	
D 可用库存 30	30	30	0	0	0	0	
D 净需求			1530	1200		250	
D 计划出产			1530	1200		250	
D 计划投产		1530	1200		250		
E 父项需求		1530	1200	1200 × 2 + 400 = 2800	250		
E 独立需求						400	
E 总需求		1530	1200	2800	250	400	
E 可用库存 330	330	800	1600	800	550	150	
E 净需求		1200	400	1200			
E 计划出产		2000	2000	2000			

续 表

时间（周） 项目	4	5	6	7	8	9	10
E 计划投产	2000	2000	2000				
F 父项需求		1530	1200 + 1560 × 2 = 4320	400 × 2 = 800	250		
F 独立需求							
F 总需求		1530	4320	800	250		
F 可用库存 1000	1000	1470	1150	350	100		
F 净需求		530	2850				
F 计划出产		2000	4000				
F 计划投产	2000	4000					

【**例 7 – 3**】根据表 7 – 12 资料，完成：①计算#单元格内数值；②写出一组 Excel 计算公式。

表 7 – 12　　用 Excel 计算 MRP

行 列	B	C	D	E	F	G	H	I
2			D 物料					
3			时间	1	2	3	4	5
4			父辈需求			235	567	
5			独立需求			39	56	
6	批量	60	总需求			274	#	
7			内外总需求			#324		
8	提前期	1	预计到货			23		
9	期初库存	80	库存	75	75	#352	#	#
10	已分配库存	5	净需求			#226	#	#
11	安全库存	50	计划出产			#228	#	#
12	废品率	5%	计划投产		#240	#	#	

解：(1) 计算 F 和 G 列#单元格内数值，如表 7 – 12 所示。

(2) H6 = H4 + H5；H7 = H6 + ＄C11；H9 = H8 + G9 + H11 – H6

H10 = max（H6 + ＄C11 – H8 – G9，0）；H11 = G12 ∗（1 – ＄C12）；

G12 = CEILING（H10/（1 – ＄C12），＄C6）。

实训资料3

用 Excel 编制 MRP 计划

【例 7－4】 某企业生产 A 和 B 两种产品，有关资料如表 7－13、图 7－13 和图 7－14 所示，E 和 F 物料计算结果见表 7－14。试用 Excel 编制该企业的 MRP 计划。

表 7－13　　零部件相关信息

项目	批量	提前期	期初库存	安全库存	第 8 周 独立需求	第 11 周 独立需求
A	1	2	50	30	100	120
B	1	2	80	40	300	200
C	1	1	100	60	200	230
D	1	1	200	60	400	500
E	200	1	300	120	200	0
F	200	1	500	120	0	100

表 7－14　　E 和 F 物料计算结果

		周	2	3	4	5	6	7	8	9	10	11
		E 父辈需求	0	0	4360	1520	1040	4960	1520	1280	1000	0
		E 独立需求							200			0
		E 总需求	0	0	4360	1520	1040	4960	1720	1280	1000	0
提前期	1	库存	300	300	140	220	180	220	300	220	220	220
批量	200	净需求			4180	1500	940	4900	1620	1100	900	0
安全库存	120	计划出产			4200	1600	1000	5000	1800	1200	1000	0
废品率	0	计划投产	0	4200	1600	1000	5000	1800	1200	1000	0	0
		F 父辈需求	0	0	6540	4600	2240	7840	4360	2180	1960	0
		F 独立需求							0			100
		F 总需求	0	0	6540	4600	2240	7840	4360	2180	1960	100
提前期	1	库存	500	500	160	160	120	280	120	140	180	280
批量	200	净需求			6160	4560	2200	7840	4200	2180	1940	40
安全库存	120	计划出产			6200	4600	2200	8000	4200	2200	2000	200
废品率	0	计划投产	0	6200	4600	2200	8000	4200	2200	2000	200	0

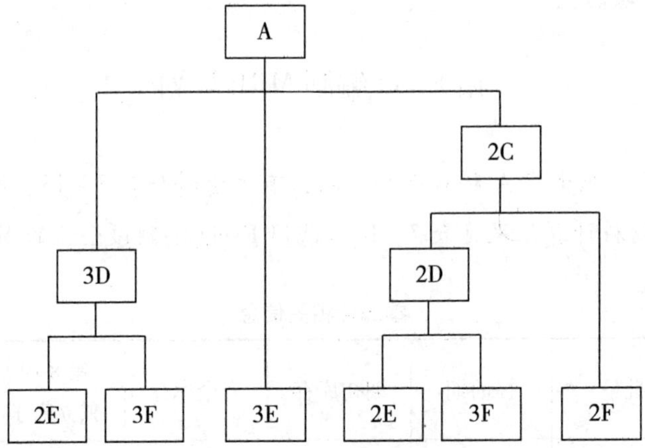

图 7-13　A 产品结构树

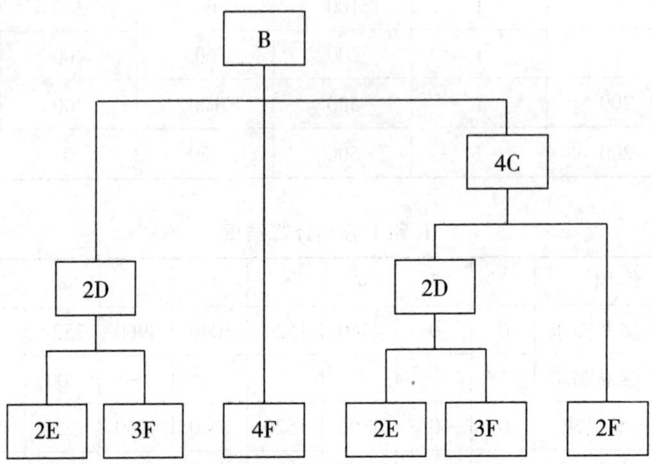

图 7-14　B 产品结构树

补充阅读 2

制造资源计划与企业资源计划的特点与区别

1. MRPⅡ管理模式的特点

(1) 计划的一贯性与可行性。MRPⅡ是一种计划主导型的管理模式。计划层次从宏观到微观，从战略到战术，由粗到细逐层细化，但始终保持与企业经营战略目标一致。每层计划下达前都必须反复进行需求与供给或负荷与能力的平衡，使下达的计划是可执行的。

(2) 管理系统性。MRPⅡ是一项系统工程，它把企业所有与生产经营活动直接相关的部门的工作联成一个整体，每个部门的工作都是整个系统的有机组成部分。

(3) 数据的共享性。MRPⅡ是一种管理信息系统，企业各部门都依据同一数据库提供的信息，按照规范化的处理程序进行管理和决策；数据信息是共享的。手工管理中的信息不通、情况不明、盲目决策、相互矛盾的现象得到改善。

(4) 动态的应变性。MRPⅡ是一种闭环系统，它要求不断跟踪、控制和反映瞬息万变的实际情况，使管理人员可随时根据企业内外环境条件的变化，提高应变能力，迅速做出响应，满足市场不断变化的需求，并保证生产计划正常运行。

(5) 模拟预见性。MRPⅡ是经营生产管理规律的反映，按照规律建立的信息逻辑很容易实现模拟功能。它可以解决"如果……将会怎样"的问题，可以预见比较长远的时期内可能发生的问题，以便事先采取措施消除隐患，而不是等问题已经发生再花几倍的精力去处理。

(6) 物流和资金流的统一。MRPⅡ包括了产品成本和财务会计的功能，可以由生产活动直接生成财务数据，把实物形态的物料流动直接转换为价值形态的资金流动，保证生产和财务数据的一致性。财会人员及时得到资金信息用来控制成本；通过资金流动状况反映物流和生产经营情况，随时分析企业的经济效益；参与决策、指导和控制生产经营活动。

2. 企业资源规划的特点

20 世纪 90 年代初，美国著名的咨询公司加特纳提出了企业资源规划（ERP）的概念，并很快得到业内人士的认同。ERP 是一个高度集成化的系统，从物资供应、生产加工、销售这一"供需链"出发，全面优化企业资源，对供需链上的所有环节实施有效的管理，如订单、采购、库存、生产计划、质量控制、成本核算、财务、销售、服务和决策等。近年来，ERP 迅速发展，功能不断扩展，已远远超出制造业的应用范围，成为一种适应性强、具有广泛应用意义的企业信息系统。ERP 在管理范围上已从企业内部走向企业外部，如点对点业务（BTOB）、电子商务（E－commerce）、电子数据交换（EDI）和虚拟企业等。此外，ERP 为企业提供了灵活的运作方式，具有多地点、多语种、多币制的特点。ERP 在管理技术上通过对供需链上资金流和信息流的管理，动态地对企业进行控制，实现企业经营目标。目前，在全球处于领先地位的 ERP 供应商，如美国的 Oracle 公司、PeopleSoft 公司、SAP 公司等产品已实现从供需链管理向价值链控制的转换，从而形成了一个以生产制造计划为中心的全面的企业级信息系统。

企业资源计划可以从管理思想、软件产品、管理系统三个层次上对其进行理解。

(1) 管理思想是一整套企业管理系统体系标准，其实质是在 MPRⅡ基础上发展而成的面向供应链的管理思想。

（2）软件产品综合应用了客户机/服务器体系、关系数据库结构、面向对象技术、图形用户界面、第四代语言（4GL）、网络通信等信息产业成果，以 ERP 管理思想为灵魂。

（3）管理系统是集企业管理理念、业务流程、基础数据、人力和物力、计算机硬件和软件于一体的企业资源管理系统。

企业资源计划是在 MRPⅡ基础上发展起来的，克服了 MRPⅡ在企业管理方面的一些局限性。为进一步说明 ERP 的概念、功能及所具有的特点，我们可将其与 MRPⅡ做一个比较。

ERP 系统具有如下结构：

①支持企业整体发展战略的战略经营系统；

②实现全球化销售的营销与市场销售集成系统；

③完善企业成本管理机制而建立的全面成本管理系统；

④应用新的技术开发和工程设计管理模式的集成系统；

⑤建立敏捷生产支持系统；

⑥有利于实施精益生产的支持系统。

3. 制造资源计划与企业资源计划的区别

（1）在资源管理范围方面的区别。MRPⅡ主要侧重对企业内部人、财、物等资源的管理，ERP 系统提出了供应链的概念，即把客户需求和企业内部的制造活动以及供应商的制造资源整合在一起，并对供应链上的所有环节进行有效管理，这些环节包括订单、采购、库存、计划、生产制造、质量控制、运输、分销、服务与维护、财务管理、人事管理、实验室管理、项目管理、配方管理等。

（2）在生产方式管理方面的区别。MRPⅡ系统把企业归类为几种典型的生产方式来进行管理，如重复制造、批量生产、按订单生产、按订单装配、按库存生产等，针对每一种类型都有一套管理标准。目前多品种、小批量生产以及看板生产成为企业主要采用的生产方式，而 ERP 则能很好地支持和管理这种混合型制造环境，满足了企业多元化的经营需求。

（3）在管理功能方面的区别。ERP 除了 MRPⅡ系统的制造、分销、财务管理等功能外，还增加了支持整个供应链上物料流通体系中供、产、需各个环节之间的运输管理和仓库管理；支持多工作流（业务处理流程）的管理。

（4）在事务处理控制方面的区别。MRPⅡ是通过计划的及时滚动来控制整个生产过程，它的实时性较差，一般只能实现事中控制。而 ERP 系统支持在线分析处理（Online analytical processing，OLAP）、售后服务及质量反馈，强调企业的事前控制能力。它可以将设计、制造、销售、运输等通过集成来并行地进行各种相关的作业，为企业提供了对质量、适应变化、客户满意、效绩等关键问题的实时分析能力。

(5) 在跨国（跨地区）经营事务处理方面的区别。ERP系统运用完善的组织架构，可以支持跨国经营的多国家地区、多工厂、多语种、多币制应用需求，满足了企业内部之间、企业与外部的业务单元之间越来越多的协调关系。

(6) 在计算机信息处理技术方面的区别。网络技术的发展使得ERP系统能够实现对整个供应链信息进行集成管理。ERP系统采用分布式处理技术，支持互联网/内联网/外联网、电子商务、电子数据交换，并且支持不同平台上的互操作。

本章小结

第一节介绍了ERP发展历程的时段式MRP、闭环MRP、MRPⅡ和ERP四个阶段。

第二节首先论述了MRP的核心思想；MRP是按时间段来确定各种相关需求的物料（即零部件与原材料）的需求数量和需求时间，从而解决了企业产、供、销部门的物料信息的集成管理。然后论述了3个输入文件，即主生产计划、物料主文件与物料清单和库存记录文件；3类主要输出文件，即一是产品和各零部件投产和出产计划。二是各种原材料需求计划，具体哪周哪种原材料需要多少。三是库存文件。根据各个时期期初库存数量、预计到货数量、计划出产数量和各时期各种物料总需求、安全库存等信息，就可确定各期各种物料期末库存数量。其次论述了MRP系统的运行步骤、MRP的基本概念和MRP的运算过程。最后介绍了制造资源计划与企业资源计划的特点与区别。

【基础练习】

一、判断题

1. 子项的父项需求是按父项总需求直接计算得出的。（　　）

2. 净需求与期初库存和安全库存无关。（　　）

3. 期末库存与总需求、期初库存、预计到货和本期出产有关。（　　）

4. 某种物料投产数量与出产数量和该物料的废品率有关。（　　）

5. 某种物料投产与该种出产相差该物料一个生产提前期。（　　）

二、思考题

1. MRP的运算程序是什么？具体零部件计算顺序是什么？

2. MRP的输入内容包括什么？

3. 净需求计算公式有几个？分别是什么？

4. 计划出产量与计划投产量有何关系？

5. 期末库存 Excel 计算公式是什么？

6. 何谓 BOM？

7. 向上取整成为批量最小倍数时 Excel 用什么函数？

8. 父项与子项用何种编号方法便于识别子项与父项？

三、计算题

1. 根据表 7－15 和图 7－15 所提供的资料计算各零部件的数量。

表 7－15　　原始资料

零部件	A	B	C	D	E
计划期需求	10	30	20	60	80

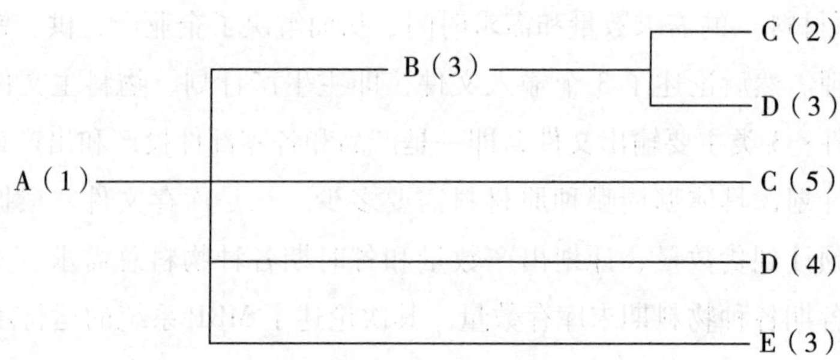

图 7－15　产品结构树

2. 根据表 7－16 所提供的资料计算 A、B、C、D 和 E 应生产的数量。产品结构与上题一致。

表 7－16　　原始资料

零部件	A	B	C	D	E
计划期需求	1000	30	80	60	100
废品率（%）	5	2	3	4	7

3. 根据表 7－17 列出带#号单元格计算公式，产品批量为 300 件，提前期为 1 周，废品率为 0，安全库存为 100 件，期初库存为 200 件。其他资料见表 7－17。根据 Excel 表 5 数据计算：①把带#地方填上数据；②写出废品率不为 0 时的净需求、投产、出产和期末库存 Excel 计算公式。

表 7－17　　　　原始资料

	A	B	C	D	E	F
1			E 部件			
2			时间（周）	1	2	3
3			父辈需求		2500	80
4			独立需求		200	0
5	批量	300	总需求		2700	80
6	提前期	1	预计到货		0	0
7	期初库存	200	库存	200	#	#
8	已分配库存	0	净需求		#	#
9	安全库存	100	计划出产		#	#
10	废品率	0%	计划投产	#	#	

4. 某工厂生产 A 产品，产品结构和有关资料如图 7－16 和表 7－18 所示。试用 Excel 编制 MRP 计划。

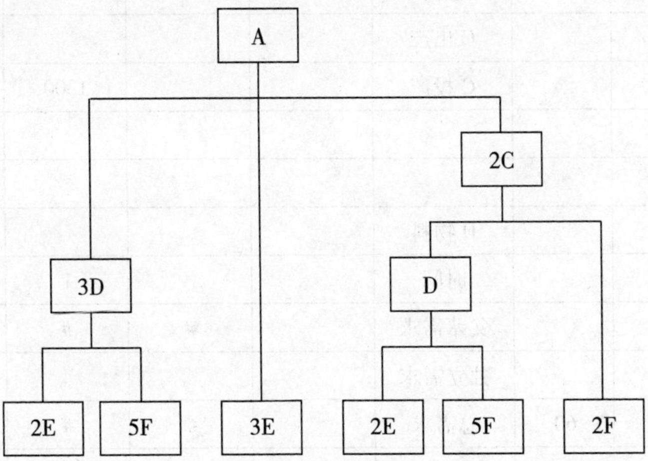

图 7－16　A 产品结构

表 7－18　　　　原始数据

项目	批量	提前期	期初库存	第 8 周独立需求	第 11 周独立需求
A	1	2	50	200	120
C	1	1	60	200	230
D	1	1	80	400	500
E	200	1	300	200	0
F	200	1	500	0	100

5. 根据表 7－19 中的数据和关系，用 Excel 编制 MRP 计划，把带#单元格数字填上，要求用 Excel 公式自动计算。

表 7－19　　MRP 相关数据

	B	C	D	E	F	G	H	I
3			时间			1	2	3
4			A 产品					
5			A 总需求					360
6	Kad＝3		A 出产					384
7	Kae＝2		A 投产				400	
8			B 产品					
9	Kbd＝2		B 总需求					520
10	Kbe＝1		B 出产					528
11			B 投产				550	
12			C 物料					
13	Kcd＝5		C 总需求				1280	
14	Kce＝4		C 出产				1248	
15			C 投产			1300		1850
16								
17								
18			D 物料					
19			时间			1	2	3
20			父辈需求		#	#	#	#
21			独立需求					467
22	批量	60	总需求		#	#	#	#
23	提前期	1	预计到货				200	
24	期初库存	800	库存		700	#	#	#
25	已分配库存	100	净需求			#	#	#
26	安全库存	80	出产			#	#	#
27	废品率	2%	投产		#	#	#	

第八章　作业计划与控制

学习目标

知识目标

1. 熟悉排序问题的分类与表示方法；
2. 熟悉三种移动方式及适用条件；
3. 熟悉常见三种类型排序的理论与方法。

技术目标

1. 会用四参数表示排序类型；
2. 会正确选用三种移动方式并计算其对应的生产周期；
3. 会用常用的排序理论、方法和原则进行作业排序。

职业能力目标

1. 培养作业排序优化理念；
2. 掌握作业排序常用的理论与方法，解决企业作业排序问题。

物流聚焦

棘手的排队问题

位于格林威治镇的大联盟超市通过市场调查了解，顾客可以忍受的最长队伍为7人；超过这个限度，顾客会因厌烦而离去。因此，大联盟超市使用计算机系统对收银员进行科学调度，努力使等待结账的队伍不超过3人。为了应付高峰时期的客流量，大联盟超市和其他超市一样，采用雇用兼职员工的办法。大联盟超市雇用了很多家庭主妇和学生，这些临时工每天在超市里工作4个小时。

大联盟超市的有关负责人说："我们的目标是使顾客在5~7分钟内结账完毕，这是我们认为顾客可以接受的等待时间。"顾客在等待的时候会感到烦躁，而这时如果能够提供一些消遣，则会减少顾客的烦躁程度。在酒店和办公楼的电梯门上镶上镜子，可以使人们在等电梯时不至于太烦躁。

有时只需告诉人们还需要等多久，就会使他们心情好起来。缓解排队问题还有许多其他方法。纽约和新泽西州港口管理局曾指出，用交通指示灯将车辆分成 14 辆一组，可使车辆通过荷兰隧道的效率最高。哥伦比亚大学商学院的作业研究教授彼得·科尔萨认为，应该更多地使用差异定价来转移需求。例如，一些铁路线非高峰期的票价比较低，餐厅向早于正常时间用餐的顾客提供折扣等。

资料来源：*Kleinfield*，*N. R.* “*Conquering Those Killer Queues*”，*New York Times*，*September*25. 略有改编。

第一节 作业计划概述

一、作业计划与排序

制造业和服务业普遍存在排序问题。在制造业中，当综合计划和主生产计划编制完后，将生产计划分解到车间，生产车间还要将车间生产计划落实到班组和每个工作地。班组和工作地（工序）是制造业的基本组织细胞，他们作业计划方法的优劣、生产效率的高低直接影响企业经济效益和竞争力。

（一）作业排序

作业排序（sequencing）是指确定工件（或称零件）在机器（工作地）上的加工顺序。这里的“机器”是一个广义机器，代表“服务者”，凡是能提供服务的都可以称之为机器，如制造业工厂里各工序的设备、工作平台；修理厂里的维修工人；医院里给病人看病的医生；港口中的码头、装卸吊车；物流中心仓库的收货口和出货口等。每种机器设备可以是一台，也可以是相同多台，通常用 M_i 表示，M 代表机器设备，i 代表第 i 道工序，i 取值范围在 $1 \sim m$。“工件”代表被服务的对象，可以是一个工件、多个相同或不同工件，也可以是需要维修的车辆、船舶，等待卸货的货船，等待装箱的物料等。通常用 J_j 表示，J 代表工件，j 代表第几个工件，j 取值范围在 $1 \sim n$。这里是按数学矩阵习惯“行”用 i 表示，“列”用 j 表示，先行后列。例如，本书用 p_{ij} 代表第 j 个工件在第 i 台机器上的加工时间。

（二）作业计划

作业计划（scheduling）与作业排序（sequencing）有所不同。排序顾名思义，只是确定工件在机器上的加工顺序，而作业计划就要详细得多，不仅包括确定工件的加工顺序，还要明确在哪台机器设备上加工这些工件，每个工件的开始和完成时间，每台机器开始工作时间、等待时间和最后完成全部工作时间。

二、排序问题的分类与表示方法

（一）排序问题的分类

排序依据不同标准有不同的分类方法，这里只介绍常见的分类方法，参见图 8－1。

（二）排序问题的表示方法

表示不同类型的排序方法较多，但有些比较复杂、难以掌握。这里只介绍相对简单的四参数表示法：$n/m/A/B$。

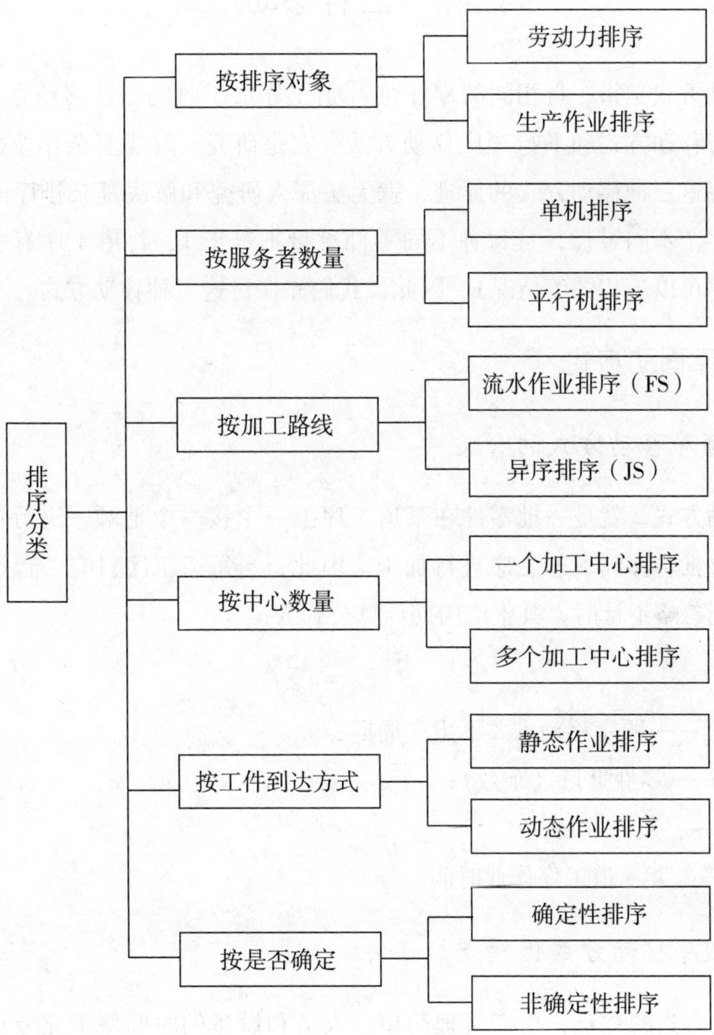

图 8－1 排序分类

其中，n 为工件种数（有多少个不同工件需要被加工）；m 为工序数（工件需要经过几道工序完成加工）；A 为车间类型或称机器类型，即流水作业（工件加工顺序都相同）还是异序作业（工件加工顺序有所不同）；B 为优化目标（所有工件完成时间最短或成本最低的目标）。

例如，$5/3/F/C_{max}$代表 5 个不同工件，需要经过三道工序（3 个机器）加工，流水作业（加工顺序都相同），优化目标为使最长的完工时间最短，即优化目标为 $\min C_{max}$，C_{max}代表工件完工时间最长的时间（有时也用 F_{max}表示）。$C_{max}=\max(C_j)$，C_j代表第 j 个工件完工时间。C_{max}有时也被称为（翻译成）时间表长。

第二节　三种移动方式

三种移动方式是指一批相同的零件在 m 道工序加工时的三种移动方式，即顺序移动方式、平行移动方式和平行顺序移动方式。它是研究、解决复杂作业排序的基础与前提，不掌握这三种移动方式的原理，就无法深入研究和解决复杂排序问题（复杂排序问题是指多个不同零件，且每种不同零件批量不等于 1，每道工序有相同设备若干台，加工顺序可以不相同等情况）。因此，我们先探讨这三种移动方式。

一、顺序移动方式

（一）顺序移动方式的含义

顺序移动方式，就是一批零件在某道工序上一个接一个地顺序进行加工，某道工序加工完后整批转移到下道工序进行加工。因此，当每道工序只有一台设备且工序之间的运输时间忽略不计时，其生产周期计算公式为：

$$T_{顺}=n\sum_{i=1}^{m}t_i \qquad (8-1)$$

式中：$T_{顺}$——顺序移动方式下生产周期；

n——零件批量（个数）；

m——工序数目；

t_i——第 i 道工序作业时间。

（二）顺序移动方式优缺点

顺序移动方式的优点：生产管理简单，人员和设备的时间便于充分利用，运输效率高。

顺序移动方式的缺点：生产周期最长，在制品多，占用资金多，占用场地面积大。

（三）顺序移动方式的适用条件

顺序移动方式的适用条件是时间要求不急、零件单件加工时间较短、重量较轻、体积较小和零件原材料成本不高等情况。

实训资料1

如何计算其生产周期

若每道工序的设备数量不是一台，如第 i 道工序有 K_i 台相同设备时，顺序移动方式式（8－1）如何描述？

（四）顺序移动方式运用实例

【例 8－1】 一批相同的 5 个零件需经过 4 道工序，各道工序单件加工时间（分钟）分别为：$t_1=22$，$t_2=18$，$t_3=25$，$t_4=20$。每道工序只有一台设备，试求：①顺序移动方式生产周期；②画出零件顺序移动方式示意图。

解：(1) 运用式（8－1），生产周期计算如下：

$$T_{顺}=n\sum_{i=1}^{m}t_i$$
$$=5\ (22+18+25+20)$$
$$=425\text{（分钟）}$$

(2) 顺序移动方式各工序之间实际移动方式如图 8－2 所示。

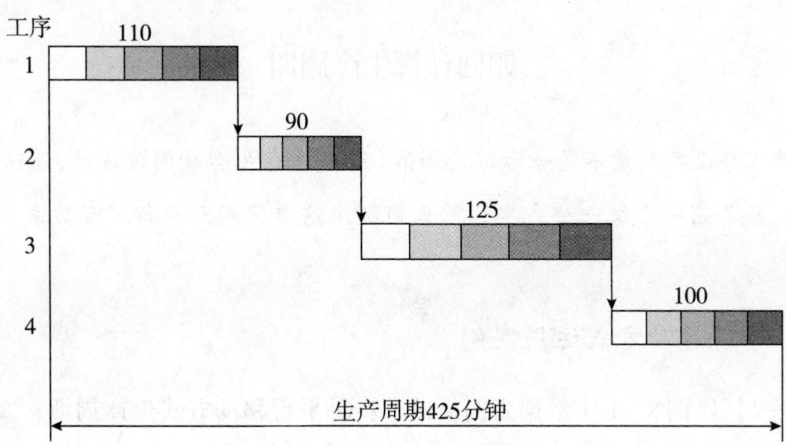

图 8－2　顺序移动方式

二、平行移动方式

（一）平行移动方式的含义

平行移动方式与顺序移动方式不同，为了缩短生产周期采取平行作业方式，即一批零件中的每一个零件在上道工序加工完毕之后，立即转移到下道工序继续加工的移动方式。这样各工序之间就出现同时加工的情况，形成平行作业情况，即平行移动方式。当每道工序只有一台设备且运输时间忽略不计时其生产周期计算公式为：

$$T_{平} = \sum_{i=1}^{m} t_i + (n-1)\ t_{max} \qquad (8-2)$$

式中：t_{max}——各工序中单件作业时间最长的加工时间。

（二）平行移动方式优缺点

平行移动方式的优点：生产周期最短，在制品最少，占用资金最少，占用场地面积最小。

平行移动方式的缺点：人员和设备的时间不便于充分利用，有时运输效率不高，需一件一件往下道工序运送，计划和管理相对复杂。

（三）平行移动方式的适用条件

平行移动方式的适用条件正好与顺序移动方式相反，适用于时间要求急、零件单件加工时间较长、重量较重、体积较大和零件原材料成本高等情况。

实训资料 2

如何计算生产周期

当每道工序设备数量不是一台时，如第 i 道工序有 K_i 台相同设备时，平行移动方式式（8－2）能否用一个统一公式描述？如何解决这类问题？平行移动方式在排序中有何用？

（四）平行移动方式运用实例

【例 8－2】 以例 8－1 中数据为例，试求：①平行移动方式生产周期；②画出零件平行移动方式示意图。

解：(1) 运用式 (8－2)，生产周期计算如下：

$$
\begin{aligned}
T_{平} &= \sum_{i=1}^{m} t_i + (n-1)\ t_{max} \\
&= (22+18+25+20) + (5-1) \times 25 \\
&= 85+100 \\
&= 185\text{（分钟）}
\end{aligned}
$$

(2) 平行移动方式各工序之间实际移动方式如图 8－3 所示。

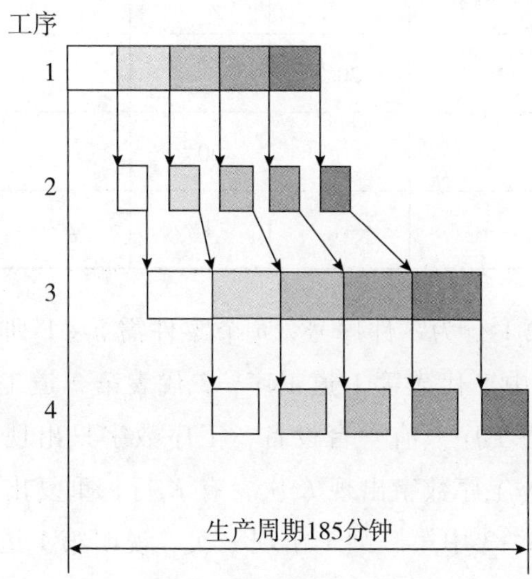

图 8－3 平行移动方式

补充阅读 1

当每道工序有多台设备时的平行移动方式问题

解决这种问题的关键是如何处理多台设备，实际上也是平行机问题。解决的办法是借助表上作业法，一个零件占一列，行是按加工顺序排列，工序是几就写几。若某道工序有 k 台相同设备，那就需要占 k 行。如下例中，第 2 道工序有 4 台设备，那就占 4 行，这 4 行第 1 列数字都是 2。这样问题就容易解决了。

【例 8－3】 7 个相同的零件均需经过 3 道工序，每道工序的加工时间分别为 $t_1=2$，$t_2=20$，$t_3=4$，每道工序设备的数量分别为 1、4 和 1。其生产周期的计算结果如表 8－1 所示。

表 8－1 生产周期计算 单位：小时

零件 工序	1	2	3	4	5	6	7
1	3_3	3_6	3_9	3_{12}	3_{15}	3_{18}	3_{21}
2	20^{23}				20_{43}		
2		20^{26}				20_{46}	
2			20^{29}				20_{49}
2				20^{32}			
3	4^{27}	4_{31}	4_{35}	4_{39}	4^{47}	4_{31}	4_{55}

第一步，列表。第 1 行为零件序号，n 个零件需 $n+1$ 列；第 1 列为工序，共需 $\sum k_i+1$ 行。第一列中 1 代表第 1 道工序，2 代表第 2 道工序，3 代表第 3 道工序，依此类推。若某道工序只有一台设备，工序数字只出现一次，只有一行。若某道工序有 K_i台设备，工序数字出现 K_i次，有 K_i行，重复出现的次数与该工序设备数量相同。如例表 8－3 中第一列 1 出现一次，说明第 1 道工序设备数量只有 1 个；2 出现 4 次，说明第 2 道工序有相同 4 台设备；3 出现一次，说明第 3 道工序只有 1 台设备。

第二步，填上（安排）作业时间。

第三步，计算。表中 T_y和 T^y中的 T 代表单件作业时间，y 代表完成时间，上脚标代表由上面即列确定时间，下脚标代表由前面即行确定时间。节点完成时间是上面和前面都完成的时间再加上本节点作业时间，即上面和前面都完成的时间或者说两者最大者加上本节点作业时间。例如，表中数据矩阵中的第 3 行第 6 列单元格为 20_{43}，$43=\max(23,15)+20$。下脚标 43 代表该节点开始时间由前面节点完成时间决定。表中箭头代表关键线路走向。在例 8－3 中，生产周期为 55 小时。

三、平行顺序移动方式

（一）平行顺序移动方式的含义

平行顺序移动方式是前两种移动方式的结合，兼顾顺序和平行移动方式优点，在保证一批零件在某道工序上连续一个接一个顺序地进行加工的前提下，又有各工序同时平行加工。即某种零件一旦在某道工序上开始加工，就不发生中断，直到加工完毕，且使生产周期尽可能短的移动方式。为了保证满足这些条件，做计划时应遵循以下两条规则：一是当上道工序比下道工序慢时，上道工序最后 1 个零件加工完时，下道工序最后 1 个零件开始加工，从后往前依次推算，下道工序倒数第 2 个零件、倒数第 3 个零件一直到第一个零件的开始时间。二是当上道工序比下道工序快时，上道工序第一个零件加工完时，下道工序第一个零件马上开始加工，从前往后依次推算，上道工序第二个零件加工完时，下道工序第 2 个零件马上开始加工，依此类推，直到全部安排完为止。

（二）平行顺序移动方式优缺点

平行顺序移动方式的优点：工人和设备时间便于充分利用，且生产周期较短，在某种情况下可达到最短。

平行顺序移动方式的缺点：生产周期通常不是最短，计划编制相对较难。

平行顺序移动方式下生产周期的计算公式如下：

$$T_{平顺}=n\sum_{i=1}^{m}t_i-(n-1)\sum_{j=1}^{m-1}\min(t_j,\ t_{j+1}) \quad (8-3)$$

或：

$$T_{平顺}=n\sum t_i-(n-1)\sum t_{邻小} \quad (8-4)$$

（三）平行顺序移动方式的适用条件

平行顺序移动方式的适用条件是零部件单件加工时间、重量、体积和成本等介于前两者之间，时间要求不太紧急情况。

（四）平行顺序移动方式运用实例

【例 8－4】 以例 8－1 数据为例，试求：①平行移动方式生产周期；②画出零件平行移动方式示意图。

解：（1）运用式（8－3），生产周期计算如下：

$$\begin{aligned}T_{平顺}&=n\sum_{i=1}^{m}t_i-(n-1)\sum_{j=1}^{m-1}\min(t_j,\ t_{j+1})\\&=5(22+18+25+20)-(5-1)(18+18+20)\\&=425-224\\&=201\text{（分钟）}\end{aligned}$$

（2）平行移动方式各工序之间实际移动方式如图 8－4 所示。

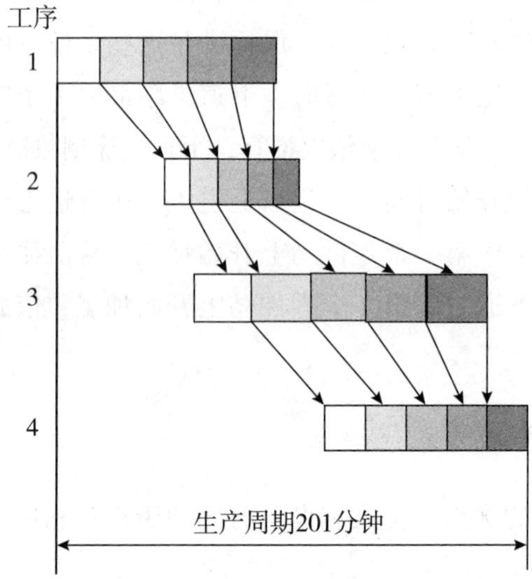

图 8-4　平行顺序移动方式

第三节　多个零件在一个加工中心的时间组织

多个零件在一个加工中心的时间组织问题是最简单、最基础的排序问题。这类问题可分为两种情况：一是这个加工中心只有一台设备，即单机排序问题；二是这个加工中心有多台相同设备，即平行机排序问题。

一、多个零件、一个加工中心、一台设备的排序问题

（一）排序原则

多个零件在一个加工中心的时间组织问题是比较简单的一种时间组织。因为只有一个加工中心且只有一台设备，n 项任务都需要在它上面完成加工，所以实质上是 n 项任务的 n 个全排列问题。不论怎样安排加工顺序，完成所有任务的时间是一定的。所以，优化的目标通常是平均流程时间最小或延期量最小等指标。安排加工顺序遵循的原则很多，常见的主要有以下几个。

（1）最短加工时间（SPT）原则，即按加工时间长短来安排加工顺序，加工时间短的优先安排。

（2）最早交货期（EDD）原则，即按交货期的先后顺序来安排加工顺序，交货期早的优先安排。

（3）先到先服务（FCFS）原则，即按到达加工中心的先后顺序来安排加工顺序，

先到先服务。

(4) 调整费用最小（MJC）原则，即按能使调整费用最小的加工顺序来安排生产任务。

(5)“下一个是最好的”（next is best）原则，即按下一个调整费用最小的原则安排生产任务。

(二) 运用实例

【例 8-5】 某一个加工中心计划期内接到 6 项任务（见表 8-2）。试确定加工顺序。

表 8-2　　加工中心任务

生产任务编号 J_i	J_1	J_2	J_3	J_4	J_5	J_6
加工时间（天）T_i	4	9	1	5	12	3
交货期（天）C_i	25	22	8	6	35	15

解：(1) 按最短加工时间原则安排加工顺序，如表 8-3 所示。

$$J_3 \longrightarrow J_6 \longrightarrow J_1 \longrightarrow J_4 \longrightarrow J_2 \longrightarrow J_5$$

表 8-3　　最短加工时间原则加工顺序

生产任务编号 J_i	J_3	J_6	J_1	J_4	J_2	J_5
加工时间（天）T_i	1	3	4	5	9	12
计划完成时间（天）F_i	1	4	8	13	22	34
交货期（天）C_i	8	15	25	6	22	35
交货期延期量（天）D_i	0	0	0	7	0	0

平均流程时间为：

$$F_p = (\sum F_i)/n \quad (8-5)$$

$$= (1+4+8+13+22+34) \div 6$$

$$\approx 13.67\text{（天）}$$

平均延期量为：

$$D_p = (\sum D_i)/n \quad (8-6)$$

$$= 7 \div 6 \approx 1.17\text{（天）}$$

(2) 按最早交货期原则安排加工顺序为（见表 8-4）：

$$J_4 \longrightarrow J_3 \longrightarrow J_6 \longrightarrow J_2 \longrightarrow J_1 \longrightarrow J_5$$

表 8-4　　最早交货期原则加工顺序

生产任务编号 J_i	J_4	J_3	J_6	J_2	J_1	J_5
加工时间（天）T_i	5	1	3	9	4	12
计划完成时间（天）F_i	5	6	9	18	22	34
交货期（天）C_i	6	8	15	22	25	35
交货期延期量（天）D_i	0	0	0	0	0	0

平均流程时间为：

$$\begin{aligned} F_p &= (\sum F_i)/n \\ &= (5+6+9+18+22+34) \div 6 \\ &\approx 15.67 \text{（天）} \end{aligned}$$

平均延期量为：

$$\begin{aligned} D_p &= (\sum D_i)/n \\ &= 0 \div 6 \\ &= 0 \text{（天）} \end{aligned}$$

实训资料 3

作业排序

根据表 8-5 中数据，使用 Excel 软件排序功能、其他计算公式、条件语句等，分别按最短加工时间原则和最早交货期原则排序，并计算平均流程时间和平均延期量。

表 8-5　　加工中心任务表

生产任务编号 J_i	J_1	J_2	J_3	J_4	J_5	J_6
加工时间（天）T_i	4	11	2	5	12	3
交货期（天）C_i	25	26	10	9	39	15

补充阅读 2

按“下一个是最好的”原则安排加工顺序

设某个加工中心正在加工 A 产品，B、C、D、E 产品正在等待加工，调整费用参见表 8-6，问：如何安排使总的调整费用最小？

表 8-6　　调整费用　　单位：元

从＼至	A	B	C	D	E
A	∞	290	200	180	240
B	∞	∞	140	190	150
C	∞	350	∞	370	260
D	∞	150	100	∞	100
E	∞	180	160	400	∞

解：此类问题通常很难仅用一种方法直接得最优解，但该问题我们可较容易求出最优解，读者可自行解决。这里给出一种简便算法，即“下一个是最好的”方法。因为 A 是正在被加工的产品，A 产品加工完后加工 D 产品调整费用最小，180 元，故选 D 产品；D 产品加工完后，加工 C 产品或 E 产品调整费用最小，均为 100 元，故有两个方案可供选择。方案一是选 C 产品，C 产品选完后，选 E 产品调整费用最小，最后只剩下 B 产品，虽然不是最小，但因每个零件都必须被加工，因此，不管此时调整费用是多少，也必须选最后剩余的那一个零件。同理，方案二是选 E 产品，然后是 C 产品和 B 产品。较优的加工顺序为 A、D、C、E、B 或 A、D、E、C、B。

总的调整费用分别为：

180 + 100 + 260 + 180 = 720（元）

180 + 100 + 160 + 350 = 790（元）

故采纳方案一，此时总的调整费用为 720 元（较优解）。

借助指派问题解法（求解过程因篇幅所限从略，感兴趣者参见书后参考文献[28]），可求得该问题的最优加工顺序为 A、D、E、B、C。根据最优方案可计算最小调整费用为：180 + 100 + 180 + 140 = 600（元）。

二、一个加工中心、多台相同设备的排序问题

（一）问题描述

一个加工中心、多台相同设备排序问题（平行机问题）是指只需经过一道工序加工，有 k 台相同设备、n 个不同零件的作业计划问题。

（二）排序原则及最优解下限

1. 经典排序原则

经典排序原则是 LPT 原则，即大的优先排，哪台设备完工早就优先安排哪台设备。

2. 最优解下限

许多学者给出最优解下限为：

$$CL \geqslant \max\{[\sum p_i/k], \max(p_i)\} \tag{8-7}$$

式中：CL——最早完工时间；

"[ ]"——大于等于它的最小整数，即向上取整；

p_i——第 i 个零件的加工时间；

$\max(p_i)$——零件的最长加工时间。

【例 8－6】 8 个不同零件的加工参见表 8－7，分别在以下两种情况下求最优解下限：①有 2 台相同设备，$k=2$；②有 3 台相同设备，$k=3$。

表 8－7　任务　单位：小时

零件 工序	J_1	J_2	J_3	J_4	J_5	J_6	J_7	J_8
p_i	3	10	12	15	30	5	1	4

解：因为 $\sum p_i = 3+10+12+15+30+5+1+4=80$

$[\sum p_i/k] = [80 \div 2] = 40$

$\max(p_i) = 30$

所以：$CL \geqslant \max\{\sum p_i/k, \max(p_i)\} = \max\{40, 30\} = 40$（小时）

因为：$\sum p_i = 3+10+12+15+30+5+1+4=80$

$[\sum p_i/k] = [80 \div 3] = 27$

$\max(p_i) = 30$

所以：$CL \geqslant \max\{\sum p_i/k, \max(p_i)\} = \max\{27, 30\} = 30$（小时）

3. 排序问题在装箱问题中的运用

（1）解法一：先计算物料总长度，然后用物料总长度除以货箱长度，计算所需货箱数。

设货箱长度为 C，物料（货物）长度为 L_i；需要箱数为 k，则有：

$$k \geqslant [\sum L_i/C] \tag{8-8}$$

式中："[ ]"——大于等于它的最小整数，即向上取整。

【例 8－7】 设货箱长 $C=100$cm，货物长度 $L_i=40$cm；$n=10$；需要箱数为 k，

则有：

$$k \geq [\sum L_i/C] = [40 \times 10 \div 100] = 4$$

若 $n=8$，则有：

$$k \geq [\sum L_i/C] = [40 \times 8 \div 100] = 4 \text{（向上取整）}$$

（2）解法二：先计算每个货箱能装物料个数（H），若出现小数，向下取整；然后用物料总数除以每箱能装物料数（若出现小数，向上取整），计算所需货箱数。

【例 8-8】设货箱长 $C=100$cm，物料长度 $L_i=30$cm；物料总数 $n=376$ 个；则需要箱数为 k（向上取整）：

$$H = [C/L_i] = [100/30] \approx 3 \tag{8-9}$$

$$k = [n/H] = [376/3] = 126 \tag{8-10}$$

而用式（8-8）解法一，计算得（向上取整）：

$$k \geq [\sum L_i/C] = [376 \times 30 \div 100] \approx 113$$

虽然计算货箱数至少需要 113 个，但不够精确。所以，当物料不能拆解装箱时建议用式（8-9）和式（8-10）计算所需箱数。

第四节 多个零件在两个及两个以上加工中心的时间组织

一、多个零件在两个加工中心的时间组织

$n/m/P/F_{max}$ 问题也称流水作业排序问题，即加工顺序都相同的排序问题。它是 NP 难组合优化问题，很难找到最优解。当 $m=2$ 时，即 $n/2/P/F_{max}$ 是多个零件在多个加工中心的时间组织问题中最简单的情况之一。所以，利用 $n/m/P/F_{max}$ 时的一些规律也同样适用于 $n/2/P/F_{max}$，如优化目标如式（8-11）或式（8-12）、约束条件如式（8-13）、各节点完工时间的计算如式（8-14）、最优解下限如式（8-15）、排序特点与原则如图 8-5 和图 8-6 所示等。因此，我们先介绍 $n/m/P/F_{max}$ 问题模型及其相关规律与公式，以便解决 $n/2/P/F_{max}$ 问题时应用。但因其只有两道工序，用约翰逊法和比值法很容易求解。虽然 $n/2/P/F_{max}$ 这种情况简单，很容易找到最优解，但它是深入研究的基础，有助于我们了解排序的规律和特点，总结出解决 $n/m/P/F_{max}$ 问题比较理想

的启发式算法。

（一）流水型排序问题概述

1. 流水型排序问题的描述

为了更好地理解和掌握关键加工中心法、关键工件法和系数法，我们首先应了解排序的模型、特点及基本理论，然后再讲解上述三种方法。流水型排序问题可描述为：$Fm\|g$，其中 g 是完工时间的不减函数。设作业集 $Z=\{J_1, J_2, \cdots, J_n\}$，加工中心（设备）集 $P=\{P_1, P_2, \cdots, P_m\}$，第 i 个零件在第 j 个加工中心的加工时间为 p_{ij}（见图 8－5）则有 $p_{ij}\geqslant 0$。

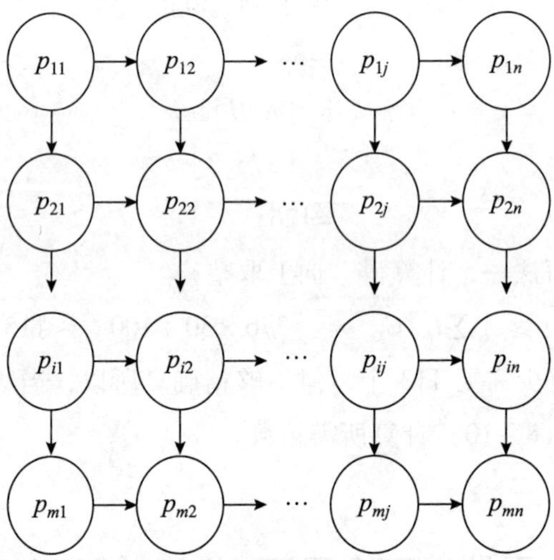

图 8－5　流水型排序问题网络

目标函数为：

$$\min F_{\max}=\min\{F^1_{\max}, F^2_{\max}, \cdots, F^{n!}_{\max}\} \tag{8-11}$$

式中：$F^i_{\max}$——第 i 个方案的最大流程时间。

此类问题也可用网络图来描述，描述为：设第 ij 节点的最早完成时间为 T^{ij}_{EF}；最后第 $m\times n$（最后节点）节点的最早完成时间为 T^{mn}_{EF}，则数学模型还可以表述为：

$$\min T=\min T^{mn}_{EF} \tag{8-12}$$

$$T^{ij}_{EF}-T^{(i-1)(j-1)}_{EF}\geqslant 0 \tag{8-13}$$

$$T^{ij}_{EF}=\max\{T^{(i-1)j}_{EF}+p_{ij}, T^{i(j-1)}_{EF}+p_{ij}\} \tag{8-14}$$

2. 最优解下限影响因素及排序原理

（1）影响最优解下限的两个关键因素。

由于排序问题可以看成是网络图问题，所以网络图中的理论可以运用到排序问题中。由图论知网络图完工时间（全部零件都加工完，取决于最长完工时间）取决于最长的关键线路，参见式（8－15），关键线路缩短了，全部完工时间 $F_{\max}$ 才能缩短，因此，应重点关注关键线路的长度，解决如何排序使关键线路缩短。在排序问题中存在关键加工中心 K（简称关键工序）和关键零件 J_k（或称关键工件）。关键加工中心是指某道工序各零件作业时间之和最长的那个工序，参见式（8－16）。关键零件是指各道工序作业时间之和最长的那个零件，参见式（8－20）。由关键工序和关键零件组成的两条线路（见图8－7和图8－8）是影响最优解下限的重要因素，因为关键工序是横行最长、关键零件是列最长的，管线线路是最长的线路，哪个地方长就走哪，这两条线路是关键线路的一部分概率非常大，所以排序时重点应关注这两条线路的变化。

（2）两个原理。

一是平行四边形原理（或称线路条数原理）：由图论及线路条数等理论可知，网络图两端最重要，尤其是开始点和结束点，各条线路都通过这两点，越靠近这两点，通过的线路条数越多，也就越重要，反之亦然，重要的地方应安排加工时间少的，不重要地方安排加工时间长的，这样生产周期短，优化程度高（见图8－6）。

二是平行作业原理：加工时间长的零件同时平行作业，比顺序依次加工作业时间短，如三种移动方式中平行移动方式生产周期最短（见图8－2和图8－3），根据图8－6和图8－7也可得出这样的结论，在后续排序计算表中，较大加工时间数据成45°角，这些较大时间数据就实现平行作业，生产周期会缩短。

考虑这些影响因素和原理就可制定出比较理想的启发式算法。

$$T_{EF}^{mn} \geqslant \max\ \{A+B+C,\ D+E\}\ = \max\ \{F_P,\ F_J\} \tag{8-15}$$

式中：$A = \max\{\sum_{j=1}^{n} p_{1j},\ \sum_{j=1}^{n} p_{2j},\ \cdots,\ \sum_{j=1}^{n} p_{mj}\}$ （8－16）

$$= \sum_{j=1}^{n} p_{kj} = P_k \tag{8-17}$$

$$B = \min\{\sum_{i=1}^{k-1} p_{i1},\ \sum_{i=1}^{k-1} p_{i2},\ \cdots,\ \sum_{i=1}^{k-1} p_{in}\} = \sum_{i=1}^{k-1} p_{is} \tag{8-18}$$

$$C = \min\{\sum_{k+1}^{m} p_{i1},\ \sum_{k+1}^{m} p_{i2},\ \cdots,\ \sum_{k+1}^{m} p_{in}\} = \sum_{k+1}^{m} p_{iq} \tag{8-19}$$

式中：$s \neq q$

$$D = \max\{\sum_{i=1}^{m} p_{i1},\ \sum_{i=1}^{m} p_{i2},\ \cdots,\ \sum_{i=1}^{m} p_{in}\} \tag{8-20}$$

$$= \sum_{i=1}^{m} p_{iu} = J_k \tag{8-21}$$

$$E = \min\ \{\sum p_{1x}/x \in X + \sum p_{my}/y \in Y\} \tag{8-22}$$

令 $F_P = A + B + C$ （8－23）

$$F_J = D + E \tag{8-24}$$

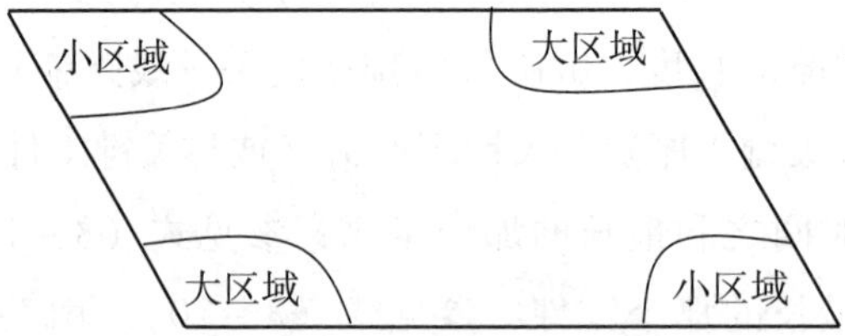

图8－6　平行四边形原理

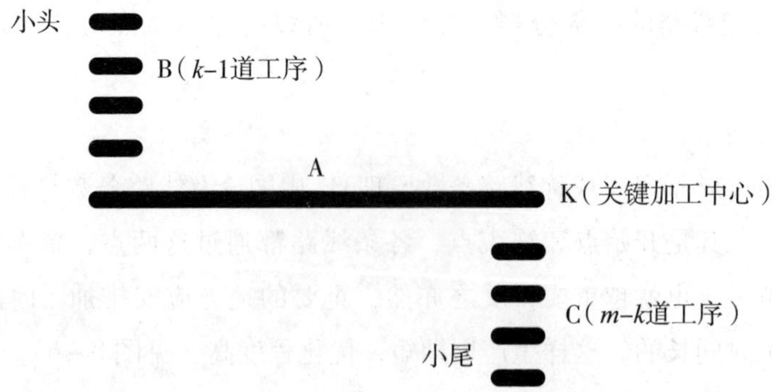

图8－7　关键加工中心及 F_P 构成

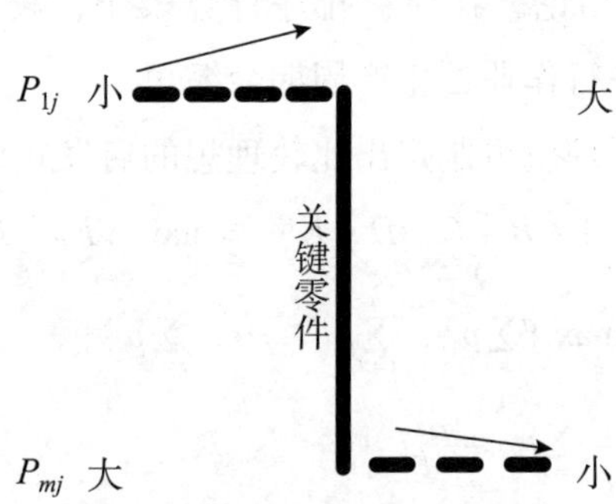

图8－8　关键零件及 F_J 构成

（二）约翰逊原则

1954 年约翰逊提出 $n/2/P/F_{max}$ 排序问题最优解的排序规则。设 P_{1j} 和 P_{2j} 分别是零件在第一个加工中心和第二个加工中心加工的时间，则约翰逊原则为：

（1）首先找最小元素。若最小元素属于 P_{1j}，则最先安排；若最小元素属于 P_{2j}，则最后安排；若出现多个最小元素相等时，任意选，结果一样。

（2）剔除已安排的零件，然后在剩下的元素中重复第一步，直到所有零件都安排完为止。

【例 8－9】设有 5 个零件，均需在两个加工中心进行加工，且先在 P_1 加工，之后在 P_2 加工，有关资料参见表 8－8，试按约翰逊原则排出最优的加工顺序，并计算最小的生产周期。

表 8－8　　加工中心任务　　单位：小时

工序＼零件	J_1	J_2	J_3	J_4	J_5
P_1（P_{1j}）	8	7	15	10	6
P_2（P_{2j}）	12	2	9	3	10

解：根据约翰逊原则，首先找最小的加工时间，最小者 J_2 为 2，属于 P_{2j}，所以零件 J_2 安排在最后一位加工。把 J_2 剔除，在剩下 4 个零件中再找最小的加工时间，最小者 J_4 为 3，属于 P_{2j}，所以零件 J_4 安排在倒数第二位加工。把 J_4 剔除，在剩下 3 个零件中再找最小的加工时间，最小者 J_6 为 6，属于 P_{1j}，所以零件 J_6 安排在前面第一个加工。以此类推，安排步骤参见表 8－9，按约翰逊原则安排最优加工顺序为：J_5，J_1，J_3，J_4，J_2，生产周期均为 48 天（见图 8－9、图 8－10，表 8－10）。

表 8－9　　加工中心任务　　单位：小时

工序＼零件	J_5	J_1	J_3	J_4	J_2
P_1（P_{1j}）	6	8	15	10	7
P_2（P_{2j}）	10	12	9	3	2
步骤	3	4	5	2	1

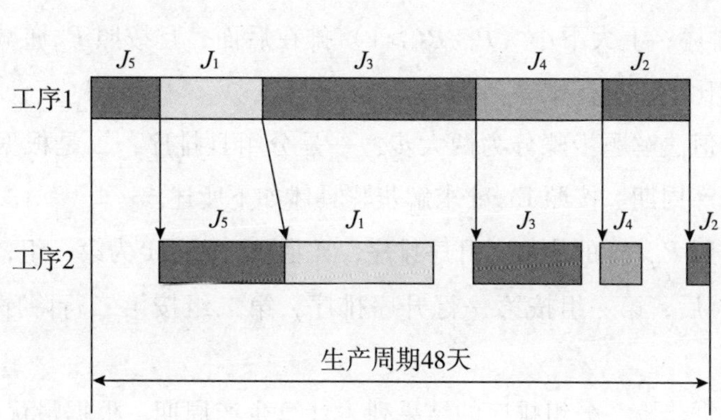

图 8－9　生产周期

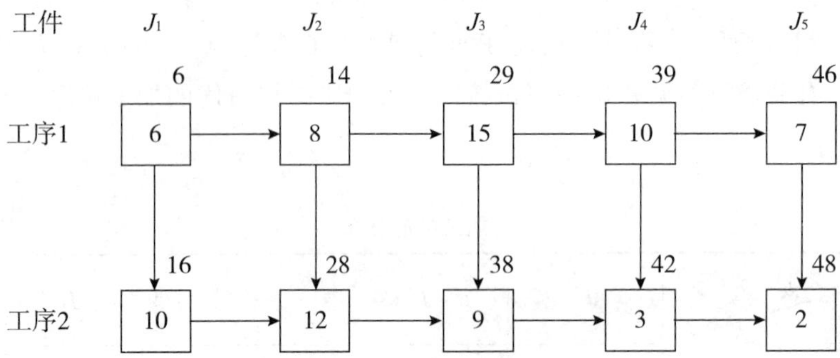

图8-10　排序网络

表8-10　　最优排序及生产周期计算

零件 工序	J_5	J_1	J_3	J_4	J_2
P_1	6/6	8/14	15/29	10/39	7/46
P_2	10/16	12/28	9/38	3/42	2/48

传统解法是画甘特图求解生产周期，相当麻烦。图8-5可以转化为图8-6的网络图，一方面，可以简化生产周期算法；另一方面，排序问题也是网络图问题，可以运用图论来求解排序问题。为了简化算法，图8-6又可转换为表格形式，免去画图麻烦，求解非常方便。各节点完成时间可用“/”符号等方式表示（见表8-9）。例如表8-9中的J_3第二行对应的15/29，代表J_3第一道工序作业时间为15，完成时间为29。J_3第三行对应的9/38，代表J_3第二道工序作业时间为9，完成时间为38。

（三）加工时间比值法

根据约翰逊原则求得最优解有如下规律：上小下大（$P_{1j}/P_{2j} \leqslant 1$）排在前面，且按照$P_{1j}$递增顺序排序；上大下小（$P_{1j}/P_{2j} \geqslant 1$）排在后面，且按照$P_{2j}$递减顺序排序。因此，我们也可用比值法进行排序。

加工时间比值法解题步骤分为两大步：一是分组且排序；二是根据第一步分组排序的结果计算生产周期。按照Excel求解步骤具体如下所述。

步骤一：按照P_{1j}/P_{2j}的比值，升序排序，比值$P_{1j}/P_{2j} \leqslant 1$为第一组；余下为第二组（$P_{1j}/P_{2j} > 1$）；然后，第一组按第一行升序排序，第二组按第二行降序排序，得最优排序。

步骤二：根据步骤一分组排序的结果列表计算生产周期。根据最优排序，用Excel软件自动计算生产周期。

【例 8-10】某车间需加工 7 个不同零件，每个零件均需经过两道工序进行加工，且加工顺序都相同，首先在 P_1 设备上加工，然后在 P_2 设备上加工。有关资料如表 8-11 所示，试用比值法，借助 Excel 软件求最优排序及最短的生产周期。

表 8-11　　任务表　　单位：小时

零件 / 工序	J_1	J_2	J_3	J_4	J_5	J_6	J_7
P_1（P_{1j}）	4	18	12	2	15	23	7
P_2（P_{2j}）	11	12	8	3	9	2	29

解：第一步：根据表 8-11 中的资料计算 P_{1j}/P_{2j}，计算结果见表 8-12。根据按比值大小升序排序结果（见表 8-13）知，前 3 个零件 J_7、J_1 和 J_4 比值小于等于 1，所以这三个零件按第一道工序加工时间升序排序；余下 4 个零件比值大于 1，按第二道工序加工时间降序排序，得最优排序结果如表 8-14 所示。

第二步：根据最优排序结果计算最优解及最小生产周期。表 8-15 中，单元格 C22 = C14，然后复制 C22，粘贴到区域：C22：I22，可得零件顺序；单元格 E23 = E15 + max（E22，D23），然后复制 E23，粘贴到区域：C23：I24，可得最优解计算过程，右下角单元格 I24 = 83，即为最小生产周期。

表 8-12　　比值计算　　单位：小时

零件 / 工序	J_1	J_2	J_3	J_4	J_5	J_6	J_7
P_1（P_{1j}）	4	18	12	2	15	23	7
P_2（P_{2j}）	11	12	8	3	9	2	29
比值 P_{1j}/P_{2j}	0.36	1.50	1.50	0.67	1.67	11.50	0.24

表 8-13　　按比值大小升序排序表结果　　单位：小时

零件 / 工序	J_7	J_1	J_4	J_2	J_3	J_5	J_6
P_1（P_{1j}）	7	4	2	18	12	15	23
P_2（P_{2j}）	29	11	3	12	8	9	2
比值 P_{1j}/P_{2j}	0.24	0.36	0.67	1.50	1.50	1.67	11.50

表 8－14　　用 Excel 排出的最优顺序　　单位：小时

列／行	B	C	D	E	F	G	H	I
14	零件／工序	J_4	J_1	J_7	J_2	J_5	J_3	J_6
15	P_1（P_{1j}）	2	4	7	18	15	12	23
16	P_2（P_{2j}）	3	11	29	12	9	8	2
17	比值 P_{1j}/P_{2j}	0.67	0.36	0.24	1.50	1.67	1.50	11.50

表 8－15　　用 Excel 计算的最优解　　单位：小时

列／行	B	C	D	E	F	G	H	I
22	零件／工序	J_4	J_1	J_7	J_2	J_5	J_3	J_6
23	P_1	2	6	13	31	46	58	81
24	P_2	5	17	46	58	67	75	83

二、多个零件在两个以上加工中心的时间组织

（一）多个零件在两个以上加工中心的时间组织概述

多个零件在两个以上加工中心的时间组织问题是无法用多项式求解的问题，没有任何一种方法在任何条件下都能得到最优解，其有效解法是启发式算法。启发式算法有很多，如约翰逊原则扩展法、最小系数法、Pamlmer 法、关键加工中心法、关键工件法、系数法和 CDS 法等。这里只介绍关键加工中心法、关键工件法和系数法。

（二）关键加工中心法

$n/m/P/F_{max}$ 问题，当 $m=2$ 时，按约翰逊法或比值法排序即可。下面讨论 $m \geqslant 3$ 时的情况。

1. 排序的规则及排序步骤

根据流水型排序问题概述论述的最优解下限影响因素及排序原理，我们提出关键加工中心法，其排序的规则及解题步骤分为两个阶段。

第一阶段，分别计算 B 和 C（参见图 8－7）。其中：B 为某零件关键加工中心之上各道工序作业时间之和 $\sum_{i=1}^{k-1} p_{is}$，C 为某零件关键加工中心之上各道工序作业时间之

和 $\sum_{k+1}^{m} p_{iq}$。

第二阶段，排序。排序步骤如下：

第一步，把第一小的 B（最小的“小头之和”）排在最前面，第一小的 C（最小的“小尾之和”）排在最后，倒数第一位（前面优先安排，然后再安排后面，简称“前后”）；

第二步，把第二小的 C 排在倒数第二位，第二小的 B 排在第二位（后面优先安排，然后再安排前面，简称“后前”）；

第三步，把第三小的 B 排在第三位，第三小的 C 排在倒数第三位（“前后”）；

第四步，把第四小的 C 排在倒数第四位，第四小的 B 排在第四位（“后前”）；“前、后”交替优先安排，依此类推，直到全部排完为止。

简单地说就是一前一后，交替优先下安排，两头一起来安排。最小的“小头之和”排在最前面，最小的“小尾之和”排在最后，把已安排零件剔除，前后交替优先下安排，即“前后”“后前”“前后”“后前”，这样交替进行安排，重复上述步骤，直到全部排完为止。这种顺序优化程度高，其他安排顺序虽然也可使 B 小的排在前面，C 小的排在后面，但优化程度一般没有这种安排方法高。

2. 注意事项及适用条件

（1）注意事项。为了保证“小头之和”小的排在前面，“小尾之和”小的排在后面，使通过关键加工中心的线路尽可能地短，可有多种安排方法。一前一后，交替进行安排是相对较好的方案，当然，也可按其他方法安排，简化安排步骤。如 B 升序排列、C 降序排列，两者结合在一起，既可放在前面，又可放在后面或任意放，相同的零件只用一次，剔除已安排的零件，也可获得较好的排序结果，因篇幅所限，这里不一一介绍，出现多个方案时也没关系，因为 Excel 可自动计算给定的排序结果，多几个方案虽然略增加工作量，但可提高优化程度。

（2）适用条件。当明显有加工中心存在，且远大于关键零件长度，或零件个数 n，远大于工序数 m 时等情况用这种方法较好。

3. 运用实例

【例 8－11】有 8 个不同的零件，均需顺序经过 5 道工序加工，每道工序只有一台设备，有关资料见表 8－16，试用关键中心法排序并计算生产周期。

解：步骤 1：把表 8－16 复制到 Excel 工作表中 B2∶J8 区域中（见表 8－17），用求和公式计算每行加工时间之和，参见表 8－17 第 K 列（K2∶K8），最长 427，为第 3 工序，因此，关键加工中心为第三个工序 P_3。计算每列之和，参见表 8－17 区域 C11∶J11，计算公式为：单元格 C11＝sum（C3∶C8），然后复制整个区域 C11∶J11，计算结果如表

8 – 17 中区域 C11∶J11 所示，关键零件为 J_1，加工时间长度为 248。

步骤 2：计算每个零件的 B，区域（C9∶J9）和 C，区域（C10∶J10）（见表 8 – 17），B 的计算公式为：单元格 E9 = SUM（E3∶E4），然后复制区域 C9∶J9；C 的计算公式为：E10 = SUM（E6∶E8），然后复制区域 C10∶J10，每个零件的 B 和 C 计算就全部完成。

步骤 3：安排加工顺序（见表 8 – 17），区域 C12∶J12 中的安排加工顺序。

①在表 8 – 17 区域（C9∶J10）中，B 最小的是 9，对应是零件 J_3，优先安排在最前面第一位（顺序是 1）；C 最小的是 26，对应是零件 J_5，优先安排在最后面倒数第一位（顺序是 8），完成第一步“前后”。

②在剩余零件中，C 最小的是 38，对应是零件 J_1，优先安排在后面倒数第二位（顺序是 7）；在剩余零件中，B 最小的是 35，对应是零件 J_7，优先安排在前面第二位（顺序是 2），完成第二步“后前”。

③在剩余零件中，B 最小的是 37，对应是零件 J_8，优先安排在前面第三位（顺序是 3）；在剩余零件中，C 最小的是 68，对应是零件 J_2，优先安排在后面倒数第三位（顺序是 6），完成第三步“前后”。

④在剩余零件中，C 最小的是 99，对应是零件 J_4，优先安排在后面倒数第四位（顺序是 5）；在剩余零件中，B 最小的是 62，对应是零件 J_6，优先安排在前面第四位（顺序是 4），完成第四步“后前”。

在实际运用中，为了提高效率可将已安排的零件涂色，以示区别，避免出错，当然，也可以采取其他方法避免出错、提高安排效率。

步骤 4：计算生产周期。运用式（8 – 14）$T_{EF}^{ij} = \max\{T^{(i-1)j}{}_{EF} + p_{ij}, T^{i(j-1)}{}_{EF} + p_{ij}\}$可编制 Excel 公式，自动计算各节点完工时间及零件全部加工完的生产周期。其计算公式为：单元格 E28 = E16 + max（E27，D28），然后复制整个区域 C27∶J32，完成全部节点计算，右下角最后一个节点（单元格 J32）为零件全部加工完的时间，即生产周期，生产周期为 463 小时。

表 8 – 16　　8 个零件原始数据

零件 / 工序	J_1	J_2	J_3	J_4	J_5	J_6	J_7	J_8
P_1	1	32	6	33	25	37	7	32
P_2	9	40	3	27	15	25	28	5
P_3	200	15	60	28	35	27	30	32
P_4	23	30	12	56	12	76	65	34

续 表

工序＼零件	J_1	J_2	J_3	J_4	J_5	J_6	J_7	J_8
P_5	12	23	35	31	6	32	42	77
P_6	3	15	33	12	8	4	22	8

表 8－17　　8 个零件相关参数计算（Excel）

行＼列	B	C	D	E	F	G	H	I	J	K
2	工序＼零件	J_1	J_2	J_3	J_4	J_5	J_6	J_7	J_8	a_i
3	P_1	1	32	6	33	25	37	7	32	173
4	P_2	9	40	3	27	15	25	28	5	152
5	P_3	200	15	60	28	35	27	30	32	427
6	P_4	23	30	12	56	12	76	65	34	308
7	P_5	12	23	35	31	6	32	42	77	258
8	P_6	3	15	33	12	8	4	22	8	105
9	B	10	72	9	60	40	62	35	37	
10	C	38	68	80	99	26	112	129	119	
11	b_j	248	155	149	187	101	201	194	188	
12	顺序	7	6	1	5	8	4	2	3	

表 8－18　　8 个零件根据安排加工顺序排序

行＼列	B	C	D	E	F	G	H	I	J
14	工序＼零件	J_3	J_7	J_8	J_6	J_4	J_2	J_1	J_5
15	P_1	6	7	32	37	33	32	1	25
16	P_2	3	28	5	25	27	40	9	15
17	P_3	60	30	32	27	28	15	200	35
18	P_4	12	65	34	76	56	30	23	12
19	P_5	35	42	77	32	31	23	12	6
20	P_6	33	22	8	4	12	15	3	8
21	B	9	35	37	62	60	72	10	40
22	C	80	129	119	112	99	68	38	26
23	顺序	1	2	3	4	5	6	7	8

表 8－19　　　8 个零件根据安排加工顺序排序

列／行	B	C	D	E	F	G	H	I	J
26	零件／工序	J_3	J_7	J_8	J_6	J_4	J_2	J_1	J_5
27	P_1	6	13	45	82	115	147	148	173
28	P_2	9	41	50	107	142	187	196	211
29	P_3	69	99	131	158	186	202	402	437
30	P_4	81	164	198	274	330	360	425	449
31	P_5	116	206	283	315	361	384	437	455
32	P_6	149	228	291	319	373	399	440	463

（三）关键工件法

1. 排序的规则及排序步骤

（1）排序的规则。前面已介绍关键工件（零件）的概念，即各道工序加工时间之和最长的工件作为关键工件 J_k，它也是影响关键线路长度的重要因素之一，关键线路通过关键零件的概率也非常大，尤其是当每道工序相同设备数量都大于等于零件个数时，在这种条件下，就可实现每个零件都由整套一组设备来加工一个零件，各零件加工时间互不影响、相互独立，所以，全部零件加工完的时间就是关键零件的加工时间，关键线路就由关键零件组成，它是最优解的一个最小下限。这也是我们介绍这个方法的主要原因之一。为了使通过关键零件线路长度尽可能的小，陈荣秋教授提出关键零件法如下排序规则。

首先，将工件分成两组。满足 $P_{1j} \leqslant P_{mj}$ 约束条件的零件，即零件第一道工序的加工时间小于等于该零件最后一道工序（m）的加工时间，归为第一组；余下的都是满足约束条件 $P_{1j} > P_{mj}$ 的，归为第二组。

其次，排序。把第一组排在关键零件的前面，且按零件第一道工序加工时间 P_{1j} 不减的顺序排成一个序列；把第二组排在关键零件的后面，按零件最后一道工序（m）的加工时间 P_{mj} 不增的顺序排成一个序列，直到把所有零件安排完为止。

简单地说：满足 $P_{1j} \leqslant P_{mj}$，即上小、下大的，按 P_{1j} 升序（递增）排在关键零件的前面；否则，上大、下小的按 P_{mj} 降序（递减）排在关键零件的后面，直到把所有零件安排完为止（参见图 8－8）。

（2）排序步骤。首先确定关键零件，各道工序加工时间之和最长的零件为关键零件。然后把除关键零件外的零件分成两组，满足 $P_{1j} \leqslant P_{mj}$，即上小、下大的零件为第一组，余下为第二组。最后排序，第一组按 P_{1j} 递增顺序排在关键零件的前面；第二组按 P_{mj} 递减顺序排在关键零件的后面，直到把所有零件安排完为止。

2. 适用条件

前面讲到，$n/m/P/F_{max}$ 排序问题是 NP 难问题，当 $m \geqslant 3$ 时，没有任何一种方法在任何条件下都能获得最优解，所以每种方法都应有适用条件，我们认为，这种方法当关键零件加工时间长度远大于关键加工中心时，或明显有关键零件存在，或工序数目 m 远大于零件数目 n 时等情况比较适用。

3. 运用实例

【例 8－12】 有 6 个不同的零件，均需经过 5 道工序加工，每道工序只有一台设备，其他资料如表 8－20 所示。试用关键零件法、关键加工中心法安排加工顺序并计算生产周期。

表 8－20　　6 个零件原始数据

零件 工序	J_1	J_2	J_3	J_4	J_5	J_6
P_1	67	32	7	40	4	23
P_2	45	26	23	27	18	35
P_3	22	32	33	216	12	25
P_4	27	30	32	56	20	56
P_5	9	35	1	80	21	21

解：（1）关键零件法求解过程。

步骤 1：把表 8－20 复制到 Excel 工作表 B3∶H8 区域中（见表 8－21）计算每列之和，参见表 8－21 区域 C9∶H9，计算公式为：单元格 C9 = sum（C4∶C8），然后复制整个区域 C9∶H9，计算结果如表 8－21 中区域 C9∶H9 所示，关键零件为 J_4，加工时间长度为 419。

步骤 2：计算每个零件的 P_{1j}/P_{mj}（C10∶H10），进行分组（见表 8－21），P_{1j}/P_{mj} 的计算公式为：单元格 C10 = C4/C8，然后复制区域 C10∶H10；这样每个零件的 P_{1j}/P_{mj} 就全部计算出来了。按 P_{1j}/P_{mj} 比值小于升序排序。比值小于等于 1 的为第一组，排在关键零件前面，余下为第二组，排在关键零件后面（见表 8－22）。为了使关键零件能参与排序，完成全部零件自动排序，我们令关键零件 $P_{1j}/P_{mj} = 1$，这样技术处理就可以了。

步骤 3：排序（可用 Excel 功能排序）。在表 8－22 中，区域 C16∶D16，升序排序；区域 F20∶H20，降序排序，得表 8－23。

步骤4：计算生产周期。运用式（8－14）$T_{EF}^{ij}=\max\{T^{(i-1)j}_{EF}+p_{ij},\ T^{i(j-1)}_{EF}+p_{ij}\}$可编制 Excel 公式自动计算各节点完工时间及零件全部加工完的生产周期。其计算公式为：单元格 D40 = D29 + max（D39，C40），然后复制整个区域 C39∶H43，完成全部计算，右下角最后一个节点（单元格 H43）为零件全部加工完的时间，即生产周期，生产周期为 491 小时。

表 8－21　关键零件法相关参数计算及安排步骤 1（Excel）

行＼列	B	C	D	E	F	G	H
3	工序＼零件	J_1	J_2	J_3	J_4	J_5	J_6
4	P_1	67	32	7	40	4	23
5	P_2	45	26	23	27	18	35
6	P_3	22	32	33	216	12	25
7	P_4	27	30	32	56	20	56
8	P_5	9	35	1	80	21	21
9	b_i	170	155	96	419	75	160
10	P_{1j}/P_{mj}	7.44	0.91	7.00	0.50	0.19	1.10

表 8－22　关键零件法相关参数计算及安排步骤 2（Excel）

行＼列	B	C	D	E	F	G	H
15	工序＼零件	J_5	J_2	J_4	J_6	J_3	J_1
16	P_1	4	32	40	23	7	67
17	P_2	18	26	27	35	23	45
18	P_3	12	32	216	25	33	22
19	P_4	20	30	56	56	32	27
20	P_5	21	35	80	21	1	9
21	b_j	75	155	419	160	96	170
22	P_{1j}/P_{mj}	0.19	0.91	1	1.10	7.00	7.44

表 8－23 关键零件法相关参数计算及安排步骤 3（Excel）

行＼列	B	C	D	E	F	G	H
27	工序＼零件	J_5	J_2	J_4	J_6	J_1	J_3
28	P_1	4	32	40	23	67	7
29	P_2	18	26	27	35	45	23
30	P_3	12	32	216	25	22	33
31	P_4	20	30	56	56	27	32
32	P_5	21	35	80	21	9	1
33	b_j	75	155	419	160	170	96
34	P_{1j}/P_{mj}	0.19	0.91	1	1.10	7.44	7.00

表 8－24 关键零件法生产周期计算

行＼列	B	C	D	E	F	G	H
38	工序＼零件	J_5	J_2	J_4	J_6	J_1	J_3
39	P_1	4	36	76	99	166	173
40	P_2	22	62	103	138	211	234
41	P_3	34	94	319	344	366	399
42	P_4	54	124	375	431	458	490
43	P_5	75	159	455	476	485	491

（2）关键加工中心法求解过程。

步骤 1：把表 8－20 复制到另一个工作表区域 B3∶H8，用求和公式计算每行加工时间之和，参见表 8－25 第 I 列（I4∶I8），最长 340，为第 3 工序，因此，关键加工中心为第三个工序 P_3。确定关键加工中心为 P_3（第三道工序），计算 B 和 C 等参数，确定加工顺序（参见区域 C12∶H12）（见表 8－25）。为了节省篇幅，详细步骤与公式从略。

步骤 2：根据加工顺序用 Excel 排序（见表 8－26）。

步骤 3：用 Excel 自动计算各节点完成时间及全部零件完成加工时间，即生产周期。生产周期为 491 小时（见表 8－27）。

表 8－25　关键加工中心法相关参数计算及安排步骤 1（Excel）

行＼列	B	C	D	E	F	G	H	I
3	工序＼零件	J_1	J_2	J_3	J_4	J_5	J_6	a_i
4	P_1	67	32	7	40	4	23	173
5	P_2	45	26	23	27	18	35	174
6	P_3	22	32	33	216	12	25	340
7	P_4	27	30	32	56	20	56	221
8	P_5	9	35	1	80	21	21	167
9	b_j	170	155	96	419	75	160	
10	B	112	58	30	67	22	58	
11	C	36	65	33	136	41	77	
12	顺序	6	4	5	3	1	2	

表 8－26　关键加工中心法相关参数计算及安排步骤 2（Excel）

行＼列	B	C	D	E	F	G	H
30	工序＼零件	J_5	J_6	J_4	J_2	J_3	J_1
31	P_1	4	23	40	32	7	67
32	P_2	18	35	27	26	23	45
33	P_3	12	25	216	32	33	22
34	P_4	20	56	56	30	32	27
35	P_5	21	21	80	35	1	9
36	b_j	75	160	419	155	96	170
37	B	22	58	67	58	30	112
38	C	41	77	136	65	33	36
39	顺序	1	2	3	4	5	6

表 8－27　各节点完成时间及生产周期

行＼列	B	C	D	E	F	G	H
44	工序＼零件	J_5	J_6	J_4	J_2	J_3	J_1
45	P_1	4	27	67	99	106	173

续 表

行\列	B	C	D	E	F	G	H
46	P_2	22	62	94	125	148	218
47	P_3	34	87	310	342	375	397
48	P_4	54	143	366	396	428	455
49	P_5	75	164	446	481	482	491

(四) 新系数法

为了克服关键加工中心法出现多个安排方案概率较大、相对又有些烦琐、原系数法优化程度不理想的弊端，借鉴最小系数法简单优点、结合关键零件法排序理念、兼顾线路条数原理和平行作业原理，我们提出改进后的新系数法。其解法如下。

1. 排序的规则及排序步骤

步骤 1：计算每行作业时间之和，确定关键加工中心。

步骤 2：计算排序系数 B/C 比值大小，计算公式如下：

$$B/C = \sum_{i=1}^{k-1} p_{is} / \sum_{i=k+1}^{m} p_{iq} \tag{8-25}$$

步骤 3：按排序系数大小由小到大安排零件，若出现比值相同，则按 B（$\sum_{i=1}^{k-1} p_{is}$）的大小决定顺序，B 小的优先排，若再相等，则按第一行加工时间，小的优先排。由于只计算比较排序系数一个比值，只会出现比值相同这一种矛盾情况，不会出现多种复杂矛盾情况。

2. 注意事项及适用条件

新系数法适用两种特殊情况的处理：一是关键加工中心出现在首行时，为了保证较小出现在开始端区域，计算排序系数时，分子按第一行关键加工中心处理，分母同正常情况一样计算即可；二是关键加工中心出现在最后一行时，为了保证较小出现在结束端区域，计算排序系数时，分母按最后一行关键加工中心处理，分子同正常情况一样计算即可。

当关键加工中心居于中间工序时比较适用系数法，此时，采用系数法优化程度较高。

3. 运用实例

【例 8－13】 7 个不同零件相关资料如表 8－28 所示，排序系数计算结果参见表 8－

29，运用 Excel 按 B/C 行升序排序结果参见表 8－30，根据式（8－14）运用 Excel 计算结果如表 8－31 所示，完成时间为 454 小时，恰好为排列排序最优解。原系数法、新系数法、关键零件法和关键加工中心法四种方法排序完工时间见表 8－32。

表 8－28　任务安排　单位：小时

工序＼零件	J_1	J_2	J_3	J_4	J_5	J_6	J_7
P_1	20	2	30	3	50	40	15
P_2	10	5	20	4	10	20	20
P_3	50	90	80	100	20	30	60
P_4	16	10	70	10	20	10	80
P_5	20	20	40	5	3	5	10
P_6	15	15	50	7	6	2	30

表 8－29　排序系数计算　单位：小时

工序＼零件	J_1	J_2	J_3	J_4	J_5	J_6	J_7	a_i
P_1	20	2	30	3	50	40	15	160
P_2	10	5	20	4	10	20	20	89
P_3	50	90	80	100	20	30	60	430
P_4	16	10	70	10	20	10	80	216
P_5	20	20	40	5	3	5	10	103
P_6	15	15	50	7	6	2	30	125
B	30	7	50	7	60	60	35	
C	51	45	160	22	29	17	120	
B/C	0.588	0.156	0.313	0.318	2.069	3.529	0.292	
顺序	5	1	3	4	6	7	2	

表 8－30　按排序系数排列结果　单位：小时

工序＼零件	J_2	J_7	J_3	J_4	J_1	J_5	J_6
P_1	2	15	30	3	20	50	40
P_2	5	20	20	4	10	10	20
P_3	90	60	80	100	50	20	30
P_4	10	80	70	10	16	20	10

续 表

零件 工序	J_2	J_7	J_3	J_4	J_1	J_5	J_6
P_5	20	10	40	5	20	3	5
P_6	15	30	50	7	15	6	2

表 8 – 31　　按排序系数排列完成时间　　单位：小时

零件 工序	J_2	J_7	J_3	J_4	J_1	J_5	J_6
P_1	2	17	47	50	70	120	160
P_2	7	37	67	71	81	130	180
P_3	97	157	237	337	387	407	437
P_4	107	237	307	347	403	427	447
P_5	127	247	347	352	423	430	452
P_6	142	277	397	404	438	444	454

表 8 – 32　　四种方法计算结果比较　　单位：小时

方法	原系数法	新系数法	关键零件法	关键加工中心法
结果	482	454	520	462

实训练习

在某个物流配送中心中，分拣者推着分拣车从仓库的入口（J）处进入仓库内部，拣取完订单上所需的货物后从仓库的出口（K）处离开。假设分拣车的容量足够装下该批订单的所有货物，分拣者拣货路线不固定，在通道内可随意往返行走，但目标是使行走搬运的距离最短。

仓库布局如图 8 – 11 所示，可以看出仓库共有 7 排货架，1 个入口和 1 个出口，从左往右分别是货架编号为 1、2、3、4、5、6、7，每一排货架都有 9 个货物储位，储位编号分别为 1、2、3、4、5、6、7、8、9，货架 1 ~ 7 分别对应存放货物 J_1、J_2、J_3、J_4、J_5、J_6和 J_7，且每个货架只存放一类货物，每个货位只存一种货物。假设该批订单所需的货物 A 的储位编号为 1 ~4（见图 8 – 11 中阴影位置），即 A 货物放在 1 号货架（J_1）的第 4 货物储位上，货物 B 的储位编号为 2 – 6，货物 C 为 3 – 3，货物 D 为 4 – 5，货物 E 为 5 – 1，货物 F 为 6 – 8，货物 G 为 7 – 4。仓库横向距离长 15m，入口 J 到货架 1 的距离和出口 K 到货架 7 的距离为 1m，货架宽度和拣货通道长度均为 1m。设货架长度为 9m（每个货物储位之间间隔 1m），货架长度远远大于拣货通道距离，即货架长度不可忽略不计。

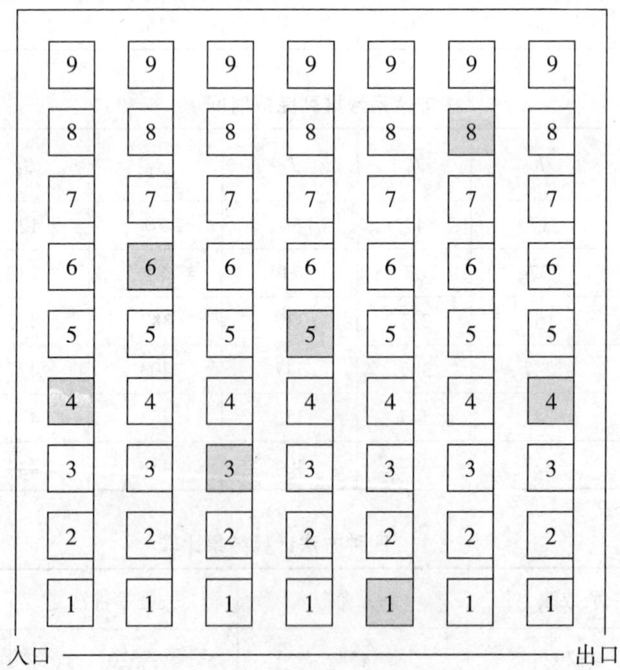

图 8－11　仓库平面布置示意

由图 8－11 知，从一个货物货位走到另一个货物货位，有两种走法：一是向上走，然后到达指定货位；二是向下走，然后到达指定货位。两种走法的距离是不同的。根据上面给出的具体数据，可分别得出走的长路线和走的短路线的距离矩阵表（见表 8－33 和表 8－34）。①试给出较优解或作业排序安排；②你能否给出最优解？

表 8－33　　走的长路线各货位距离矩阵　　单位：米

至＼从	J	A	B	C	D	E	F	G	K
J		5	9	8	12	10	19	17	*15*
A			**11**	16	16	22	**21**	23	28
B		**11**		12	**14**	*18*	**21**	19	24
C		16	12		13	19	**16**	20	25
D		16	14	13		*15*	16	16	21
E		22	*18*	19	*15*		12	18	23

续 表

从 至	J	A	B	C	D	E	F	G	K
F		**21**	**21**	**16**	**16**	12		**13**	14
G		23	19	20	16	18	**13**		5
K									

表 8－34　　走的短路线各货位距离矩阵　　单位：米

	J	A	B	C	D	E	F	G	K
J		5	9	8	12	10	19	17	*15*
A			**11**	10	14	12	**17**	19	17
B		11		10	**12**	*12*	**13**	19	17
C		10	10		9	7	**14**	14	12
D		14	**12**	9		*7*	**10**	14	12
E		12	*12*	7	*7*		10	8	6
F		**17**	**13**	**14**	**10**	10		**9**	11
G		19	19	14	14	8	**9**		5
K									

知识链接

台湾效率专家杨望远的“同中求异，异中求同”法

为什么你做的跟我做的不同？为什么今天做的跟昨天不同？既然有不同，差异点就是问题点，就是改善点，一定有优有劣，有长有短，我们择优汰劣，取长补短，一定能够得到改善。

杨望远曾经在太平洋电缆公司服务。该公司有一个困扰其 20 多年的问题，他刚去 2 个月就解决了，几乎被奉为神明。一个外行人怎么能够解决这个问题？其实，就像哥伦布立蛋，人家立了半天都立不起来，他把它敲一敲就立住了。怎么可以敲？哥伦布说：谁规定不能敲？

太平洋电缆公司的主要产品是把粗铜条抽细，然后再包上塑料变成电线。因为抽的速度很快，所以为避免再去穿眼模，便把前一轴铜条的尾和新轴的头用冷焊机焊起来。问题是，新手焊 10 条断 8 条，即使是老师傅，焊 10 条亦要断 2 条，断 1 次就要重

新穿眼模，需要40分钟，又累又热又油又脏，每个人都视为畏途。因此，老手怕，新手更怕，但是20多年来，所有电缆业皆不能克服这个问题。

新手焊10条断8条，老手焊10条断2条，这代表什么？就是差异点。杨望远分析老手与新手之间的差异，发现新手怕它断，咬紧牙很用力地压，结果还是断了；老手压一下转一下，压一下转一下，这个就是差异。这转一下有何用？杨望远发现这铜线的断面，在高压时会产生应力，这种应力如果不均匀，在高速抽拉时就容易断掉；转一下能让应力均匀，但是为什么还断2条？经分析发现，老手转这一下是凭感觉，但感觉并不精确，所以应力并不是很均匀，得到改善的重点就是必须要转，但是要转得精确。于是杨望远提议在冷焊机上做一个90°导杆，转3下，270°，刚好一圈回来。做好以后，老手和新手只要按照标准作业便不会再断。经由比较找到差异，经由差异分析问题，然后得到根本解决对策，这就是“同中求异”。

“异中求同”就是把差异点经过改善之后取长补短，择优汰劣。相同的标准，任何人照做都不会错，而且效率高、质量好。杨望远常推广专家系统。如查账工作，很多人常说这个需要专家做，你没有做过，不可能查账的。但是专家系统是什么？就是让非专家经由专家系统成为专家，也就是让老手把经验传授给新手，让新手变成专家。大家不要求新手做到100%，但至少可以做到80%或90%，真正有问题的才交给资深专家去做。这样可以大幅简化工作，而且第一线人员也可以处理大部分事情。

资料来源：杨望远先生的演讲稿《简化工作，提高效率》。

思考题

差异点还可以如何寻找？找到后怎么办？质量管理中的层次分析法，数理统计方法的方差分析法、正交试验法等是否可以运用？

本章小结

第一节首先论述了作业计划与作业排序的含义与异同。排序只是确定工件在机器上的加工顺序，而作业计划不仅包括确定工件的加工顺序，还包括确定机器加工每个工件的开始时间和完成时间，每台机器开始工作时间、等待时间和最后完成全部工作时间。然后介绍排序问题的分类与表示方法。

第二节分别介绍三种移动方式的特点及计算方法和公式，在每道工序只有一台设备时三种移动方式公式分别为：

$$T_{顺} = n\sum_{i=1}^{m} t_i$$

$$T_{平} = \sum_{i=1}^{m} t_i + (n-1)\ t_{max}$$

$$T_{平顺} = n\sum_{i=1}^{m} t_i - (n-1)\sum_{j=1}^{m-1} \min(t_j,\ t_{j+1})$$

第三节首先介绍第一种情况，只有一台设备时几种常见的排序原则：最短加工时间原则，加工时间短的优先安排；早交货期原则；先到先服务原则；调整费用最小原则；下一个是最好的原则。然后介绍第二种情况，最优解下限问题及其运用。

第四节首先介绍最简单的约翰逊原则：首先找最小元素。若最小元素属于 P_{1j}，则最先安排；最小元素属于 P_{2j}，最后安排；若出现多个最小元素相等，任意选，结果一样。剔除已安排的零件，然后在剩下的元素中重复第一步，直到空集，即所有零件都安排完为止。然后分别介绍关键工件法和关键加工中心法的原则和步骤。

关键加工中心法排序原则：一前一后，两头一起来安排。最小头之和排在最前面，最小尾之和排在最后；第二小尾之和排在后面倒数第二位，第二小头之和排在前面第二位；依此类推，直到全部排完为止。

关键工件法的排序原则：满足 $P_{1j} \leqslant P_{mj}$，排在关键零件的前面，按 P_{1j} 不减的顺序排序；否则排在关键零件的后面，按 P_m 不增的顺序排序，直到把所有零件全部安排完为止。

系数法排序原则，根据排序系数 B/C 的大小，从小到大排序，然后计算生产周期。

【基础练习】

一、判断题

1. 平行顺序移动方式生产周期最短。(　　)

2. $5/3/F/C_{max}$ 代表 5 个不同零件，经 3 道工序同顺序加工排序问题。(　　)

3. 中心法一定可得最优解。(　　)

4. $n/2/F/C_{max}$ 同顺序加工排序问题很容易得到最优解。(　　)

5. 一个加工中心、多台相同设备排序问题最优解下限不会小于 max (p_i)。(　　)

二、思考题

1. 三种排序方法的适用条件分别是什么？

2. 在排序问题中，设备数量增加一倍，生产周期是否会减少一半？

3. 在排序问题中，工序设备数量最小值大于等于零件数时生产周期不会小于多少？

4. 在排序问题中，较大加工时间成 45°角排列可缩短生产周期，为什么？

5. 在排序问题中，生产周期主要受关键零件和关键加工中心影响，为什么？

6. 零件法和中心法适用条件分别是什么？

三、计算题

1. 一批相同的20个零件需经过5道工序加工，各道工序单件加工时间分别为 $t_1 = 10$ 分，$t_2 = 5$ 分，$t_3 = 20$ 分，$t_4 = 12$ 分，$t_5 = 8$ 分。①求三种移动方式下的生产周期。②若最后一道工序有3台相同设备，顺序移动下生产周期为多少?

2. 根据表8-35所示的资料，分别用最短加工时间、最早交货期和二者相结合原则排序。

表8-35 **加工中心任务**

项目＼零件	J_1	J_2	J_3	J_4	J_5	J_6	J_7
加工时间	4	8	2	5	9	6	3
交货期	24	28	8	22	32	42	7

3. 根据表8-36所示的资料给出较优加工顺序。设某个加工中心有5个零件同时到达，零件集 $J = \{J_1, J_2, \cdots, J_n\}$ 都正在等待加工。问：如何安排加工顺序，使加工完5个零件的总调整时间最小?

表8-36 **任务表** 单位：小时

从＼至	J_1	J_2	J_3	J_4	J_5
J_1	—	27	29	30	16
J_2	25	—	22	21	30
J_3	35	9	—	7	25
J_4	30	5	6	—	2
J_5	70	50	80	40	—

4. 根据表8-37所示的资料排序，并计算生产周期（均需经过2道工序加工，每道工序只有1台设备）。

表8-37 **任务表** 单位：小时

工序＼零件	J_1	J_2	J_3	J_4	J_5	J_6	J_7
P_1	4	8	2	5	9	6	39
P_2	24	23	8	3	32	13	7

5. 根据表 8 – 38 所示的资料排序，并计算生产周期（均需经过 4 道工序加工，每道工序只有 1 台设备）。

表 8 – 38　　任务表　　单位：小时

零件 工序	J_1	J_2	J_3	J_4	J_5	J_6	J_7
P_1	6	8	12	2	7	23	5
P_2	11	90	50	30	9	6	19
P_3	3	35	6	8	12	6	11
P_4	36	8	1	5	55	8	3

6. 根据表 8 – 39 所示的资料排序。这是平行机排序问题，2 台相同设备，多个不同零件，请给出较优排序。若有相同 3 台设备结果又如何？（多个零件在一个加工中心加工，这个加工中心有 3 台相同设备）

表 8 – 39　　任务表　　单位：小时

零件 工序	J_1	J_2	J_3	J_4	J_5	J_6	J_7	J_8	J_9
P_i	8	9	30	20	8	8	5	1	6

7. 根据表 8 – 40 所示的资料，试安排较优的加工顺序，并计算其生产周期。

表 8 – 40　　任务表　　单位：小时

零件 工序	J_1	J_2	J_3	J_4	J_5	J_6
P_1	12	3	70	50	25	79
P_2	15	40	10	90	70	30
P_3	12	56	90	32	2	8
P_4	30	22	50	7	12	40
P_5	34	52	80	100	60	90
P_6	8	9	10	70	10	40
P_7	7	1	12	40	12	3

8. 根据表 8－41 所示的资料，试安排最优的加工顺序，并计算其生产周期。

表 8－41 任务表 单位：小时

工序＼零件	J_1	J_2	J_3	J_4
P_1	2	22	2	2
P_2	2	2	22	2
P_3	2	2	2	22
P_4	22	2	2	2

9. 根据表 8－42 所示的资料，试安排最优的加工顺序，并计算其生产周期。

表 8－42 任务表 单位：小时

工序＼零件	J_1	J_2
P_1	18	1
P_2	1	18
P_3	1	18
P_4	18	1

10. 根据表 8－43 所示的资料，试安排较优的加工顺序，并计算其生产周期。

表 8－43 任务表 单位：小时

工序＼零件	J_1	J_2	J_3	J_4
P_1；$K=2$	5	6	7	9
P_2；$K=3$	12	20	15	9
P_3；$K=1$	8	9	7	6

11. 根据表 8－44 所示的资料，试安排较优的加工顺序，并计算其生产周期。

表 8－44 任务表 单位：小时

工序＼零件	J_1	J_2	J_3
P_1	6	10	3
P_2	50	30	9
P_3	20	120	20

续 表

工序 \ 零件	J_1	J_2	J_3
P_4	8	50	70
P_5	10	30	2

12. 根据如表 8－45 所示的资料排序。这是平行机排序问题，2 台相同设备，多个不同零件，请给出较优排序。若有相同 3 台设备结果又如何？（多个零件在一个加工中心加工，这个加工中心有 3 台相同设备）

表 8－45 任务表 单位：小时

工序 \ 零件	J_1	J_2	J_3	J_4	J_5	J_6	J_7	J_8	J_9	J_{10}	J_{11}
P_i	19	20	30	28	13	8	5	1	8	6	6

13. 根据表 8－46 所示的资料，试用关键零件法、系数法和关键加工中心法排序并计算生产周期。

表 8－46 任务表 单位：小时

工序 \ 零件	J_1	J_2	J_3	J_4	J_5	J_6	J_7	J_8	J_9
P_1	3	21	5	40	15	66	7	67	23
P_2	13	40	23	66	15	80	1	5	7
P_3	90	150	80	70	35	123	60	45	56
P_4	35	30	56	21	20	46	22	56	33
P_5	32	50	120	80	21	42	42	77	12
P_6	43	56	3	50	53	22	5	32	45

14. 根据表 8－47 所示的资料排序，并计算生产周期（均需经过 2 道工序加工，每道工序只有 1 台设备）。

表 8－47 任务表 单位：小时

工序 \ 零件	J_1	J_2	J_3	J_4	J_5	J_6	J_7
P_1	16	18	12	1	17	32	2
P_2	11	19	5	3	19	6	15

第九章　制造业作业计划

学习目标

知识目标

1. 熟悉制造业三种生产类型期量标准；
2. 熟悉制造业三种生产类型作业计划的内容与方法。

技术目标

1. 会用在制品定额法编制制造业作业计划；
2. 会用提前期法编制制造业作业计划；
3. 会用订货点法编制制造业作业计划。

职业能力目标

1. 培养制造业作业计划优化理念；
2. 掌握制造业作业计划常用的理论与方法，解决制造业作业计划问题。

物流聚焦

打破生产瓶颈

某机械公司为一家中型企业，员工2400人，9个生产分厂，固定资产17716万元，主要生产设备787台，产品是某行业专用设备。企业领导层根据未来市场的发展及对公司的重新定位——成为行业内生产和研发基地。根据企业的诉求，咨询顾问师对其企业全面开展咨询诊断。

通过对该公司的生产及管理现状作的系统调查研究，咨询师根据对用户及竞争对手的情况分析，认为应把保证按期按量完成订货合同作为该公司改进生产管理的着眼点，据此进行了深入的调研。其间，召开各种人员的座谈会51次，个别面谈31人，现场观测128次，民意测验108人次。经过初步调查，咨询小组了解到：公司对小批量、多品种的生产管理不善，以及其他一些计划混乱、供货不及时等原因，致使订货合同有40%左右不能按期按量完成。

影响交货的原因是多方面的，仅从生产管理的角度对造成交货情况不好的原因进行了分析，结合企业生产管理状况的调查，抓住了主要矛盾，针对公司生产能力瓶颈，确定了生产计划管理工作的问题及改善意见，尤其针对试点车间及生产部的生产管理问题进行了研究，结果发现了近20个突出问题，包括在制品管理混乱，厂级年度生产计划过于粗略，车间的生产作业计划不够具体、明确。作业计划编制不完整，日常作业缺乏计划性，工时定额偏低，车间人员偏多，外协供应不及时，设备管理不完善，不够重视，生产任务紧时影响正常的设备保养等。

为此，咨询顾问向企业管理层提出改善建议。如严格按厂作业计划编制车间生产作业计划，并逐步达到均衡生产。制定合理的在制品定额和管理制度。加强预防性设备保养维修工作，设备开动率。建议车间进行一次调整，实施定置管理和5S现场管理。实施以装配分厂为核心的拉动式精益生产。实施采购与供应链管理，采购职能整合。

在对以上问题达成共识的基础上，企业最终决定项目分为四个阶段来实施。第一阶段：基础调整；第二阶段：试运行、中期评估；第三阶段：推广期；第四阶段：末期评估、跟踪辅导。

针对本公司生产能力瓶颈和实物质量这两个最紧迫的问题，有针对性地开展IE（工业工程），推进精益生产。实现物流理顺作业优化，向精益生产靠拢。具体讲就是组织了以降低库存为目标的准时化生产和以优化作业、提高劳动效率为目标的作业分析和MOD法（模拟法）。动作分析全面实现了业内配套适时供货（即准时成套供货）。

资料来源：http：//jingyan. baidu. com/article/ce436649efa8623772afd365. html。

生产作业计划是生产计划工作的继续，是企业年度生产计划的具体执行计划。它是协调企业日常生产活动的中心环节。它根据年度生产计划规定的产品品种、数量及大致的交货期的要求对每个生产单位（车间、工段、班组等），在每个具体时期（月、旬、班、小时等）内的生产任务做出详细规定，使年度生产计划得到落实。

作业计划主要内容：一是制定或修改期量标准；二是编制生产作业计划；三是进行设备和生产面积的核算和平衡；四是生产现场管理（生产作业准备和服务、生产现场的布置、日常生产派工、生产任务的临时调整和鼓励职工的劳动热情）；五是生产控制。

第一节 流水生产作业计划

一、流水生产作业计划期量标准

期量标准，又称作业计划标准，期量就是期限和数量，“期”和“量”是构成生产作业计划的两个组成部分，是指为制造对象在生产期限和生产数量方面所规定的标准数据，它是编制生产作业计划的重要依据。先进合理的期量标准是编制生产作业计划的重要依据，是保证生产的配套性、连续性和充分利用设备能力的重要条件。制定合理的期量标准，对于准确确定产品的投入和产出时间，做好生产过程各环节的衔接，缩短产品生产周期，节约企业在制品占用，都有重要的作用。期量标准就是经过科学分析和计算，对加工对象在生产过程中的运动所规定的一组时间和数量标准。期量标准是有关生产期限和生产数量的标准，因而企业的生产类型和生产组织形式不同时，采用的期量标准也就不同，大量流水线生产的期量标准有节拍、流水线工作指示图表和在制品定额等。期量标准随产品品种、生产类型和生产组织形式而有所差别，但制定期量标准时都应遵循科学性、合理性和先进性的原则。

（一）节拍

节拍是组织大量流水生产的依据，是大量流水生产期量标准中最基本的期量标准，其实质是反映流水线的生产速度。

节拍计算公式为：

$$r = F_e / N_{投} = F_o \left(1 - \beta_{停工}\right) / N_{投} = F_o \eta / N_{投} \tag{9-1}$$

$$N_{投} = N_{计} / \left(1 - f_{计废}\right) \tag{9-2}$$

式中：r——流水线节拍（件/分）；

F_e——计划期（年）有效工作时间（分）；

$N_{投}$——计划期（年）产品投产数量（件）；

F_o——计划期（年）制度工作时间（分）；

$\beta_{停工}$——停工率；

η——时间有效利用系数（通常考虑检修、调整设备、更换工具、工人班内休息等因素来确定，一般取0.9～0.96）；

$N_{计}$——计划期（年）出产合格产品数量（件）；

$f_{计废}$——计划期内废品率。

（二）流水线标准作业指示图表

在大量流水生产中每个工作地都按一定的节拍反复地完成规定的工序。为确保流水线按规定的节拍工作，必须对每个工作地详细规定它的工作制度，编制作业指示图表，协调整个流水线的生产。正确制定流水作业指示图表对提高生产效率、设备利用率和减少在制品起着重要作用。它还是简化生产作业计划、提高生产作业计划质量的有效工具。流水线作业指示图表是根据流水线的节拍和工序时间定额来制定的。流水线作业指示图表的编制随流水线的工序同期化程度不同而不同。连续流水线的工序同期化程度很高，各个工序的节拍基本等于流水线的节拍，因此工作地的负荷率高。这时就不存在工人利用个别设备不工作的时间去兼顾其他设备的问题。因此，连续流水线的作业指示图表比较简单，只要规定每条流水线在轮班内的工作中断次数、中断时刻和中断时间即可。

1. 连续流水线标准工作指示图表的编制

连续流水线工序同期化程度高，各道工序的生产率相等，工作地负荷率高，在不考虑多机床看管的前提下，不需要为流水线每道工序规定工作制度，只为整个流水线规定工作制度即可，也就是规定流水线的工作程序及其工作与中断的时间。表 9－1 是五条不同紧张程度的连续流水线标准工作指示图表的示意，表中规定了每条流水线在轮班内工作的中断次数、中断时刻及每次中断时间。如果流水线采用多机床看管时，看管期一般取节拍的长度，并按节拍制定工人看管多台设备的工作指示图表。

表 9－1　　　　连续流水线标准工作指示图表的示意

流水线特点	小时									一班共计		
	1	2	3	4		5	6	7	8	间断次数（次）	间断时间（min）	工作时间（min）
装配简单产品		■			中间休息		■			2	20	460
装配复杂产品		■					■			2	30	450
机械加工（使用耐用期长的工具）		■	■				■	■		4	40	440
机械加工（使用耐用期短的工具）	■	■	■			■	■	■		6	60	420
焊接、热处理等		■	■	■		■	■	■		6	60	420

注：工作时间 □ ；间断时间 ■

2. 间断流水线标准工作指示的编制

编制间断流水线标准工作指示图表的工作比较复杂，需要分工序规定每一工作地（设备）工作时间和程序。编制步骤如下。

步骤一，确定流水线的看管期。

看管期是间断流水线工作循环一次的时间间隔，也就是工人依次在其所看管设备上生产规定数量制品所需时间间隔的最大值，通常用符号 T 表示。看管期的存在，就在于间断流水线没有实现完全工序同期化，反映到实际工作中就是因各工序生产效率不同而引起的。流水生产要求有节奏地工作，这样就需要人为确定一个时间间隔，使得各工序在此时间内的生产效率达成一致，这个“时间间隔”就是间断流水线的看管期。

看管期的长短要适宜。看管期规定得太长，会引起生产中工序之间在制品占用量增加，进而占用更多的生产面积和资金；反之，看管期规定得太短，对负荷不足的设备和实行兼职的人员，交换工作就要频繁，不能充分利用设备和工人工作时间。因此，看管期长度的选择，应根据下列因素决定：①工人兼职的负荷；②工人看管设备的间距；③流水线上各道工序生产率协调程度；④零件的价值、工作地存放制品的面积。

综合考虑上述因素后来确定看管期的长度，其数值范围可以从流水线生产节拍到一个工作班。

步骤二，确定看管期内各工作地的产量。

首先根据各道工序的单件加工时间和流水线的生产节拍，确定各工序的设备（工作地）数。然后确定各工序设备（工作地）在看管期内的产量。

流水线在看管期的产量为：

$$Q = T/r \tag{9-3}$$

式中：Q——看管期内各工作地的产量；

T——看管期；

r——节拍。

步骤三，确定工作起、止时间，绘制标准工作指示图表。

对于负荷不满的工作地，要确定其在看管期内工作的起止时间。此时其工序设备的开始工作时间，一般是看管期的开始时间，结束时间取决于工作时间的长短。特殊时，考虑工作地兼管的可能性，对某些设备开始时间要适当延后，但延后的条件是，应当保证看管期产量的获得。与此同时，绘制标准工作指示图表。表 9－2 是间断流水线标准工作指示图表的一个实例。

步骤四，确定和配备工人，规定工作程序。

确定流水线上工人人数的同时，还要考虑劳动组织形式，如实行多机床看管及兼职等办法。在此基础上，规定每个工人的工作程序（见表9－2）。

表9－2　　　　间断流水线标准工作指示

流水线名称	工作班	日产量	节拍	运输批量	节奏	看管时间	看管期产量
轴加工流水线	2	160件	6min	1件	6min	2h	20件

工序号	工时定额 t_1	工作地号	设备负荷率%	工人号	劳动组织	看管期内作业指示图表												看管期内产量
						10	20	30	40	50	60	70	80	90	100	110	120	
1	12	01	100	01	多机床看管													10
		02	100															10
2	4	03	67	02	兼管03、06													20
3	5.2	04	87	03	多机床看管													20
4	5	05	83	03														20
5	8	06	33	02														5
		07	100	04														15
6	5.6	08	94	05														20
7	3	09	50	06	兼管09、10													20
8	3	10	50	06														20
9	6	11	100	07														20

（三）在制品定额

在制品就是从原材料投入生产到成品入库为止，处于生产过程中的一切毛坯、零件、部件以及尚未包装入库的产品，它也称在制品占用量，简称占用量。

企业为了保证生产过程连续不断地进行和有节奏地均衡生产，就必须在生产过程的各个环节中保持足够数量的在制品，但在制品不能过多，否则就会积压大量资金和物资，占用大量生产面积和仓库面积，这就要求在保证生产正常连续进行的前提下，在制品占用量越少越好。因此，企业应根据生产技术组织条件，为各种产品制定出先进合理的在制品定额，并要创造条件，采取各种措施，不断降低在制品定额。

所谓在制品定额，就是在一定时间、地点和生产技术组织条件下，为保证连续而均衡地生产所必需的最低限度的在制品数量标准。

在制品占用量按具体存放地点，可分为流水线内部占用量和流水线之间（库存）占用量。按在制品占用量的性质和用途，可分为工艺占用量、运输占用量、周转占用量和保险占用量。

在大量流水生产条件下，为了使在制品占用量定额制定的准确合理，需要分别计算各类在制品占用量，然后再进行汇总并确定其定额标准。各类在制品占用量的计算方法如下。

1. 流水线内部在制品占用量

（1）工艺占用量。就是正在流水线各道工序各个工作地上加工、装配或检验的在制品数量。其大小取决于流水线的工序数目、各工序的工作地数目以及每个工作地上同时加工的零件数。其计算公式如下：

$$Z_g = \sum S_i \times G_i \tag{9-4}$$

式中：Z_g——工艺占用量；

S_i——第 i 工序设备（工作地）数；

G_i——第 i 工序每台设备同时加工零件数量。

（2）运输占用量。就是处于流水线内各工序之间运输过程中的在制品数量。其大小取决于流水线工作地的数目和运输批量。其计算公式如下：

$$Z_y = (m-1) \times N \tag{9-5}$$

式中：Z_y——运输占用量；

m——工序数；

N——运输批量。

（3）周转占用量。就是为了保证流水线工序之间协调工作而设置的在制品占用量。连续流水线内部各工序的工作节拍完全相同，相邻工序的生产率完全协调，没有周转在制品。周转在制品仅存在于间断流水线上，这是由于间断流水线内部各工序的工作节拍不相同，使相邻两工序的出产量往往不相等。当上道工序的生产率小于下道工序的生产率时，为了保证流水线的连续进行，就必须在这两个工序之间建立周转占用量；或者虽然相邻两工序生产率相同，但上下工序工作的起止时间不同，当下道工序先于上道工序工作时，也必须在这两道工序之间建立周转占用量。由此可见，流水线内部周转占用量就是相邻工序在一定时间的产量差额。由于各道工序在看管期内各个时间间隔的生产率可能是变化的，为此，必须按相邻两工序生产率均不变的时间来分段，并按段分别计算相邻两工序产量的差额。

周转占用量计算公式如下：

$$Z_z = (T_h \times S_1) / t_1 - (T_h \times S_2) / t_2 \tag{9-6}$$

式中：Z_z——相邻两工序之间周转在制品占用量的最大值；

T_h——看管期内，生产效率高的工序延续工作时间；

S_1——上道工序在 T_h 时间内同时工作的工作地数；

S_2——下道工序在 T_h 时间内同时工作的工作地数；

t_1——上道工序的时间定额；

t_2——下道工序的时间定额。

如果计算结果是正值，说明在该时间段内上道工序产量大于下道工序产量，在制品占用量是不断增加的，并在该时间段末形成最大值。如果计算结果是负值，说明在该时间段内上道工序产量小于下道工序产量，工序间的在制品是不断消耗的，最大值在时间段初形成。在看管期内，各个时间段计算结果的正值之和应与负值之和相等，并根据各个结果画出周转在制品形成与消耗图（这里从略）。

（4）保险占用量。就是用来保证需用工序生产率提高，或者供应工序因故障不能按时按量供应时，仍能正常生产，而在工序间设置的在制品占用量。

保险占用量计算公式如下：

$$Z_B = T/t_i \tag{9-7}$$

式中：Z_B——某工序保险在制品占用量；

T——消除某工序故障的最低时间；

t_i——某工序单件生产时间定额。

保险占用量的大小，应根据零件的价值大小、生产周期长短、工艺的复杂性和稳定性、废品率、设备事故等因素综合考虑确定。保险占用量不一定在每一工序都设置，一般只对那些关键工序，考虑上述诸因素后确定。保险占用量动用后，应及时恢复。恢复方法通常是由工人自己提高生产效率或在休息时间内设法补充上，恢复正常供应所需时间越长，保险占用量也就越大。因此，保险占用量的大小取决于流水线需设保险占用量的工序数、工序的单件工时、工序从发生故障到恢复正常所需要的最短时间。

流水线内部在制品占用量，原则上由上述四种在制品占用量构成。但必须考虑各种不同流水线的特点来确定，如连续流水线不需要计算周转占用量；间断流水线可用周转占用量代替运输占用量。

2. 流水线之间在制品占用量

流水线之间在制品占用量，一般可分为库存周转占用量、运输占用量和库存占用量。

（1）库存周转占用量。是为了保证流水线之间协调生产而设置的在制品占用量。这种占用量是由于需用流水线和供应流水线的生产率不同或者工作制度（工作班次和起止时间）不同而形成的。其大小取决于流水线的生产节拍和流水线的工作时间。

（2）运输占用量。流水线之间运输占用量，就是处于流水线之间运输过程中的在制品数量。它是为了保证需用流水线的第一道工序在运输间隔期内（两次发送或取货的时间间隔）正常生产而存放的在制品数量。

（3）库存保险占用量。就是用来保证需用流水线生产率提高时，或者供应流水线因故障不能及时供应时，仍能正常生产而设置的占用量。

以上是大量流水生产在制品占用量的分类情况。在确定在制品定额时，还应注意以下几个问题：

①对于不同的流水线，应明确哪种在制品占用量起主导作用；

②在制品占用量定额是按每一种零件分别计算的，计算时应考虑生产过程的衔接，结合标准工作指示图表加以确定，然后按存放地点汇总成分零件的占用量定额表；

③占用量定额表由生产管理部门编制，由财务部门估价和核算占用的流动资金；

④占用量定额一经确定，就成为企业生产计划工作中的一种非常重要的期量标准，对稳定生产作业计划秩序和协调生产活动有着极其重要的作用，应严格执行，并要注意定额水平的变动情况，定期调整。

二、流水生产作业计划的编制

流水生产作业计划的编制方法因计划时间长短、编制单位（车间、工段、班组或个人）不同而有所不同。在制品定额法适合车间作业计划的编制；订货点法、看板管理、双箱法适合流水线之间、工序之间作业计划的编制；标准工作指示图表适合各工作地作业计划编制；标准作业卡适合具体某工序某个人的作业计划安排。这里只介绍两种作业计划编制方法，其他方法在相关章节论述。

（一）在制品定额法

在制品定额法，就是根据企业的产品出产任务，运用预先制定的在制品占用量定额，按照反工艺顺序的连锁计算方法确定各车间的生产任务的方法。该方法适用于生产稳定的大量大批生产。

在大量大批生产中，各个生产环节生产的制品品种比较单一，产量比较大，工艺技术稳定，生产任务很少变化，因而各个生产环节之间的分工和联系也比较稳定。这些特点集中表现为各个生产环节所占用的在制品经常保持一个稳定的数量，把这个稳定的在制品数量制定成为标准，就称为在制品定额。利用在制品定额与实际在制品结存量进行比较，就可以发现各生产环节之间是否发生脱节或过多地占用在制品的情况。按照经常保持在制品数量在定额水平这个要求，来计算各生产环节的投入和出产任务，就可以保证车间有节奏地生产和车间之间的衔接和平衡。在制品定额法的计算公式就是根据这个原理建立的。

各个车间在计划期的投入和出产量任务，可按产品工艺过程的反顺序，从最后车间算起，依次运用下列公式计算；

$$N_O = N_{HI} + N_S + (Z_K - Z_K') \tag{9-8}$$

用语言描述为：

某车间出产量 = 后车间投入量 + 本车间半成品计划外销量 +（车间之间库存在制品定额 - 车间之间期初预计在制品库存量）

$$N_I = N_O + N_F + (Z_L - Z_L') \tag{9-9}$$

用语言描述为：

某车间投入量 = 本车间出产量 + 本车间计划废品数 +（本车间内部在制品定额 - 本车间计划期初预计在制品库存量）

式中：N_0——本车间的计划出产量；

N_{HI}——后车间的计划投入量；

N_S——本车间半成品计划外销量；

Z_K——车间之间库存在制品定额；

Z_K'——车间之间期初预计在制品库存量；

N_I——本车间计划投入量；

N_F——本车间计划允许的废品和损耗数量；

Z_L——车间内部在制品定额；

Z_L'——车间内部期初预计在制品数量。

采用上述公式计算时，最后车间的出产量和各车间的半成品计划外销量，根据计划期销售量确定；车间计划允许废品数量是按计划废品率计算的。由于在计划期前编制计划，因此在编制计划时，尚不知计划期的在制品实际数。确定期初在制品占用量一般有两个办法；一是预计法，即在编制计划时，根据当时账面结存的数字加上预计到期末将要完成的数量，得出计划期初预计的在制品实际数，到计划期开始时，再根据实际统计数字加以修正。这个办法的优点是计划期各月任务比较明确，计划期前一个月计划完成不好时，在编下季计划时可及早发现，及时采取措施进行适当调整。缺点是预计不容易准确，到计划期初还要根据在制品的实际数修改生产任务，比较麻烦。二是跨期法，即采用编制跨期计划的方法。在编制计划时不用预计数，而是把计划期前一个月的在制品清点数或统计数作为计划期的实际数，同时把计划期前一个月的生产任务与计划期第一个月的任务合并在一起进行计算，到计划期初，这个合并在一起的包括两个月的生产任务中，减去计划期前一个月的实际完成数，就是计划期第一个月的任务。这种方法的优点是当计划期前一个月的计划与实际发生偏差，能自动转入计划期第一个月的任务内，计划期初不必再修正计划。

【例 9－1】某企业计划出产 1000 台某种型号汽车，其他相关资料如表 9－3 所示，问：如何编制各车间作业计划？

根据式（9－8）、式（9－9）和 MRP 理论，运用在制品定额法具体编制过程如下：首先计算装配车间出产量，轴出产量等于商品产量（1000）乘以构成系数（1），得 1000 件，同理，齿轮出产量为 4000 件（1000×4）；其次计算装配车间轴和齿轮投产量，轴投产量为 1040（1000＋0＋100－60）、齿轮投产量为 4150（4000＋0＋500－350）；最后依次计算加工车间、毛坯车间出产和投产数量，计算过程和结果参见表 9－3。

表 9－3　　作业计划编制

产品名称			××汽车		
商品产量			1000 台		
零件名称			轴	齿轮	
每辆件数			1	4	
装配车间	1	出产量	1000	4000	
	2	废品损耗	—	—	
	3	在制品定额	100	500	
	4	期初预计在制品结存量	60	350	
	5	投入量［1＋2＋（3－4）］	1040	4150	
零件库	6	半成品外销量	—	200	
	7	库存半成品定额	80	600	
	8	期初预计结存量	100	710	

续 表

产品名称			××汽车		
加工车间	9	出产量（5+6+7-8）	1020	4240	
	10	废品损耗	10	140	
	11	在制品定额	180	450	
	12	期初预计在制品结存量	60	340	
	13	投入量（9+10+11-12）	1150	4490	
毛坯库	14	半成品外销量	50	610	
	15	库存半成品定额	200	1000	
	16	期初预计结存量	300	1000	
毛坯车间	17	出产量（13+14+15-16）	1100	5100	
	18	废品损耗	80	—	
	19	在制品定额	40	250	
	20	期初预计在制品结存量	30	150	
	21	投入量（17+18+19-20）	1190	5200	

（二）订货点法

虽然在很多情况下可运用 MRP 法、准时生产中的看板管理或双箱法等编制和安排作业计划，但有些情况下也可运用订货点法编制和安排作业计划，如零部件体积、重量和价值都比较小，运用 MRP 法和准时生产中的看板管理不如订货点法实用和经济，只要合理确定订货点，在制品库存下降到订货点就需发出生产计划指令，安排作业计划，方法简单实用。

如图 9-1 所示，这里只讨论一种情况，即下道工序消耗速度为 d，在制品最高库存为 Q，订货点为 R，生产需要一定时间 LT，产量为 Q，只要在制品库存下降到 R 点，就发出作业计划生产指令，开始生产。其他情况（如生产速度为 P，消耗速度为 d，

$P \geqslant d$等情况）因篇幅所限，这里从略。

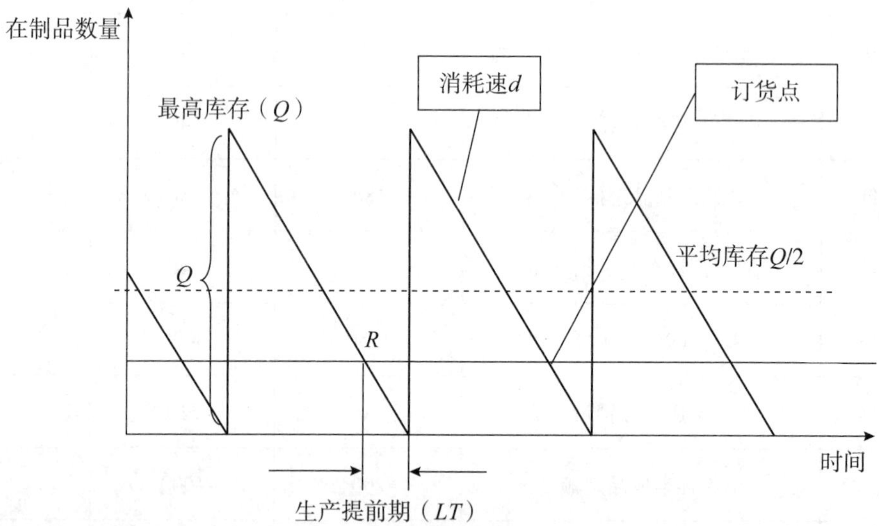

图 9－1　库存周转及订货点

第二节　成批生产作业计划

一、成批生产作业计划的期量标准

根据成批生产的特点，在组织成批生产时，必须正确地确定零件成批投入生产的数量，并且按照产品零部件的生产周期确定它们提前投入和出产的时间，同时也要在生产过程中保持一定数量的在制品储备量。只有这样才能正常地进行生产。

在成批生产条件下，对大部分产品一般都可组织定期成批轮番生产；但某些产品也存在不定期成批轮番生产的问题。两者之间虽然有其共同点，但也有各自的特殊点，这主要表现在：定期成批轮番生产的生产间隔期是固定的，不定期成批轮番生产的生产间隔期是变动的。这里主要讨论定期成批轮番生产的期量标准的制定。

（一）批量

1. 批量的含义

批量就是指花费一次准备结束时间，连续制造一批同种的零件（或毛坯），装配一批同种的部件或产品的数量。批量分为产品的装配批量和毛坯、零件的制造批量。

2. 确定生产批量应考虑的因素

确定生产批量应考虑的因素主要有：经济性因素，即生产批量多大，生产总成本最低；生产能力因素，与生产能力相匹配，与一定时间产量最好成倍比关系；运输性，与工位器具、包装箱大小、运输工具（货箱尺寸、卡车货箱尺寸、集装箱尺寸）相匹配，最好能装整数个。安全性，生产数量满足安全生产需要。

3. 批量确定方法

（1）最小批量法。最小批量法主要考虑的因素是，充分利用设备和提高劳动生产率，使批量能保证设备调整时间损失与一批零件加工时间的比值不超过允许的数值。这个值称为允许的调整时间损失系数。允许的调整时间损失系数与批量和设备利用率成反比，与设备调整时间成正比。即批量要满足：

$$k_R = t_k / (n \times t_P) \tag{9-10}$$

因此，可得：

$$n = t_k / (k_R \times t_P) \tag{9-11}$$

式中：n——最小批量；

k_R——设备允许的调整时间损失系数；

t_k——调整设备的准备结束时间；

t_P——工序单件时间。

从公式中可以看出：设备允许的调整时间损失系数和批量成反比关系，在调整设备的准备结束时间和工序单件时间一定条件下，提高设备允许的调整时间损失系数时，批量就要减少，为了保持一定的设备利用程度和劳动生产率水平，就要规定一个合理的 k_R值用于计算批量 n，批量 n 是最低限度，不能再小。如果批量 n 再小，k_R就要超过所允许的范围，此时，设备利用率、劳动生产率就会降低。所以，此法称为“最小批量法”。

用最小批量法计算批量，关键是正确选择 k_R值。确定 k_R值的常用方法是根据统计资料分析确定。从最小批量计算公式中可以看出，要减少批量，唯一的办法是降低调整设备的准备结束时间。为此，企业要从技术上、组织上采取措施不断降低调整设备的准备结束时间，促使批量逐步减少。扩大批量是目前企业技术与管理水平不高的条件下，为了求得一定的经济效果而采取的办法。随着技术和管理水平的提高，批量要不断减少，使企业的产品更能适应市场的需求变化。

（2）经济批量法。经济批量法就是用数学的方法，综合考虑批量大小对产品（零件）成本的影响，寻求一个使产品（零件）所付出的生产费用达到最小值的批量。根据这一原理计算的批量称为经济批量。图 9 - 2 为经济生产批量。

经济订货批量的计算公式为：

$$C_T = C_H + C_R + C_P = H \times (Q/2) + S \times (D/Q) + F \times D \tag{9-12}$$

对 Q 求导数，令导数等于 0，得：

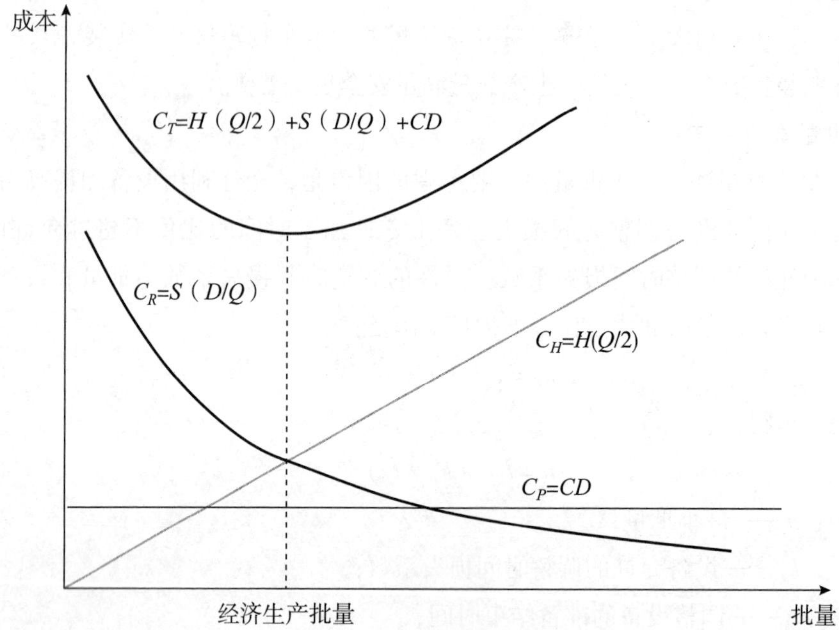

图 9－2　经济生产批量

$$Q^{\circ} = EOQ = \sqrt{\frac{2DS}{H}} \tag{9-13}$$

式中：Q°——经济批量；

S——一次调整准备费；

H——单位维持库存费，$H = C \times h$（C——在制品成本（单价）；h——资金效果系数）；

D——年生产量；

F——单件生产费用（见式 9－12）。

不求导数也可获得经济订货批量表达式，因为 F 为常数，D 也为常数，所以 FD 为常数，不影响最优解，所以可以不予考虑。H（$Q/2$）是使成本增加的力量，S（D/Q）是使成本减少的力量，二者相等时就是最优解（见图 9－2）。

（二）生产周期

1. 生产周期的含义

生产周期是指某种产品从原材料投入生产开始，到成品出产为止，整个生产过程所经历的日历时间。它包括毛坯制造、零件加工、产品装配等工艺阶段的生产周期。

生产周期是确定产品中各种零件，毛坯的投产、出产时间，编制生产作业计划，以及计算有关的生产、劳动、成本、资金等各项技术经济指标的重要依据。

通过生产周期的计算，可以分析影响生产周期的各种因素，从而采取有效措施，不断压缩生产周期。这样可以使企业在同样的时间内，生产出更多的产品，从而提高劳动生产率；可以减少生产过程中的在制品数量，从而节约流动资金，降低产品成本。可见压缩生产周期具有重要的经济意义。

在成批生产中，生产周期是按批量计算的，采用分析计算法和图表法相结合的方法进行确定。

毛坯制造、零件加工工艺阶段的生产周期，因其工序间的联系比较单纯，通常在分析生产周期时间结构的基础上，运用公式进行计算。产品及其部件的装配工艺阶段的关系较为复杂，不能用计算公式将其生产周期准确地计算出来，可以用图表法确定其生产周期。

2. 零件、毛坯制造阶段生产周期的计算

（1）一批零件（毛坯）的生产周期。一批零件的周期包括各工序的生产周期、工序之间的间断时间，自然过程时间以及制度规定的间断时间等。计算公式为：

$$T_{零}=T_B+m\cdot t_{间}+t_{跨}+t_{自}+t_{制} \tag{9-14}$$

式中：$T_{零}$——一批零件的制造周期；

T_B——完成一批零件各道工序所需要的时间；

m——零件工序数；

$t_{间}$——平均每道工序在车间的间断时间；

$t_{跨}$——跨车间转序的间断时间；

$t_{自}$——零件加工过程中的自然时效时间；

$t_{制}$——零件加工时的制度规定的间断时间。

（2）零件组生产周期。在成批生产条件下，一般是以零件组为计划单位的，因此需要计算零件组的生产周期。

零件组的生产周期是指零件组中全部零件加工完毕所需要的日历时间。零件组的生产周期，决定于最长零件的生产周期，还决定于每个工作地担负零件种数的多少和劳动量的大小。虽然零件组的各零件是同时在各工作地上加工，但可能由于等待设备加工而延长全组的生产周期。因此，确定零件组的生产周期，一般是以最长零件的生产周期为基准，再加上一个成套时间。成套时间需要根据统计资料分析确定。零件组生产周期的计算公式为：

$$T_{组}=T_{最长}+T_{成套} \tag{9-15}$$

式中：$T_{组}$——零件组生产周期；

$T_{最长}$——最长零件的生产周期；

$T_{成套}$——成套时间。

3. 产品及部件装配周期

产品装配周期包括部件装配和总装配周期。产品装配周期一般是在装配系统图的基础上，通过图表法进行制定的。

4. 产品生产周期

产品生产周期是零件及其毛坯的生产周期与产品装配周期之和。一般来讲，产品生产周期就等于各工艺阶段生产周期与各个工艺阶段之间的保险期之和。用公式表示如下：

$$T_{产品} = T_{毛} + B_{毛加} + T_{加} + B_{加装} + T_{装} + T_{包} \quad (9-16)$$

式中：$T_{产品}$——产品生产周期；

$T_{毛}$——毛坯生产周期；

$B_{毛加}$——毛坯保险期；

$T_{加}$——加工生产周期；

$B_{加装}$——加工保险期；

$T_{装}$——装配生产周期；

$T_{包}$——产品进行油化、试验、包装等项工作的时间。

但是，由于产品的各种零件及其毛坯的批量和生产间隔期往往不相同，在各工艺阶段之间又存在平行交叉的作业，配套衔接关系较为复杂。因此，很难准确地计算出产品的生产周期。在工厂实际工作中通常是采用图表法通过绘制产品生产周期图表来确定产品生产周期。

（三）生产提前期

生产提前期分投入提前期和出产提前期。投入或出产提前期是指某批零件（部件、零件组）在生产过程的某个工艺阶段投入或出产的日期，比该批零件（部件、零件组）最后加工成成品的日期应提前的时间。

有了生产提前期，就可以确定一批零件（部件、零件组）投入出产的标准日期，保证各个工艺阶段成套地、及时地投入和出产制造产品所需要的各种材料、毛坯、零件和部件，保证生产有秩序地进行。这是成批生产条件下，组织均衡生产的一个重要条件。

产品装配出产日期是计算提前期的起点，而生产周期和生产间隔期是计算提前期的基础。确定提前期按反工艺顺序方向进行，先确定装配阶段，再确定加工阶段和毛坯制造阶段。

在定期成批轮番生产条件下，计算各工艺阶段的投入与出产提前期的一般公式是：

$$D_{i出} = D_{i+1投} + B_{i,i+1} + (R_i - R_{i+1}) \quad (9-17)$$

用语言描述为：

某车间出产提前期 = 后车间投入提前期 + 保险期 + （本车间生产间隔期 - 后车间生产间隔期）

$$D_{i投} = D_{i出} + T_i \tag{9-18}$$

用语言描述为：

某车间投入提前期 = 该车间出产提前期 + 该车间生产周期

式中：$D_{i出}$——前一工艺阶段（第 i 工艺阶段）的出产提前期；

$D_{i+1投}$——后一工艺阶段（第 $i+1$ 工艺阶段）的投入提前期；

$B_{i,i+1}$——两工艺阶段之间的保险期；

R_i——前一工艺阶段（第 i 工艺阶段）的生产间隔期；

R_{i+1}——后一工艺阶段（第 $i+1$ 工艺阶段）的生产间隔期；

$D_{i投}$——某工艺阶段的投入提前期；

$D_{i出}$——本工艺阶段的出产提前期；

T_i——本工艺阶段的生产周期。

由于提前期都是以最后工艺阶段的出产时间为基础进行计算，故装配出产提前期可定为零，则装配投入提前期即等于装配生产周期。求出装配投入提前期后，即可利用上面公式，按反工艺顺序计算其他工艺阶段的出产和投入提前期。生产提前期、生产周期与间隔期关系如图 9－3 所示。

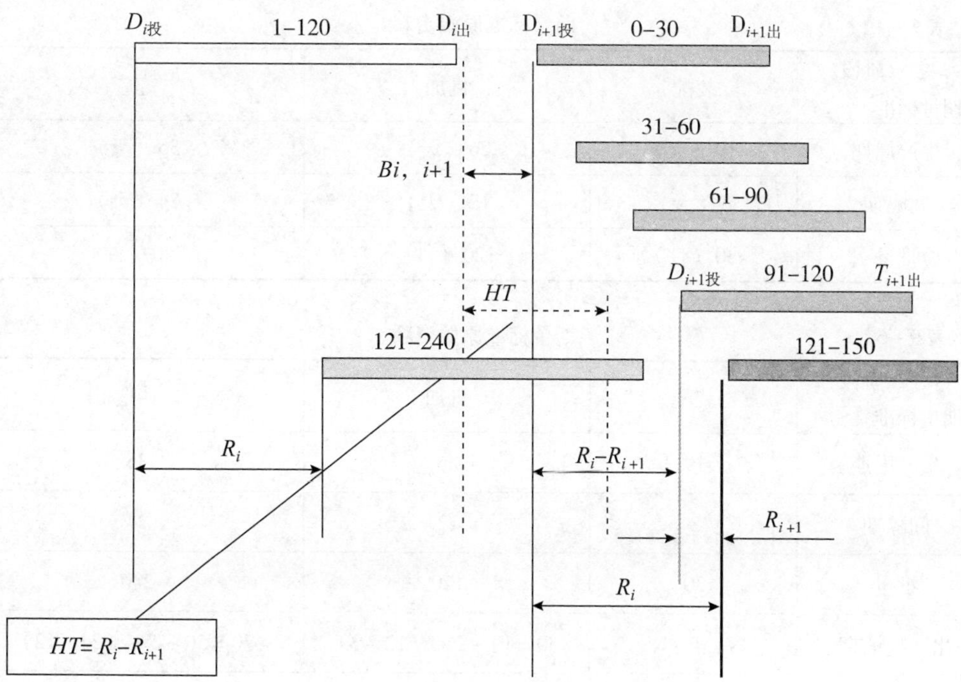

图 9－3 生产提前期、生产周期与间隔期示意

【例 9－2】 某企业某产品期量标准原始资料如表 9－4 所示，各工艺阶段保险期均为 2 天，试计算该产品各工艺阶段的投入与出产提前期。

解：装配车间是最后工序，即完成装配产品就全部加工完，所以，装配车间产品出产提前期为 0，运用式（9－18）投产提前期为：

投产提前期＝装配车间产品出产提前期＋装配车间生产周期

＝0＋19

＝19（天）

运用式（9－17）出产提前期为：

机加车间出产提前期＝装配车间投产提前期＋保险期＋机加生产间隔期－装配车间生产间隔期

＝19＋2＋12－3

＝30（提案）

机加车间投产提前期为：

投产提前期＝机加车间产品出产提前期＋机加车间生产周期

＝30＋26

＝56（天）

依此类推，计算结果参见表 9－5。

表 9－4　　期量标准原始资料

阶段 期量标准	装配	机加	铸造
生产周期	19（天）	26（天）	35（天）
间隔期	3（天）	12（天）	24（天）
批量	30（件）	120（件）	240（件）

表 9－5　　期量标准原始资料

阶段 期量标准	装配	机加	铸造
生产周期	19	26	35
间隔期	3	12	24
批量	30	120	240
出产提前期	0	30＝19＋2＋（12－3）	70＝56＋2＋（24－12）
投入提前期	19＝0＋19	56＝30＋26	105＝70＋35

（四）生产间隔期

1. 生产间隔期含义

生产间隔期是指相邻两批同种产品（零件、部件）投入或出产的时间间隔。

在定期成批轮番生产条件下，生产间隔期是固定值，不定期成批轮番生产条件下，它是变值。

2. 批量与生产间隔期的关系

假设某企业连续生产多批相同产品，在某一时间内，生产 m 批，批量为 n，一批产品生产周期为 T，每间隔 R 时间投产或出产一批产品，则平均日产量 q 为：

$$q = (m \times n) / [T + (m-1)R] \tag{9-19}$$

当 m 趋近无穷大时（见图 9－4），分子分母分别对 m 求导数可得：

$$q = n/R \tag{9-20}$$

因此，批量与生产间隔期的关系可用下式表示：

$$R = n/q \tag{9-21}$$

从式（9－21）可以看出，生产间隔期和批量存在正比例的关系，这种关系是在一定的平均日产量的基础上建立起来的，也就是说，为了使计划期的生产任务成套地、均衡地完成，在成批生产时，要使生产间隔期与批量保持一定的比例关系。

批量反映了产品生产过程内部所应保持的一种数量关系，生产间隔期反映了产品生产过程内部所应保持的一种时间关系。因此，产品装配批量和零件、毛坯的制造批量在数量上要保持成套关系；产品装配、零件加工、毛坯制造在投入与出产时间上要和批量相适应。

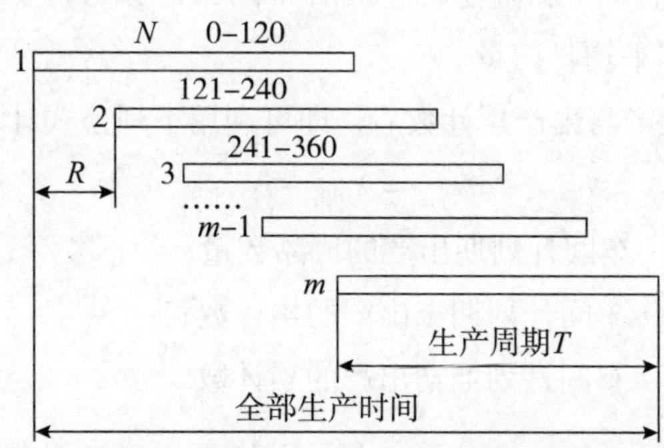

图 9－4 平均日产量、生产周期和生产间隔期关系

二、成批生产作业计划的编制

成批生产作业计划的编制方法主要有提前期法、订货点法和 MRP 法等，因后两种方法已在其他章节论述，所以这里只介绍提前期法。

提前期法又称累计编号法，它是在定期重复成批生产的条件下，为车间规定生产任务的一种方法。成批生产的特点所决定的各车间的衔接关系，不仅表现在各种产品的数量上，更突出地表现在时间上的相互衔接。也就是说，在规定各车间的产品出产进度时，各车间的生产任务都要相应地比最后车间出产成品的时间提前一个时期。在定期重复的成批生产中，产品的生产间隔期、批量和生产周期、提前期都是比较固定的，因此，一定的提前期，也可以用一定的产品数量表示出来。

提前期法就是运用这个原理，根据各车间的投入与出产提前期，来确定各车间在计划期末应达到的投入与出产累计数，然后减去各车间在计划期初已经达到的投入与出产累计数，求出各车间计划期的投入数量与出产数量。其计算公式如下：

$$N_{i出} = N_{z出} + T_{i出} \times q_z \tag{9-22}$$

式中：$N_{i出}$——i 车间计划期末出产的累计号数；

$N_{z出}$——装配车间计划期内出产的累计号数；

$T_{i出}$——第 i 车间出产提前期；

q_z——装配车间的平均日产量。

$$N_{i投} = N_{z出} + T_{i投} \times q_z \tag{9-23}$$

式中：$N_{i投}$——i 车间计划期末投产的累计号数；

$N_{z出}$——装配车间计划期内出产的累计号数；

$T_{i投}$——第 i 车间投产提前期；

q_z——装配车间的平均日产量。

用语言描述为：

本车间投产（或出产）累计号数 = 最后车间出产累计号数 + 本车间投产（或出产）提前期 × 最后车间平均日产量

计算出各车间的投产与出产累计数后，即可利用下列公式计算其出产和投入数量。

$$N_{ip出} = N_{iB出} - N_{iN出} \tag{9-24}$$

式中：$N_{iP出}$——第 i 车间计划期出产的成品数量；

$N_{iB出}$——第 i 车间计划期末出产的累计数；

$N_{iN出}$——第 i 车间计划期初出产的累计数。

$$N_{ip投} = N_{iB投} - N_{iN投} \tag{9-25}$$

式中：$N_{iP投}$——第 i 车间计划期投产的成品数量；

$N_{iB投}$——第 i 车间计划期末投产的累计数；

$N_{iN投}$——第 i 车间计划期初投产的累计数。

用语言描述式（9-24）和式（9-25）为：

计划期车间投产（或出产）量 = 计划期末投产（或出产）累计号数 - 计划期初投产（或出产）累计号数

成批生产是按批量组织生产的，并且是整批的投入和出产，因此，用上述公式计算的投入（或出产）累计数还应向下修正为批量的整倍数。如装配车间平均日产量为10 件，计划期出产累计编号 4800 件，机加工车间批量为 120 件，机加工车间出产提前期为 47 天，则累计出产编号应为：5270 = 4800 + 47 × 10，由于机加工车间批量为 120 件，只能出产第 43 批（5160 件），尽管第 44 批完工程度为 91.7%（110/120 = 91.7%），但这一批也无法出产，向下取批量 120 倍数为 5160 件。累计产品累计编号可以从第一件开始连续编号，也可从计划期第一件产品进行编号。

【例 9 - 3】某企业计划期出产产品累计编号为 4800 件，各工艺阶段保险期均为 1 天，平均日产量为 10 件/天，其他有关资料如表 9 - 6 所示，试编制各车间计划期投产和出产数量。

表 9 - 6　　提前期法原始数据

	装配车间	机械加工车间	铸造车间
生产周期（天）	15	22	38
间隔期（天）	3	12	24
批量（件）	30	120	240
期初出产累计数（件）	4560	4920	5280
期初投产累计数（件）	4710	5040	5520

表 9 - 7　　提前期法作业计划编制

	装配车间	机械加工车间	铸造车间
生产周期（天）	15 天	22	38
间隔期（天）	3	12	24
批量（件）	30	120	240
出产提前期（天）	0	25 = 15 + 1 + 12 - 3	60 = 47 + 1 + 24 - 12
投产提前期（天）	15	47	98
出产累计号数（件）	4800	5050 = 4800 + 25 × 10 向下取批量整数倍 5040	5400 = 4800 + 60 × 10 向下取批量整数倍 5280
投产累计号数（件）	4950	5270 = 4800 + 47 × 10 向下取批量整数倍 5160	5780 = 4800 + 98 × 10 向下取批量整数倍 5760

续 表

	装配车间	机械加工车间	铸造车间
期初出产累计数（件）	4560	4920	5280
期初投产累计数（件）	4710	5040	5520
计划出产任务（件）	240	5050 - 4920 = 130 向下取 120 或 5040 - 4920 = 120	5400 - 5280 = 120 向下取 0 或 5280 - 5280 = 0
计划投产任务（件）	240	5270 - 5040 = 230 向下取 120 或 5160 - 5040 = 120	5780 - 5520 = 260 向下取 240 或 5760 - 5520 = 240

解：首先运用式（9-17）和式（9-18），计算各工艺阶段出产和投产提前期，结果参见表9-6中第5和第6行。然后，运用式（9-22）和式（9-23），计算各工艺阶段出产和投产累计号数，结果参见表9-7中第7和第8行。最后，运用式（9-24）和式（9-25），计算各工艺阶段出产和投产任务，结果参见表9-7中第9和第10行。任务计算方法有两种，一是根据向下圆整批量倍数后计划期末累计数减去起初累计数；二是没圆整批量整数倍前后计划期末累计数减去起初累计数之差，在向下圆整成批量另整数倍。

知识链接

一汽大众准时化生产

第一汽车制造厂变速车厂始建于1989年10月，其生产从日本日野公司引进LF06S六挡同步变速箱，并配装解放CA141载货车。第一汽车制造厂变速车厂在引进产品的同时也引进了其先进的管理模式，但是因为管理未能够及时到位，曾一度造成其生产相当被动，导致产品的质量不佳、效益不理想的状况出现。

一、开发思想

该厂吸收丰田生产方式中的管理理念，并结合厂区的具体情况开展准时化生产方式，同时运用多种管理的方法和手段，做到以必要的劳动，从而确保必要时间生产必要数量的必要工件，从而杜绝企业的超量生产，消除企业中的无效劳动和浪费，从而实现企业少投入多产出的最终目的。

二、该厂准时化生产方式的特点

（1）目标明确，系统性强。围绕提高产品质量，降低成本，满足市场需求的目标，进行“配套设计，同步实施”的开发与建议方式。

（2）采用“拉动式”生产组织方式。变“推动式”生产为“拉动式”生产组织方式，以市场需求为目标组织生产。

（3）向工序间在制品为“0”进军。

（4）实行“一人多机”操作。实行U形生产设备布置，“一人多机”操作，大大提高劳动生产率。

（5）工具定置集配，精度刀具强制换刀与跟踪管理。

（6）“三为”现场管理。实行强调观念更新，实行以生产现场为中心，生产工人为主体，车间主任为首的“三为”管理体制。一切后方部门围绕准时化生产服务，使生产不停地创造附加价值。

（7）生产现场实行“5S”活动——整顿、整理、清扫、清洁和素养。

（8）实行“三自一控”“创合格”“深化工艺”“五不流”和“产品创优”的“五位一体”的管理体系。

三、实施效果

经过1年多的实践，准时化生产方式使工厂面貌产生巨大变化。

（1）生产能力大幅度提高，实现均衡生产。原设计能力6.8万台/年，1992年实施准时化生产后实现8000台/月生产水平。产品品种由原来1个基本型发展为18个改型产品。

（2）产品质量稳步提高。1991年废品率下降35%，一次装配合格率由80%提高到92%，市场占有率大幅度提高。

（3）推行看板管理，在制品大幅度下降。在制品流动资金占用从1991年年初的700万元下降到年底的350万元，下降了50%，1992年月产量增加了25%，而流动资金下降到300万元。

（4）由于实行多机床操作，多工序管理，人均操作三台机器，使得节省操作现场工人近50%，人工作业效率由原来的27.7%提高到65%。按厂内价格计算，人均劳动生产率实现15.2万元。

（5）刀具消耗下降17%，设备故障停歇时间下降80%。

（6）准时化生产方式提高了企业整体素质，改变了旧的管理作风，管理工作效率大幅度提高。

资料来源：http：//www. chinatpm. com/tpm/IEjywtzj_ 533_ 7339. html，2014年7月23日。

第三节　单件小批生产作业计划

一、单件小批生产作业计划的期量标准

单件小批生产类型是最为复杂的生产类型，其特点一般是根据用户要求按订货组织生产，产品品种多、变化频繁、每种产品产量少，各产品在结构和工艺上差别很大，多数产品是一次性生产，很少重复，或者是不定期地重复生产。

单件小批生产条件下，生产作业计划的主要任务是使各生产环节达到均衡负荷，最大限度缩短生产周期，提高计划科学水平，合理搭配各项订货产品的生产，保证各项产品在各个单位能相互衔接地按期出产，并在这个前提下，使生产能力充分利用，使各个生产技术准备部门和生产单位负荷均衡，按订货要求及时交货。

单件小批生产类型期量标准有：产品生产周期图表，各工艺阶段投产和出产提前期，产品劳动量日历分配图表。通过产品生产周期图表可以清楚和准确地反映产品在生产中的状况，及时有效地组织生产和进行有效控制；各工艺阶段投产和出产提前期详细规定各种产品投产和出产时间，便于执行作业计划；产品劳动量日历分配图表有利于进行生产能力平衡。

二、单件小批生产作业计划的编制

（一）生产周期法

为了适应单件小批生产这一特点的要求，在编制生产作业计划、规定车间任务时，一般采用生产周期法。

以机械加工业为例，生产周期图表主要包括两方面内容：

（1）部件装配和总装配工序的生产周期及投产和出产期量标准的确定；

（2）主要零部件各工艺阶段的生产周期及投产和出产期量标准的确定。

应用生产周期法确定生产任务时，首先要根据订货合同规定的各种产品的交货期，确定各产品出产日期，然后根据产品结构、从上至下、反工艺顺序，依据产品各工艺阶段生产周期，确定各工艺阶段投产和出产日期。产品由总装配、部件装配、零部件制造，反工艺顺序，依次确定装配、机械加工、毛坯制造等工艺阶段期量标准。

表 9-8　　用生产周期法编制 A 产品作业计划

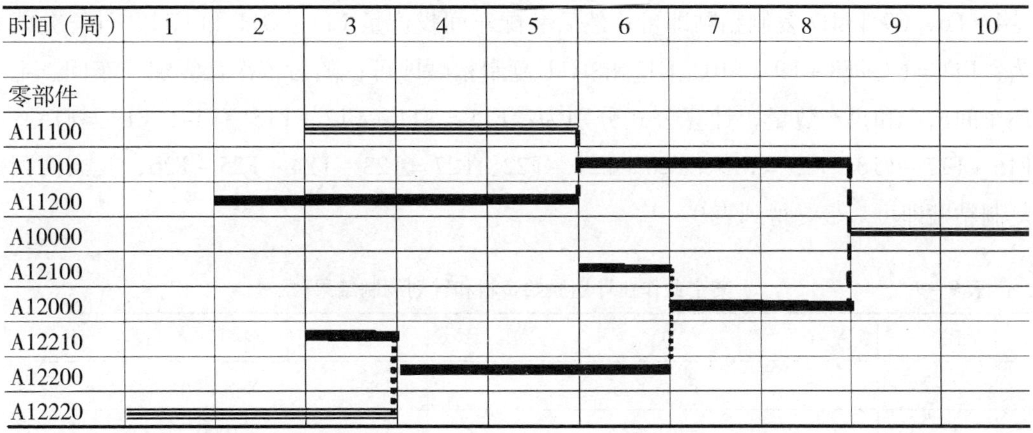

注：代表铸造车间；代表机械加工车间；代表装配车

（二）网络计划技术法

在单件小批生产中，有些产品属于一次性的，为了更好地掌握产品中各部件及其主要零件的投产和出产日期，控制进度、降低成本、保证产品质量，可运用第十一章项目管理中网络计划技术编制作业计划。详细网络计划技术参见第十一章项目管理。

单件小批生产作业计划编制方法除了上述两种常用方法外，订货点法、MRP 法等在一定条件下也可运用。单件小批生产的企业、车间生产作业计划的编制，重点是对关键的主要零部件、关键的主要工种安排生产计划，用以指导各工序之间的衔接。其余零部件可根据产品生产周期图表中规定的各工艺阶段的提前期类别，或按厂级计划规定的具体日期，以旬或周为单位，或按各零件的生产周期来规定投产和出产日期。只要关键的主要零件和关键的主要设备能按计划进行生产，其余零件能按配套需要的数量和先后次序生产，加强日常管理，就可保证计划的实现。

第四节　Excel 在制造业作业计划中的运用

一、Excel 在流水生产作业计划中的运用

常用的流水生产作业计划编制方法是在制品定额法。

【例 9-4】 某企业编制作业计划有关资料和计划编制结果如表 9-9 所示。根据式（9-8）、式（9-9）和 MRP 理论，运用在制品定额法，借助 Excel 软件，具体编制过

程如下：首先计算装配车间出产量，即单元格 F7、G7 和 H7，计算公式为：F7 = $F$4 * F6，G7 和 H7 复制粘贴即可；然后装配车间投产量 F11、G11 和 H11，计算公式为：F11 = F7 + F8 + F9 – F10，G11 和 H11 复制粘贴即可；随后依次计算加工车间、毛坯车间出产和投产数量，计算公式分别为：F15 = F11 + F12 + F13 – F14，F19 = F15 + F16 + F17 – F18，F23 = F19 + F20 + F21 – F22，F27 = F23 + F24 + F25 – F26，其余两列复制粘贴即可。最终得到表 9 – 9。

表 9 – 9　某企业作业计划原始资料和计划编制结果

<table>
<tr><th>B</th><th>C</th><th>D</th><th>E</th><th>F</th><th>G</th><th>H</th></tr>
<tr><td>3</td><td colspan="3">产品名称</td><td colspan="3">× ×汽车</td></tr>
<tr><td>4</td><td colspan="3">商品产量</td><td colspan="3">1000</td></tr>
<tr><td>5</td><td colspan="3">零件名称</td><td>轴</td><td>齿轮</td><td>前轮轴</td></tr>
<tr><td>6</td><td colspan="3">每辆件数</td><td>1</td><td>4</td><td>2</td></tr>
<tr><td>7</td><td rowspan="5">装配车间</td><td>1</td><td>出产量</td><td>1000</td><td>4000</td><td>2000</td></tr>
<tr><td>8</td><td>2</td><td>废品损耗</td><td></td><td></td><td></td></tr>
<tr><td>9</td><td>3</td><td>在制品定额</td><td>100</td><td>500</td><td>200</td></tr>
<tr><td>10</td><td>4</td><td>期初预计
在制品结存量</td><td>90</td><td>320</td><td>130</td></tr>
<tr><td>11</td><td>5</td><td>投入量
[1 + 2 +
(3 – 4)]</td><td>1010</td><td>4180</td><td>2070</td></tr>
<tr><td>12</td><td rowspan="3">零件库</td><td>6</td><td>半成品外销量</td><td></td><td>200</td><td>60</td></tr>
<tr><td>13</td><td>7</td><td>库存半成品定额</td><td>80</td><td>600</td><td>120</td></tr>
<tr><td>14</td><td>8</td><td>期初预计结存量</td><td>130</td><td>860</td><td>180</td></tr>
<tr><td>15</td><td rowspan="5">加工车间</td><td>9</td><td>出产量
(5 + 6 + 7 – 8)</td><td>960</td><td>4120</td><td>2070</td></tr>
<tr><td>16</td><td>10</td><td>废品损耗</td><td>10</td><td>140</td><td>15</td></tr>
<tr><td>17</td><td>11</td><td>在制品定额</td><td>180</td><td>450</td><td>260</td></tr>
<tr><td>18</td><td>12</td><td>期初预计
在制品结存量</td><td>80</td><td>300</td><td>220</td></tr>
<tr><td>19</td><td>13</td><td>投入量
(9 + 10 + 11 – 12)</td><td>1070</td><td>4410</td><td>2125</td></tr>
</table>

续 表

B	C	D	E	F	G	H
20		14	半成品外销量	50	610	136
21	毛坯库	15	库存半成品定额	200	1000	280
22		16	期初预计结存量	290	1200	350
23		17	出产量 (13+14+15-16)	1030	4820	2191
24		18	废品损耗	70		38
25	毛坯车间	19	在制品定额	40	250	70
26		20	期初预计 在制品结存量	30	230	80
27		21	投入量 (17+18+19-20)	1110	4840	2219

二、Excel 在成批生产作业计划中的运用

1. Excel 在成批生产作业计划中提前期计算中的运用

【例 9-5】 某成批生产企业某产品期量标准原始资料如表 9-10 所示，装配车间与机加车间之间保险期为 2 天，机加车间与铸造车间之间保险期为 3 天，试运用 Excel 计算该产品各工艺阶段的投入与出产提前期。

表 9-10　　某产品期量标准原始资料

B	C	D	E	F
3	—	装配	机加	铸造
4	生产周期	16	23	32
5	间隔期	3	6	24
6	批量	30	60	240

解：装配车间是最后工序，即完成装配产品就全部加工完，所以，装配车间产品出产提前期为 0，即单元格 D13 =0；运用式（9-18），装配车间投产提前期单元格

D14Excel 计算公式为：D14 = D13 + D10；运用式（9 - 17），机加车间出产提前期单元格 E13Excel 计算公式为：E13 = D14 + D2 + E11 - D11；倒数第二个车间提前期公式编制完后，其余车间复制粘贴即可得到计算公式和结果，最后计算结果参见表 9 - 11。

表 9 - 11　　运用 Excel 提前期计算

B	C	D	E	F
8	保险期	2	3	
9		装配	机加	铸造
10	生产周期	16	23	32
11	间隔期	3	6	24
12	批量	30	60	240
13	出产提前期	0	21	65
14	投入提前期	16	44	97

2. Excel 在累积编号法中的运用

【例 9 - 6】某企业计划期出产产品累计编号为 4800 件，各工艺阶段保险期均为 2 天，平均日产量为 6 件/天，其他有关资料如表 9 - 12 所示，试运用 Excel 软件计算各车间计划期投产和出产数量。

表 9 - 12　　累积编号法原始数据

	装配车间	机械加工车间	铸造车间
生产周期	18	25	30
间隔期	5	10	30
批量	30	60	180
期初投产累计数	4710	5040	5160
期初出产累计数	4560	4920	5040

表 9 - 13　　累积编号法作业计划编制

B	C	D	E	F
2	保险期	2	2	
3	—	装配车间	机械加工车间	铸造车间
4	生产周期	18	25	30
5	间隔期	5	10	20
6	批量	30	60	120

续 表

B	C	D	E	F
7	投产提前期	18	50	92
8	出产提前期	0	25	62
9	投产累计号数	4890	5100	5280
10	出产累计号数	4800	4920	5160
11	期初投产累计数	4710	5040	5160
12	期初出产累计数	4560	4920	5040
13	计划投产任务	180	60	120
14	计划出产任务	240	0	120

解：提前期计算与例9－5一样，这里从略。计划期末成品累积编号为4800，所以有D10＝4800。运用式（9－22）和式（9－23），计算各工艺阶段出产和投产累计号数，需要注意的是，必须把计算累计号数向下取整成为批量最小倍数，利用Excel中向下取整函数“INT”就可以实现上述这一目的。相关单元格计算公式如下：D9＝＝INT（（$D$10＋D7＊$D$6/$D$5）/D6）＊D6；E9＝INT（（$D$10＋E7＊$D$6/$D$5）/E6）＊E6；E10＝INT（（$D$10＋E8＊$D$6/$D$5）/E6）＊E6；E13＝E9－E1；E14＝E10－E12，其余复制粘贴即可。最终计算结果如表9－13所示。

本章小结

第一节首先论述期量标准，又称作业计划标准，期量就是期限和数量，“期”和“量”是构成生产作业计划的两个组成部分。是指为制造对象在生产期限和生产数量方面所规定的标准数据，它是编制生产作业计划的重要依据。然后论述了大量流水线生产的期量标准节拍、流水线工作指示图表和在制品定额。介绍流水作业计划编制方法。

第二节介绍成批生产作业计划中批量、生产周期、生产间隔期、平均日产量、出产提前期和投产提前期等期量标准，论述了批量、出产提前期和投产提前期等计算公式，论述了编制成批生产作业计划的累积编号法（提前期法）。

第三节介绍单件小批生产作业计划的生产周期、生产提前期等期量标准，介绍编制单件小批生产作业计划的生产周期法、网络计划技术等方法。

第四节分别介绍了Excel在流水生产和成批生产作业计划中的运用，给出详细Excel计算公式，借助Excel软件、运用在制品定额法编制流水生产作业计划，运用累积编号法编制成批生产作业计划。

【基础练习】

一、判断题

1. 大量流水生产期量标准有节拍、流水线工作指示图表和在制品定额等。(　　)

2. 投入提前期是指某批零件（部件、零件组）在生产过程的某个工艺阶段投入的日期，比该批零件（部件、零件组）最后加工成成品的日期应提前的时间。(　　)

3. 生产周期等于提前期。(　　)

4. 平均日产量与批量成正比、与间隔期成反比。(　　)

5. 生产周期法适合于编制单件小批生产作业计划。(　　)

6. 批量越大、生产周期越长。(　　)

二、思考题

1. 准时生产适用条件是什么?

2. 经济批量法适用条件是什么?

3. 累计编号法除了编制作业计划外，还有何用途?

三、计算题

1. 某企业用在制品定额法编制作业计划如表 9－14 所示，试写出单元格 F7、F11、F15、F19、F23 和 F27Excel 计算公式。

表 9－14　　期量标准原始资料

B	C	D	E	F	G	H
3	产品名称			××汽车		
4	商品产量			2000		
5	零件名称			轴	齿轮	前轮轴
6	每辆件数			1	4	2
7	装配车间	1	出产量	2000	8000	4000
8		2	废品损耗			
9		3	在制品定额	80	400	160
10		4	期初预计 在制品结存量	90	320	130
11		5	投入量 ［1＋2＋(3－4)］	1990	8080	4030

续 表

B	C	D	E	F	G	H
12	零件库	6	半成品外销量		200	60
13						
14		7	库存半成品定额	80	600	120
		8	期初预计结存量	130	860	180
15	加工车间	9	出产量 (5+6+7-8)	1940	8020	4030
16		10	废品损耗	10	140	15
17		11	在制品定额	150	400	200
18		12	期初预计 在制品结存量	80	300	220
19		13	投入量 (9+10+11-12)	2020	8260	4025
20	毛坯库	14	半成品外销量	50	610	136
21		15	库存半成品定额	200	1000	280
22		16	期初预计结存量	290	1200	350
23	毛坯车间	17	出产量 (13+14+15-16)	1980	8670	4091
24		18	废品损耗	70		38
25		19	在制品定额	40	250	70
26		20	期初预计 在制品结存量	50	220	70
27		21	投入量 (17+18+19-20)	2040	8700	4129

2. 某企业某产品期量标准原始资料如表 9-15 所示，各工艺阶段保险期均为 2 天，试计算该产品各工艺阶段的投入与出产提前期。

表 9-15 期量标准原始资料

期量标准 \ 阶段	装配	机加	铸造
生产周期	19	26	35
间隔期	3	12	24
批量	30	120	240

3. 某企业计划期出产产品累计编号为 7920 件，各工艺阶段保险期均为 1 天，平均日产量为 10 件/天，其他有关资料如表 9-16 所示，试用 Excel 计算各车间计划期投产和出产数量。

表 9-16 提前期法原始数据

	装配车间	机械加工车间	铸造车间
生产周期	15	22	38
间隔期	3	12	24
批量	30	120	240
期初投产累计数	7860	8160	8640
期初出产累计数	7740	7920	8160

4. 某成批生产企业生产批量为 300 件，生产周期为 20 天，生产间隔期为 10 天，求平均日产量。

第十章　服务业作业计划

学习目标

知识目标

1. 熟悉服务业作业计划的特点；
2. 熟悉随机服务系统的经济含义及其应用；
3. 熟悉服务业人员班次计划问题的研究意义。

技术目标

1. 理解下列基本概念：排队系统构成、特征、分类、主要性能指标及相互关系；
2. 掌握以下两种排队系统主要性能指标的计算：M/M/1，M/M/S；
3. 会用 Excel 求解常见排队模型。

职业能力目标

1. 掌握服务业作业计划常用的理论与方法，解决服务业作业计划实际问题；
2. 能对简单的随机服务实际问题进行建模并求解。

引导案例

如何解决银行的“长龙”问题

随着近年来我国经济的飞速发展和金融行业的不断壮大，人们对金融的了解不断深入，对金融业务的需求更加旺盛，因此到银行办理业务的人越来越多。另外，市民办理业务的时间，一般集中在星期一、星期六，时间过于集中。如果碰上学生缴费和群众缴水电费、电话费、电视有线费，以及公务员、职工提取工资的日子，排队现象则更为严重。特别是过年过节，我们有取钱过节的习惯，银行内外的拥挤程度就更不用说了。

由此造成的银行网点排队现象成为广大公众普遍关注的焦点，全国上下的媒体都在“拷问”银行，各种体验式报道见诸报端，银行排队问题愈演愈烈。在大部分的银行网点，基本上每天都会出现市民排长龙办理业务的情况，有时甚至从银行里一直排到街上。许多市民到银行办业务，动辄排队排上几十分钟甚至几小时，长长的队伍已经成了中国人对国内银行业最深刻的印象之一。有关专家指出，排队现象反映出广大居民迅速增长的金融服务需求和目前银行服务供给能力不足之间的矛盾。为有效缓解这一矛盾，央行采取窗口指导，提供自动柜员机取款交易上限、建成全国支票影像交换系统等方法，来缓解银行排队现象。各大商业银行也纷纷出台政策，强化服务质量，细分客户市场，合理分流柜台业务，但成效甚微。

资料来源：http：//wenku. baidu. com/view/52f8b90ebb68a98271fefa0c. html？from = search。

第一节　服务业运作计划的特点

一、服务业作业计划概述

在后工业社会的今天，服务业创造的增加值已占 GDP（国内生产总值）的主导。可以说人们主要从事服务业，也随时都接触社会所提供的各类服务。简单的服务如家政、环卫和保安等；复杂的服务则有金融、医疗和咨询等。正是由各种各样的服务活动才形成了服务业。服务业是以提供服务为主的产业。通过员工的劳动直接满足顾客需求，为其提供某种服务。我国服务业的发展较西方发达国家落后许多，当今正面临更加激烈的国际竞争和挑战，面临着生存和发展的问题，因此，必须采取有效和切实的措施提升我国服务业的管理水平和竞争能力。而服务业生产运作管理的好坏，对于服务业的竞争力有直接的影响，因此服务产业的发展与服务业生产运作管理息息相关。所谓服务业生产运作管理，一般是指对服务业企业生产运作过程及其生产运作系统的设计、计划、组织和控制。

本章主要研究服务业作业管理当中的作业计划问题。服务业作业计划要解决的主要问题是服务能力与客流量（工作负荷）的匹配。首要解决的就是将不同的顾客需求分配到不同的服务系统的排队问题。相对于制造业作业计划，服务业的作业计划与之有共同之处，但也有很多不同的特点。对于主要提供实体产品的服务，可以应用制造业的作业计划方法；对于主要提供劳务的服务，有其自身显著特点，这种服务类型的作业计划方法要单独阐述。接下来将从服务业作业计划的特点出发，讨论服务排队系统、排队模型及常见排队模型应用问题。

二、服务业运作计划的特点

在第一章中，我们已经介绍了服务业的分类及其运作特点。接下来着重介绍一下服务业运作计划具备的特点。服务企业运作的最大特点就是顾客到达和服务的时间是随机的；服务的消费者有时并非购买服务的人，或者只是其中一部分购买服务的人；服务能力与顾客流匹配是作业计划的主要问题；服务运作通过服务台进行；争取“回头客”是服务企业的重要策略；服务企业很难将营销与生产运作分离。制造业是通过产品为顾客服务的，而服务业是通过员工的劳动直接为顾客服务，所以服务业的作业计划与制造业的作业计划有很大区别。由于服务业中顾客化程度较高，易受多种因素的影响，如需求的不稳定性、随机性、非均匀性及顾客的参与，这使得制订服务业作业计划变得复杂。许多服务企业只有在明确了服务对象之后，才能设计服务内容与服务方式。因此制订服务业作业计划很难做到如制造业那样标准规范。

（一）服务交付问题

1. 与制造业类似

服务企业必须确定目标市场在哪里即向谁提供服务；服务产品是什么即提供什么样的服务；在哪里提供服务（服务台）；如何提供服务以及如何保证服务质量。因此，在确定目标市场的战略决策过程中，必须确定服务交付系统的设计及其运行方式。

2. 与制造业不同

相对于制造业，服务业很难将营销与生产运作分离。对于制造业，从事营销的人们直接与顾客打交道，从事生产的人们几乎不与顾客直接接触。对于服务业，从事营销的人与从事生产的人往往不可分离，他们要与顾客直接打交道。由于纯粹服务不能存储，使得只有顾客出现时才能提供服务，即服务在生产出来的同时就交付了。理发是一个典型的例子。实际上，一些服务的管理者在同时管理营销渠道、分配渠道和生产系统。

（二）顾客参与问题

顾客参与是服务本身的性质决定的，顾客参与对组织有正面影响和负面影响。从正面讲，发挥顾客在服务运作中的作用，不仅可以提高服务能力，改进服务质量，而且可以与顾客共同创造价值，创造知识。从负面讲，顾客参与可能会影响服务组织的工作效率。

1. 顾客参与的正面影响

（1）顾客参与可以共同创造价值。服务价值是顾客的感知价值。由于顾客参与，得到的服务或制造的产品更符合顾客的要求。同时，顾客在参与过程中得到体验，从而提高顾客的感知价值。

（2）顾客参与可以共同创造知识。服务组织和顾客共同受益。例如，在教学过程中，学生在教师的启发下会产生一些新的见解，可能突破现有知识的局限，从而创造新知识。病人通过接受治疗后身体的感受，可以验证某些药品的有效性，验证某些诊断的正确性，从而创造知识。

（3）顾客参与可以提高产能。顾客自我服务使得产能与需求同步增长，自助餐是一个极好的例子。另外，让有知识的病人自己写以往的治疗史，可以节省医生写病史的时间。

2. 顾客参与的负面影响

（1）顾客参与影响服务运作实现标准化，从而影响服务效率，所谓“众口难调”。顾客直接与服务员工接触，会对服务人员提出各种各样的要求和发出各种各样的指示，使得服务人员不能按预定的程序工作，从而影响服务的效率。

（2）为使顾客感到舒适、方便和愉快，也会造成服务能力的浪费。顾客为了不孤独和与他人分享信息和兴趣，希望与服务人员交谈。为了满足顾客这种需求，则难以控制时间。使顾客感到舒适和有趣的代价是损失了服务人员的时间。

顾客参与的程度越深，对效率的影响越大（见表 10－1）。不同的服务，顾客参与的程度不同。邮政服务，顾客的参与程度低；饭馆就餐，顾客参与程度较高；咨询服务，顾客参与程度更高。顾客参与程度不同，对服务运作的影响就不同。

表 10－1　　按顾客参与程度高低划分的服务交付系统

生产活动	顾客参与程度高的系统	顾客参与程度低的系统
选址	生产运作必须靠近顾客	生产运作可能靠近供应商，便于运输或劳动力易获的地方
设施布置	设施必须满足顾客的体力和精神需要	设施更应该提高生产率
产品设计	环境和实体产品决定了服务的性质	顾客不在服务环境中，产品可规定较少的属性
工艺设计	生产阶段对顾客有直接的影响	顾客并不参与主要的加工过程
编作业计划	顾客参与作业计划	顾客主要关心完工时间
生产计划	存货不可存储，均衡生产导致生意损失	晚交货和生产均衡都是可能的
工人的技能	第一线的工人组成服务的主要部分，要求他们能很好地与公众交往	第一线工人只需要技术技能
质量控制	质量标准在公众的眼中易变化	质量标准一般是可测量的，固定的

续 表

生产活动	顾客参与程度高的系统	顾客参与程度低的系统
时间定额标准	服务时间取决于顾客需求，时间定额标准松	时间定额标准紧
工资	可变的产出要求计时工资	固定的产出允许计件工资
能力计划	为避免销售缺货，能力按尖峰考虑	通过库存调节，可使能力处于平均水平
预测	预测是短期的和时间导向的	预测是长期的和产量导向的

3. 减少顾客参与影响的方法

由于顾客参与会对服务运作的效率造成不利的影响，就要设法减少这种影响。有几种方法可使服务运作在提高效率的同时也能提高顾客的满意度。

（1）通过服务标准化减少服务品种。顾客需求的多样性会造成服务品种无限多，服务品种增加会降低效率，服务标准化可以使有限的服务满足不同的需求。饭馆里的菜单或快餐店食品都是标准化的例子。

（2）通过自动化减少同顾客的接触。有的服务业通过操作自动化限制同顾客的接触，如银行使用自动柜员机，商店的自动售货机。这种方法不仅降低了劳动力成本，而且限制了顾客的参与。

（3）将部分操作与顾客分离。提高效率的一个常用策略是将顾客不需要接触的那部分操作同顾客分离。如在酒店，服务员在顾客外出时才清扫房间。这样做不仅避免打扰顾客，而且可以减少顾客的干扰，提高清扫的效率。另一种方法是设置前台和后台，前台直接与顾客打交道，后台专门从事生产运作，不与顾客直接接触。例如，对于饭馆，前台服务员接待顾客，为顾客提供点菜服务；后台厨师专门炒菜，不与顾客直接打交道。这样做的好处是既可改善服务质量，又可提高效率。

第二节 随机服务系统

一、随机服务系统的构成与特征

在制造业中，当一个工件到达时，遇到机器正在加工其他工件，就产生排队问题了；在服务业中，当一个顾客到达时，遇到服务员或服务台正忙于服务其他顾客，则也产生了排队问题。在人们的日常生活中，一个服务系统在工作过程中由于拥挤而产生的排队等待现象是经常发生的，如人们上下班坐公交车，等待公交车的排队；顾客在理发店内等待理发；顾客在超市结账形成的排队；病人到医院看病形成的排队；在售票处购票形成的排队等；另一种排队是物的排队，例如文件等待打印或发送；交通岗等待通过的汽车等。在物流服务系统中，一台装卸设备用于给入库车辆卸货，车辆可能随时到达，无车时装卸设备处于等待状态，车辆到达而装卸设备在工作，车辆就要排队等待。在服务系统中，只要目前的服务需求超过了现有的服务能力，排队就会产生。我们就将这种具有排队等候现象的服务系统通称为排队系统。

排队系统由两个方面构成，一方要求得到服务，另一方给予服务。我们把要求得到服务的人、物（设备）或信息统称为顾客；给予服务的称为服务人员、服务机构或服务台。顾客与服务台（服务员）就形成一个排队系统，例如货场里，要求卸货的货车和承担卸货工作的机械和人员构成一个排队服务系统；仓库里，领料人员和库管员也构成一个排队服务系统。显然，缺少顾客或服务台任何一方都不会形成排队系统。

对于一个排队系统来说，如果顾客的到达时刻和对顾客的服务时间是固定的话，人们总可以适当安排或调整服务员个数、服务速率，从而使顾客到达后少排队甚至不排队而迅速进入服务，亦即容易达到供求之间的平衡关系，如通常情况下的火车调度就属于以上情况。然而由于客观环境的复杂多变以及种种随机因素的影响，使得在绝大多数情况下，顾客到达服务系统的时刻以及对顾客的服务时间都是随机的，如飞机到达机场、船舶到达码头等，这就给服务系统造成了一系列供求之间的矛盾。例如，有时顾客到得多而服务跟不上（供不应求），而另一些时候则由于顾客少（或无顾客）而使服务员处于空闲状态（供过于求）。随机性是各种排队系统的一个共性，而且起着根本性的作用。顾客的到达间隔时间与顾客所需的服务时间中，至少有一个具有随机性。因此排队系统又称为随机服务系统。

随机服务系统理论主要是研究单位时间内服务系统能够服务的顾客的平均数、顾客平均的排队时间、排队顾客的平均数等数量规律。

排队系统一般有三个基本组成部分：①输入过程：需求群体、顾客到达规律；②排队规则：顾客排队与接受服务的规则；③服务机构：服务机构的结构形式、服务员个数与服务速率。如下图所示。

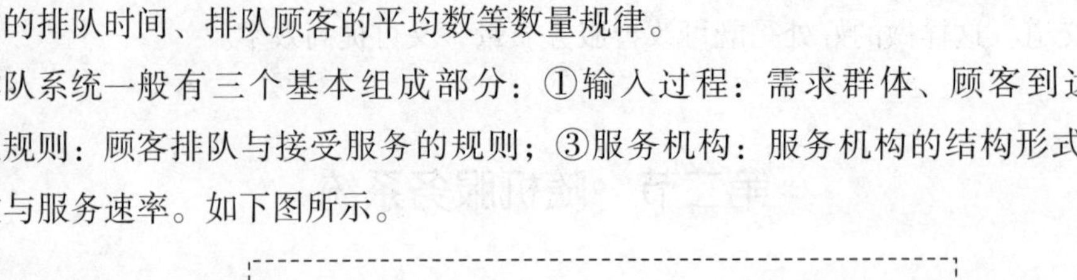

图 10－1　排队系统构成示意

（一）输入过程

输入描述的是顾客出现在排队系统中的方式，输入过程指顾客按什么样的规律到达。人们通常用某种带有任意参数和适当简化假设的随机过程来表示它。输入过程又由如下几方面构成。

1. 顾客总体

顾客总体即顾客源，指可能到达服务设施的顾客总数。分析随机服务问题所用的方法取决于潜在顾客数量是否有限。有两种可能性：无限来源总体与有限来源总体。即顾客总体可以是一个有限的集合，也可以是一个无限的集合。只要顾客总体所包含的元素数量充分大，就可以把顾客总体有限的情况近似看成是顾客总体无限的情况来处理。在无限来源形式下，潜在顾客数量远远超过系统的服务能力。只有当服务不受限制时才会存在无限来源形式，如超级市场、银行、餐厅、高速收费站等。当潜在顾客数量有限时，有限来源情形就出现了。如仓储企业内部出现故障而等待修理的叉车数是有限的；装卸工只为 4 台车装卸货物等。

2. 顾客到达的类型

描述顾客是怎样来到系统的，顾客是单个到达，还是成批到达。如病人到医院看病是顾客单个到达，而在库存问题中如将生产器材进货或产品入库看作是顾客，那么这种顾客则是成批到达的。

3. 顾客到达的时间间隔

顾客到达的时间间隔一般是随机的。如商场购物的顾客、医院诊病的病人、通过路口的车辆的到达都是随机的。这种随机的情形，顾客到达速度一般泊松（Poisson）分布描述，服务时间则可用负指数分布表示。泊松分布和负指数分布作为表示同一个基本信息的不同方法，二者之间有一定的关联性。如果服务时间是指数的，那么服务速度就是泊松的。类似地，如果顾客到达速度是泊松的，那么到达间隔时间就是负指数的。

（二）排队规则

排队规则指顾客接受服务的规则（先后次序），一般可以分为损失制、等待制、混合制三类。

1. 损失制

损失制是指如果顾客到达排队系统时，所有服务台都已被先来的顾客占用，那么他们就自动离开系统永不再来。如电话拨号后出现忙音，顾客不愿等待而自动挂断电话，如要再打，就需重新拨号，这种服务规则即为损失制。

2. 等待制

等待制是指当顾客来到系统时，所有服务台都不空，顾客加入排队行列等待服务。如排队等待售票、故障设备等待维修等。

等待制中，常有如下四种规则。

（1）先到先服务（first come first served，FCFS）：即按顾客到达的先后顺序对顾客进行服务，当有多个服务设施时，一种是顾客分别在每个设施前排成一队，也有排成一个公共的队伍，当任何一个服务设施有空时，排在队首的顾客先得到服务，这是最普遍的情形。FCFS 对顾客公平，但它是一种静态规则，不随顾客的特征和队伍的情况而变化。

（2）后到先服务（last come first served，LCFS）：同 FCFS 服务正好反过来，越后到的顾客反而先得到服务。如大多数仓库中存放的钢材，后叠放上去的都先被领走，就属于这种情况。

（3）随机服务（service in random order，SIRO）：到达服务系统的顾客不形成队伍，即当服务台空闲时，不按照排队序列而随意指定某个顾客去接受服务，如电话交换台接通呼叫电话就是一例。

（4）优先权服务（priority，PR）：如老人、儿童先进车站；危重病员先就诊；遇到重要数据需要处理计算机立即中断其他数据的处理等，均属于此种服务规则。

3. 混合制

混合制是等待制与损失制相结合的一种服务规则，一般是指允许排队，但又不允许队列无限长下去。具体说来，大致有三种。

（1）队长有限。当排队等待服务顾客人数超过规定数量时，后来顾客就自动离去，另求服务。如水库的库容、旅馆的床位等都是有限的。

（2）等待时间有限。即顾客在系统中的等待时间不超过某一给定的长度 T，当等待时间超过 T 时，顾客自动离去，不再回来。如顾客到饭馆就餐，等了一定时间后不愿再等而自动离去另找饭店用餐。

（3）逗留时间（等待时间与服务时间之和）有限。如用高射炮射击敌机，当敌机飞越高射炮射击有效区域的时间为 t 时，若在这个时间内未被击落，也就不可能再被击落了。

（三）服务机构

服务机构是排队系统中不可或缺的组成部分。排队系统的服务机制可以从以下四方面加以描述。

1. 服务台数量及构成形式

从数量上说，一个排队系统中可以有一个服务台，也可以有多个服务台。对于多服务台来讲，各服务台可以串联、并联，也可以混联。图 10－2 表示最常见的排队系统构成形式，主要有 5 种形式：

（1）单队—单服务台式；

（2）多队—多服务台并联式；

（3）单队—多服务台并联式；

（4）单队—多服务台串联式；

（5）单队—多服务台并、串联混合式。

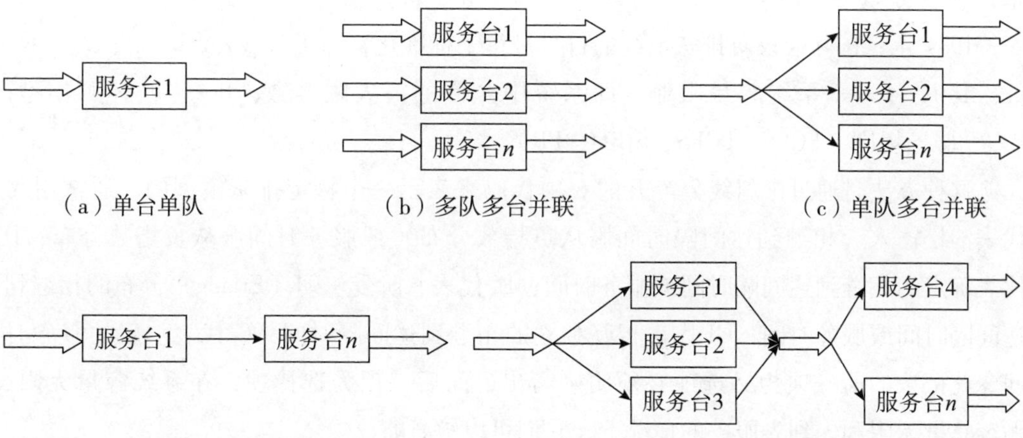

图 10－2 排队系统的 5 种常见形式

2. 服务方式

服务方式是指在某一时刻接受服务的顾客数，服务可针对单一顾客来进行，也可以针对一批顾客来进行。因此，服务方式分为单个顾客服务和成批顾客服务。公共汽车对等候的顾客就是成批进行服务的。

3. 服务时间的分布

一般来说，在多数情况下，对每一个顾客的服务时间是一随机变量，其概率分布有定长分布、负指数分布、K 阶爱尔朗分布、一般分布（所有顾客的服务时间都是独立同分布的）等。

4. 服务的平稳性

服务的平稳性是指服务时间分布及其特征参数不随时间的变化而变化。服务的平稳性排除了工作时间长短（疲劳程度）以及对列长短（服务员有意加快各种速度）对服务时间分布的影响，在这里我们假定是平稳的。

（四）服务系统的分类描述

1. 排队系统的分类描述

常见的排队服务系统的几种形式，前面已经介绍过。研究排队问题的目的在于研究随机服务系统的运行效率，估计服务质量，确定系统参数的最优值，以决定系统的结构是否合理，设计改进措施等。

根据服务系统的基本构成，肯达尔（Kendall）于1953年提出了排队系统的分类描述记号：X/Y/Z。

其中：X——输入，即相继顾客到达的时间间隔分布；Y——输出，即服务时间分布；Z——服务台个数。

1971年，国际会议对排队系统的符号进行了标准化，即X/Y/Z/A/B/C。

其中：A——系统容量限制，即系统中允许的最大顾客数；B——顾客源类型；C——服务规则（FCFS、LCFS、SIRO、PR）。

这种方法是通过由斜线分割开的6项代码来表示一个特定排队模型的。通常用M代表泊松输入（相继到达间隔时间服从负指数分布）或服务时间服从负指数分布；D代表确定的相继到达间隔时间或服务时间；E_K代表k阶爱尔朗（Erlang）分布的相继到达间隔时间或服务时间；GI代表相互独立的相继到达间隔时间；G代表一般的服务时间。此记法的前三项为必选项必须明确写出，而后三项为选择项，在系统容量无限、顾客总量无限和先到先服务的情况下，它们可以被省略。

按照此种记法，M/M/1/1/∞/FCFS表示相继顾客到达时间间隔和服务时间服从负指数分布，单台，容量为1，顾客源无限，先到先服务的排队系统；M/M/n代表顾客输入为泊松分布，服务时间为负指数分布，有n个并联服务台的排队系统；M/D/2/N代表泊松分布的顾客到达，确定的服务时间，有2个并联服务台，系统容量为N的排队系统；D/G/1代表定长输入，一般服务时间，单个服务台的排队系统；GI/E_3/c/10/10/LIFO代表相互独立的相继到达间隔时间，三阶爱尔朗分布的服务时间，c个并联服务台，系统容量为10，顾客总量为10，后到先服务的排队系统。

2. 排队系统的参数及数量指标

一个特定的模型可能会有多种假设，同时也需要通过多种数量指标来加以描述。随机服务系统是以服务系统达到稳定状态的假设为前提的。这种假设是合理的，在系统开始运行的一段时间内，系统状态随时间而变化，在运行一段时间之后，系统的状态将不随时间变化，此时系统即进入稳定状态。另外，由于受所处环境的影响，我们只需要选择那些起关键作用的指标作为模型求解的对象。环境不同，选择的指标也会不同。例如，我们有时关心的是顾客平均等待的时间，有时关心的是服务台的利用率。

常用参数及数量指标的符号及含义如下：

N——系统中的顾客数；

P_n——状态概率，即系统状态等于 n 的概率，即 $P\{N=n\}$。$P_0,P_1,\cdots,P_n$ 即构成了随机变量 N 的概率分布。系统中没有顾客的概率 P_0，系统中有 n 个顾客的概率 P_n；

S——系统中的服务台数；

λ——顾客平均到达率，即单位时间内平均到达的顾客数，其为常数；

$1/\lambda$——顾客平均达到间隔，即相邻两个顾客到达的间隔时间的平均值，也即平均隔多长时间到达一个顾客；

μ——平均服务率，即单个服务台单位时间内平均可服务完的顾客数；

$1/\mu$——平均服务时间，即对每个顾客进行服务的时间的平均值，其为常数；

W_s——平均逗留时间，即顾客从到达系统到离开系统所经历时间的平均值，逗留时间包括等待时间和服务时间，大多数时候顾客希望越短越好；

W_q——平均等待时间，即顾客在系统中处于等待状态的时间的平均值，等待时间等于逗留时间减去服务时间，顾客希望越短越好；

L_s——平均顾客数，即系统中顾客人数的平均值，即系统状态的均值；

L_q——平均队长，即系统中处于等待状态的顾客人数的平均值，即队长的均值；

ρ——服务强度，即每个服务台处于工作状态的时间占全部时间的比例，也称服务机构的利用率，是用于衡量系统繁忙程度的尺度。ρ 的数值趋于 0，表示对期待服务的数量来说，服务能力大，服务机构可能有大量空闲时间；如果 ρ 的数值趋于 1，表示有较多的等待时间，设备空闲时间少。

指标及参数间的关系：

①平均顾客数：$L_S=\sum_{n=1}^{\infty}nP_n$ （10－1）

②平均队长：$L_q=\sum_{n=S+1}^{\infty}(n-S)P_n$ （10－2）

③平均逗留时间：$W_S=\dfrac{L_S}{\lambda}$ （10－3）

④平均等待时间：$W_q=\dfrac{L_q}{\lambda}$ （10－4）

⑤平均逗留时间：$W_s=W_q+\dfrac{1}{\mu}$ （10－5）

⑥平均等待时间：$L_q=L_s-\dfrac{\lambda}{\mu}$ （10－6）

⑦服务强度：$\rho=\lambda/S\mu$ （10－7）

其中：式（10－3）～（10－6）称为李特尔（Little）公式，由 JohnD. C. Little 提出，表示服务系统中的平均顾客数＝顾客平均到达率×顾客平均等待时间。试想有一个顾客刚刚到达系统并排队等候服务，当他开始接受服务时，留在系统中的顾客正好是他在系统中等待期间到达的；当接受服务离开系统时，系统中的顾客正好是在他系统中逗留期间到达的。因此，顾客数目应等于相应的时间长度乘以到达率。

二、常见随机服务系统的运用

前面讲过，分析随机服务问题所用的方法取决于潜在顾客数量是否有限。有两种可能性：无限来源总体与有限来源总体。下面就这两种情况常见的几种随机服务系统排队模型及其运用进行介绍。

1. M/M/1 模型（M/M/1/∞/∞模型），单服务台、队长不受限制系统

模型适用条件：

（1）到达规律：顾客达到为最简单流，即顾客平稳、单个、相互独立地到达，到达间隔服从指数分布（到达率服从泊松分布），一定时间段内的到达人数服从泊松分布，顾客源无限。

（2）排队规则：单队，队长无限，先到先服务。

（3）服务情况：单服务台，单个服务；服务时间服从负指数分布。

系统指标公式：

① $p_0 = 1 - \rho,\quad p_n = \rho^n(1-\rho), n \geq 1, \rho < 1, \rho = \lambda/\mu$ （10－8）

② $L_S = \sum_{N=0}^{\infty} np_n = \frac{\rho}{1-\rho} = \frac{\lambda}{\mu-\lambda}$ （10－9）

③ $L_q = \sum_{n=1}^{\infty}(n-1)p_n = \frac{\rho^2}{1-\rho} = \frac{\rho\lambda}{\mu-\lambda}$ （10－10）

④ $W_S = = \frac{1}{\mu-\lambda}$ （10－11）

⑤ $W_q = W_s - \frac{1}{\mu} = \frac{\lambda}{\mu(\mu-\lambda)} = \frac{\rho}{\mu-\lambda}$ （10－12）

【例 10－1】一个码头，设待卸货船到达时间间隔服从负指数分布，平均到达 2 艘/小时；服务台是 1 台吊车，卸货时间服从负指数分布，平均每 20 分钟可卸完一艘货船，当被占用时，新到货船只能停在码头等待。求在平稳状态下码头上货船的平均数；等待卸货船只的平均数；每艘货船在码头的平均停留时间；货船平均需等待多长时间可以开始卸货。

解：这是一个典型的 M/M/1 排队问题，由题：$\lambda = 2, \mu = \frac{60}{20} = 3$

服务强度：$\rho = \frac{\lambda}{\mu} = \frac{2}{3}$

码头上货船的平均数：$L_S = \frac{\lambda}{\mu - \lambda} = \frac{2}{3-2} = 2$（艘）

货船平均停留时间 $W_S = \frac{L_S}{\lambda} = \frac{2}{2} = 1$（小时）

等待卸货船只的平均数：$L_q = L_s - \frac{\lambda}{\mu} = 2 - \frac{2}{3} = \frac{4}{3}$（艘）

平均需等待多长时间 $W_q = \frac{L_q}{\lambda} = \frac{\frac{4}{3}}{2} = \frac{2}{3}$（小时）

2. M/M/S 模型（M/M/S/∞/∞ 模型），多服务台、队长不受限制系统

模型适用条件：

（1）输入过程：顾客源是无限的，顾客的到达过程是泊松过程。

（2）排队规则：单队，对队长无限制，先到先服务。

（3）服务机构：多服务台，各服务台工作相互独立，且服务时间均服从参数为 μ 的负指数分布。

此外，还假定服务时间和顾客到达的间隔时间相互独立。

系统部分主要指标公式：

①平均队长：$L_q = \sum_{n=S+1}^{\infty}(n-S)P_n = \frac{P_0(\lambda/\mu)^S\rho}{S!(1-\rho)^2}$ （10－13）

②平均顾客数：$L_s = L_q + \frac{\lambda}{\mu}$ （10－14）

③平均逗留时间：$W_s = \frac{L_s}{\lambda}$ （10－15）

④平均等待时间：$W_q = \frac{L_q}{\lambda}$ （10－16）

⑤服务强度：$\rho = \frac{\lambda}{S\mu}$ （10－17）

⑥空闲率：$1-\rho$ （10－18）

【例 10－2】 排队系统有 2 个服务台，每个服务台的平均服务时间均为 15 分钟，服从指数分布，顾客按泊松流到达，平均每小时到达 6 人，求系统的各项指标。

解：已知：$S=2$，$1/\mu = 15$ min，$\mu = 4$ 人/h，$\lambda = 6$ 人/h

服务强度（繁忙率）：$\rho = \frac{\lambda}{S\mu} = \frac{6}{2\times 4} = 0.75$

空闲率：$1-\rho = 0.25$

平均队长：$L_q = \frac{P_0 (\lambda/\mu)^S \rho}{S!(1-\rho)^2} = \frac{\frac{1}{7} \times (\frac{6}{4})^2 \times \frac{3}{4}}{2! \times (1-\frac{3}{4})^2} = \frac{27/112}{1/8} = \frac{27}{14} = 1.929$

平均顾客数：$L_s = L_q + \frac{\lambda}{\mu} = \frac{27}{14} + \frac{6}{4} = \frac{48}{14} = \frac{24}{7} = 3.429$

平均逗留时间：$W_s = \frac{L_s}{\lambda} = \frac{24/7}{6} = \frac{24}{42} = \frac{4}{7} = 0.5714h = 34.29\text{min}$

平均等待时间：$W_q = \frac{L_q}{\lambda} = \frac{27/14}{6} = \frac{27}{84} = \frac{9}{28} = 0.3214h = 19.29\text{min}$

3. M/M/1/K/∞模型，单服务台、容量有限系统

模型适用条件：

与 M/M/1 系统相比只有一点不同：当系统中的顾客数为 K 时，此时到达的顾客将不能进入系统，而必须离开。

顾客的达到仍为泊松流，平均达到率为 λ，但其中只有一部分进入系统，达到并进入系统的顾客的平均到达率称为平均有效到达率，记为 λ_{eff}。

由于系统容量有限，当 $\lambda \geqslant \mu$ 时，系统中的顾客数不会无限增长，仍可达到稳态，因此这类系统可以有 $\lambda \geqslant \mu$。

系统指标公式：

①顾客损失率：$P_K = \frac{1-\rho}{1-\rho^{K+1}} \cdot \rho^K$ （10-19）

②平均有效到达率：$\lambda_{\text{eff}} = \lambda(1-P_K)$ （10-20）

③服务强度：$\rho_{\text{eff}} = \frac{\lambda_{\text{eff}}}{\mu}$ （10-21）

④空闲率：$1-\rho_{\text{eff}}$ （10-22）

⑤平均顾客数：$L_s = \frac{\rho}{1-\rho} - \frac{(K+1)\rho^{K+1}}{1-\rho^{K+1}}$ （10-23）

⑥平均队长：$L_q = L_s - \rho_{\text{eff}}$ （10-24）

⑦平均逗留时间：$W_s = \frac{L_s}{\lambda_{\text{eff}}}$ （10-25）

⑧平均等待时间：$W_q = \frac{L_q}{\lambda_{\text{eff}}}$ （10-26）

⑨有 n 个顾客的概率：$P_n = \frac{1-\rho}{1-\rho^{K+1}} \cdot \rho^n \; n = 0, 1, 2, \cdots, K$ （10-27）

【例 10-3】某理发店只有一名理发师，平均每 20 分钟到达一名顾客，为每名顾客理发的时间平均为 15 分钟，到达间隔及理发时间均服从指数分布。理发店有 3 张等候

的座椅，等候座椅坐满时，新到达的顾客将离开。求系统的各项指标。

解：$S=1$，$K=4$，$\lambda=3$ 人/h，$\mu=4$ 人/h

服务强度：$\rho=\dfrac{\lambda}{\mu}=\dfrac{3}{4}=0.75$

顾客损失率：$P_K=\dfrac{1-\rho}{1-\rho^{K+1}}\times\rho^K=\dfrac{1-0.75}{1-0.75^5}\times0.75^4=0.1037$

平均有效到达率：$\lambda_{\text{eff}}=\lambda\ (1-P_K)\ =3\times\ (1-0.1037)\ =2.6889$ 人/h

繁忙率：$\rho_{\text{eff}}=\dfrac{\lambda_{\text{eff}}}{\mu}=\dfrac{2.689}{4}=0.6722$

空闲率：$1-\rho_{\text{eff}}=1-0.6722=0.3278$

平均顾客数：$L_s=\dfrac{\rho}{1-\rho}-\dfrac{(K+1)\ \rho^{K+1}}{1-\rho^{K+1}}=\dfrac{1-0.75}{0.75}-\dfrac{5\times0.75^5}{1-0.75^5}=1.4443$ 人

平均队长：$L_q=L_s-\rho_{\text{eff}}=1.4443-0.6722=0.7721$ 人

平均逗留时间：$W_s=\dfrac{L_s}{\lambda_{\text{eff}}}=\dfrac{1.4443}{2.6889}=0.5371h=32.2\text{min}$

平均等待时间：$W_q=\dfrac{L_q}{\lambda_{\text{eff}}}=\dfrac{0.7721}{2.6889}=0.2871h=17.2\text{min}$

知识链接

M/M/S/K/∞模型，多服务台、系统容量有限系统

模型适用条件：

同单服务台、容量有限系统类似，服务台为多台。因为系统中不允许多余 K 个顾客，当 $n<K$，λ_n 和队长不受限制时一样，但当 $n\geqslant K$ 时，$\lambda_n=0$。

系统指标公式：

①服务强度：$\rho=\dfrac{\lambda}{S\mu}$，$\rho\neq1$ (10-28)

②没有顾客概率：$P_0=\left[\sum\limits_{n=0}^{S-1}\dfrac{(\lambda/\mu)^n}{n!}+\dfrac{S^S\cdot\rho^S\ (1-\rho^{K-S+1})}{S!\ (1-\rho)}\right]^{-1}$ (10-29)

③有 n 个顾客概率：$P_n=\begin{cases}\dfrac{(\lambda/\mu)^n}{n!}P_0 & 1\leqslant n\leqslant S\\[2ex] \dfrac{(\lambda/\mu)^n}{S!\ S^{n-S}}P_0 & S\leqslant n\leqslant K\\[2ex] 0 & n>k\end{cases}$ (10-30)

④顾客损失率：$P_K = P\{n = K\} = \dfrac{(\lambda/\mu)^K}{S!\ S^{K-S}}P_0$ (10-31)

⑤平均有效到达率：$\lambda_{eff} = \lambda(1 - P_K)$ (10-32)

⑥繁忙率：$\rho_{eff} = \dfrac{\lambda_{eff}}{S\mu}$ (10-33)

⑦空闲率：$1 - \rho_{eff}$

⑧平均队长：$L_q = \dfrac{(\lambda/\mu)^S P_0 \rho}{S!\ (1-\rho)^2}[1 - \rho^{K-S} - (1-\rho)(K-S)\rho^{K-S}]$ (10-34)

⑨平均顾客数：$L_S = L_q + \dfrac{\lambda_{eff}}{\mu}$ (10-35)

⑩平均逗留时间：$W_S = \dfrac{L_S}{\lambda_{eff}}$ (10-36)

⑪平均等待时间：$W_q = \dfrac{L_q}{\lambda_{eff}}$ (10-37)

【例 10-4】 某修车店有两名修理技工，车辆到达服从 $\lambda = 4$ 辆/h 的泊松分布，每辆车的修理时间服从 $\mu = 1$ 辆/h 的负指数分布。修车店只能停放 3 辆待维修的车辆。

（1）求系统的各项统计指标；

（2）若每修一辆车平均可盈利 50 元，修车店每天营业 8 小时，若增加 1 名技工每天需增加开支 150 元，问该修车店是否应该增加一名技工。

解：①$S = 2$，$K = 5$，$\lambda = 4$ 辆/h，$\mu = 1$ 辆/h

$$\rho = \frac{\lambda}{S\mu} = \frac{4}{2 \times 1} = 2$$

$$P_0 = \left[\sum_{n=0}^{S-1}\frac{(\lambda/\mu)^n}{n!} + \frac{S^S \cdot \rho^S (1 - \rho^{K-S+1})}{S!\ (1-\rho)}\right]^{-1}$$

$$= \left[\frac{(4/1)^0}{0!} + \frac{(4/1)^1}{1!} + \frac{2^2 \times 2^2 \times (1 - 2^4)}{2 \times (1-2)}\right]^{-1}$$

$$= (1 + 4 + 120)^{-1} = 0.008$$

顾客损失率：$P_K = \dfrac{(\lambda/\mu)^K}{S!\ S^{K-S}}P_0 = \dfrac{(4/1)^5}{2 \times 2^{5-2}} \times 0.008 = 0.512$

平均有效达到率：$\lambda_{eff} = \lambda(1 - P_K) = 4 \times (1 - 0.512) = 1.952$

繁忙率：$\rho_{eff} = \dfrac{\lambda_{eff}}{S\mu} = \dfrac{1.952}{2 \times 1} = 0.976$

空闲率：$1 - \rho_{eff} = 1 - 0.976 = 0.024$

平均队长：$L_q = \dfrac{(\lambda/\mu)^S P_0 \rho}{S!\ (1-\rho)^2}[1 - \rho^{K-S} - (1-\rho)(K-S)\rho^{K-S}]$

$$=\frac{(4/1)^2\times 0.008\times 2}{2\times(1-2)^2}\times[1-2^3-(1-2)(5-2)\times 2^3]$$

$=16\times 0.008\times 17=2.176$ 辆

平均顾客数：$L_S=L_q+\frac{\lambda_{eff}}{\mu}=2.176+\frac{1.952}{1}=4.128$ 辆

平均逗留时间：$W_S=\frac{L_S}{\lambda_{eff}}=\frac{4.128}{1.952}=2.115h$

平均等待时间：$W_q=\frac{L_q}{\lambda_{eff}}=\frac{2.176}{1.952}=1.115h$

②设 S = 3，计算可得：

$\rho=\frac{\lambda}{S\mu}=1.3333$

$P_0=0.0176$

顾客损失率：$P_K=0.3336$

则每天平均可增加的车辆修理量为：(0.512 − 0.334) × 4 × 8 = 5.696 辆

每天可增加的修车盈利为：5.696 × 50 = 285 > 150

所以应增加 1 名技工。

三、Excel 在随机服务系统中的运用

【例 10-5】 某城市工业园区中物流企业为该园区企业提供物流服务，平均每小时有 4 项业务（该工业园区内企业物流业务）在网站上下单要求提供物流服务，该物流企业目前平均每小时可完成 5 项物流业务服务，若工业企业平均能容忍等待时间为小于 0.33 小时（否则去找其他物流公司为其服务）、平均完成时间小于 0.5 小时。

（1）这种情况下，平均每小时可完成多少项物流业务服务才能达到顾客要求？

（2）若到达率为 6，则服务率应为多少才能满足要求？

解：首先借助 Excel 计算原先物流服务系统主要指标参数，计算过程及结果如下：首先把原始资料分别填入表 10-2 中，如单元格 C3 = 4，D3 = 5，C4 = 4，C5 = 4；C6 = 6，C7 = 6，C8 = 6，C9 = 6。然后，根据排队轮相关公式编辑 Excel 计算公式，E3 = C3/(D3 − C3)，F3 = C3^2/(D3 ×(D3 − C3))，G3 = 1/(D3 − C3)，H3 = C3/(D3 ×(D3 − C3))，I3 = = C3/D3，然后，在区域 E4:I9 复制上述公式，把区域 D4:D9 相关参数填入，便可自动计算出表 10-2 的结果，单元格 G4 和 H4 分别为 0.5 和 0.33，满足要求，即第一个问题已解决，服务率提高到每小时 6 个即可；单元格 G8 和 H8，同时满足 2 项要求，所以第二个问题已解决，即服务率应为每小时 9 个。

表 10－2　借助 Excel 计算相关参数

B	C	D	E	F	G	H	I
2	到达率	服务率	队长	平均等待单数	平均服务时间	平均等待时间	服务强度
3	4	5	4.00	3.20	1.00	0.80	0.80
4	4	6	2.00	1.33	0.50	0.33	0.67
5	4	7	1.33	0.76	0.33	0.19	0.57
6	6	7	6.00	5.14	1.00	0.86	0.86
7	6	8	3.00	2.25	0.50	0.38	0.75
8	6	9	2.00	1.33	0.33	0.22	0.67
9	6	10	1.50	0.90	0.25	0.15	0.60

第三节　服务业人员班次计划

无论是制造业还是服务业均涉及人员班次计划问题，企业生产货服务类型不同，班次安排方法和难易程度也有所不同。不考虑出勤率且每天需要人数相同、周末和节假日休息时最为简单一种情况，非常好安排班次。每天需求人数不同、连续生产或服务类型、考虑出勤率时，情况较为复杂、不易作出合理的安排。如何配备员工人数、科学合理安排班次需要我们深入研究、作出科学决策，以便保证员工合理休息要求、提高工作效率、提高企业经济效益。下面就几种常见情况论述服务业人员班次计划方法。

对于连续服务型企业，服务 24 小时不能中断，可有以下几种方法安排轮班计划。

1. 三班倒轮班计划

三班倒轮班计划是一种每班 8 小时，每天 3 个工作班，分别分为早、中、晚 3 个工作班的计划安排方法。

（1）往下轮换法。往下轮换法就是上完早班后上中班，然后是晚班，接下来是早班，依此类推。详细参见表 10－3。

【例 10－6】某物流中心服务企业发货处，分甲、乙、丙 3 个工作班，每班每天工作 8 小时，如暂时不考虑每周休息 2 天这个因素，往下轮换班次安排如表 10－3 所示。3 周循环一次，比较好记、容易安排，缺点是各周开始和结束时，出现连班现象，如甲班上周上完早班后，接着上中班，中间没有休息时间，不利于员工恢复体力和休息，影响工作效率。

表 10-3　　往下轮换班次安排

班次	第一周	第二周	第三周	第四周
早	甲	丙	乙	甲
中	乙	甲	丙	乙
晚	丙	乙	甲	丙

（2）往上轮换法。往上轮换法就是轮完晚班后轮中班，然后是早班，接下来是晚班，以此类推。详细参见表 10-4。仍以例 10-5 为例，某物流中心服务企业发货处，分甲、乙、丙 3 个工作班，每班每天工作 8 小时，如暂时不考虑每周休息 2 天这个因素，往上轮换班次安排如表 10-4 所示。3 周循环一次，比较好记、容易安排，优点是各周开始和结束时，没有出现连班现象，中间有休息时间，有利员工恢复体力和休息，提高工作效率。

表 10-4　　往上轮换班次安排

班次	第一周	第二周	第三周	第四周
早	甲	乙	丙	甲
中	乙	丙	甲	乙
晚	丙	甲	乙	丙

（3）往下 4 班轮换。有些连续型服务企业，为了养员工得到更多时间休息，采取 4 班 3 运转轮班方式，往下轮换，即早班上完上中班，中班上完上晚班。

【例 10-7】有关资料如表 10-5 所示，每天都有一个班休息，进行轮休，8 天一个循环，每 8 天休息 2 天。这种轮班方式虽然 8 天内休息 2 天，但会出现连班现象，不利于员工休息，影响工作效率和安全生产。

表 10-5　　往下 4 班轮换

工作日	1	2	3	4	5	6	7	8	9	10	11	12
早	甲	甲	丁	丁	丙	丙	乙	乙	甲	甲	丁	丁
中	乙	乙	甲	甲	丁	丁	丙	丙	乙	乙	甲	甲
晚	丙	丙	乙	乙	甲	甲	丁	丁	丙	丙	乙	乙
休息班组	丁	丁	丙	丙	乙	乙	甲	甲	丁	丁	丙	丙

（4）往上 4 班轮换。采取 4 班 3 运转轮班方式，往下轮换，即中班上完上早班，晚班上完上中班，如表 10-6 所示，每天都有一个班休息，进行轮休，8 天一个循环，

每8天休息2天。这种轮班方式不会出现连班现象，有利于员工休息，提高工作效率和生产安全率。

表10－6　　往上4班轮换

工作日	1	2	3	4	5	6	7	8	9	10	11	12
早	甲	甲	乙	乙	丙	丙	甲	甲	甲	甲	乙	乙
中	乙	乙	丙	丙	丁	丁	乙	乙	乙	乙	丙	丙
晚	丙	丙	丁	丁	甲	甲	丁	丁	丙	丙	丁	丁
休息班组	丁	丁	甲	甲	乙	乙	丙	丙	丁	丁	甲	甲

2. 无固定班组的轮班计划

无固定班组轮班计划是指每个人无固定班组，每个时间段上工作岗位人员也不固定，随着需求量变化而变化情况下的轮班计划。每个时间可按小时划分，也可按天划分。轮班安排时需要考虑因素较多，如哪个人做哪个时间段工作效率高、如何安排最节省人力资源、员工休息时间的保证等因素。通常选用启发式算法进行轮班安排，得出近似最优解。这里我们只考虑保证员工每周至少休2天情况下安排方法。

【例10－8】某物流企业一周人员需求如表10－7所示，每天一班制，每人每周工作5天，试编制轮班计划，使每人每周休2天尽可能连在一起。

表10－7　　每天人员需求

星期	1	2	3	4	5	6	日
需要人数	6	7	5	8	5	10	9

表10－8　　无固定班组人员轮班计划

行＼列	A	B	C	D	E	F	G	H	I
1		周一	周二	周三	周四	周五	周六	周日	每周休息合计
2	1			1	1				2
3	2			1	1				2
4	3			1		1			2
5	4			1		1			2

续 表

行＼列	A	B	C	D	E	F	G	H	I
6	5			1		1			2
7	6					1		1	2
8	7	1				1			2
9	8	1	1						2
10	9	1	1						2
11	10	1	1						
12	每天休息合计	4	3	5	2	5		1	
13	上班	6	7	5	8	5	10	9	
14	需求	6	7	5	8	5	10	9	50
15	多出	0	0	0	0	0	0	0	0

注：在表 10－8 区域 B2∶H11 中的 1 代表休息，无数据代表没有休息，在工作。

解：因为需求人数之和为 S＝6＋7＋5＋8＋5＋10＋9＝50 人，每天最多需求是周六 10 人，10 人每周工作 5 天，一共工作 50 天，与需求总人数恰好相等，所以能保证每人每周休息 2 天，但很难保证 2 天连续休息。表 10－8 是借助 Excel 编制轮班计划方案之一，可有多个组合方案。在表 10－8 中，单元格 I2＝sum（B2∶H2）；B12＝sum（B2∶B11）；B13＝＄A＄10－B12；B15＝B13－B14，依此类推，借助 Excel 会比较容易获得可行方案之一。

3. 每天需求一样时的班次计划

每天需求一样是指周一至周五和周六、周日需求员工人数一样多的情况。在这种情况下，假设每天需要 N 人，每人每周原则上休息 2 天，探讨最少需要多少人？如何安排班次？

首先为了简化起见，暂时不考虑出勤率，因企业每周工作 7 天，每天需要 N 人，所以，7 天一共需要 $7N$ 天·人次。又因每人每周工作 5 天，若每天最少需要 W 人，则每周工作 5 天，一共工作 $5W$ 天·人次。因此有如下不等式成立：

$$5W \geqslant 7N \tag{10-38}$$

所以：

$$W = \lceil 7N/5 \rceil \tag{10-39}$$

上式符号"［ ］"代表向上取整。

若不等式（10－38）正好相等，则正好每人每周休息 2 天，且保证每天需要的人数 N，否则若 $5W > 7N$，则有多余人力资源出现，多余天·人次为 $5W-7N$。若 $5W <$

7N，则有些员工不能保证每周休息2天，需加班或找临时短工的办法处理。

【例10-9】某物流企业某班组每天需要6人，每周每人休息2天，问：最少需要多少人？班次计划如何安排？

解：经计算 $7N=7\times6=42$ 天·人次，$W=[7N/5]=[7\times6/5]=9$，所以最少需要9人。班次安排方案之一参见表10-9所示，因为 $5\times9=45$，比42多3天·人次，所以，不论哪种安排方案均出现多3天·人次现象。

表10-9　　班次安排方案

工人	周一	周二	周三	周四	周五	周六	周日	休息合计
1					1	1		2
2					1	1		2
3					1	1		2
4			1	1				2
5			1	1				2
6			1	1				2
7	1						1	2
8	1						1	2
9	1						1	2
休息合计	3	0	3	3	3	3	3	
需要人数	6	6	6	6	6	6	6	
上班人数	6	9	6	6	6	6	6	
多出人数	0	3	0	0	0	0	0	

平时和周末需求有差异时班次计划。平时和周末需求有差异是指平时需求与周末需求人数不相等情况。设平时每天需求数为 P，周末需求数为 Z，每天最少需要 W 人，则有如下不等式成立：

$$5W\geqslant5P+2Z \tag{10-40}$$

所以：

$$W=[(5P+2X)/5] \tag{10-41}$$

上式符号"[ ]"代表向上取整。

不等式（10-40）分三种情况，与不等式（10-38）情况类似，即正好相等，不多不少；大于时人力资源过剩；小于时人力资源短缺。

【例10-10】某物流企业平时需要8人，周末需要11人，每人每周休息2天，问最少需要多少人？班次计划如何安排？

解：经计算 $W=[(5P+2X)/5]=[(5\times8+2\times11)/5]=13$ 人

$13\times5=65$，比 $5\times8+2\times11=62$ 多 3 天·人次，以此，若不考虑出勤率，人力资源过剩，多 3 天·人次，不论哪种安排方案也均出现多 3 天·人次现象。班次安排方案之一参见表 10－10 所示。

表 10－10 **班次安排方案**

工人	周一	周二	周三	周四	周五	周六	周日	休息合计
1					1	1		2
2					1	1		2
3					1		1	2
4			1	1				2
5			1	1				2
6			1	1				2
7			1	1				2
8			1	1				2
9	1	1						2
10	1	1						2
11	1	1						2
12	1	1						2
13		1					1	2
休息合计	4	5	5	5	3	2	2	
需要人数	8	8	8	8	8	11	11	
上班人数	9	8	8	8	10	11	11	
多出人数	1	0	0	0	2	0	0	

知识链接

排队中如何提升顾客的满意度

排队也许是企业最乐意不过的事情，可对消费者并不如此。按照“顾客就是上帝”的原则，企业应给予顾客最大的满意，给予顾客最大的价值。因为只有这样，顾客在消费企业所提供的产品或服务的时候才有可能感到非常高兴。顾客高兴之后，才有可能重复购买，才有可能向他的亲戚朋友宣传企业的产品或服务，更多的人才会来购买或消费企业的产品或服务。这就要求企业在处理排队的问题时，遵循让顾客满意，给顾客带来价值的原则，仔细分析顾客的心理，减少因排队带来的负面影响，进行正确的排队管理。

最好的方法就是不排队。企业可以通过一定的设备或者对需求进行管理，疏导顾客不去排队。比如通过电话、传真或自动预定，顾客就不必要排队等候了。由于客户到达和服务的随机性，使排队成为必然。但减少排队等候时间，更多地为客户考虑，或尽量避免因排队而给顾客带来的影响显得尤为重要。

企业应认识到不同的顾客在不同的时间和不同的地点，思想和情绪会有很大的差别。服务人员对顾客在服务点前的准确认识是解决排队问题的关键，对顾客进行观察、询问、调查成为合理安排服务点、设置服务点的环境、选择不同的排队方式的前提条件。例如：由于市中心与位于郊区的超市，顾客对时间、等待的要求并不相同；只买一两件商品的顾客与选满购物车的顾客要求的等待时间也不相同，于是应在超市门口提供专门为购买少量商品专设的快道。饭店里散客与团队对登记的要求也不一样，团队客人不希望排队等候登记，而只希望把这些事情交给导游一个人办就可以了；散客对排队登记，则认为是应该的。要求对产品有着清醒的认识，对于顾客来说有价值的产品，对于处于卖方市场的产品，适当的排队是允许的。

本章小结

第一节介绍了服务业运作的特点，简要介绍了服务交付问题和顾客参与问题。

第二节介绍了随机服务系统，着重介绍了随机服务系统的构成与特征、随机服务系统的描述、常见的简单随机服务系统及其应用。

第三节介绍了服务业人员安排问题，阐述了固定班组的轮班计划和无固定班组的轮班计划的排班方法。

【基础练习】

一、判断题

1. 顾客到达率大于服务率不会出现任务不饱满的情况。（　　）
2. 配备人员数等于实际需要人数除以出勤率。（　　）
3. 向上取整配备人员会出现人员过剩的情况。（　　）
4. 往上轮班会出现连轴转（连续 2 个班工作）情况。（　　）
5. 缩短等待和服务时间通常会增加服务系统的成本。（　　）

6. 单队—多服务台并联式对顾客公平，能保证先到先服务。(　　)

7. 平均等待时间等于逗留时间减去服务时间，顾客希望越短越好。(　　)

二、思考题

1. 服务业作业计划有哪些特点?

2. 减少顾客参与影响的方法?

3. 增加一名员工会有 4 天人员过剩（假设每周工作 5 天），不增加员工只有一天人员短缺，是增加还是不增加？如何解决这一矛盾?

4. 计算服务系统中平均队长有何用途?

5. 单队—单服务台式、多队—多服务台并联式和单队—多服务台并联式三者有何缺点?

6. 常见的排队规则有哪些?

7. 在最少需要人员数计算公式中 $W=[(5P+2X)/5]$，是否会出现 W 小于 X 的情况？如果出现这种情况，如何解决?

8. 排队轮理论可在物流哪些环节中运用?

三、计算题

1. 某小型物流公司业务部门平均每 20 分钟到达一个客户，业务部门只有一名工作人员，对每名客户平均服务时间为 15 分钟，均服从指数分布，求该物流服务系统的各项统计指标。

2. 某车间的工具仓库只有一个管理员，平均每小时有 4 个工人来借工具，平均服务时间为 6 分钟。到达为泊松流，服务时间服从负指数分布。由于场地等条件限制，仓库内能借工具的人最多不能超过 3 个，求：

（1）仓库内没有人借工具的概率；

（2）系统中借工具的平均人数；

（3）排队等待借工具的平均人数；

（4）工人在系统中平均花费的时间；

（5）工人平均等待的时间。

3. 某服务亭只有一名服务员，顾客按泊松分布到达，平均每小时 4 人；服务时间服从负指数分布，平均每人 6 分钟。求：

（1）系统空闲的概率；

（2）有 3 名顾客的概率；

（3）至少有 1 名顾客的概率；

（4）平均的顾客数；

（5）平均逗留的时间；

（6）平均等待的顾客数；

（7）平均的等待时间。

四、实训项目

1. 某物流企业某分拣环节每周每天需求人数如表 10－11 所示，要求工人每周至少休息 2 天。

（1）至少需要多少工人？

（2）某些天若出现上班人数多于需求人数如何处理？

（3）借助 Excel 编制轮班计划。

（4）最少需要人数下限如何确定？

表 10－11　　每天人员需求

星期	1	2	3	4	5	6	日
需要人数	6	7	6	8	7	10	9

2. 是否会出现 $X>W$ 情况？若出现 $X>W$ 时，式（10－41）如何修正？

3. ①考虑出勤率时，人员需求数如何确定？②在考虑出勤率基础上，在保证每周每个工人原则最少休息 2 天情况下，计算最少人数为 12 人，但有 4 天多一人，若取 11 人，只有一天缺一人，这种情况下如何解决这一问题？

4. 某物流企业平时需要 12 人，周末需要 10 人，每人每周休息 2 天。

（1）最少需要多少人？

（2）运用 Excel 编制班次轮休计划。

5. 某物流企业某班组每天需要 8 人，每周每人休息 2 天。问：最少需要多少人？班次计划如何安排？

6. 某物流企业平时需要 9 人，周末需要 12 人，每人每周休息 2 天。问：最少需要多少人？班次计划如何安排？

第十一章　项目管理

学习目标

知识目标

1. 熟悉项目管理的基本含义；
2. 熟悉项目进度管理的技术方法；
3. 熟悉项目成本控制的方法。

技术目标

1. 会根据项目章程制定项目管理程序；
2. 会运用网络计划技术；
3. 会运用挣值分析进行项目成本预测。

职业能力目标

1. 培养良好的职业道德，树立项目质量高于效率的理念；
2. 树立管理的成本观念，提高项目活动的管理效率。

物流聚焦

阿波罗计划

阿波罗计划（Project Apollo）是美国国家航空航天局1961—1972年从事的一系列载人航天飞行任务，在20世纪60年代的10年中主要致力于完成载人登月和安全返回的目标。1969年阿波罗11号宇宙飞船达成了这个目标，尼尔·阿姆斯特朗成为第一个踏上月球表面的人类。为了进一步执行在月球的科学探测，阿波罗计划一直延续到20世纪70年代早期。总共耗资约240亿美元。阿波罗计划的成功实施，带动了整个国家科学与技术的全面创新和飞速发展。如此庞大的阿波罗登月计划之所以能如期完成，很关键的一点在于运用系统工程方法进行了有效的组织管理。阿波罗载人登月工程历时10年，动员了上百个科研机构，120所大学，2万多家企业，先后有400万人参加。这一规模宏大的工程，工程技术的复杂程度难以想象，仅土星5号火箭就有上百万个零部件，涉及成百上千种复杂的工序，只要有一处隐患，就可能造成箭毁人亡的惨剧。研制这样复杂的系统，面临的难题是：怎样把比较笼统的初始要求（如使航天员安全登月并返回地球）逐步变为成千上万个工程任务参加者的具体工作，怎样把这些工作最终组合成一个技术上合理、经济上合算、研制周期短、协调运转方便的实际工程系统。这样复杂的工程系统，涉及大规模复杂的社会劳动组织协调和管理，需要有一套严密而科学的组织管理方法。阿波罗工程成功地解决了这一重大问题，对于开拓系统工程思想、促进系统工程的发展，并将系统工程方法应用于人类社会的生产活动产生了重要影响。

在阿波罗计划实施过程中，美国建立了强有力的管理组织，用系统工程方法加强对阿波罗计划整体过程的管理，并将管理工作全过程划分为编制计划、分析评价、控制指导及督促检查等阶段，从根本上保障了阿波罗计划的顺利完成。阿波罗计划的成功，也充分显示了系统工程的作用与威力。

第一节　项目管理概述

项目管理的实践从人们开始共同合作，进行社会生产与活动之日起就已经开始了，但是现代项目管理却是近年来发展起来的一个管理学科的新领域。现代项目管理所涉及的管理理论和管理方法与传统的项目管理和一般的运营管理都有很大的不同。现代项目管理是有关现代社会活动中各种项目的一般管理理论和方法，而不是主要限于工程建设项目的传统项目管理方法。现代项目管理的理论和方法可以适用于我们现代社会中各种项目的管理，不管是科技开发项目，还是房地产开发项目，不管是软件开发项目，还是各种服务提供项目。现代项目管理的理论和方法是在总结了各种各样项目的管理一般规律而建立起来的项目管理理论和方法论，它具有非常广泛的适用性，所以它是现代管理科学中的一个重要领域。

一、项目管理的概念

（一）项目的定义

现代项目管理认为：项目是一个组织为实现既定的目标，在一定的时间、人员和其他资源的约束条件下，所开展的一种有一定独特性的、一次性的工作。

现代项目管理所定义项目的典型类别包括以下几项。

（1）新产品或新服务的开发项目。例如，新型家用电冰箱、空调器的研制开发项目和新型旅游服务开发项目等。

（2）技术改造与技术革新项目。例如，现有设备或生产线、生产场地的更新改造项目和生产工艺技术的革新项目等。

（3）组织结构、人员配备或组织管理模式的变革项目。例如，一个企业的组织再造项目，或一个政府机构的职能转变与人员精简项目等。

（4）科学技术研究与开发项目。例如，纳米技术与材料的研究与开发项目、生命科学的技术与理论研究和开发项目等。

（5）信息系统的集成或应用软件开发项目。例如，国家金税工程、金卡工程等经济信息系统等信息系统的集成与开发项目；企业的管理信息系统、决策支持系统的集成与开发项目；会计软件、游戏软件、办公软件、操作软件、教育软件等各种各样的软件的开发项目等。

（6）建筑物、设施或民宅的建设项目。例如，政府的办公大楼，学校的教学和行政管理大楼，商业写字楼，大型旅馆饭店，民用住宅、工业厂房、商业货栈、水利枢纽、物流中心等的建设项目。

（7）政府、政治或社会团体组织和推行的新行动。例如，希望工程项目、光彩工程项目、农村经济体制改革项目、对外开放项目、申办奥运会项目、国庆阅兵项目等。

（8）大型体育比赛项目或文艺演出项目。例如，奥运会比赛项目、世界杯比赛项目、国庆晚会演出项目、春节晚会演出项目、救灾义演项目、巡回演出项目，系列大奖赛项目等。

（9）开展一项新经营活动的项目。例如，有奖销售活动、降价促销活动、大型广告宣传活动、新型售后服务推广活动等，也都属于项目的范畴。

（10）各种服务作业项目。例如，替客户组织一场独特的婚礼、为客户提供一项独特的旅游、为客户安排一份特殊的保险等都属于项目的范畴。

（二）项目的特性

各种不同专业领域中的项目在内容上可以说是千差万别，不同项目都有自己的特性。但是从本质上说，项目是具有共同特性的，不管是科研项目、服务项目，还是房地产开发项目，它们的根本特性是相同的。项目的这些共同特性可以概括如下。

1. 目的性

项目的目的性是指任何一个项目都是为实现特定的组织目标服务的。因此，任何一个项目都必须根据组织目标确定出项目的目标。这些项目目标主要分两个方面：其一是有关项目工作本身的目标；其二是有关项目产出物的目标。前者是对项目工作而言的，后者是对项目的结果而言的。例如，对一栋建筑物的建设项目而言，项目工作的目标包括项目工期、造价、质量和安全等方面的目标，项目产出物的目标包括建筑物的功能、特性、使用寿命和使用安全性等方面的目标。同样，对于一个软件开发项目而言，项目工作的目标包括软件开发周期、开发成本、质量、软件开发的文档化程度等方面的目标，项目产出物（软件产品）的目标包括软件的功能、可靠性、可扩展性、可移植性等方面的目标。在许多情况下项目的目的性这一特性是项目最为重要和最需要项目管理者关注的特性。

2. 独特性

项目的独特性是指项目所生成的产品或服务与其他产品或服务都有一定的独特之处。通常一个项目的产出物，即项目所生成的产品或服务，在一些关键方面与其他的产品和服务是不同的。每个项目都有某些方面是以前所没有做过的，是独特的。例如，每个人的婚礼都是一个项目，每个人的婚礼总会有许多独特的（不同的）地方，虽然按照一定的习俗，婚礼会有一些相同的成分，但是这并不影响个人婚礼的独特性。再比如，人们建造了成千上万座办公大楼，这些大楼在某个或些方面都有一定的独特性，这些独特性包括：不同的业主、不同的设计、不同的位置和方位、不同的承包商、不同的施工方法和施工时间等。许多社会生产或服务业务项目都会有一定的共性，即相同的东西，但是这并不影响项目的独特性这一重要特性。

3. 一次性

项目的一次性（也被称为“时限性”）是指每一个项目都有自己明确的时间起点和终点，都是有始有终的（不是不断重复、周而复始的）。项目的起点是项目开始的时间，项目的终点是项目的目标已经实现，或者项目的目标已经无法实现，从而中止项目的时间。项目的一次性与项目持续时间的长短无关，不管项目持续多长时间，一个项目都是有始有终的。例如，树立一座纪念碑所用的时间是短暂的，各种计算机操作系统的开发时间相对比较长，但是它们都有自己的起点和终点。这就是项目的一次性特性，项目在其目标确立后开始，项目在达到目标时终结，没有任何项目是不断地、周而复始地持续下去的。项目的一次性是项目活动不同于一般日常运营活动的关键特性。

4. 制约性

项目的制约性是指每个项目都在一定程度上受客观条件和资源的制约。客观条件和资源对于项目的制约涉及项目的各个方面，其中最主要的制约是资源的制约。项目的资源制约包括：人力资源、财力资源、物力资源、时间资源、技术资源、信息资源等各方面的资源制约。因为任何一个项目都是有时间限制的，任何一个项目都有预算限制；而且一个项目的人员、技术、信息、设备条件、工艺水平等也都是有限制的。这些限制条件和项目所处环境的一些制约因素构成了项目的制约性。项目的制约性也是决定一个项目成败的关键特性之一。通常，一个项目在人力、物力、财力、时间等方面的资源宽裕，制约很小，那么其成功的可能性就会非常高；情况相反时项目成功的可能性就会大大降低。

5. 其他特性

项目除了上述特性以外还有其他一些特性，这包括：项目的创新性和风险性、项目过程的渐进性、项目成果的不可挽回性、项目组织的临时性和开放性等。这些项目特性是相互关联和相互影响的。例如，项目的创新性和风险性就是相互关联的，而项目的风险性又是由于项目的独特性、制约性和一次性造成的。因为一个项目的独特之处多数需要进行不同程度的创新，而创新就包括各种不确定性，从而造成项目风险。另外，项目组织的临时性和项目成果的不可挽回性也主要是由于项目的一次性造成的，因为一次性的项目活动结束以后，项目组织就需要解散，所以项目组织就是临时性的；而项目活动是一次性的不是重复性的，所以项目成果一旦形成，多数是无法改变的。例如，一次大型的体育比赛活动就是一个项目，这种项目的管理组织多数是临时的，比赛结束以后项目组织就解散了，而比赛过程中所形成的有问题的比赛结果多数都是无法变更的，如参赛者因迟到而弃权的结果就是无法改变的。

（三）项目的分类

项目可以按照不同的标志进行不同的分类。对项目进行分类的主要目的是要对项目的特性有更为深入的了解和认识。项目的主要分类有如下几种。

1. 业务项目和自我开发项目

业务项目是指由专业性项目公司为特定的业主/客户所完成的一次性工作，这是一种商业性服务或开发、生产项目。自我开发项目是项目团队为自己企业或组织所完成的各种开发项目，是一种企业内部的研究与开发性项目。例如，由房地产开发商出资，由建筑设计部门和施工承包商完成的住宅建设项目、由管理顾问公司为某个企业所做的战略管理或组织再造咨询项目等都属于业务项目；而由加工制造企业自己的产品设计或研究开发部门完成的新产品开发项目、由企业内部人员组成项目团队完成的技术改造项目等都属于自我开发项目。这两类项目的划分标志是项目的所有者和项目的实施者是否属于同一个组织。

2. 企业项目、政府项目和非营利机构的项目

企业项目是由企业提供投资或资源，并作为项目业主/客户，为实现企业的特定目标所开展的各种项目，不管企业的性质是国有企业、集体企业，还是私营企业或合资企业。政府性项目是由国家或地方政府提供投资或资源，并作为业主/客户，为实现政府的特定目标所开展的各种项目。非营利机构的项目是指向学校、社团、社区等非营利性组织提供投资或资源，为满足这些组织的需要而开展的各种项目。例如，企业出

资的新产品开发项目属于企业项目，而国家投资的国防项目属于政府性项目，学校出资的建设项目则属于非营利机构的项目。这种项目分类的标志是项目投资者的社会属性。

3. 盈利性项目和非盈利性项目

盈利性项目是以获得利润为目标而开展的项目，非盈利项目是以增加社会福利或公益为目标所开展的项目。例如，商品的开发与生产项目和商业服务项目都属于盈利性项目，如商用计算机的开发与生产、管理咨询公司的咨询服务项目等；而如城市基础设施建设项目和希望工程项目、城市道路的建设项目和希望工程小学的捐助项目等则都属于非盈利性项目。这种项目分类的标志是项目本身的目的性。

4. 大项目、项目和子项目

在英文中有关“项目”的单词按照项目的规模和统属关系有“Program”“Project”和“Subproject”三个。它们都有自己相对应的中文，“Project”通常被翻译成“项目”，而“Subproject”被翻译成“子项目”，这种翻译大家是非常一致的。但是对于“Program”的翻译就有很大不同，有的翻译成“项目”，有的翻译成“计划”，有的翻译成“工程”。例如，阿波罗“计划”就是美国一个非常大的航天工程项目，中国的三峡“工程”就是一个典型的工程项目。但是从分类的角度，我们认为“Program”翻译成“大项目”就可以与项目和子项目并列而构成一个体系，同时这还可以避免与一般意义的“计划”和“工程”等名词相混淆，避免翻译成“计划”与“项目”的歧义性。确切地说，“大项目”是由一系列“项目”构成的一个集合，而“项目”是“大项目”的一个子集。同时，任何一个“项目”又可以进一步划分为多个可管理的部分，即“子项目”。“子项目”多数是可以分包出去由其他的企业或本企业的其他职能部门完成的一个项目的子集。一个项目可以组合分解成各种不同层次的子项目。

知识链接

项目干系人

项目干系人又称为项目相关利益者，是指积极参与项目或其利益会受到项目执行或完成情况影响的个人或组织。

项目干系人对项目的目的和结果施加影响。项目管理团队必须识别项目干系人，确定他们的需求和期望，尽最大可能地管理与需求相关的影响，以获得项目的成功。

主要的项目干系人包括：

项目经理：负责管理项目的人。

客户或用户：会使用项目产品的组织或个人。顾客会有若干层次。例如，一个新医药产品的顾客包括开处方的医生、吃药的病人和付钱的保险公司。在一些应用领域，顾客和用户的意思是一样的。而在其他领域，顾客是指采购产品的实体，用户是指真正使用项目产品的人。

执行组织：雇员直接为项目工作的组织。

项目组成员：执行项目工作的一组人。

项目管理团队：直接参与项目管理的项目组成员。

资助人：以现金或实物形式为项目提供经济资源的组织或个人。

权力阶层：并不直接采购或使用项目产品，但是因为自身在消费者组织或执行组织中的位置，可以对项目进程施加积极或消极影响的个人或组织。

项目管理办公室（PMO）：如果在执行组织中存在，并对项目的结果负有直接或间接的责任，项目管理办公室可能也是项目干系人之一。

（四）项目管理的概念

项目管理是为实现项目的目标，对项目的资源进行计划、组织、控制和协调的过程。项目管理是一种管理模式，有自己的一套科学的管理方法体系。项目管理的特点反映在以下方面。

1. 项目管理的科学性

项目管理是在长期实践和研究的基础上总结出来的理论和方法，而不是一次任意的管理过程。应用项目管理必须按项目管理方法体系的基本要求做。但至今仍有无数项目并没有按项目管理的方法体系进行管理。不按项目管理模式管理项目，不能否认也管理了项目，但其效果是大不一样的。美国项目管理协会（PMI）定义了一套项目管理的方法体系来描述项目管理的知识技能，其中包括项目综合管理、项目范围管理、项目时间管理、项目费用管理、项目质量管理、项目人力资源管理、项目沟通管理、项目风险管理、项目采购管理。

2. 项目管理的创新性

项目管理的创新性包括两层含义，其一是指项目管理是对于创新（项目所包含的创新之处）的管理，其二是指任何一个项目的管理都没有一成不变的模式和方法，都需要通过管理创新去实现对于具体项目的有效管理。在现实生活中，即使是一个工业或民用建设项目，但是由于是新的建设地点、新的业主/客户、新的建设材料与施工方法等各种新的因素，仍然需要各种各样的管理创新。对于如企业新产品的研究与开发之类创新性强的项目就更需要管理创新了。

3. 项目管理的风险性

项目的一次性特点，决定了项目任务都是独特的非重复性的工作，有很多未知因素，通常没有或很少有可供直接参考的经验。因此项目管理总是具有一定的开创性和风险性，要求对项目创造性地进行管理，并加强风险意识。

4. 项目生命周期的阶段性

任何项目都有其开始和结束的时间。项目从启动到结束的过程称为项目的生命周期。项目的生命周期呈现阶段性。通常项目的生命周期都要经历启动阶段（需求识别）、计划阶段（制订方案）、实施阶段（执行）、收尾阶段（结束）（见图 11－1）。也有把项目生命周期划分为概念阶段（conceive）、开发阶段（develop）、执行阶段（execute）、结束阶段（finish）四阶段的，并简称为 C. D. E. F 四阶段。

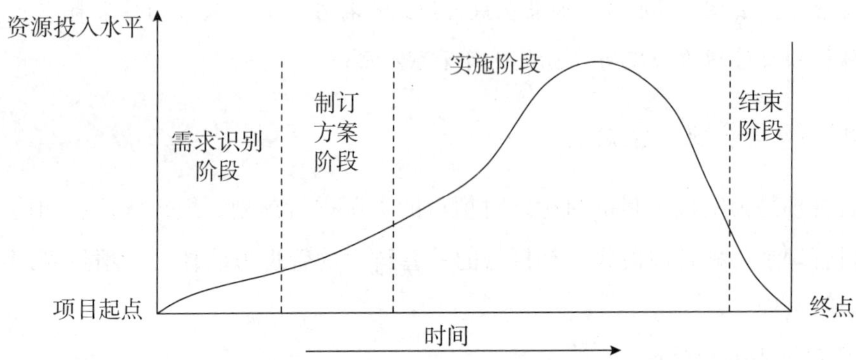

图 11－1　典型的项目生命周期示意

（五）项目管理过程

项目的实现过程是由一系列的项目阶段或项目工作过程构成的，任何项目都可以划分为多个不同的项目阶段或项目工作过程。但是，对于一个项目的全过程或者一个项目的工作过程而言，它们都需要有一个相对应的项目管理过程。这种项目管理过程一般是由五种不同的项目管理具体过程构成的。这五种项目管理具体过程构成了一个项目管理过程组，一个项目管理过程组所包括的五种具体管理过程如下。

1. 起始过程

一个项目管理过程组的首要管理过程是项目管理的“起始过程”。它包含的管理内容有：定义一个项目阶段的工作与活动、决策一个项目或项目阶段的起始与否，或决定是否将一个项目或项目阶段继续进行下去等。这是由一系列决策性的项目管理工作与活动所构成的项目管理具体过程。

2. 计划过程

一个项目管理过程组的第二种管理过程是项目管理的“计划过程”，它包含的管理内容有：拟定、编制和修订一个项目或项目阶段的工作目标、工作计划方案，资源供应计划、成本预算、计划应急措施等。这是由一系列计划性的项目管理工作与活动所构成的项目管理具体过程。

3. 实施过程

一个项目管理过程组的第三种管理过程是项目管理的“实施过程”，它包含的管理内容有：组织和协调人力资源及其他资源，组织和协调各项任务与工作，激励项目团队完成既定的工作计划，生成项目产出物等。这是由一系列组织性的项目管理工作与活动所构成的项目管理具体过程。

4. 控制过程

一个项目管理过程组的第四种管理过程是项目管理的“控制过程”，它包含的管理内容有：制定标准、监督和测量项目工作的实际情况、分析差异和问题、采取纠偏措施等管理工作和活动。这些都是保障项目目标得以实现，防止偏差积累而造成项目失败的管理工作与活动。这是由一系列控制性的项目管理工作与活动所构成的项目管理具体过程。

5. 结束过程

一个项目管理过程组的第五种管理过程是项目管理的“结束过程”，它包括的管理内容有：制定一个项目或项目阶段的移交与接受条件，并完成项目或项目阶段成果的移交，从而使项目顺利结束。这是由一系列文档化和移交性的项目管理工作与活动所构成的项目管理具体过程。

项目管理的这些具体管理过程之间的关系，首先是一种前后衔接的关系。项目管理具体过程的输入和输出是它们相互之间的关联要素。一个项目管理具体过程的结果或输出可以是另一个项目管理具体过程的输入，所以各个项目管理具体过程之间都有文件和信息的传递。当然，这种输入与输出的关系有的时候是单向的，有的时候是双向的。例如，一个项目管理过程组中的“计划过程”，首先要为“实施过程”提供项目计划文件，然后又从“实施过程”获得各种新的情况和更新资料。这种关系在图 11 - 2 中给出了图示说明。

另外，项目管理过程组的各个管理具体过程之间在时间上也并不完全是一个过程完成以后，另一个过程才能够开始，各个管理具体过程在时间上会有不同程度的交叉和重叠。图 11 - 3 描述了一个项目管理过程组中各个项目管理具体过程之间是如何交叉和重叠的。其中，“起始过程”最先开始，但是在“起始过程”尚未完全结束之前，“计划过程”就开始了。“控制过程”是在“计划过程”之后开始，但是先于“实施过程”，因为在“控制过程”中有很大一部分管理工作是“事前控制”工作，必须在“实施过程”开始之前完成。另外，“结束过程”在“实施过程”尚未完结之前就已经开始了，这意味着结束工作的许多文档的准备工作可以提前开始，在“实施过程”完成后所开展的“结束过程”的工作只是这一具体过程中的移交性工作。

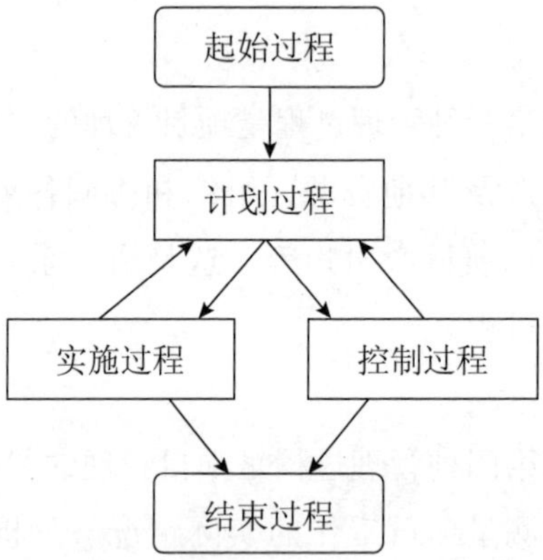

图 11－2　各管理具体过程之间的相互联系

注：图中箭头代表了文件和文件内容的流程。

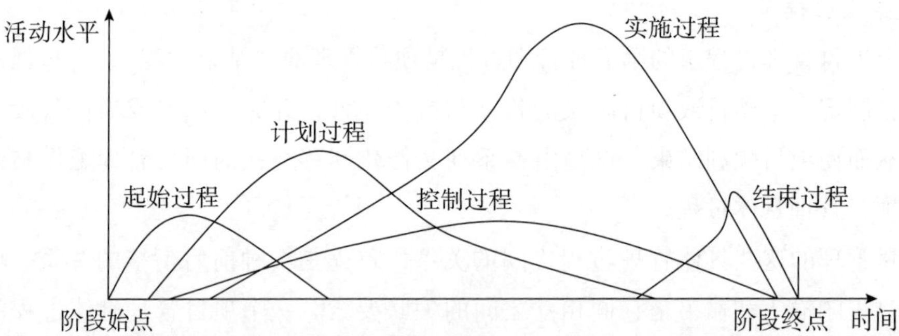

图 11－3　一个项目阶段中管理工作过程的交叉、重叠关系

在项目管理的工作过程组中，“起始过程”和“结束过程”是两个非常关键的管理工作过程。每个项目阶段的实现过程尚未开始之前，项目管理的“起始过程”首先开始。它的作用是正确地做出一个项目阶段是否应该开始的决策。当一个项目阶段的目标已经无法实现（如：由于各种天灾人祸使得一个项目阶段的目标无法实现），或者一个项目阶段的目标虽然能够实现，但是这种目标已经不能够满足人们的需要（如：由于人们的需要发生了变化或转移）时，在项目管理过程组的“起始阶段”就可以做出决策，终止这个项目阶段或整个项目，即不再“起始”这一项目阶段，而是中止、搁置或终结这个项目阶段或者整个项目。相反，项目管理过程组的“结束过程”的关键工作在于做出一个项目阶段是否结束的决策，这包括项目阶段的实现工作任务的结束、契约与合同关系的结束（如：项目分包合同的结束）和管理工作的结束等方面的决策。这种决策是在确认一个项目阶段的任务已经成功完成和这一项目阶段的目标已经实现的基础上做出的。

知识链接

项目管理的知识体系

按照美国项目管理协会提出的现代项目管理知识体系的划分方法，现代项目管理知识体系主要包括九个方面，这九个方面分别从不同的管理职能和领域，描述了现代项目管理所需要的知识、方法、工具和技能。本书将围绕这九个不同的项目管理方面进行较为深入的讨论。

1. 项目集成管理

项目集成管理是在项目管理过程中为确保各种项目工作能够很好地协调与配合而开展的一种整体性、综合性的项目管理工作。开展项目集成管理的目的是要通过综合与协调去管理好项目各方面的工作，以确保整个项目的成功，而不是某个项目阶段或某个项目单项目标的实现。这项管理的主要内容包括：项目集成计划的编制、项目集成计划的实施和项目总体变更的管理与控制。

2. 项目范围管理

项目范围管理是在项目管理过程中所开展的计划和界定一个项目或项目阶段所需和必须要完成的工作，以及不断维护和更新项目的范围的管理工作。开展项目范围管理的根本目的是要通过成功地界定和控制项目的工作范围与内容，确保项目的成功。这项管理的主要内容包括：项目起始的确定和控制、项目范围的规划、项目范围的界定、项目范围的确认、项目范围变更的控制与项目范围的全面管理和控制。

3. 项目时间管理

项目时间管理是在项目管理过程中为确保项目按既定时间成功完成而开展的项目管理工作。开展项目时间管理的根本目的是要通过做好项目的工期计划和项目工期的控制等管理工作，确保项目的成功。这项管理的主要内容包括：项目活动的定义、项目活动的排序、项目活动的时间估算、项目工期与排产计划的编制和项目作业计划的管理与控制。

4. 项目成本管理

项目成本管理是在项目管理过程中为确保项目在不超出预算的情况下完成全部项

目工作而开展的项目管理。开展项目成本管理的根本目的是全面管理和控制项目的成本（造价），确保项目的成功。这项管理的主要内容包括：项目资源的规划、项目成本的估算、项目成本的预算和项目成本的管理与控制。

5. 项目质量管理

项目质量管理是在项目管理过程中为确保项目的质量所开展的项目管理工作。这一部分的主要内容包括：项目质量规划、项目质量保障和项目质量控制。开展项目成本管理的根本目的是要对项目的工作和项目的产出物进行严格的控制和有效的管理，以确保项目的成功。这项管理的主要内容包括：项目产出物质量和项目工作质量的确定与控制，以及有关项目质量变更程序与活动的全面管理和控制。

6. 项目人力资源管理

项目人力资源管理是在项目管理过程中为确保更有效地利用项目所涉及的人力资源而开展的项目管理工作。开展项目人力资源管理的根本目的是要对项目组织和项目所需人力资源进行科学的确定和有效的管理，以确保项目的成功。这项管理的主要内容包括：项目组织的规划、项目人员的获得与配备、项目团队的建设等内容。

7. 项目信息管理

项目信息管理是在项目管理过程中为确保有效地、及时地生成、收集、储存、处理和使用项目信息，以及合理地进行项目信息沟通而开展的管理工作。开展项目信息管理的根本目的是要对项目所需的信息和项目相关利益者之间的沟通进行有效的管理，以确保项目的成功。这一部分的主要内容包括：项目沟通的规划、项目信息的传送、项目作业信息的报告和项目管理决策等方面的内容。

8. 项目风险管理

项目风险管理是在项目管理过程中为确保成功地识别项目风险、分析项目风险和应对项目风险所开展的项目管理工作。开展项目风险管理的根本目的是要对项目所面临的风险进行有效识别、控制和管理，是针对项目的不确定性而开展的降低项目损失的管理。这一部分的主要内容包括：项目风险的识别、项目风险的定量分析、项目风险的对策设计和项目风险的应对与控制等内容。

9. 项目采购管理

项目采购管理是在项目管理过程中为确保能够从项目组织外部寻求和获得项目所需各种商品与劳务的项目管理工作。开展项目采购管理的根本目的是要对项目所需的物质资源和劳务的获得与使用进行有效的管理，以确保项目的成功。这一部分的主要内容包括：项目采购计划的管理、项目采购工作的管理、采购询价与采购合同的管理、资源供应来源选择的管理、招投标与合同管理和合同履行管理。

项目干系人的命名和分组，主要是为了鉴别哪些个人和组织将他们自己看成项目干系人。项目干系人的角色和责任可以重合，例如一个工程公司为自己规划的厂房提供资助。

二、项目管理工具

（一）工作分解结构

工作分解结构（Work Breakdown Structure，WBS）是将项目分解为内容相对独立，便于管理和控制，易于成本核算的工作单元的一种方法。每一个工作单元都是为实现项目目标的一项具体任务。构成一个工作单元的要素包括：①工作对象；②工作内容；③任务的承担者及人员的职责分工；④完成工作所需的时间；⑤完成工作所需的资源，包括空间、设备、材料、资金、人力等。

WBS 并非是将项目进行简单的分割，在分解时要充分考虑各部分之间的组织联系和技术联系，因为 WBS 是制订项目实施计划和确定组织结构形式的重要依据。项目的分解可以采取多种方式，但要保证分解后的子项目是相互关联的。制定 WBS 的方法可以采取自上而下，也可以自下而上，或将两者结合起来进行的方法，还可以采用模板等方法。

所谓的自上而下法，是指对项目的分解先从总体开始，分为几个大的子项目，然后向下逐层分解。这种方法的优点是层次分明，缺点是可能会遗漏一些小的任务。所谓的自下而上法，是指先不考虑层次，而是发动项目组成员积极思维，把所有想到的任务都罗列出来，然后找出它们之间的关联。这种方法只适用于小的项目。所谓采用模板法，是指将做过的项目的 WBS 进行典型化抽象归纳，形成某一类项目的模板。在新项目进行工作分解时，可以从模板库中调用相似类型项目的模板，再对它进行必要的增删和修改。

项目工作分解结构是界定项目所需活动的一项最重要的依据。图 11－4 给出了一个软件开发项目的工作分解结构，由图中可以看出整个软件开发项目的工作被分解为两个层次构成的一系列工作，依据这一工作分解结构，就可以进一步细化并界定出这个项目的全部活动了。一般情况下，项目组织的责任分工越细，管理和预算控制水平越高，工作分解结构就可以详细一些，并且层次多一些。反之，工作分解结构就可以粗略一些，层次少一些。因此，任何项目在不同的项目组织结构、管理水平和预算限制前提下，都可以找到许多种不同的项目工作分解结构。例如，不同项目团队可能为同一个管理咨询项目做出两种不同的工作分解结构，这两种工作分解结构都能够实现这一项目的目标，只是在项目组织管理与预算控制方面会采取不同的模式和方法。因此，在项目活动界定中还必须充分考虑项目工作分解结构的详细程度和不同详细程度的方案对于项目活动界定的影响。

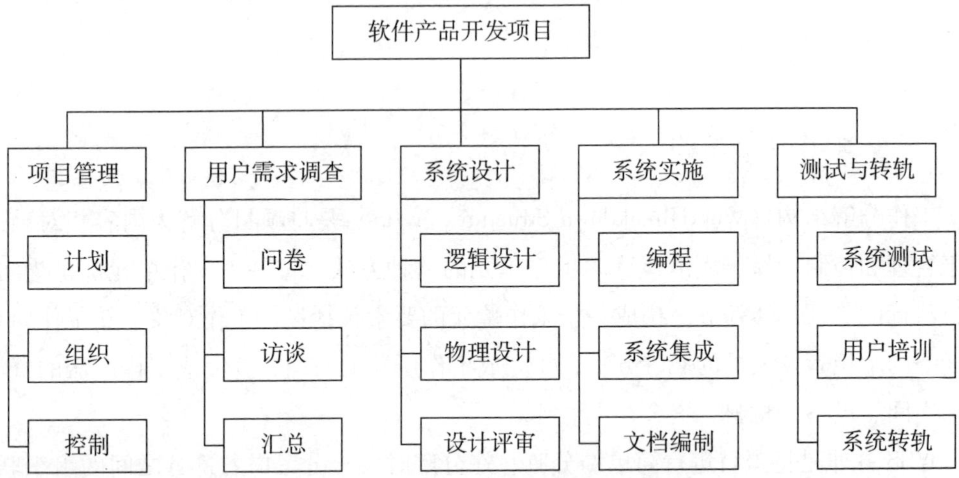

图 11－4　软件开发项目工作分解结构示意

（二）甘特图法

甘特图法是由美国学者甘特发明的一种使用条形图编制项目工期计划的方法，是一种比较简便的工期计划和进度安排方法。这种方法是在 20 世纪早期发展起来的，但是因为它的简单明了，所以到今天人们仍然广泛使用。甘特图把项目工期和实施进度安排两种职能组合在一起。项目活动纵向排列在图的左侧，横轴则表示活动与工期时间。每项活动预计的时间用线段或横棒的长短表示。另外，在图中也可以加入一些表明每项活动由谁负责等方面的信息。简单项目的甘特图如图 11－5 所示。

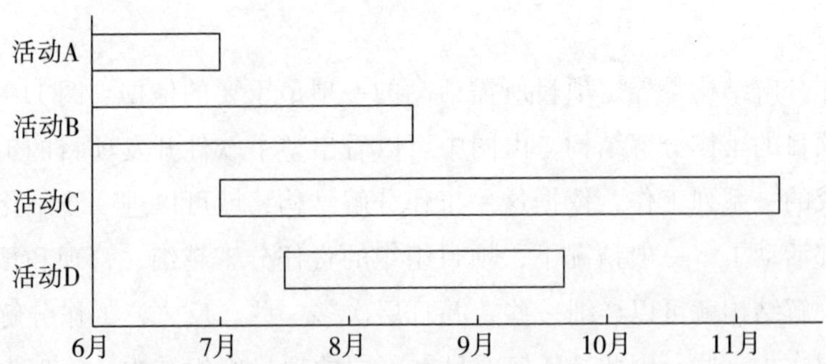

图 11－5　甘特图的示意

（三）里程碑图

里程碑图是一个目标计划，它表明为了达到特定的里程碑，去完成一系列活动。

里程碑计划通过建立里程碑和检验各个里程碑的到达情况，来控制项目工作的进展和保证实现总目标。具体如图 11 -6 所示。

事件（里程碑）	1月	2月	3月	4月	5月	6月	7月	8月
分包合同签订			△▼					
规格书完成			△	▽				
设计审核					△			
子系统测试						△		
第一单元提交							△	
全部项目完成								△

图 11 -6 里程碑图的示意

（四）其他工具

1. 关键路径法

在项目的工期计划编制中，目前广为使用的系统分析法主要有：项目计划评审技术（PERT）和关键路径法两种方法。其中，最重要的是关键路径法。关键路径法（CPM）是一种运用特定的、有顺序的网络逻辑和估算出的项目活动工期，确定项目每项活动的最早与最晚开始和结束时间，并做出项目工期网络计划的方法。关键路径法关注的核心是项目活动网络中关键路径的确定和关键路径总工期的计算，其目的是使项目工期能够达到最短。关键路径法通过反复调整项目活动的计划安排和资源配置方案使项目活动网络中的关键路径逐步优化，最终确定出合理的项目工期计划。因为只有时间最长的项目活动路径完成之后，项目才能够完成，所以一个项目最长的活动路径被称为“关键路径”（critical path）。

在项目工期计划编制过程中，找出了项目的关键路径和关键路径上各项活动的估计工期，然后就可以确定出整个项目的工期估算和项目工期计划了。在这一方法中，一个项目的最早结束时间等于项目计划开始时间加上项目关键路径上前期各项活动的期望工期之和。例如，图 11 -7 中给出的是一个只有三项活动的项目案例，项目的最早结束时间是 36 天，项目最可能的结束时间是 39 天，而项目的最迟结束时间是 42 天。项目的最早、最迟完工时间是根据三项项目具体活动的工期估算求出的，它们的发生概率符合图11－7给出的正态分布。

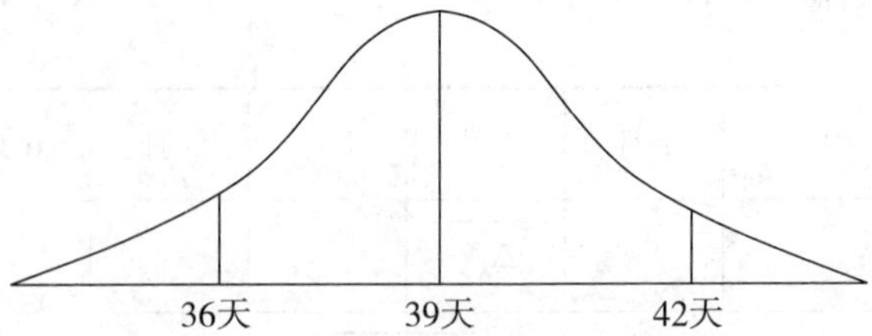

图11－7　案例项目完工时间发生概率的正态分布示意

2. 模拟法

模拟法是根据一定的假设条件和这些条件发生的概率，运用如蒙特卡罗模拟、三角模拟等方法，确定每个项目活动可能工期的统计分布和整个项目可能工期的统计分布，然后使用这些统计数据去编制项目工期计划的一种方法。同样，由于三角模拟法相对比较简单，一般都使用这种方法去模拟估算项目单项活动的工期，然后再根据各个项目可能工期的统计分布做出整个项目的工期估算，最终编制出项目的工期计划。

3. 资源水平法

使用系统分析法制订项目工期计划的前提是项目的资源充足，但是在实际中多数项目都存在资源限制，因此有时需要使用资源水平法去编制项目的工期计划。这种方法的基本指导思想是“将稀缺资源优先分配给关键路线上的项目活动”。这种方法制订出的项目工期计划常常比使用系统分析法编制的项目工期计划的工期要长，但是更经济和实用。这种方法有时又叫作“基于资源的项目工期计划方法”。

4. 项目管理软件法

项目管理软件是广泛应用于项目工期计划编制的一种辅助方法。使用特定的项目管理软件就能够运用系统分析法的计算方法和对于资源水平的考虑，快速地编制出多个可供选择的项目工期计划方案，最终决策和选定一个满意的方案。这对于优化项目工期计划是非常有用的。当然，尽管使用项目管理软件，最终决策还是需要由人来做出。

补充阅读1

人人网手机客户端开发项目的时间管理

人人网手机客户端开发项目在项目的时间管理中主要有以下几个流程。

第一步，提出项目的具体需求，建立客户端系统构架，对项目需求进行具体分析，从而明确项目范围，形成工作分解结构（WBS）；第二步，依据工作分解结构（WBS）对项目进行活动定义，建立项目活动清单，并依据项目活动清单重新调整工作分解结构（WBS）；第三步，分析所有活动之间的相互关系，采用优先顺序图法（PDM）对活动进行排序；第四步，组织专家及项目干系人对每一个活动进行工期估算；第五步，在活动排序、工期估算的基础上，考虑风险因素及资源情况后，制定切实可行的项目进度计划表；第六步，在项目实施过程中，根据项目进度计划表对项目进度进行控制，确保整个项目的按时完成。

（1）人人网手机客户端开发项目的活动排序采用的是优先顺序图法（PDM）。

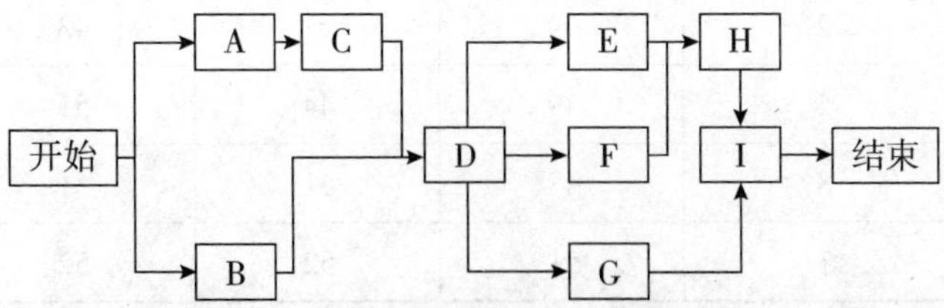

图 11－8　人人网手机客户端开发项目流程

在图 11－8 中，活动 A 为客户端功能及性能需求分析；活动 B 为客户端 UI 需求分析；活动 C 为客户端系统构架搭建；活动 D 为客户端开发；活动 E 为客户端内部测试；活动 F 为客户端 UI 测试；活动 G 为外部接口调测；活动 H 为根据测试结果进行修正及二次开发；活动 I 为完成全部测试，正式发布客户端。

（2）客户端开发项目的活动工期估算。

路径 1：A－C－D－E－H－I，天数：3＋6＋30＋4＋8＋1＝52 天；路径 2：A－C－D－F－H－I，天数：3＋6＋30＋2＋8＋1＝50 天；路径 3：A－C－D－G－I，天数：3＋6＋30＋5＋1＝45 天；路径 4：B－D－E－H－I，天数：4＋30＋4＋8＋1＝47 天；路径 5：B－D－F－H－I，天数：4＋30＋2＋8＋1＝45 天；路径 6：B－D－G－I，天数：4＋30＋5＋1＝40 天。

因此，关键路径为路径 1，最长关键路径时间为 52 天。

根据项目的关键路径，以及各活动的活动工期估算，通过关键路径法计算出项目活动的四个时间，这四个时间分别是：①活动的最早开始时间（ES）＝所有前序活动的 EF 中的最晚时间；②活动的最早完工时间（EF）＝本活动 ES＋本活动工期估算；③活动的最晚完工时间（LF）＝所有后序活动的 LS 中的最早时间；④活动的最晚开工时间（LS）＝本活动 LF－本活动的公式估算。

根据上述计算公式，计算出人人网手机客户端开发项目各项活动的四个时间，如

表 11－1 所示。

表 11－1　　各项活动的四个时间参数

活动	工时估算（天）	ES	EF	LF	LS
A	3	0	3	3	0
B	4	0	4	9	5
C	6	3	9	9	3
D	30	9	39	39	9
E	4	39	43	43	39
F	2	39	41	43	41
G	5	39	44	51	46
H	8	43	51	51	43
I	1	51	52	52	51

根据人人网手机客户端开发项目中各活动的四个时间的计算，通过关键路径法的相关算法，得出本项目各活动的浮动时间，如表 11－2 所示。

表 11－2　　各活动的浮动时间

活动	工时估算（天）	浮动时间（FF）
A	3	0
B	4	5
C	6	0
D	30	0
E	4	0
F	2	2
G	5	7
H	8	0
I	1	0

由于人人网公司第一次进行手机客户端类型软件的开发项目，同类项目的管理经验以及项目开发人员的开发经验都存在不足，在前期对于开发项目的工期估算也有一定的误差。在人人网手机客户端开发项目的实施过程中，主要遇到的问题及补救措施如下。

1. 项目活动中的UI（用户界面）需求分析活动超出预期时间

本项目中对客户端UI需求分析活动原定的工期为4天，但是在项目实际实施过程中，发现UI需求分析的难度以及工作量超过之前的预估。

2. 客户端开发活动进行中发现开发进度落后于项目的计划进度

作为项目的核心活动，客户端开发活动工期最长且最难把控，在开发过程中投入的人员最多，开发内容非常复杂，并且很多开发内容是在之前的开发项目中未曾遇到的，在客户端开发活动进行到第5天时，进展报告显示该项活动无法按照预计完成时间完成且会大大延长。

3. 项目的二次开发工作量超过预期

在对初步开发完成的客户端进行测试的过程中，由于公司是第一次开发客户端类软件，经测试部门测试，在系统功能上存在较多的问题，同时UI部门在用户使用逻辑上也提出了新的问题和需求，经项目组专家测算，在原有开发人员不变的基础上，活动工期将由原来的8天增加至15天。

随着互联网行业的迅速发展，用户规模日益扩大，而手机智能终端的层出不穷、新的操作系统陆续出现以及原有操作系统的不断升级，使得互联网企业的手机客户端开发变为一个长期持续的工作，新的客户端开发，原有客户端的版本升级将变得非常频繁，在今后的同类项目中，充分结合其他项目的经验和教训，对项目进行更有效的时间管理，确保客户端开发工作按时完成。

随着项目时间管理研究的不断发展，项目管理软件的不断升级，项目的时间管理作为一种科学先进的管理方法，必定会迎来更加广阔的发展。

第二节 网络计划技术

网络计划技术是指用于工程项目的计划与控制的一项管理技术。项目的进度管理是通过编制进度计划和对计划的实施过程进行有效的控制来实现的。项目进度计划通常采用网络计划的形式，因为用甘特图编制的计划难以对一个大型项目众多活动之间的复杂关系描述清楚。常用的网络计划有计划评审技术（Program Evaluation and Review Technique，PERT）和关键路径法（Critical Path Method，CPM）两种。这些方法都是用网络图表示活动的先后顺序以及它们之间的相互关系。1956年，美国杜邦公司在制订企业不同业务部门的系统规划时，制订了第一套网络计划。这种计划借助于网络表示各项工作与所需要的时间，以及各项工作的相互关系。通过网络分析研究工程费用与工期的相互关系，并找出在编制计划及计划执行过程中的关键路线。

一、网络图的绘制原理

（一）网络图的两种形式：节点式和箭线式

节点式（Activity On the Node，AON）是用节点表示活动，每项活动在网络图中用一个方框表示，对该项活动的描述都写在框内，并给每个方框指定一个唯一的编号。方框之间用箭头联系起来，箭头的方向表示活动的先后顺序。

箭线式（Activity On the Arrow，AOA）是用一条箭线表示一项活动，箭尾代表活动的开始，箭头代表活动的结束，箭线的长度与活动的持续时间无关。活动的内容写在箭线的上方。箭线之间用被称为事件的圆圈连接起来，事件是表示某项活动开始或结束的时点。圆圈代表箭头指向它的活动的结束，箭线离开它的活动的开始。每一个圆圈（事件）有一个唯一的编号。活动的开始事件称为该活动的紧前事件，活动的结束事件称为该活动的紧随事件。任何两项活动都可以用它的紧‘前事件号’和紧‘随事件号’表示。例如，活动 A 可以用紧前和紧随事件号“5—6”表示，如图 11 –9 所示。受篇幅限制，本书只重点介绍箭线式网络图。图 11 –10 给出了节点式和箭线式两种网络图的表示方法。

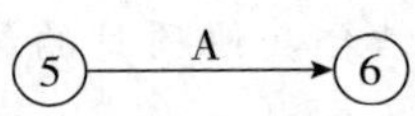

图 11 –9　活动 A 的箭线

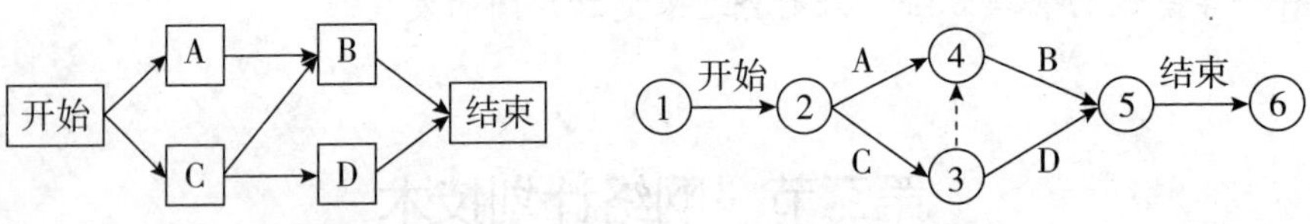

（a）节点式　　（b）箭线式

图 11 –10　节点式网络图与箭线式网络图的比较

（二）绘制网络图的若干规则

1. 相邻的两个事件之间不允许有两条或多条箭线直接相连

对于箭线式网络图，凡编号相邻的两个事件之间不允许有两条箭线存在，如图 11 –10 所示，此时“5”既表示 A，又表示 B，具有不确定性，这是不允许的。解决的办法是引入“虚活动”。虚活动是不消耗时间和任何资源的一种特殊活动。虚活动用虚箭线表示。出现图 11 –11 右的情况，可以用图 11 –12 来表示。

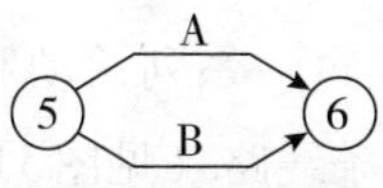

图 11-11　不正确的箭线

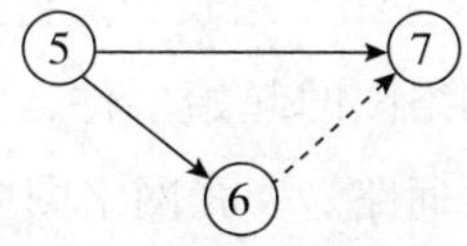

图 11-12　应用虚活动的表示

这一问题在节点式网络图中是不存在的，请参见图 11-9，所以图 11-10 中的（a）不必采用“虚活动”。

2. 在网络图中不允许出现封闭环路

即从某一事件出发经过一系列活动后又回到了原来的事件，如图 11-13 所示。这里还包含事件的编码规则，即箭线箭头所指的事件的号码必须大于箭尾事件的号码；如图 11-13（a）中箭线 E，箭头所指事件的编码为 1，而箭尾事件的编码为 5，就违反了网络图的作图规则，说明图中一定存在环路，这是不允许的。对于节点式网络图出现封闭环路同样是不允许的。

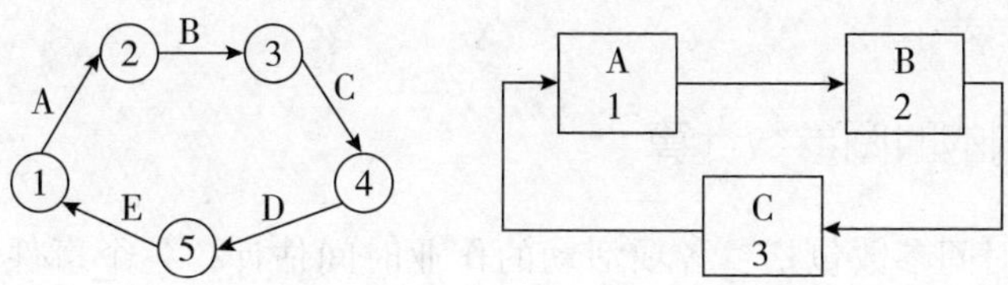

（a）　　（b）

图 11-13　形成环路的不正确的网络

3. 一张网络图只能有一个总起点和一个总终点

对于箭线式网络图，图中只能有一个起始事件和一个结束事件，其他事件都属于中间事件。起始事件是指只与箭尾相连接的事件；结束事件是指只与箭头相连接的事件；中间事件是指一头连接箭头另一头连接箭尾的事件，即它既是一些活动的开始时点，又是另一些活动的结束时点。箭线式网络图中不允许出现类似图 11-14 的图形，因为这样绘制是不正确的。

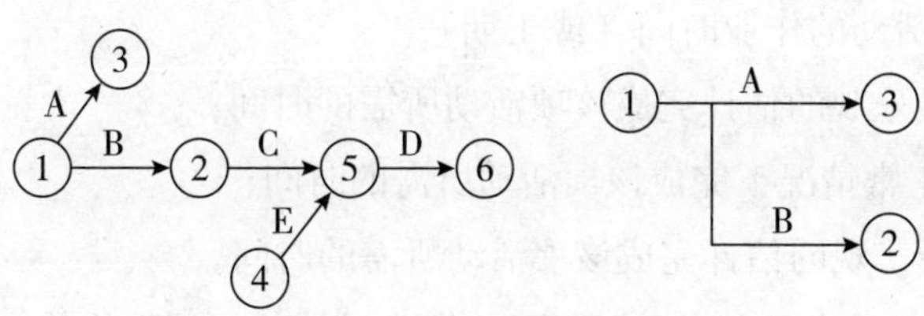

图 11-14　错误的网络

4. 网络图中的线路、路长和关键线路

线路是指从网络图的起始事件，沿箭线方向经过一系列活动和事件，到达网络结束事件为止的一条通路。一张网络图中一般存在多条线路（见图 11－15）。

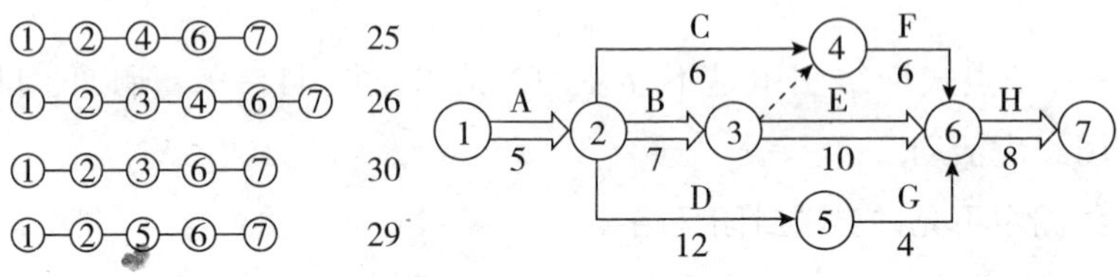

图 11－15　箭线式网络

线路的总长度称为路长。路长是这条线路上各项活动所需作业时间的总和。在所有线路中必有一条路长最长的线路，这条线路被称为该网络图的关键线路。关键线路的路长决定了该项目任务的总工期。在图 11－15 中，路长为 30 的线路①－②－③－⑥－⑦是关键线路。网络图中通常把关键线路画成双线以便于辨认。

二、网络图的时间参数计算

网络图中的时间参数包括：各项活动的作业时间估计；各个事件的最早开始时间和最晚结束时间；各项活动的最早开始时间、最早结束时间、最晚开始时间和最晚结束时间，以及关于时差的计算等。

（一）活动的作业时间估算

活动的作业时间是编制网络计划的重要基础数据，数据的准确性直接影响计划的质量。但由于项目是一次性任务，各项活动的作业时间会因为环境和各种条件的变化而存在一定的不确定性，通常要请有经验的计划人员进行估计。也可用下式进行估算：

$$T_P = (a + 4m + b)/6 \qquad (11-1)$$

式中：T_P——活动的作业时间（或工期）；

a——最乐观的估计完成该项活动所需的时间；

m——正常情况下完成该项活动所需的时间；

b——最悲观的估计完成该项活动所需的时间。

T_P是取了一个有利情况和不利情况下的作业时间的加权平均值。

（二）事件的最早开始时间和最晚结束时间及事件的时差

1. 事件的最早开始时间

某一事件可能的最早开始时间，是指从网络图的起始事件起，经过一系列活动到达该事件的最长线路的时间值。是紧前活动都完成的时间，其计算公式为：

$$t_E(j) = \max[t_E(i) + T_P(i, j)] \quad (11-2)$$

式中：$T_P(i, j)$ 的箭线方向为 $i \to j$，$(j=2, 3, 4, \cdots, n)$ 即 $i<j$。

例如，图 11－14 中事件③的最早开始时间 $t_E(3)$，可计算如下：设起始事件 $t_E(1) = 0$。

$$t_E(2) = \max[t_E(1) + T_P(1, 2)] = \max[0+5] = 5$$

$$t_E(3) = \max[t_E(2) + T_P(2, 3)] = \max[5+7] = 12$$

当一个事件有多条线路到达时，它的最早开始时间应按其中最长线路的路长计算。例如，求图 11－15 中事件⑥的最早开始时间 $t_E(6)$，则要计算所有到达⑥的线路的路长，再找出其中的最大值。从起始事件到事件⑥的线路有 4 条：

线路 1　①－②－④－⑥　　路长　5+6+6=17

线路 2　①－②－③－④－⑥　　5+7+0+6=18

线路 3　①－②－③－⑥　　5+7+10=22

线路 4　①－②－⑤－⑥　　5+12+4=21

线路 3 的路长最长，所以事件⑥的最早开始时间为 22。

$$t_E(6) = 0 + max\{17, 18, 22, 21\} = 22$$

运用式（11－2）计算如下：

$$\begin{aligned} t_E(6) &= \max[t_E(3) + T_P(3, 6), t_E(4) + T_P(4, 6), t_E(5) + T_P(5, 6)] \\ &= \max[12+10, 12+6, 17+4] \\ &= 22 \end{aligned}$$

2. 事件的最晚结束时间

某一事件的最晚必须结束的时间是指箭头指向该事件的活动必须于该时点完成，否则其紧后活动就不能按时开工了。事件的最晚结束时间 $t_L(i)$ 可按如下方法法和公式计算：

首先，结束事件的最晚结束时间 $t_L(n)$ 与最早开始时间 $t_E(n)$ 应相等，即 $t_L(n) = t_E(n)$，于是 $t_L(n)$ 为可知，再按下述公式，逆箭线方向，由后往前，可一一计算各事件的最晚结束时间。计算公式为：

$$t_L(i) = \min[t_L(j) - T_P(i, j)] \quad (11-3)$$

式中：$T_P(i,j)$ 是活动 (i,j) 的作业时间，箭线方向是 $i \to j$，$(i=n-1, n-2, \cdots, 1)$，即 $i<j$；$t_L(i)$ 是箭尾事件的最晚结束时间；$t_L(j)$ 是箭头事件的最晚结束时间。

仍以图 11－15 的网络图为例，计算事件④的最晚结束时间 $t_L(4)$。

$t_L(4) = \min[t_L(6) - T_P(4,6)] = \min[22-6] = 16$

或：$t_L(4) = t_L(7) - T_p(4,6) = 30 - 8 - 6 = 16$

当一个事件有多条线路由此出发时，该事件最晚结束时间的计算方法是：计算由此出发的各条线路的路长，取其中路长的最大值，再以网络图结束事件的最晚结束时间减去此值所得的差值，即为该事件的最晚结束时间。

例如，计算图 11－15 中事件②的最晚结束时间 $t_L(2)$，应先找出由②出发的各条线路，计算各线路的路长，并选出其中的最大路长。由②出发到⑦共有 4 条线路：

线路 1	②－④－⑥－⑦	路长 20	取其中的最大值 25
线路 2	②－③－④－⑥－⑦	21	
线路 3	②－③－⑥－⑦	25	
线路 4	②－⑤－⑥－⑦	24	

$$t_L(2) = t_L(7) - T_p(6,7) - T_p(3,6) - T_p(2,3) = 30 - 8 - 10 - 7 = 5$$

或：$t_L(2) = 30 - \max\{20, 21, 25, 24\} = 5$

运用式（11－3）计算如下：

$$t_L(2) = \min[t_L(3) - T_P(2,3),\ t_L(4) - T_P(2,4),\ t_L(5) - T_P(2,5)]$$
$$= \min[12-7,\ 16-6,\ 18-12] = 5$$

3. 事件的时差

事件的时差（slack）是指该事件的最晚结束时间 $t_L(i)$ 与最早开始时间 $t_E(i)$ 之差值。计算和分析时差是网络计划工作的重要内容。存在时差，说明在工作进度的安排上有伸缩调节的余地。事件的时差用 $S(i)$ 表示，其计算公式为：

$$S(i) = t_L(i) - t_E(i) \qquad (11-4)$$

网络图上各事件的时差，可以在网络图上直接计算，称为图上计算法。通常是先从网络的起始事件开始，顺箭线方向沿各条线路，一一计算各个事件的最早开始时间，直至网络图的结束事件，将算得的数值放在方框内，置于各事件（圆圈）的上方。再计算各事件的最晚结束时间，计算的方法是从网络的结束事件开始；逆箭线方向沿各条线路一一计算各事件的最晚结束时间，将算得的数值放在三角形框内，置于最早开始时间方框的下方。各事件的最晚结束时间

$t_L(i)$ 与最早开始时间 $t_E(i)$ 的差值就是该事件的时差。由时差为零的各事件组成的线路，称为该网络图的关键线路（critical path）。关键线路是该网络图中路长最长的线路。在一个项目中有时关键线路不只一条，时差也可能出现负值（当任务量大，计划安排的工期不足时），时差为零或负的线路都是关键线路。在项目进展过程中随着对关键线路上的活动进行了调整，使线路上的负荷得到减轻，关键线路随之会发生变化。原来的关键线路会变成非关键线路，原来的次关键线路会变成关键线路。

现在仍以图 11－15 的网络为例，计算各事件的时差，并找出图中的关键线路。先计算各事件的最早开始时间，从网络的起始事件最早开始，再计算各事件的最晚结束时间，从网络的结束事件开始：

$t_E(1)=0$

$t_E(2)=0+5=5$

$t_E(3)=0+5+7=12$

$t_E(4)=0+\max\{(5+6);(5+7+0)\}=12$

$t_E(5)=0+5+12=17$

$t_E(6)=0+\max\{(5+6+6);(5+7+0+6);(5+7+10);(5+12+4)\}=22$

$t_E(7)=t_E(6)+T_p(6,7)=22+8=30$

再计算各事件的最晚结束时间，从网络的结束事件开始：

$t_L(7)=t_E(7)=30$

$t_L(6)=t_L(7)-T_L(6,7)=30-8=22$

$t_L(5)=t_L(6)-T_L(5,6)=22-4=18$

$t_L(4)=t_L(6)-T_L(4,6)=16$

$t_L(3)=\min\{[t_L(4)-T_L(3,4)];[t_L(6)-T_L(3,6)]\}=\min\{16,12\}=12$

$t_L(2)=\min\{(12-6);(12-7);(17-12)\}=\min\{6,5,5\}=5$

$t_L(1)=t_L(2)-T_L(1,2)=5-5=0$ 或

$t_L(1)=t_E(1)=0$

各个事件的最早开始时间和最晚结束时间算出后，将它们分别标置于事件（圆圈）上方的方框和三角形框内（见图 11－16）。从图中可以看到有些事件的最早开始时间和最晚结束时间是相等的，即这些事件的时差为零。由时差为零的事件所组成的线路就是该网。图中①－②－③－⑥－⑦这条线路就是关键线路。

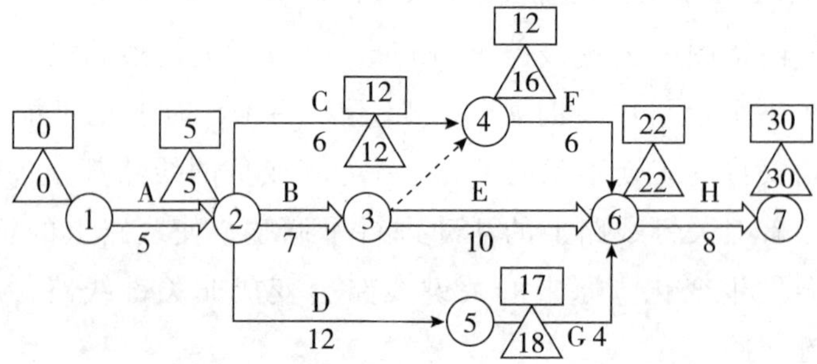

图 11－16　箭线式网络

（三）各项活动的时间参数计算

各项活动的时间参数，除了其作业时间外，还有活动的最早开始时间、最早结束时间、最晚开始时间、最晚结束时间以及活动的总时差和单时差等参数。

1. 活动的最早开始时间

一项活动必须在它的所有紧前工作都完成以后才能开始。活动的最早开始时间通常用 $ES(i,j)$ 表示，指其紧前工作全部完成，本项活动可以开始的最早时刻。一活动的最早开始时间也是其箭尾事件的最早开始时间，计算公式如下：

$$ES(i,\ j)=t_E(i) \tag{11-5}$$

式中，$i<j$。

2. 活动的最早结束时间

一项活动的最早结束时间通常用 EF（i，j）表示。它是活动按最早时间开工后，所能达到的最早完工时刻，计算公式如下：

$$EF(i,\ j)=ES(i,\ j)+T_P(i,\ j) \tag{11-6}$$

3. 活动的最晚开始时间

活动的最晚开始时间通常用 $LS(i,\ j)$ 表示。它是指在不影响其紧随活动最晚开始工作的前提下，一项活动可以开始的最晚时间，计算公式如下：

$$LS(i,\ j)=LF(i,\ j)-T_P(i,\ j) \tag{11-7}$$

4. 活动的最晚结束时间

活动的最晚结束时间通常用 $LF(i,\ j)$ 表示。它是指为了不影响其紧随活动在最晚开始时间开工，该项活动必须结束的最晚时间，计算公式如下：

$$LF(i,\ j)=t_L(j) \tag{11-8}$$

5. 活动的总时差

活动的总时差通常用 $TS(i,\ j)$ 表示。它是指在满足其紧随活动能于最晚开始时间开工的条件下，该项活动可以靠前或靠后灵活安排的时间范围。即最大的机动时间，总时差计算公式如下：

$$TS(i,j)=LF(i,j)-LS(i,j)=EF(i,j)-ES(i,j) \qquad (11-9)$$

6. 单时差

某项活动的单时差常用 $SS(i,j)$ 表示。反映不影响紧后活动最早开始的机动时间，计算公式如下：

$$SS(i,j)=ES(j,k)-EF(i,j) \qquad (11-10)$$

式中：$ES(j,k)$——活动 (i,j) 的紧后活动 (j,k) 的最早开始时间；

$EF(i,j)$——活动（i，j）的最早结束时间。

单时差与总时差的区别是，单时差是在不影响其紧后活动的最早开始时间条件下，本项活动独有的富裕机动时间，这部分机动时间其紧随活动是不能利用的；而总时差是本项活动与其紧前或紧随活动共享的富裕机动时间。下面用图 11－17 来描述总时差与单时差的关系。由图可知，总时差中包含单时差，这部分单时差是不能与其紧前或紧后活动共享的。

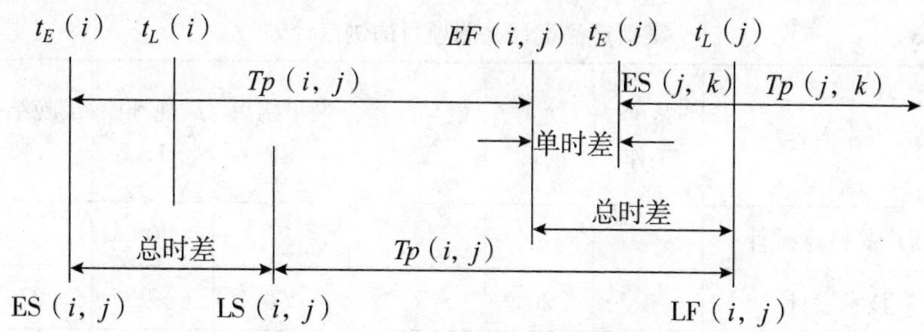

图 11－17　总时差与单时差的关系

三、进度计划的编制及优化

（一）计划编制

一个项目经过工作分解，并对每项活动（工作单元）的作业时间进行了估算，确定了工作流程，明确各项活动之间的相互关系（紧前或紧后关系）之后，就可以列出该项目的工作明细表。根据工作明细表就可以编制项目的进度计划了。下面以某新产品设计试制项目的工作明细表为例，编制该项目的网络进度计划，画出一张网络图（见图 11－18）。

当网络图内容复杂，用图上计算法操作不方便时，也可以列表计算，如图 11－18 所示的网络图可以通过表 11－3 的形式描述，在表上计算各项活动的最早开始时间 ES、

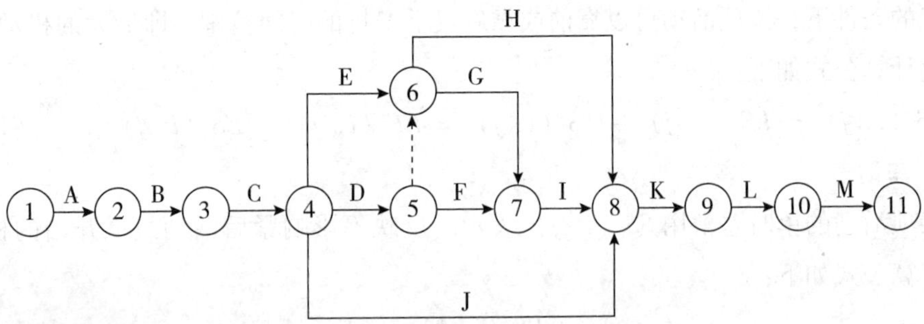

图 11－18　某新产品设计试制项目的网络

最早结束时间 EF、最晚开始时间 LS、最晚结束时间 LF 和各项活动的时差。由时差为零的各项活动所构成的线路，就是该项目的关键线路。本例的关键线路由工序 A，B，C，D，F，I，K，L 和 M 组成，节点编号为：1，2，3，4，5，7，8，9，10 和 11。

关键线路的路长决定项目的工期，即本项目的工期是由 A、B、C、D、F、I、K、L、J、M 等活动的作业时间之和决定的。要想缩短本项目的工期，首先应考虑有无可能采取措施压缩上述关键线路上诸活动的作业时间。

表 11－3　　　　某新产品设计试制项目的进度计划

工作编号	工作内容	紧前工作	所需时间	最早开始 ES	最早结束 EF	最晚开始 LS	最晚结束 LF	总时差
A	新产品概念设计		7	0	7	0	7	0
B	技术设计	A	20	7	27	7	27	0
C	施工图设计	B	25	27	52	27	52	0
D	产品工艺设计	C	18	52	70	52	70	0
E	材料采购	C	15	52	67	63	78	11
F	工艺装备设计及制造	D	20	70	90	70	90	0
G	毛坯制造	D、E	12	70	82	78	90	8
H	中小零件加工	D、E	15	70	85	105	120	35
I	基体件及复杂零件加工	F、G	30	90	120	90	120	0
J	机电配件采购	C	7	52	59	113	120	61
K	部件组装	H、I、J	10	120	130	120	130	0
L	产品总装配	K	5	130	135	130	135	0
M	新产品试车	L	7	135	142	135	142	0

（二）计划优化

前面在谈编制项目计划时没有涉及资源的约束，实际上拨给一个项目的资源总是有限的，即使在项目建立之初，根据工作的需要已经给项目配备了较充裕的资源（人力、设备等），但在项目的实施过程中对各种资源的需求在各时间段上往往是不平衡的，有时会感到人力不足，有时又会发生人力闲置。人力不足将影响工作的进程，人力闲置则又会造成浪费。所以，计划的编制要考虑资源的约束，既要求充分合理利用有限的资源，又要求按时完成项目的进度计划。以合理利用人力资源为例，在计划上希望工作负荷的安排尽可能均衡，避免计划要求投入的人力大起大落。但是排出的初始计划很难做到负荷非常均衡，因此在计划初稿完成后，尚需对计划进行优化。

1. 进行资源平衡

首先要确定网络计划中的关键线路和非关键线路上各项活动所拥有的时差。当发现某一时段计划的工作负荷超过能力时，可以把非关键线路上的活动，根据时差允许的范围移前或推后，使负荷的高峰错开，把该时段中超载的负荷降下来。如果通过上述负荷调整仍不能解决问题，则可能需要采取以下措施：①组织部分人员加班，但工作人员不宜长期加班，避免过分劳累影响健康和影响工作质量；②聘请临时的工作人员投入本项目，这可能需要进行专门的培训，会使成本有较大的增加；③在质量和进度有保证的前提下，把部分工作外包出去。

2. 变串行工作为并行工作

为了缩短工期和避免人力闲置，应把顺序串行的工作尽可能改变为并行进行。假设某种机器的装配有三道工序，分别由三名工人负责组装。如按图 11－19 顺序进行，则一名工人进行装配时，其他两名工人在旁等着，浪费人力。如果三台机器完全平行装配，则需三组工人才能同时装配，而在每台机器的装配过程中，仍存在前述的人力闲置现象。想用一组工人平行地工作，以缩短工期，可以采用如图 11－20（a）或（b）的梯形网络图来安排。

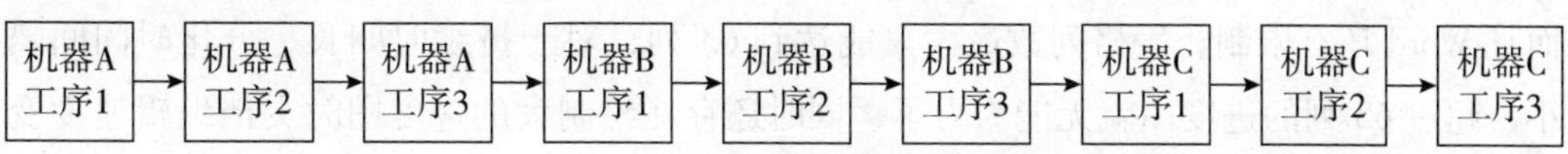

（a）节点式

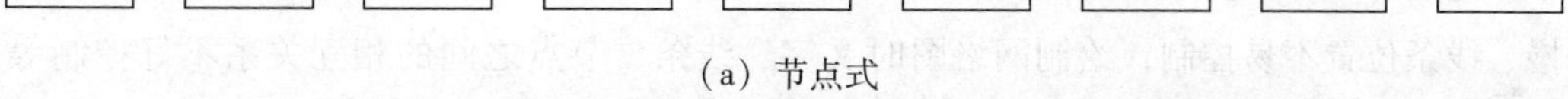

（b）箭线式

图 11－19　顺序工作时的网络

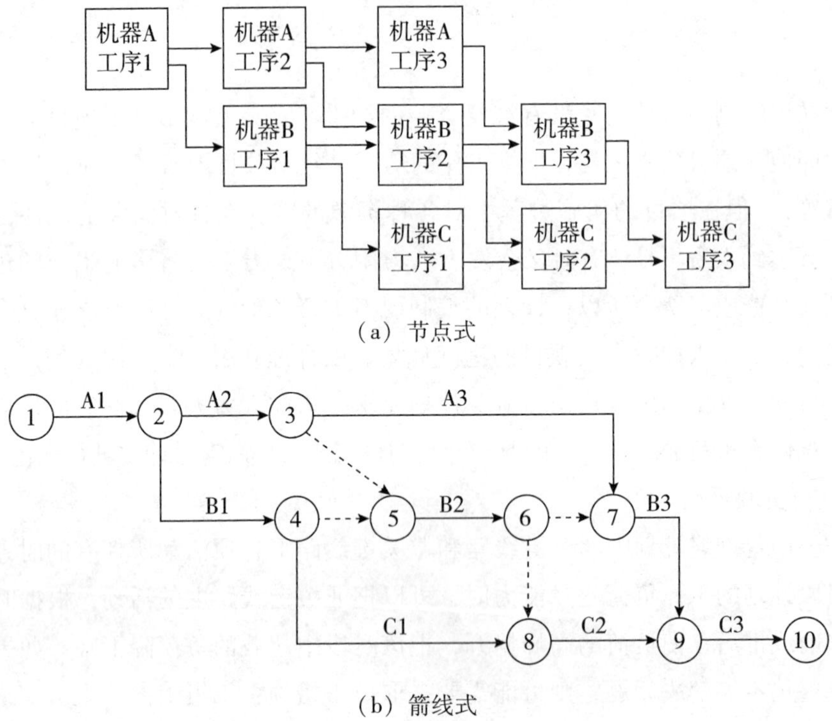

图 11－20　一组工人平行工作时的网络

四、Excel 在网络计划技术中的运用

在工程项目管理中，绘制施工进度计划图是一项重要的工作。工程项目建设进度计划的表示方法有多种，常用的有“横道图”和“网络图”两类。

（一）绘制施工进度图

施工进度图和网络图在工程招标投标、施工组织设计、施工控制、监理控制中应用广泛，是施工进度控制的重要手段。一般绘制这两种图或是采用手工，或是手工与打印结合，或是采用 Word 绘制，或采用专门的绘制软件。前几种方法绘制都不很美观，而且 Word 还有限制，表格列数最大只能达到 63 列，对于持续时间长、分化时间间隔小、超过 63 列的进度图就无能为力了，同时还存在绘制大的进度图时文档编辑速度变慢、线条位置不易控制，绘制网络图时文字、线条、节点之间的相互关系不好控制等问题。至于专门的绘制软件，一般的施工单位又不具备，而且绘制出的进度或网络图也不太符合国内的习惯。如果采用 Excel 绘制进度图和网络图，只要掌握一定技巧，绘制起来十分方便，而且绘制效果也比较美观。

施工进度图一般由表格、进度粗线组成，有的还要求图下边有每月各种同类项目施工强度汇总表。图 11 －21 为工程施工进度计划横道图。

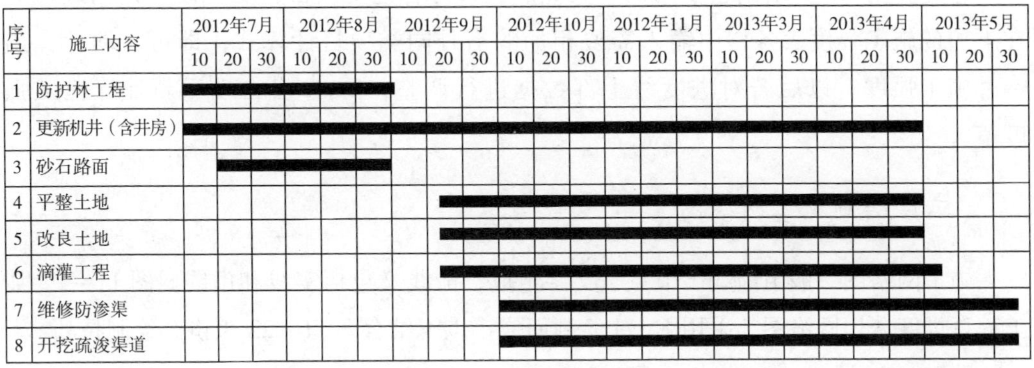

图 11 －21 施工进度横道

下面就以图 11 －21 来讲解绘制的技巧。

1. 绘制施工进度图

表格绘制比较简单（以 word 2007 版为例），根据工程所跨的时间、工程项目以及绘制纸张的大小，选取适当的列数、行数、列宽及行高，将选定的区域赋予边框。为了让表格中的字显示更美观，可以选择此区域后依次单击：格式→单元格→对齐，选择垂直对齐为居中方式。需要合并或自动换行的单元格也可在选取相应区域后，在这里单击合并单元格或自动换行选项即可。同一单元格内换行也可在换行点采用“Alt + Enter”键强制进行。

2. 进度线绘制

进度线一般采用 2 磅粗实线，绘制时注意按住 Shift 键保证绘出的线条笔直，绘制后如果对某线条位置和大小不太满意，可以在选取此线条后，用“Ctrl + ”箭头键上下左右作微小运动，直至达到满意的位置；线条的大小可在双击此线条后出现的对话框中，对其大小进行微小的更改，也即修改长度值直至达到要求为止。Excel 默认的线条粗细为 0. 75 磅，而进度图中需要绘制的线条一般只有 2 磅这一种，为了保证每次绘制线条粗细值都是 2 磅，可以在绘制出第一根 2 磅线条后，选取此线条后单击右键，选择“设置自选图形的默认效果”，以后绘制进度线时就不用每次将线条粗细值重新定义。

3. 进度线上部数据编辑

进度线上部一般要求填写每月或每半月需完成的各项工程量，确定数据填写位置后，选择此单元格，将字体定义为较小值（如 9 号字），在格式→单元格→对齐中将此单元格垂直对齐定义为靠上方式，如果字离线条太近，可以用“Ctrl + ”箭头键往下微调。

4. 施工强度统计

这是利用 Excel 绘制进度图的一大优点，每月各主要项目施工强度可以列式计算在下边的施工强度表各栏中输入需要相加的当月同类项目计算式，即可自动计算出本月施工强度。以后若对进度线上部数据进行调整，Excel 会自动重新计算施工强度值。

（二）绘制施工网络图

施工网络图一般由箭线、节点、文字组成，箭线又包括实线和虚线。图 11－22 某工程总进度计划网络图，采用 Excel 绘制而成。以下结合图 11－22 来讲解绘制技巧。

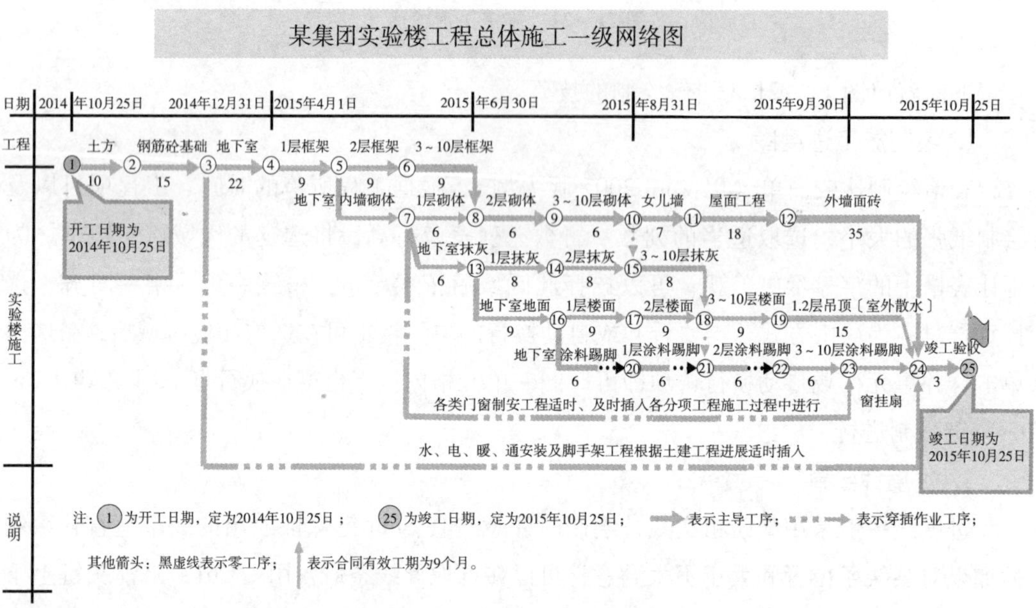

图 11－22　施工进度网络

1. 确定纸张和布局

一般小工程进度图用 A4 纸即可，绘制前先要对网络图布局进行安排。关键线路应放在纸张高度方向大致中间位置，其他工序在关键线路上下均衡布置，绘制从左边开始。

2. 节点绘制

由于节点编号范围变化较大，可以采用图文框的方式解决。先按住 Shift 键选择绘图工具的椭圆按钮，绘制出一个适当大小的圆圈。选择此圆圈，单击右键，选择“添加文字”，输入指定的编号。为了让文字大小与圆圈相适应，可以双击此图文框后再将内部页边距全部置 0，根据文字大小对圆圈的大小（即半径）进行微调，直至满意为止，圆圈内的文字居中放置。若编号最大为两位数，可以以两位数宽度按以上方法绘制出一个标准的节点，其他节点复制此节点即可，这样可以保证节点大小一致。

3. 箭线绘制

箭线采用绘图工具绘制，一般工序采用1磅线条，关键工序采用3磅线条。可以先点击绘图工具的直线按钮，按住 Shift 键绘出一个水平直线条，双击此对象后设定默认前端箭头格式为图示格式，粗细值为1磅，选取此箭线并用鼠标右键单击，在弹出窗口内单击“设置自选图形的默认效果”，以后绘制的直线都带有这样的前端箭头。

对于部分工序有弯折直线相接或有虚工序采用虚线，或是关键工序需要改变线条粗细值，可以双击相应的线条，在弹出的对话框中取消箭头，选定虚线类型或改变粗细值。

为了保证节点与箭线、弯折线条之间连接紧密，绘制相邻箭线时可以先选取本节点或线条，使之显示出图形对象边缘的小方框标志，选取绘图工具的直线按钮，将绘图“十”字指示标志的交叉点置于小方框中央，然后绘制线条或箭线，这样绘制出的相邻节点和线条、线条与线条之间衔接较紧密。如果这样衔接还不是很紧密，可以选择相应对象，按住 Ctrl 键进行相对位置的微调，直至满意为止。

4. 文字编辑

网络图一般在箭线上面为工序名称，下面为工序历时。为了保证文字位置适当，可以将每条工序线条布置在单元表某一行中间位置，此行上下各留一相邻单元行用作填写文字和下面的历时（如图11－22中虚线框所示），这样易于控制上下文字的位置。可以采用单元格居中、合并居中、添加空格等方式，使文字相对于相应的箭线对齐居中。必要时可以根据文字长度，方便地拉宽、缩窄单元格来调整线条宽度（这也是 Excel 绘制网络图的一个优点），线条宽度会随着单元格宽度自动缩窄或变宽，或者将文字分两行排列。

补充阅读2

网络计划技术在工程项目管理中的应用

一、网络计划技术的性质与特点

网络计划技术是20世纪50年代后期发展起来的一种科学的计划管理方法，是项目的时间进度管理中采用的最主要的项目管理技术，同时在项目资源与成本的优化方面也有广泛的应用。以缩短工期、提高效率、节约劳力、降低消耗为目标，采用优化技术进行时间、费用和资源的平衡，获取最佳计划方案，能在一定的人力、物力、投资情况下，以最短的时间和最省的资源、最佳的经济效益，完成产品的生产或工程项目任务。

由于在理论上的正确性、技术上的先进性和对工程建设等广泛生产领域管理的适应性，网络计划技术迅速传遍全世界，并不断得到创新和发展，产生了巨大的经济效益。采用该技术能够反映工程的全貌和各项工作之间相互协调的关系，不仅可在计划制订期间求得工期、资源、成本的优化，更重要的是可在计划的执行过程中进行有效的监督、控制与调整，保证项目预定目标的实现，有效地降低项目风险。依其起源有关键路线法（CPM）与计划评审法（RERT）之分。CPM 主要应用于以往在类似工程中已取得一定经验的承包工程，PERT 则更多地应用于研究与开发项目。

二、网络计划技术的基本内容

（一）网络图

网络图，是指网络计划技术的图解模型，反映整个工程任务的分解和合成。分解，是指对工程任务的划分；合成，是指解决各项工作的协作与配合。分解和合成是解决各项工作之间逻辑关系的有机组成。绘制网络图是网络计划技术的基础工作。

（二）时间参数

在实现整个工程任务过程中，包括人、事、物的运动状态。这种运动状态都是通过转化为时间函数来反映的。反映人、事、物运动状态的时间参数包括：各项工作的作业时间、开工与完工的时间、工作之间的衔接时间、完成任务的机动时间及工程范围和总工期等。

（三）关键路线

通过计算网络图中的时间参数，求出工程工期并找出关键路线。在关键路线上的作业称为关键作业，这些作业完成的快慢直接影响着整个计划的工期。在计划执行过程中关键作业是管理的重点，在时间和费用方面则要严格控制。

（四）网络优化

网络优化，是指根据关键路线法，通过利用时差，不断改善网络计划的初始方案，在满足一定的约束条件下，寻求管理目标达到最优化的计划方案。网络优化是网络计划技术的主要内容之一，也是较之其他计划方法优越的主要方面。

三、网络计划技术在工程项目管理中的应用

网络计划技术是项目管理的核心技术。我国从20世纪60年代中期，在著名数学家华罗庚教授的倡导下，开始在国民经济各部门试点应用网络计划方法，结合当时的国情，根据“统筹兼顾、全面安排”指导思想，将这种方法命令名为“统筹法”。1980年成立了全国性的统筹法研究会，1982年在中国建筑学会的支持下，成立了建筑统筹管理研究会。近几年，随着科技的发展和进步，网络计划技术的应用也日趋得到工程

管理人员的重视，且已取得可观的经济效益。

为进一步推动网络计划技术的研究，我国于1991年发布了行业标准《工程网络计划技术》，1992年发布了《网络计划技术》三个国家标准（术语、画法和应用程序），将网络计划技术的研究和应用提升到新水平。新颁发的《工程网络计划技术规程》（JGJ/T121－99）于2000年代替了原JGJ/T1001－91，已于2000年2月1日起施行，其进一步推进了工程网络计划技术的发展和应用水平的提高。

工程项目的管理具有较强的挑战性，在项目建设工期、资源、费用的统筹安排方面，内外沟通协调方面需要一些独特的知识和技能。网络计划技术以缩短工期、提高生产力、降低消耗为目标。它可以为项目管理提供许多信息，有利于加强项目管理。它既是一种编制计划的方法，又是一种科学的管理方法。它有助于管理人员全面了解、重点掌握、灵活安排、合理组织，经济有效完成项目目标。

目前网络计划技术与工程管理已经密不可分，网络计划技术的应用价值已远远超过了它诞生时对其价值的认识，而网络计划技术价值的提高，则必须依赖计算机在其全过程中的应用。

第三节　项目成本管理

项目成本是指在项目实现过程中所耗用的各种费用的总和。项目成本管理是指为保障项目实际发生的成本未超出项目的费用预算而开展的控制等管理活动。

一、项目成本管理的内容

项目成本管理包含编制项目资源计划、项目成本估算、项目成本预算分配、项目成本控制等内容。

1. 项目资源计划

编制项目资源计划是要确定为完成项目，需要投入的资源种类（包含人力、设备、材料、资金）、所需资源的数量和安排这些资源投入的大致时间。具体的工作是要编制一份该项目所需的各种资源的清单和资源的使用计划。

2. 项目成本估算

根据项目的资源需求计划和各种资源的市场价格及预测价格，可以估算整个项目的成本费用。具体的工作是编制一份项目的资源成本概算。

3. 项目成本预算分配

项目成本预算分配是指根据项目的成本估算，为项目的各项活动或工作单元分配和确定费用预算指标，并科学、合理地制定整个项目的总预算。项目的成本预算是进行项目成本控制的基准。

4. 项目成本控制

成本控制工作是指在项目的实施过程中，努力将项目的实际成本费用控制在项目的成本预算范围之内。并且随着项目的进展，还要根据项目成本的实际发生情况，不断预测项目成本的发展变化趋势，随时修订原先的项目成本估算，以便合理分配费用，并使实际成本费用不超出项目的总预算。

二、项目的成本结构和成本的影响因素

项目成本按其用途的不同，可以分为以下几部分。

1. 项目的立项成本

为了对项目进行科学的定义与正确决策，在项目形成的第一阶段，需要进行大量的调查研究，搜集和掌握第一手资料，进行项目的可行性研究。为完成上述工作需要耗用一定的人力、物力和资金，所耗的这些费用就构成了项目的立项成本。

2. 项目设计成本

任何一个项目不论是工程建设项目，还是新产品研制开发项目，或者科学研究项目都需要开展设计工作。这些设计工作所耗用的人力、物力和资金就构成了项目的设计成本。

3. 项目实施前的筹划成本

项目实施以前为了获得项目所需的各种资源，需要开展一系列的工作，如选择供应商、询价、承发包、招标、发标、评标、定标、签约等，这些活动都要发生一定的费用支出。这些费用就构成了项目实施前的筹划成本。

4. 项目实施成本

为实现项目的目标，在项目实施过程中所耗用的各种资源，包括物质资源和人力资源，其支出的全部的费用构成项目的实施成本。实施成本具体包含以下内容。

（1）人工成本：实施项目的工作人员的工资、劳保福利和奖金等。

（2）物料成本：实施项目所需的各种原料、材料和低值易耗品等的费用。

（3）顾问费用：聘请专家顾问的酬金以及雇用分包商的费用。

（4）设备费用：购买或租用有关的仪器设备、专用工具等器材的费用。

（5）其他费用：在上述四类费用之外的各种杂项开支如差旅费等。

（6）不可预见费用：为意外事件所发生费用建立的成本科目，如工程返工的费用损失，物价上涨引起的开支增加，发生意外事故的赔偿金等。

项目实施成本是项目总成本的主要组成部分。很多项目的项目实施成本占总成本

的比例高达90%以上，因此项目成本管理的重点是对项目实施成本的管理与控制。有很多因素影响一个项目的成本。不同类型的项目，其成本影响因素会有很大的差异。但最为重要的影响因素，通常分为以下四个方面。

1. 项目工期与成本的关系

项目的工期如果过紧，时常需要加班，会引起大量的加班费用，使成本上升。工期如果过松，任务安排得不紧凑，则会使人力闲置，使管理费用等间接费用增加，同样会使成本升高。所以项目的工期应有一个最佳的期限，可使项目的总成本最低。工期过长或过短都不相宜。这里反映最佳的项目工期与最优的资源投入数量之间存在相关关系。

2. 耗用资源的数量和资源的价格

项目的成本既与耗用和占用资源的数量直接相关，又与资源的价格有关。价格因素是一个外部因素，主要是由市场决定的。而合理地消耗或占用所需资源的数量，是一个相对可控的内部因素。因此，管理的重点应是后者。

3. 项目质量

项目的质量要求越高，项目的成本也就越高。而能否满足客户的需求，客户是否满意是检验项目质量的唯一标准。因此，不要盲目追求高质量，而应认真研究客户的实际需求，使项目的成本真正用在刀刃上。

4. 项目范围

项目的范围越大，所要完成的任务越复杂，显然项目的成本也相应越高。所以正确确定项目的范围，对决定项目的成本水平具有重要而深远的影响。不做多余的、无用的工作应是成本控制的重要内容。

由上可知，为加强项目成本管理需要开展对项目范围、项目质量的认真研究和科学决策，并加强对项目工期和耗用资源的管理和控制。

三、WBS与项目成本估算及项目预算控制

（一）WBS为精确估算项目成本提供依据

工作结构分解技术是精确估算项目成本的重要基础。因为通过WBS把项目任务逐层分解，直至各项具体工作，它使人们对项目内容有深入的了解，并且不遗漏任何工作，这就为进行精确的成本估算提供了重要的依据。

通过WBS把项目任务分解为最基本的工作单元，每个工作单元由于任务具体明确，对它的成本估算就容易做到较为精确。在此基础上汇总各工作单元的成本，即可得到较精确的整个项目的成本估算。

（二）WBS 为控制项目预算提供方法

当项目预算有变化时，项目经理需要调整预算分配，这时可借助 WBS 以控制预算，总额不超出规定限额。这种控制的方法称为保优预算法。保优预算法原理非常简单，它的具体做法是：把原来经 WBS 分解后的工作单元按重要性进行排序，在保证项目目标能基本实现的前提下，去掉排序单中最后几项工作，使所剩工作单元所需的费用预算不超出规定的预算限制时，修改预算的工作即告结束。

现以某公司的新产品促销工作为例，该公司原计划拨款 100 万元进行新产品促销活动。公司的市场部拟订了一份总预算为 98 万元的项目计划（见图 11－23 中的左半部分）。

后因经费紧张公司把预算缩减为 75 万元。市场部把项目计划中的各项活动按重要性进行排序，去掉了后面的三项活动后，使新的项目计划的预算压缩到 75.3 万元。由于仍未达到 75 万元以内，所以又分析了保留的各项活动的预算有无进一步压缩的可能。最后决定适当减少发放免费样品的数量，把总预算控制在 73.3 万元（见图 11－23 中的右半部分）。

活动内容	预算
1.销售代理商会议	50000元
2.新闻发布会	80000元
3.宣传手册	48000元
4.免费样品	100000元
5.消费者专访活动	30000元
6.社会福利捐赠	80000元
7.报刊广告	100000元
8.电视广告	300000元
9.电台广告	120000元
10.销售人员培训	75000元
合计	983000元

重新排序 →

活动内容	预算
2.新闻发布会	80000元
1.销售代理商会议	50000元
10.销售人员培训	75000元
8.电视广告	300000元
7.报刊广告	100000元
3.宣传手册	48000元
4.免费样品	80000元
9.电台广告	120000元
5.消费者专访活动	30000元
6.社会福利捐赠	80000元
合计	733000元

图 11－23　控制项目预算的保优预算法

四、挣值分析方法

项目成本控制的关键是经常及时地分析项目成本状况，尽早地预测和发现项目成本差异与问题，努力在情况变坏之前采取纠偏措施。挣值分析与管理的方法是实现这一目标的重要方法，这一方法的基本思想是通过引进一个中间变量即“挣值”，来帮助项目管理者分析项目成本的变动情况，并给出项目成本与工期相关变化的信息，以便对项目成本发展趋势做出科学预测与判断和正确的决策。

（一）挣值的定义

挣值的定义有多种不同的表述。一般的表述为，挣值是一个表示“已完成作业量的计划价值”的变量，是一个使用“计划价格”或“预算成本”表示在给定时间内已完成实际作业量的一个变量。这一变量的计算公式如下：

$$EV = 实际完成的作业量 \times 已完成作业的预算成本（计划价格） \quad (11-11)$$

（二）挣值分析方法的内涵

1. 三个关键中间变量

（1）项目计划作业的预算成本。项目计划作业的预算成本（Budgeted Cost of Work Scheduled，BCWS）是按照“项目预算成本”（计划价格）乘上“项目计划工作量”而得到的项目成本中间变量。

（2）挣值。“挣值”是项目已完成作业的预算成本（Budgeted Cost of Work Performed，BCWP），它是按照“项目预算成本”乘上“项目实际完成工作量”而得到的一个项目成本的中间变量。

（3）项目实际完成作业的实际成本。项目实际完成作业的实际成本（Actual Cost of Work Performed，ACWP）是按照“项目实际成本”乘上“项目实际完成工作量”而得到的另一个项目成本的中间变量。

这些指标都是挣值分析方法中根据项目预算成本与实际成本、项目计划作业量和项目实际完成作业量等指标计算获得的中间变量指标，这些指标都是项目成本水平指标，反映了项目成本的计划和实际水平。

2. 三个差异分析变量

（1）项目成本进度差异。项目成本进度差异（Cost Schedule Variance，CSV）的计算公式是：

$$CSV = BCWS - ACWP \quad (11-12)$$

这一指标反映了：项目“计划作业”的“预算成本”与项目“实际完成作业”的“实际成本”之间的绝对差异，它给出了项目实际发生的成本与项目预算成本之间的差异。这种差异是由于项目成本从“预算成本”变化到“实际成本”和项目进度从“计划作业量”变化到“实际完成作业量”这两个因素的变动综合造成的。

（2）项目成本差异。项目成本差异（Cost Variance，CV）的计算公式是：

$$CV = BCWP - ACWP \quad (11-13)$$

这一指标反映了：项目“实际完成作业”的“预算成本”与项目“实际完成作

业”的“实际成本”之间的绝对差异。这一指标剔除了项目作业量（从计划作业量和实际作业量）变动的影响，独立地反映了由于项目“预算成本”和“实际成本”差异这一单个因素对于项目成本变动造成的影响。

（3）项目进度差异。项目进度差异（Schedule Variance，SV）的计算公式是：

$$SV = BCWP - BCWS \quad (11-14)$$

这一指标反映了：项目“计划作业”的“预算成本”与“挣值”（项目“实际完成作业”的“预算成本”）之间的绝对差异。这一指标剔除了项目成本（从预算成本到实际成本）变动的影响，独立地反映了由于项目“计划作业”和“实际完成作业”差异这一单个因素对于项目成本的影响（虽然指标名称是“项目进度差异”，但是反映的是成本变化）。

3. 两个指数变量

（1）成本绩效指数。成本绩效指数（Cost Performance Index，CPI）的计算公式如下：

$$CPI = ACWP/BCWP \quad (11-15)$$

该指标的含义是：项目“实际完成作业”的“实际成本”与项目“实际完成作业”的“预算成本”的相对数。这一指标以排除项目作业量变化的影响为基础，度量了项目成本控制工作的绩效情况，它是前面给出的“项目成本差异”指标的相对数形态。

（2）计划完工指数。计划完工指数（Schedule Completion Index，SCI）的计算公式如下：

$$SCI = BCWP/BCWS \quad (11-16)$$

该指标的含义是：项目“挣值”（“实际完成作业”的“预算成本”）与项目“计划作业”的“预算成本”的相对数。这一指标以排除项目成本变动因素的影响为基础，度量了项目进度变动对于项目成本的相对影响程度，它是前面给出的“项目进度差异”指标的相对数形态。

（三）挣值分析的图解说明

图 11－24 给出了有关挣值分析的图解说明。

图中给出了某项目在实施之前通过项目预算与项目计划安排，其中整个项目的计划工期是 4 年，项目总预算是 400 万元。在项目的实施过程中，通过对项目成本的核算和有关项目成本与进度的记录得知，在开工后第二年年末的实际情况是：项目工期已经过半（两年），而实际项目成本发生额是 100 万元。与项目预算相比较可知：当工期过半时，项目的计划成本发生额应该是 200 万元，而实际项目成本发生额只是 100 万

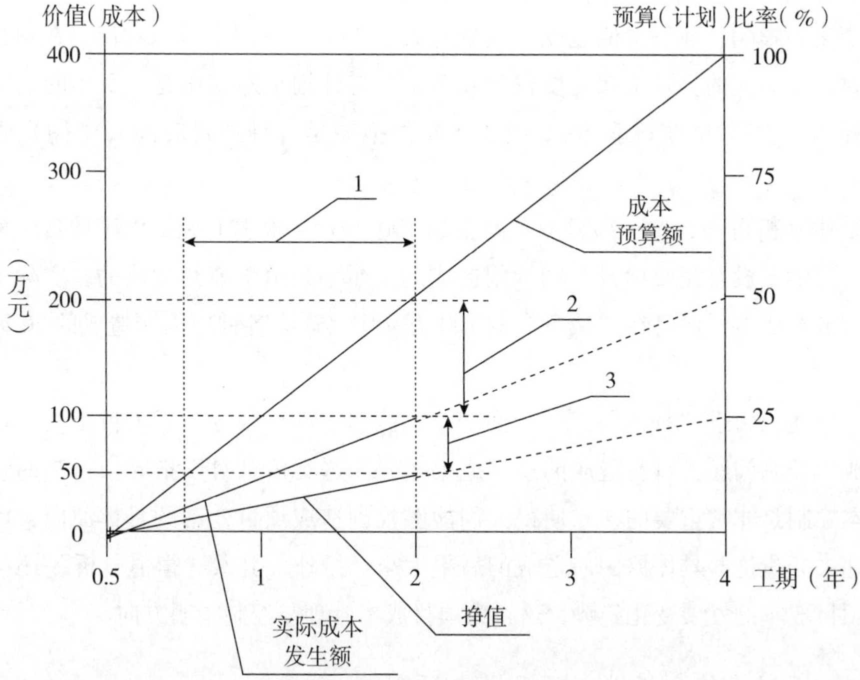

图 11－24　挣值分析示意

元，比预算成本少 100 万元。看起来，似乎项目取得很好的业绩，但是这只是事情的一个侧面。那么，这里“减少”的 100 万元成本究竟是不是减少？是什么原因造成的呢？从图中给出的信息可知：

（1）项目进行到两年时：

计划作业量的预算成本（BCWS）是 200 万元；

实际完成作业量的实际成本（ACWP）是 100 万元；

挣值（实际完成作业量的预算成本 BCWP）仅仅是 50 万元。

（2）项目成本差异（CV = BCWP－ACWP）为 －50 万元（在图中由“2”号线段来表示），意味着项目实际成本比“挣值”多出 －50 万元的绝对差异（多发生了 50 万元）。这是在项目实施过程中由于实际消耗和占用资源的价格变动造成的，这是一种与项目成本控制有关的成本差异。

（3）项目进度差异（SV = BCWP － BCWS）为 －150 万元（由图中标注“2”和“3”的两条线段之和来表示），即项目成本预算与项目“挣值”之间由高达 －150 万元的绝对差异（多发生了 150 万元），这是一种与项目进度控制有关的成本差异。

（4）项目成本绩效指数（CPI = ACWP/BCWP）为 2 或 200%，这意味着在项目完成作业量的过程中，实际花费的成本是预算成本的 2 倍。

（5）项目计划完工指数（SCI = BCWP/BCWS）为 0.25 或 25%，这意味着剔除项目成本变化的影响，项目价值进度计划只完成了 25%。由图中可以看出，在项目进行到两年时，相对应的实际工期进度仅为 0.5 年，与计划工期相比有 1.5 年的拖期（在图中由标注有“1”的线段表示），这 1.5 年的拖期是一种项目时间（工期）管理的问题。

从上述分析可知，这一项目成本减少的 100 万元从根本上说是由于项目工期拖后造成的，是由于没有完成项目工期计划造成的，而不是由于节约造成的。实际上项目不但没有节约成本，而且在“减少”的 100 万元中，还有各种原因所造成的 50 万元的额外开支。

综上所述，引进“挣值”这一中间变量就能够明确地区分由于项目工期管理不善和项目成本控制问题各自所造成的项目成本差异。这类信息对于指导项目工期管理和项目成本控制是非常重要的，它使得人们能够找到造成项目变动的具体原因，可以分别定量地去分析这些具体原因所造成的后果大小。另外，引入“挣值分析”还可以预测未来项目成本的发展变化趋势，这将为项目成本管理与控制指明方向。

（四）运用挣值分析进行项目成本预测

按照图 11 - 24 给出的线性变化规律（实际项目成本分布情况是非线性的“S”形），根据现有项目成本和工期管理的结果就可以进行预测项目成本进化发展变化趋势和结果了。例如，图 11 - 24 的实例表明在项目进行到 4 年的时候，项目“挣值”仅能达到 100 万元，仅能完成项目计划价值的 25%，即按现有的项目实施速度，当项目时间到期末（4 年末）时将会出现高达 75% 项目工期拖期，而其相应的项目成本发生额会达到 200 万元，相对于 25% 的作业量来说，这会出现高达 100 万元的超预算成本支出。

在分析整个项目实际成本控制结果的基础上，利用挣值去预测项目未来成本的发展变化趋势和结果，对于项目成本控制、项目工期进度管理和项目集成管理都是非常有价值的。但是这种预测需要有一定的数据积累，一般只有在项目已经完成作业量超过项目计划总工作量的 15% 以上，根据实际发生的数据去预测项目成本未来发展变化和结果才有效，当然数据积累越多这种预测就会越接近实际。因此这种项目成本预测方法的一个重要前提是在项目成本控制中必须保存项目实施过程中发生的有关项目成本和进度两个方面的数据。

利用挣值去预测项目未来成本的发展变化趋势和结果，还有一个前提条件就是要相对准确地确定出项目成本发展变化的规律（曲线走向），然后才能预测出今后项目实施进程中不同时点上的项目成本发生情况。但是要找出这种项目成本的发展变化趋势是非常困难的，多数时候需要使用一些简化的方法。这种方法不但要花很多时间，而且如果项目的不确定性较高时，今后实际项目成本的发展变化会很快背离做出的预测，所以这种预测方法多数适用于项目的预期情况不会发生很大变化的情况。

但是无论如何考虑，努力运用增值分析的方法去预测项目成本未来发展变化的趋势和结果，对于指导项目的成本控制和工期管理都是很有意义和十分重要的。一般情况下，这种预测分析所获得的信息，用这种方法可以预测的成本超支或节约数额大小，并依此制定和采取相应的成本控制和纠偏措施，会使项目在尽可能节约成本的前提下完成实施作业。

案例分析

某土方工程挣值分析

某土方工程总挖方量为4000立方米。预算单价为45元/立方米。该挖方工程预算总费用为180000元。

计划用10天完成，每天400立方米。开工后第7天早晨刚上班时业主项目管理人员前去测量，取得了两个数据：已完成挖方2000立方米，支付给承包单位的工程进度款累计已达120000元。

问题：计算BCWP、BCWS、ACWP，分析费用CV、SV、CPI、SPI。

解答：

BCWP＝45元/立方米 ×2000立方米＝90000元

BCWS＝180000/10×6＝108000元

ACWP＝120000元

费用偏差：BCWP－ACWP＝90000－120000＝－30000元，表明承包单位已经超支。

进度偏差：BCWP－BCWS＝90000－108000＝－18000元，表明承包单位进度已经拖延。表示项目进度落后，较预算还有相当于价值18000元的工作量没有做。18000元/（400×45）＝1天的工作量，所以承包单位的进度已经落后1天。

另外，还可以使用费用实施指数CPI和进度实施指数SPI测量工作是否按照计划进行。

CPI＝BCWP/ACWP＝90000/120000＝0.75

SPI＝BCWP/BCWS＝90000/108000＝0.83

本章小结

第一节项目管理概述，首先论述了项目的定义：项目是一个组织为实现既定的目标，在一定的时间、人员和其他资源的约束条件下所开展的一种有一定独特性的、一次性的工作。然后论述了项目的目的性、独特性、一次性和制约性 4 个特性，介绍了项目的 4 大类型、项目管理的概念，最后论述了项目管理的 5 大过程。

第二节论述了网络计划技术，介绍网络图的绘制原理、进度计划的编制及优化，最后介绍了 Excel 在网络计划技术中的运用。在参数计算中介绍了如下公式：

活动的作业时间：$T_P = (a + 4m + b)/6$

事件的最早开始时间：$t_E(j) = \max[t_E(i) + T_P(i, j)]$

事件的最晚结束时间：$t_L(i) = \min[t_L(j) - T_P(i, j)]$

事件时差：$S(i) = t_L(i) - t_E(i)$

活动的最早开始时间：$ES(i, j) = t_E(i)$

活动的最早结束时间：$EF(i, j) = ES(i, j) + T_P(i, j)$

活动的最晚开始时间：$LS(i, j) = LF(i, j) - T_P(i, j)$

活动的最晚结束时间：$LF(i, j) = t_L(j)$

活动的总时差：$TS(i, j) = LF(i, j) - LS(i, j) = EF(i, j) - ES(i, j)$

单时差：$SS(i, j) = ES(j, k) - EF(i, j)$

第三节论述了项目成本管理，首先介绍了项目成本管理中编制项目资源计划、项目成本估算、项目成本预算分配、项目成本控制等内容。然后介绍了项目的成本结构和成本的影响因素、WBS 与项目成本估算及项目预算控制和挣值分析方法。

【基础练习】

一、判断题

1. 项目是为完成某一独特的产品、服务或任务所做的一次性努力。(　　)
2. 每个项目都不一样，因此，制定项目管理的流程没什么作用。(　　)
3. 失败的项目也存在收尾阶段。(　　)
4. 通过项目节点网络图给出项目活动顺序安排的方法是前导图法 。(　　)
5. 当 CV≥0，CPI≥1；SV≥0，SPI≥1 时，项目的成本未超支，进度未超时。(　　)

二、选择题

1. 随着项目生命周期的进展，资源的投入（　　）。

A. 逐渐变大　B. 逐渐变小　C. 先变大再变小　D. 先变小再变大

2. 在对项目活动的进一步细化分解的基础上所生成的，是项目所要开展的各项具体活动的说明文件，是项目活动定义所给出的最主要的输出信息和文件的是（　　）。

A. 活动清单　B. 资源日历　C. 工作分解结构　D. 进度计划

3. 下列哪些属于项目进度计划书表示方法（　　）。

A. 里程碑图　B. 甘特图　C. 活动清单　D. 加入时间信息的网络图

4. 若已知 PV = 220 元，EV = 250 元，AC = 200 元，根据挣值分析法，则此项目的 SV 和项目状态是（　　）。

A. 30 元，项目提前完成　B. –30 元，项目比原计划滞后

C. 50 元，项目提前完成　D. –50 元，项目比原计划滞后

5. 如果进度偏差和成本偏差一样，两者都大于 0，那么下列表述错误的是（　　）。

A. 项目实际成本比计划低　B. 项目成本超支

C. 项目进度滞后　D. 项目进度比计划提前

三、思考题

1. 项目管理过程与一般运营管理过程相比有哪些不同，为什么会有这些不同？

2. 简述双代号网络图的绘制规则与要求？

3. 谈谈你对项目全生命周期成本管理的理解？

四、知识应用

1. 某工程各工序关系及各工序所需时间如表 11 – 4 所示，试绘制网络图，计算事项及工序的时间参数，并指出关键路径。

表 11 – 4　原始数据

工序	A	B	C	N	D	E	F	G	H	Q	M	L
紧急工序	–	–	–	A	A	A	B, N	C	C	E, F, G	Q, D	E, F, G, H
工序时间（天）	8	7	10	1	9	2	3	6	4	5	7	6

2. 根据表 11 – 5 所示资料，试绘制网络图，计算事项时间参数，并指出关键路径。

表 11 – 5　作业组成及其作业时间

工作代号	紧前工作	紧后工作	持续时间（天）
A	—	C	3
B	—	E、G、H、F	2
C	A	G、H、F	5
D	—	F	4

续　表

工作代号	紧前工作	紧后工作	持续时间（天）
E	B	I	3
F	B、C、D	I、J	4
G	B、C	I	21
H	B、C	I、J	6
I	E、G、F、H	—	4
J	F、H	—	12

3. 根据表 11 -6 所示资料，试绘制网络图，计算事项时间参数，并指出关键路径。

表 11 -6　　　　作业组成及其作业时间

工作代号	紧前工作	紧后工作	持续时间
A	—	C、G	12
B	—	D、E	2
C	A	H	3
D	B	H	4
E	B	I、F	2
F	E	J	5
G	A	J	4
H	D、C	J	3
I	E	K	2
J	F、G、H	K	11
K	I、J	—	3

4. 根据表 11 -7 的资料，用 Excel 求解项目管理问题。若项目计划 120 天完成，则完成概率为多少（主要考虑关键线路，非关键线路此处忽略不计）？

表 11 -7　　　　原始数据　　　　单位：天

序号	工序	紧前工序	最快时间	最可能时间	最慢时间	平均时间
2	确定目标顾客		1	3	5	3
3	起草问卷		4	11	12	10
4	实验问卷	2，3	10	19	34	20
5	总结分析问卷	4	2	4	6	4
6	准备邮签	5	1	1	8	2

续 表

序号	工序	紧前工序	最快时间	最可能时间	最慢时间	平均时间
7	打印问卷	5	9	11	19	12
8	决定使用的软件	5	1	2	3	2
9	学习使用软件	8	2	4	9	5
10	邮递问卷、获得回应	6，7	26	57	88	57
11	测试软件	9	2	6	10	6
12	输入回应信息	10，11	4	8	12	8
13	分析结果	12	3	7	11	7
14	编制报告	13	8	11	14	11
	项目平均完成时间	129				

参考文献

[1] 吴季松. 新循环经济学 [M]. 北京: 清华大学出版社, 2005.

[2] 贾春玉. 运输问题新解法的探讨 [J]. 系统工程学报, 2004 (2): 207 - 211.

[3] 惠斯特, 莱维. 统筹方法管理指南 [M]. 北京: 机械工业出版社, 1983.

[4] 胡运权. 运筹学习题集 [M]. 北京: 清华大学出版社, 1985.

[5] 马天超. 机械工业企业生产管理学 [M]. 北京: 机械工业出版社, 1986.

[6] 马国瑜. 管理科学的最优化方法 [M]. 北京: 化学工业出版社, 1989.

[7] 钱松迪. 运筹学 [M]. 北京: 清华大学出版社, 1990.

[8] 潘家轺, 曹德弼. 现代生产管理学 [M]. 北京: 清华大学出版社, 1992.

[9] 贾春玉, 胡若飞, 呼格吉勒. 生产运作管理 [M]. 大连: 东北财经大学出版社, 2013.

[10] 黄卫伟. 生产与作业管理 [M]. 北京: 中国人民大学出版社, 1997.

[11] 朱弘毅. 网络计划技术 [M]. 上海: 复旦大学出版社, 1999.

[12] 张正祥. 工业工程基础 [M]. 北京: 高等教育出版社, 2006.

[13] 申元月. 生产运作管理 [M]. 济南: 山东人民出版社, 2001.

[14] 姚恩瑜, 何勇, 陈仕平. 数学规划与组合优化 [M]. 杭州: 浙江大学出版社, 2001.

[15] 陈志祥. 现代生产与运作管理 [M]. 广州: 中山大学出版社, 2002.

[16] 唐恒永, 赵传立. 排序引论 [M]. 北京: 科学出版社, 2002.

[17] 贾春玉, 张晓辉. 企业管理基础 [M]. 北京: 中国时代经济出版社, 2003.

[18] 龚国华, 王国才. 生产与运营管理 [M]. 上海: 复旦大学出版社, 2006.

[19] 季建华. 运营管理 [M]. 上海: 上海人民出版社, 2004.

[20] 陈荣秋, 马士华. 生产与运作管理 [M]. 北京: 高等教育出版社, 2005.

[21] 阚树林. 基础工业工程 [M]. 北京: 高等教育出版社, 2005.

[22] 王凌. 智能优化算法及其应用 [M]. 北京: 清华大学出版社, 2005.

[23] 于福, 贾春玉. 指派问题新解法的探讨 [J]. 工业技术经济, 2004 (3): 103 - 105.

[24] 贾春玉, 甄玉敏. 设备双行布置从至表试验法的改进 [J]. 成组技术与生产现代化, 2010 (6): 47 - 52.

[25] 于福，贾春玉．m×n 流水型排序问题关键零件法的改进［J］．哈尔滨工业大学学报，2004（6）：848－850.

[26] 贾春玉．匈牙利法在排序中的运用的探讨［J］．科技进步与对策，2005（1）：143－145.

[27] 贾春玉，赵金实．调优法调优对象的选择方法［J］．科技进步与对策，2005（7）：59－60.

[28] 贾春玉．同顺序排序近似最优解调优法的探讨［J］．辽宁工程技术大学学报，2006，25（4）：598－601.

[29] 贾春玉，甄玉敏，刘富成．运输问题简便解法在生产计划中的应用［J］．长春大学学报，2006（7）：1－4.

[30] 贾春玉，崔建．设备单行布置从至表试验法的改进［J］．工业工程与管理，2008（1）：127－130.

[31] 贾春玉，王云彬．多设备平行移动方式表上作业法的探讨［J］．宁波工程学院学报，2008（3）：20－22.

[32] 柴敏波，贾春玉．综合评分法中的评分方法研究［J］．商场现代化，2009（6）：2－24.

[33] 贾春玉．论网络图线路条数的计算及其应用［J］．长春大学学报，1994（3）：51－54.

[34] 朴惠淑，贾春玉，常留贤．最优解下限导向的单工序平行机排序启发式算法［J］．工业工程与管理，2015，20（2）：62－67.

[35] 贾春玉，朴惠淑．同顺序排序问题近似最优解的一种简便解法［J］．成组技术与生产现代化，2015，22（2）：18－22.

[36] 汪德荣．精益生产管理实训实习教程［M］．桂林：广西师范大学出版社，2015.

[37] JOHNSON S M. Optimal two and three stage productions schedule with setup time included［J］. Naval Res. Logist. Quarter 1，1954：61－68.

[38] D S PALMER. Sequencing jobs through a multi－stage process in the minmum total time－A quick method of obtaining a near optimal［J］. Operation Research Quart，1965（16）：101－107.